GLENCOE SPANISH 2

A bordo

Protase E. Woodford

Conrad J. Schmitt

GLENCOE

Macmillan/McGraw-Hill

New York, New York   Columbus, Ohio   Mission Hills, California   Peoria, Illinois

About the Cover

The fortress of El Morro was built by the Spaniards in the 16th Century. Located on a point of land overlooking the entrance to San Juan, Puerto Rico, its purpose was to protect the city from attacks by English and Dutch pirate ships. Today, El Morro is a symbol of Puerto Rico's rich Spanish heritage.

Printed in the United States of America.

Send all inquiries to:
Glencoe Division, Macmillan/McGraw-Hill
15319 Chatsworth Street
P.O. Box 9609
Mission Hills, CA 91346-9609

ISBN 0-02-646072-6 (Student Edition)
ISBN 0-02-646073-4 (Teacher's Wraparound Edition)

2 3 4 5 6 7 8 9   RRW   99 98 97 96 95 94

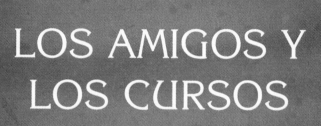

REPASO

A

LOS AMIGOS Y
LOS CURSOS

CAPÍTULO 16

LAS CARRERAS Y EL TRABAJO

APÉNDICES

EL DINERO Y EL BANCO

AMIGOS, NOVIOS Y EL MATRIMONIO

CAPÍTULO 12

FIESTAS FAMILIARES

CAPÍTULO 13

LA NATURALEZA Y LA LIMPIEZA

CAPÍTULO 8

LA PELUQUERÍA

CAPÍTULO 9

LA COCINA

CAPÍTULO 6

EL HOTEL

CAPÍTULO 7

A BORDO DEL AVIÓN

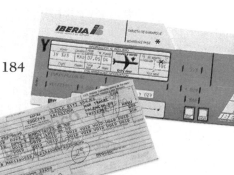

CAPÍTULO 2

DE COMPRAS

CAPÍTULO 3

EL CORREO

CONTENIDO

Los alumnos

Los alumnos van a la escuela en el bus escolar.
Ellos llegan a la escuela.
Un alumno habla con el profesor.
El profesor enseña.
Los alumnos estudian.
Están en la sala de clase.
Después de las clases, los alumnos van a un café.
Toman una merienda en el café.
Toman un refresco.

 En la escuela. Contesten.

1. ¿Cómo van los alumnos a la escuela? ¿Van a pie, en carro o en el bus escolar?
2. ¿A qué hora llegan a la escuela, a las ocho menos cinco de la mañana o a las ocho menos cinco de la tarde?
3. ¿Con quién hablan los alumnos en la escuela, con su profesor o con sus parientes?
4. ¿Quién enseña, el alumno o el profesor?
5. ¿Dónde están los alumnos ahora? ¿Están en la sala de clase en la escuela o están en casa?
6. ¿Adónde van los alumnos después de las clases? ¿Van a la escuela, a la tienda de discos o al café?
7. ¿Qué toman en el café? ¿Toman una merienda o un refresco?

Doñana
CAFETERÍAS G G PASTELERÍAS
ESPECIAL DESAYUNOS Y MERIENDAS
CHURROS, PORRAS, ELABOR. PROPIA
Pl. Jacinto Benavente, 2 .... 467 0834
Frente al teatro Calderón

B **¿Qué hacen?** Escojan.

1. ¿Cómo van los alumnos?
   a. a la escuela   **b.** a las ocho   **c.** a pie

2. ¿Quién enseña?
   a. el profesor   **b.** en la escuela   **c.** español

3. ¿Quiénes hablan?
   a. por teléfono   **b.** los alumnos   **c.** el profesor

4. ¿Cuándo llegan?
   a. en el bus   **b.** con sus amigos   **c.** a las ocho

5. ¿Qué estudian?
   a. en la escuela   **b.** mucho   **c.** álgebra

6. ¿Adónde van?
   a. en casa   **b.** al café   **c.** hoy

Un colegio en Puerto Rico

Los verbos en -*ar*

1. Review the forms of regular -*ar* verbs in Spanish.

INFINITIVE	HABLAR	TOMAR	CANTAR
ROOT	habl-	tom-	cant-
yo	hablo	tomo	canto
tú	hablas	tomas	cantas
él, ella, Ud.	habla	toma	canta
nosotros(as)	hablamos	tomamos	cantamos
vosotros(as)	*habláis*	*tomáis*	*cantáis*
ellos, ellas, Uds.	hablan	toman	cantan

2. Remember that the subject pronouns can be omitted in Spanish.

> (Yo) Hablo español.
> (Tú) Hablas inglés.
> (Nosotros) Estudiamos mucho.

3. To make a sentence negative, put *no* before the verb.

> El profesor enseña. Los alumnos no enseñan.
> Los alumnos toman exámenes. Los profesores no toman exámenes.

4. You use *tú* when speaking to a friend, a family member, or any person who is the same age as yourself.

> Antonio (tú) hablas español, ¿no?

5. You use *Ud.* when speaking to an older person, someone you do not know well or anyone to whom you wish to show respect.

> ¿Habla Ud. inglés, señor López?

C **En la escuela.** Contesten.

1. ¿A qué hora llegan los alumnos a la escuela?
2. ¿Cuántas asignaturas toman?
3. ¿Sacan notas buenas o malas?
4. ¿Estudian mucho o poco?
5. Y tú, ¿a qué hora llegas a la escuela?
6. ¿En qué llevas tus libros?
7. ¿Qué asignaturas estudias?
8. ¿Qué notas sacas?

D **¿Qué lenguas hablas?** Completen.

—Oye, Paco. Tú ___ (hablar) español, ¿no?
    ₁

—Sí, (yo) ___ (hablar) español. Y tú también ___ (hablar) español, ¿no?
      ₂   ₃

—Sí, pero no muy bien. Yo ___ (estudiar) español en la escuela. En la clase de
                          ₄

español nosotros ___ (hablar) y ___ (escuchar) cintas.
                  ₅   ₆

E **En la fiesta.** Completen.

1. Durante la fiesta nosotros ___. (bailar)
2. José ___ el piano. (tocar)
3. Mientras él ___ el piano, Sandra y Manolo ___. (tocar, cantar)
4. ¿ ___ Uds. refrescos para la fiesta? (preparar)
5. ¿ ___ tú fotos instantáneas durante la fiesta? (tomar)
6. Sí, y todos nosotros ___ las fotografías. (mirar)

F **Un muchacho en un colegio de Santiago.** Completen.

Ricardo es un muchacho chileno. Él ___ (estudiar) en un colegio de Santiago,
                                    ₁
la capital de Chile. Emilio es un muchacho listo. Él ___ (trabajar) mucho en la
                                                      ₂
escuela. Él ___ (estudiar) inglés. En la clase de inglés los alumnos ___ (hablar)
            ₃   ₄
mucho. A veces ellos ___ (cantar) también.
                     ₅

Yo ___ (estudiar) español en una escuela secundaria en los Estados Unidos.
   ₆
Yo también ___ (trabajar) mucho y ___ (sacar) muy buenas notas en la clase
           ₇   ₈
de español. En la clase nosotros ___ (hablar)
                                 ₉
mucho con el profesor. A veces, nosotros ___
                                         ₁₀
(cantar) y ___ (tocar) la guitarra.
          ₁₁

Después de las clases, los amigos ___ (tomar)
                                  ₁₂
una merienda. A veces nosotros ___ (mirar) la
                               ₁₃
televisión. Cuando no ___ (mirar) la televisión,
                      ₁₄
nosotros ___ (escuchar) discos o ___ (hablar)
         ₁₅   ₁₆
por teléfono.

Los verbos *ir, dar* y *estar*

1. Review the forms of the irregular verbs *ir, dar,* and *estar*. Note that they are irregular in the *yo* form. All other forms conform to the pattern of a regular *-ar* verb.

INFINITIVE	IR	DAR	ESTAR
yo	voy	doy	estoy
tú	vas	das	estás
él, ella, Ud.	va	da	está
nosotros(as)	vamos	damos	estamos
vosotros(as)	*vais*	*dais*	*estáis*
ellos, ellas, Uds.	van	dan	están

2. Remember that *estar* is used to express location and how you feel.

   ¿Cómo estás? Estoy bien, gracias.
   ¿Dónde está Roberto? Está en casa.

3. The preposition *a* often follows the verb *ir*. Remember that *a* contracts with *el* to form one word *al*.

   Voy al café. No voy a la tienda.

G **Entrevista.** Contesten.

1. ¿A qué escuela vas?
2. ¿Estás en la escuela ahora?
3. ¿En qué clase estás?
4. ¿Vas a la escuela con tus amigos?
5. ¿Cómo van Uds. a la escuela?
6. ¿Estás con tus amigos ahora?
7. ¿Están ellos en la clase de español también?
8. ¿Da el/la profesor(a) de español muchos exámenes?
9. ¿Adónde van tú y tus amigos después de las clases?

- **A**DMINISTRACIÓN DE **E**MPRESAS
- **B**IOLOGÍA
- **C**ONTADURÍA **P**ÚBLICA
- **D**ISEÑO **G**RÁFICO
- **E**DUCACIÓN **P**RIMARIA
- **I**NGENIERÍA EN **A**LIMENTOS
- **Q**UÍMICO **F**ARMACÉUTICO **B**IÓLOGO
- **S**ISTEMAS **C**OMPUTACIONALES E **I**NFORMÁTICA

CONTAMOS CON:
- **C**ENTRO DE **I**DIOMAS

EXAMENES DE ADMISION

TERCER PERIODO   19 de JUNIO
CUARTO PERIODO   15 y 16 de JULIO

UNIVERSIDAD
US
SIMON BOLIVAR

Av. Río Mixcoac No. 48   Col. Insurgentes Mixcoac
Tels: 598 17 77   598 14 03   598 11 08   Fax: 563 17 05
DISEÑO: D.G. Miguel A. Aguilera, Susana Rivera, Patricia Valero

REPASO

B

LAS
ACTIVIDADES

Comunicación

A **Las actividades.** With a classmate prepare a list of activities you do. Separate the activities you have listed into two categories:

EN LA ESCUELA   DESPUÉS DE LAS CLASES

Then write a paragraph telling what you do in school and what you do after school.

B **¿Adónde vas?** With a classmate make up a short conversation using each of the following verbs. Use the model as a guide.

> Estudiante 1: ¿Adónde vas?
> Estudiante 2: ¿Quién, yo? Yo voy a la biblioteca.
> Estudiante 1: ¿Sí? Tomás va a la biblioteca también.

1. ir
2. hablar
3. tocar
4. mirar
5. estar

C **¿Cómo soy…?** Describe yourself to your partner in terms of what you are not. Reverse roles.

> No soy alta; no soy rubia…

Un colegio en la Argentina

R-11

Los amigos

¡Hola!
¡Hola! ¿Qué tal, Jesús?
Bien, ¿y tú?
Muy bien, gracias.
¡Chao! ¡Hasta luego!
¡Adiós! ¡Hasta luego!

A **Hola.** Say "hi" to a friend in class.

B **¿Cómo te va?** Ask a friend in class how things are going.

C **Adiós.** Say "so long" to a friend in class.

Dos mexicanos

Es Rafael Salas.
Él es de México.
Rafael es mexicano.

Es Carmen Grávalos.
Carmen es mexicana también.
Carmen y Rafael son de
    Guadalajara.
Viven en Guadalajara.
Ellos son alumnos en el colegio Hidalgo, en
    Guadalajara.

En el colegio Rafael y Carmen…
    leen libros y periódicos.
    escriben con lápiz y con bolígrafo.
    comen en la cafetería.
    ven un partido de fútbol.

D Rafael y Carmen. Contesten.

1. ¿De dónde es Rafael?
2. ¿De qué nacionalidad es?
3. Y Carmen, ¿de qué nacionalidad es ella?
4. ¿De dónde son Rafael y Carmen?
5. ¿Dónde viven ellos?
6. ¿Dónde son alumnos?

E Expresiones. Pareen.

1. leer
2. escribir
3. vivir
4. aprender
5. vender
6. comer
7. ver
8. ser
9. subir
10. beber

a. mucho en la escuela
b. al quinto piso
c. una novela
d. un alumno bueno y serio
e. una carta con bolígrafo
f. una limonada
g. en una casa particular
h. una emisión deportiva
i. discos en una tienda en el centro comercial
j. carne, ensalada y papas

F La familia. Completen.

1. La familia ___ en la cocina o en el comedor.
2. La familia ___ la televisión en la sala.
3. Después de la comida mamá ___ una carta a una amiga.
4. Papá ___ el periódico.
5. La familia ___ en una casa privada. La familia no ___ en un apartamento.

G Sustantivos y verbos. Pareen.

1. escribir
2. comer
3. vender
4. beber
5. aprender
6. vivir
7. leer

a. la venta
b. el aprendizaje
c. la escritura
d. la lectura
e. la vivienda
f. la comida
g. la bebida

Los verbos en *-er, -ir*

1. Review the forms of regular *-er* verbs, and *-ir* verbs.

INFINITIVE	COMER	VIVIR
STEM	com-	viv-
yo	como	vivo
tú	comes	vives
él, ella, Ud.	come	vive
nosotros(as)	comemos	vivimos
vosotros(as)	*coméis*	*vivís*
ellos, ellas, Uds.	comen	viven

2. Note that all forms of *-er* and *-ir* verbs are the same except *nosotros* and *vosotros*.

    Nosotros comemos.   Nosotros subimos.
    Bebemos.   Escribimos.

SE SIENTE...	CON GANAS DE COMER...	¡LO QUE DEBE COMER!
Triste	Alimentos reconfortantes	Sopa, avena, macarrones con queso
Enojada	Alimentos duros crujientes	Palomitas de maíz, apio, manzana
Segura	Comidas picantes	Jugo de tomate con especias, *crudités* con salsas
Avergonzada	Alimentos cremosos	Bananas, yogur descremado
Excitada	Algo dulce	Galletitas "María", caramelos, mazapanes
Tensa	Alimentos salados	Sopa de vegetales, galletitas saltinas
Nerviosa	Alimentos ricos en carbohidratos	Pastas, papas y pan integral
Cansada	Alimentos ricos en proteína	Queso, carne magra y maní

H **Personalmente.** Completen.

1. Yo ___ en ___. (vivir)
2. Yo no ___ en ___. ___ en ___. (vivir)
3. Yo ___ en la calle ___. (vivir)
4. En casa, yo ___ con mi familia. (comer)
5. Nosotros ___ en la cocina. (comer)
6. Después de la comida yo ___ el periódico. (leer)
7. A veces yo ___ una composición para la clase de inglés. (escribir)

I **Pregunta.** Make up a question for each sentence in Exercise H.

J **Vivimos en los Estados Unidos.** Contesten.

1. ¿Dónde viven Uds.?
2. ¿Viven Uds. en una casa particular?
3. ¿Viven Uds. en un apartamento?
4. ¿Escriben Uds. mucho en la clase de español?
5. Y en la clase de inglés, ¿escriben Uds. mucho?
6. ¿Comprenden Uds. cuando la profesora habla en español?
7. ¿Reciben Uds. buenas notas en español?
8. ¿Aprenden Uds. mucho en la escuela?
9. ¿Leen Uds. muchos libros?
10. ¿Comen Uds. en la cafetería de la escuela?

El verbo *ser*

Review the forms of the irregular verb *ser*.

SER	
yo	soy
tú	eres
él, ella, Ud.	es
nosotros(as)	somos
vosotros(as)	*sois*
ellos, ellas, Uds.	son

 La nacionalidad. Practiquen.

—Roberto, tú eres americano, ¿no?

—Sí, hombre. Soy americano.

—Y tu amiga, ¿es ella americana también?

—¿Quién, Alejandra?

—Sí, ella.

—No, ella es de España.

—Pero Uds. son alumnos en la misma escuela, ¿no?

—Sí, somos alumnos en la escuela Monroe.

L **Roberto y Alejandra.** Contesten según la conversación.

1. ¿Quién es americano?
2. ¿Quién es de España?
3. ¿Son ellos alumnos en la misma escuela?
4. ¿En qué escuela son ellos alumnos?

M **Personalmente.** Contesten.

1. ¿Quién eres?
2. ¿De dónde eres?
3. ¿De qué nacionalidad eres?
4. ¿Cómo eres?
5. ¿Qué eres?
6. ¿Dónde eres alumno(a)?

N **Dos ecuatorianos.** Completen con *ser*.

Marisa Contreras ___ de Guayaquil. Y
Felipe Gutiérrez ___ de Guayaquil. Los
dos ___ ecuatorianos y los dos no ___
de la capital.

¿De dónde ___ Uds.? ¿ ___ Uds. de
la capital de su país?

Nosotros ___ de ___ .

Catedral de Guayaquil

Los artículos y los sustantivos

1. Many Spanish nouns end in *-o* or *-a*. Most nouns that end in *-o* are masculine and most nouns that end in *-a* are feminine. The definite article *el* accompanies a masculine noun and the definite article *la* accompanies a feminine noun.

MASCULINO	FEMENINO
el muchacho	la muchacha
el colegio	la escuela

2. Many Spanish nouns end in *-e*. It is impossible to tell the gender, masculine or feminine, of nouns ending in *-e*.

MASCULINO	FEMENINO
el arte	la calle
el café	la clase
el deporte	la tarde
el padre	la madre

3. To form the plural of nouns ending in the vowels *o*, *a*, or *e*, you add an *-s*. To nouns ending in a consonant, you add *-es*. Note that *el* changes to *los* and *la* changes to *las*.

MASCULINO	FEMENINO
los muchachos	las muchachas
los deportes	las calles
los profesores	las ciudades

4. In Spanish, you use the indefinite articles *un* or *una* to express "a" or "an." Note that these articles change to *unos* and *unas* in the plural.

SINGULAR	PLURAL
un muchacho	unos muchachos
una muchacha	unas muchachas

O **El muchacho y la muchacha.** Completen con *el, la, los* o *las*.

____ muchacho es cubano y ____ muchacha es puertorriqueña. Sus padres son
de Ponce en el sur de ____ isla. Ahora ____ dos muchachos viven en ____ ciudad
de Miami. Ellos viven en ____ misma calle y van a ____ misma escuela.

P **El plural.** Cambien cada oración a la forma plural.

1. El muchacho es moreno.
2. La muchacha es rubia.
3. El alumno es serio.
4. La escuela es buena.
5. La ciudad es grande.

El parque de bombas, Ponce, Puerto Rico

R–19

La concordancia de los adjetivos

1. Adjectives agree with the nouns they describe. If the noun is feminine, the adjective must be in the feminine form. If the noun is plural, the adjective must be in the plural form. Review the following.

	FEMENINO	MASCULINO
SINGULAR	la amiga rubia una muchacha seria	el amigo rubio un muchacho serio
PLURAL	las amigas rubias unas muchachas serias	los amigos rubios unos muchachos serios

2. Adjectives that end in -e have two forms. To form the plural you add an -s.

> el edificio grande
> los edificios grandes

3. Adjectives that end in a consonant also have two forms. You add -es to form the plural.

> el curso fácil   los cursos fáciles
> la lección fácil   las lecciones fáciles

Q **Las dos muchachas.** Describan a las muchachas.

R **El amigo.** Describan a un(a) amigo(a).

El presente progresivo   *Describing an Action in Progress*

1. The present progressive is used in Spanish to express an action that is presently going on. It is formed by using the present tense of the verb *estar* and the present participle. To form the present participle of most verbs you drop the ending of the infinitive and add *-ando* to the stem of *-ar* verbs and *-iendo* to the stem of *-er* and *-ir* verbs. Study the following forms of the present participle.

INFINITIVE	HABLAR	LLEGAR	COMER	HACER	SALIR
STEM PARTICIPLE	habl- hablando	lleg- llegando	com- comiendo	hac- haciendo	sal- saliendo

2. Note that the verbs *leer* and *traer* have a *y* in the present participle.

   leyendo   trayendo

3. Study the following examples of the present progressive.

   ¿Qué está haciendo Elena?
   En este momento está esperando el avión.

S **¿Qué están haciendo en el aeropuerto?** Contesten según se indica.

1. ¿Adónde están llegando los pasajeros? (al aeropuerto)
2. ¿Cómo están llegando? (en taxi)
3. ¿Adónde están viajando? (a Europa)
4. ¿Cómo están haciendo el viaje? (en avión)
5. ¿Dónde están facturando el equipaje? (en el mostrador de la línea aérea)
6. ¿Qué está revisando la agente? (los boletos y los pasaportes)
7. ¿De qué puerta están saliendo los pasajeros para Madrid? (número siete)
8. ¿Qué están abordando? (el avión)

T **Yo (no) estoy…** Formen oraciones.

1. comer
2. hablar
3. estudiar
4. bailar
5. escribir
6. aprender
7. trabajar
8. hacer un viaje
9. leer
10. salir para España

U **¿Qué están haciendo ahora?** Digan lo que están haciendo.

1. Mi madre
2. Mi padre
3. Mis primos
4. Mis hermanos
5. Yo
6. Mis amigos
7. Mi novio(a) y yo

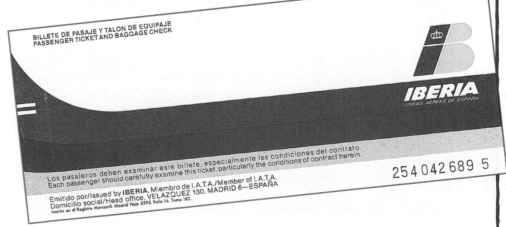

Comunicación

A **En la cafetería.** You have just met a new student in the school cafeteria. Tell him or her what your nationality is, what languages you speak, what classes you are taking, how many brothers and sisters you have and what their ages are. Reverse roles.

B **Las categorías.** With a classmate make up a list of words you know that describe a person. Then divide the words into the following categories.

> **descripción física**
> **personalidad**
> **características positivas**
> **características negativas**

Continue to work together. Then decide upon a person that fits into all categories and give a complete description of the person.

C **Soy…** Write a postcard to a pen pal in Puerto Rico. Tell him or her what you look like; where you are from; and where you go to school. Describe your school and after-school activities.

El observatorio de Arecibo, Puerto Rico

Un edificio de apartamentos en el viejo San Juan, Puerto Rico

La catedral de Ponce, Puerto Rico

LOS VIAJES Y
LOS DEPORTES

R-25

Un viaje a Lima

—Hola, Jorge. ¿Qué haces, hombre?

—Pues, voy a hacer un viaje a Lima.

—¿A Lima? ¿Cuándo sales?

—Salgo mañana.

—¿Por qué tienes que ir a Lima?

—No tengo que ir. Es que quiero ir.

—¿Qué vas a hacer en Lima?

—Pues, la Argentina juega contra el Perú.

—¡Verdad!

A **Un viaje a Lima.** Contesten según la conversación.

1. ¿Adónde va Jorge?
2. ¿Cuándo sale?
3. ¿Tiene que ir a Lima?
4. ¿Quiere ir?
5. ¿Qué va a hacer en Lima?

B **En el aeropuerto.** Contesten según el dibujo.

1. Los pasajeros hacen un viaje a ___.
2. Los pasajeros están en ___.
3. Ellos llevan (tienen) ___.
4. El agente revisa sus ___ y sus ___.
5. Es el ___ número 110.
6. El vuelo sale para ___.
7. ___ a las 9:20.
8. Los ___ van a abordar el avión.

C **Los deportes.** ¿Qué deporte es?

1. hay cinco jugadores en el equipo
2. hay once jugadores en el equipo
3. el portero guarda la portería
4. los jugadores encestan el balón
5. los jugadores juegan en el campo de fútbol

El presente de los verbos de cambio radical

1. Review the forms of *e > ie* stem-changing verbs. Note that the stem changes in all forms except the *nosotros* and *vosotros*.

INFINITIVE	EMPEZAR	QUERER	PREFERIR
yo	empiezo	quiero	prefiero
tú	empiezas	quieres	prefieres
él, ella, Ud.	empieza	quiere	prefiere
nosotros(as)	empezamos	queremos	preferimos
vosotros(as)	empezáis	queréis	preferís
ellos, ellas, Uds.	empiezan	quieren	prefieren

2. Review the forms of *o > ue* stem-changing verbs. Note that the stem changes in all forms except the *nosotros* and *vosotros*.

INFINITIVE	VOLVER	PODER	DORMIR
yo	vuelvo	puedo	duermo
tú	vuelves	puedes	duermes
él, ella, Ud.	vuelve	puede	duerme
nosotros(as)	volvemos	podemos	dormimos
vosotros(as)	volvéis	podéis	dormís
ellos, ellas, Uds.	vuelven	pueden	duermen

3. Remember that the stem of the verb *jugar* also changes to *ue*.

JUGAR	
yo	juego
tú	juegas
él, ella, Ud.	juega
nosotros(as)	jugamos
vosotros(as)	jugáis
ellos, ellas, Uds.	juegan

D Un juego de fútbol. Lean.

El juego de fútbol empieza a las dos de la tarde. Hoy juegan los Osos contra los
Tigres. Cuando empieza el segundo tiempo, el tanto queda empatado en cero.
Los jugadores vuelven al campo. Todos quieren ganar, pero si el tanto no queda
empatado, un equipo tiene que perder. ¿Quiénes pierden? Durante el último
minuto del partido los Osos meten un gol. El portero de los Tigres no puede
parar el balón y los Osos ganan.

Deporte TOTAL

El Comercio

Lima, lunes 20 de enero

Así celebraron los jugadores peruanos el cuarto gol. Nuestra selección deambula, a pesar de sus buenos jugadores.

Sub'23 no convence

Ganó a México 4 a 3
Otra vez bronca y expulsiones

(Pags. 2,3 y 4)   Salto de garrocha frente a la Catedral. (pag 5)

Jaime Yzaga y Julio Granda juntos (pags 8 y 9)
Chemo, el líbero que vino del Sur (pags 10 y 11)
Los 50 años de Cassius Clay (pag 12)
Cómo se prepara Ecuador para la Copa Davis (pag 16)

E **Los Osos contra los Tigres.** Contesten según la lectura.

1. ¿A qué hora empieza el juego de fútbol?
2. ¿Quiénes juegan?
3. ¿Cómo queda el tanto cuando empieza el segundo tiempo?
4. ¿Quiénes vuelven al campo?
5. ¿Qué quieren todos?
6. ¿Tiene que perder un equipo?
7. ¿Quiénes pierden?
8. ¿Qué no puede parar el portero de los Tigres?
9. ¿Duermen los espectadores durante el partido?

F **Lo que quiero hacer.** Tell five things you want to do.

G **Lo que Pablo prefiere hacer.** Tell five things Pablo does not want to do. Tell what he prefers to do.

H **Lo que podemos hacer.** Tell five things you and your friends can do.

I **El partido de hoy.** Completen.

1. Hoy nosotros ___ a jugar a las dos. (empezar)
2. Nosotros no ___ perder. (querer)
3. Si nosotros ___ el juego de hoy, no ___ jugar mañana. (perder, poder)

J **El partido de hoy.** Cambien *nosotros* a *yo* en las oraciones del Ejercicio I.

Los verbos con g en la primera persona

1. Review the forms of the irregular verbs *hacer, poner, traer,* and *salir.* Note that they all have a g in the *yo* form.

INFINITIVE	HACER	PONER	TRAER	SALIR
yo	hago	pongo	traigo	salgo
tú	haces	pones	traes	sales
él, ella, Ud.	hace	pone	trae	sale
nosotros(as)	hacemos	ponemos	traemos	salimos
vosotros(as)	*hacéis*	*ponéis*	*traéis*	*salís*
ellos, ellas, Uds.	hacen	ponen	traen	salen

2. The verbs *tener* and *venir* also have a *g* in the *yo* form. In addition, the *e* of the infinitive stem changes to *ie* in all forms except the *nosotros* and *vosotros*.

INFINITIVE	TENER	VENIR
yo	tengo	vengo
tú	tienes	vienes
él, ella, Ud.	tiene	viene
nosotros(as)	tenemos	venimos
vosotros(as)	tenéis	venís
ellos, ellas, Uds.	tienen	vienen

3. The expression *tener que* followed by an infinitive means "to have to."

> **Tenemos que estudiar.**
> **Tenemos que tomar un examen final.**

K **Un viaje imaginario.** Contesten con *sí*.

1. ¿Haces un viaje a España?
2. ¿Haces el viaje en avión?
3. Antes, ¿haces la maleta?
4. ¿Qué pones en la maleta?
5. ¿Cuándo sales?
6. ¿Sales para el aeropuerto en taxi?
7. ¿A qué hora viene el taxi?
8. ¿A qué hora tienes que estar en el aeropuerto?
9. ¿Tienes mucho equipaje?
10. ¿A qué hora sale el vuelo para Madrid?

SECRETARIA GENERAL DE TURISMO
TURESPAÑA

L **La maleta.** Completen con *hacer*, *poner* o *salir*.

1. Juan ___ su maleta. Él ___ una camisa en la maleta. Él ___ para Málaga.
2. Nosotros ___ nuestra maleta. Nosotros ___ blue jeans en la maleta porque ___ para Cancún, en México.
3. ¿Tú ___ tu maleta? ¿Qué ___ en la maleta? ¿Por qué ___ la maleta? ¿Para dónde ___?
4. Mis padres ___ su maleta. Ellos ___ muchas cosas en la maleta. Ellos ___ su maleta porque ___ para Miami.
5. Yo ___ mi maleta. Yo ___ blue jeans y T shirts en mi maleta. Yo ___ mi maleta porque ___ para la Sierra de Guadarrama donde voy de camping.

M **Mi familia y mi casa.** Preguntas personales.

1. ¿Tienes una familia grande o pequeña?
2. ¿Cuántos hermanos y cuántas hermanas tienes?
3. ¿Tienen Uds. una casa particular o un apartamento?
4. ¿Cuántos cuartos tiene la casa o el apartamento?
5. ¿Tienen Uds. un carro?
6. ¿Tienen Uds. una mascota? ¿Tienen un perro o un gato?

Comunicación

A **¿Adónde vamos?** With a partner decide on a place each of you wants to go to. Tell how you're going to get there and what you're going to do there. Then ask each other questions about your trip. Write a paragraph about your partner's trip. Then compare what each of you has written.

B **Los deportes.** With your partner decide what sport you want to talk about. Make a list of words that describe this sport. Then put the words into sentences and write a paragraph about the sport. Read your paragraph to the class.

Partidos de clasificación - marzo

FECHA	EQUIPO DE CASA	EQUIPO VISITANTE	SEDE	GRUPO	
		Turquía		Europa	2
miércoles 10	San Marino		Limasol	Europa	4
		Checoslovaquia	Palermo		1
miércoles 24	Chipre	Malta			2
	Italia	San Marino			
	Países Bajos		Viena	Europa	6
sábado 27	Austria	Francia		Europa	4
		Bélgica			3
miércoles 31	Gales	España	Dublín		3
	Dinamarca	Irlanda del Norte			5
	Irlanda	Grecia	Berna		1
	Hungría	Portugal			2
	Suiza	Inglaterra			
	Turquía				

C **Mi familia y mi casa.** You and your partner will take turns saying something about your family and your house or apartment. Write down what the other person says. Then compare your families and your house or apartment.

D **Quiero…** Work with a classmate. Each of you will make a list of things you want to do but can't do because you have to do something else. Then compare your lists and see how many things you have in common.

D

EL INVIERNO Y EL VERANO

R–35

¿Qué hicieron en el verano?

Los amigos pasaron el fin de semana en la playa.
Nadaron en el mar.
Tomaron el sol.
Alquilaron un barquito.
Esquiaron en el agua.

En la estación de esquí

El invierno pasado María del Carmen esquió.
Ella subió la montaña en el telesquí.
Bajó una pista para principiantes.
Desgraciadamente perdió un bastón.

A El verano. Contesten.

1. ¿Qué tiempo hace casi siempre en el verano?
2. ¿Tienes vacaciones en el verano?
3. ¿Adónde vas?
4. ¿Te gusta nadar?
5. ¿Nadas mucho? ¿Dónde?
6. ¿Esquías en el agua?
7. ¿Qué usas como protección contra el sol?
8. ¿Qué llevas para protegerte los ojos?

El Grao Gandía

B El invierno. Contesten.

1. ¿Hace frío donde tú vives en el invierno?
2. ¿Vives cerca de las montañas?
3. ¿Esquías de vez en cuando?
4. ¿En qué suben los esquiadores la montaña?
5. ¿Qué tipo de pista bajan los buenos esquiadores?
6. ¿Qué necesitas para esquiar?

C Las vacaciones de Julia. Contesten.

1. ¿Julia pasó sus vacaciones en un balneario o en una estación de esquí?
2. ¿Ella nadó mucho?
3. ¿Nadó en el mar o en la piscina?
4. ¿Aprendió ella a hacer el esquí acuático?
5. ¿Ella tomó mucho sol?
6. ¿Volvió a casa muy bronceada?

D ¿En qué estación? Escojan y escriban en otro papel.

EN VERANO   EN INVIERNO   EN LAS DOS

1. Hace buen tiempo.
2. Hace frío.
3. Hace calor.
4. Nieva.
5. Llueve.
6. Hay mucho sol.
7. Hay mucho viento.
8. Está a dos grados bajo cero.

El pretérito de los verbos regulares

1. In Spanish you use the preterite to express an action that took place in the past. Note that the preterite endings are different from those used for the present tense. Review the forms of the preterite of regular verbs.

INFINITIVE	HABLAR	COMER	ESCRIBIR
yo	hablé	comí	escribí
tú	hablaste	comiste	escribiste
él, ella, Ud.	habló	comió	escribió
nosotros(as)	hablamos	comimos	escribimos
vosotros(as)	*hablasteis*	*comisteis*	*escribisteis*
ellos, ellas, Uds.	hablaron	comieron	escribieron

2. In the preterite the verb *dar* is conjugated the same way as an *-er* or *-ir* verb.

DAR
dí
diste
dio
dimos
disteis
dieron

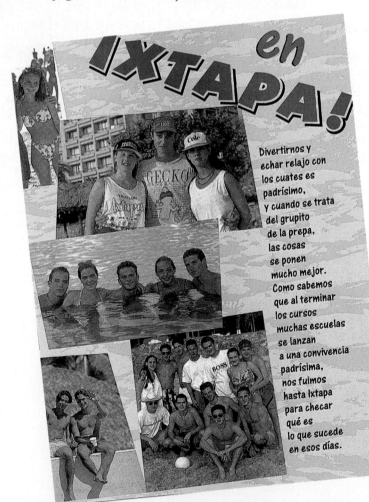

en ¡IXTAPA!

Divertirnos y echar relajo con los cuates es padrísimo, y cuando se trata del grupito de la prepa, las cosas se ponen mucho mejor. Como sabemos que al terminar los cursos muchas escuelas se lanzan a una convivencia padrísima, nos fuimos hasta Ixtapa para checar qué es lo que sucede en esos días.

E **No contestó nadie.** Practiquen la conversación.

ENRIQUE: Felipe, te llamé anoche pero no contestaste.

FELIPE: Sí, es verdad que no contestó nadie. Anoche mis padres salieron y yo también salí.

ENRIQUE: ¿Salieron juntos?

FELIPE: No, no salimos juntos. Mis padres comieron en un restaurante con algunos amigos y yo vi una película fantástica en el cine Metropol.

Completen según la conversación.

Anoche Enrique ___ a Felipe pero nadie ___ el teléfono. No ___ nadie porque
___1___   ___2___   ___3___

los padres de Enrique ___ y Enrique ___ también. Pero ellos no ___ juntos.
                      ___4___   ___5___   ___6___

Sus padres ___ en un restaurante con algunos amigos y Enrique ___ una
           ___7___   ___8___

película estupenda en el cine Metropol.

F **¿Qué hiciste anoche?** Preguntas personales.

1. ¿Saliste anoche?
2. ¿Comiste en casa o en un restaurante?
3. ¿Viste una película?
4. ¿Miraste una emisión deportiva en la televisión?
5. ¿Llamaste a un(a) amigo(a) por teléfono?
6. ¿Hablaron Uds. en inglés o en español?
7. Después de la conversación telefónica, ¿salieron juntos?
8. ¿Vieron una película en el cine?
9. ¿Estudiaron?
10. ¿Escribieron una composición para la clase de inglés?

Los complementos directos e indirectos

1. The object pronouns *me, te, nos* function as both direct and indirect objects.

DIRECT OBJECT	INDIRECT OBJECT
Roberto me vio.	Y él me habló.
Él nos invitó.	Nos escribió una invitación.

2. The object pronouns *lo, la, los,* and *las* are always direct objects.

Compré el traje de baño.	Lo compré.
Compré la crema bronceadora.	La compré.
Compré los esquís acuáticos.	Los compré.
Compré las toallas playeras.	Las compré.

3. The object pronouns *le* and *les* are always indirect objects. Note that they are often clarified by a prepositional phrase.

María le dio un regalo
- a él.
- a ella.
- a Ud.

María les dio un regalo
- a ellos.
- a ellas.
- a Uds.

G **Aquí lo tienes**. Sigan el modelo.

El bañador.
Aquí lo tienes.

1. el bañador
2. el traje de baño
3. el tubo de crema
4. la toalla playera
5. la crema bronceadora
6. los anteojos de sol
7. los boletos para el telesquí
8. los esquís
9. las raquetas
10. las pelotas

H **¿Qué quiere Carlos?** Completen con el pronombre.

JESÚS: Teresa, aquí tienes el teléfono. Carlos ____ llama.

TERESA: ¿Carlos ____ llama? ¿Qué quiere él?

JESÚS: No sé. Pero creo que ____ quiere decir algo.

TERESA: Carlos, ¿por qué ____ llamas?

CARLOS: ____ quiero hablar porque ____ voy a decir algo muy importante.

TERESA: ¡Qué va! No ____ tienes que decir nada importante. ¿Por qué ____ estás tomando el pelo?

I **En el aeropuerto.** Completen con *le* o *les*.

La señora López llegó al mostrador de la línea aérea en el aeropuerto. Ella ____₁ habló al agente. ____₂ habló en español. No ____₃ habló en inglés. Ella ____₄ dio su boleto al agente y él lo miró. Ella ____₅ dio su pasaporte también. El agente ____₆ dio a la señora su tarjeta de embarque.

A bordo del avión los asistentes de vuelo ____₇ hablaron a los pasajeros. ____₈ dieron la bienvenida a bordo y ____₉ explicaron el uso del equipo de emergencia.

Comunicación

A **Las vacaciones.** Tell your partner about a winter vacation you would like to take. Reverse roles and then report to the class.

B **En el verano.** With a classmate make a list of words and phrases you know pertaining to summer weather and summer activities. Take turns making up questions using these words and answering each others' questions.

R–41

E

LAS VACACIONES Y LAS ACTIVIDADES CULTURALES

R– 43

ALFREDO: ¿Cómo fuiste a Sevilla?

FELIPE: Fuimos en tren.

ALFREDO: ¿Fuimos? ¿Quiénes te acompañaron?

FELIPE: Mis primos, Sandra y Rafael. ¡Qué viaje más bueno! En el coche comedor nos sirvieron una comida excelente.

ALFREDO: ¿Una comida excelente a bordo de un tren?

FELIPE: Sí, pedí lomo (biftec) a término medio y el mesero lo trajo (sirvió) en seguida. ¡Exquisito!

ALFREDO: ¿Y qué hicieron en Sevilla?

FELIPE: Pues, fuimos al Alcázar, a la Torre del Oro y vimos una exposición de Murillo en el museo.

A **En Sevilla.** Contesten según la conversación.

1. ¿Quién fue a Sevilla?
2. ¿Quiénes lo acompañaron?
3. ¿Cómo fueron a Sevilla?
4. ¿Qué tal fue el viaje?
5. ¿Dónde le sirvieron un lomo exquisito?
6. ¿Cómo lo pidió Felipe?
7. ¿Qué hicieron Felipe y sus primos en Sevilla?

"El regreso del hijo pródigo" de Bartolomé Esteban Murillo

B **Mi restaurante favorito.** Preguntas personales.

1. ¿Cuál es un restaurante que te gusta?
2. ¿Cuándo fuiste la última vez?
3. ¿Qué pediste?
4. ¿Te gustó?
5. ¿Te sirvió bien el mesero?
6. ¿Te trajo la cuenta?
7. ¿Le dejaste una propina?
8. ¿Cómo pagaste?

C **En la estación de ferrocarril.** Completen.

1. Los pasajeros esperan el tren en ____ .
2. Despachan los billetes en ____ .
3. Venden periódicos y revistas en ____ en la sala de espera.
4. Los pasajeros consultan ____ para verificar la hora de salida o llegada de su tren.
5. ____ ayudan a los pasajeros con su equipaje.
6. El tren sale del ____ número cinco.
7. El tren no salió ____ ; salió con retraso.

D **¿Qué es?** Identifiquen.

1. lugar donde presentan obras teatrales
2. lugar donde ponen películas
3. lo que se levanta al empezar una representación teatral
4. donde se proyecta una película
5. donde hace la gente cola para comprar entradas
6. el que pinta cuadros
7. lugar donde hay exposiciones de arte

CASA FUNDADA EN 1.725
CALLE DE CUCHILLEROS, 17 - MADRID
TELEFONO 366 42 17

Sala del Mirador
Doctor Fourquet, 31
Metro Lavapiés. Telf. 539 57 67

TEATRO GUIRIGAI
del 9 de Mayo al 9 de Junio
(8 tarde)

PERDIDOS EN EL PARAISO
de Agustín Iglesias
(juego teatral sobre
«El Gran Teatro del Mundo»
de Calderón de la Barca).

COMPAÑIA CONCERTADA CON **INAEM** INSTITUTO NACIONAL DE LAS ARTES ESCENICAS Y DE LA MUSICA
MINISTERIO DE CULTURA   Y LA COMUNIDAD DE MADRID

El pretérito de los verbos irregulares

1. Review the following forms of verbs that are irregular in the preterite.

INFINITIVE	ESTAR	TENER	ANDAR
yo	estuve	tuve	anduve
tú	estuviste	tuviste	anduviste
él, ella, Ud.	estuvo	tuvo	anduvo
nosotros(as)	estuvimos	tuvimos	anduvimos
vosotros(as)	estuvisteis	tuvisteis	anduvisteis
ellos, ellas, Uds.	estuvieron	tuvieron	anduvieron

INFINITIVE	PONER	PODER	SABER
yo	puse	pude	supe
tú	pusiste	pudiste	supiste
él, ella, Ud.	puso	pudo	supo
nosotros(as)	pusimos	pudimos	supimos
vosotros(as)	pusisteis	pudisteis	supisteis
ellos, ellas, Uds.	pusieron	pudieron	supieron

INFINITIVE	QUERER	HACER	VENIR
yo	quise	hice	vine
tú	quisiste	hiciste	viniste
él, ella, Ud.	quiso	hizo	vino
nosotros(as)	quisimos	hicimos	vinimos
vosotros(as)	quisisteis	hicisteis	vinisteis
ellos, ellas, Uds.	quisieron	hicieron	vinieron

INFINITIVE	DECIR
yo	dije
tú	dijiste
él, ella, Ud.	dijo
nosotros(as)	dijimos
vosotros(as)	*dijisteis*
ellos, ellas, Uds.	dijeron

2. *Saber, poder,* and *querer* have a meaning in the preterite that is different from the normal meaning of the infinitive.

Carlos lo supo ayer.	*Carlos found it out (learned about it) yesterday.*
Elena lo pudo hacer.	*(After much effort) Elena managed to do it.*
José no lo pudo hacer.	*(He tried but) José couldn't do it.*
Teresa no quiso ir.	*Teresa refused to go.*

3. The following verbs have a stem change in the preterite.

INFINITIVE	PEDIR	SERVIR	DORMIR
yo	pedí	serví	dormí
tú	pediste	serviste	dormiste
él, ella, Ud.	pidió	sirvió	durmió
nosotros(as)	pedimos	servimos	dormimos
vosotros(as)	*pedisteis*	*servisteis*	*dormisteis*
ellos, ellas, Uds.	pidieron	sirvieron	durmieron

E **No sé.** Sigan el modelo.

> **¿Quién lo hizo?**
> *No sé quién lo hizo.*

1. ¿Quién lo supo?
2. ¿Quién lo dijo?
3. ¿Quién lo trajo?
4. ¿Quién lo puso allí?
5. ¿Quién lo hizo?
6. ¿Quién vino?
7. ¿Quién lo pidió?
8. ¿Quién lo sirvió?
9. ¿Quién durmió?

SAN ISIDRO

IX MUESTRA DE
CERÁMICA
EN MADRID

Plazas de Dalí y Felipe II   Del 11 al 19 de mayo

FUJITSU

Ayuntamiento de Madrid
Concejalía de Cultura

Comunidad de Madrid
Consejería de Economía

ORGANIZA: ASOCIACIÓN PROFESIONAL CERAMISTAS DE LA VILLA

F **Nadie vino.** Contesten según el modelo.

> **¿Por qué no viniste?**
> *Yo no vine porque no quise venir.*

1. ¿Por qué no vino Roberto?
2. ¿Por qué no viniste tú?
3. ¿Por qué no vino Elena?
4. ¿Por qué no vinieron Elena y sus amigos?
5. ¿Por qué no vinieron Uds.?

G **En el restaurante.** Cambien las oraciones al pretérito.

1. Vamos al restaurante.
2. Yo pido langosta.
3. Mi amigo pide biftec.
4. El mesero nos trae la comida.
5. Nos sirve muy bien.
6. Yo le pido la cuenta.
7. Él nos trae la cuenta.
8. Él la pone en la mesa.

El verbo gustar

The verb *gustar* is used to express "to like." It takes an indirect object the same as verbs such as *interesar* or *sorprender*.

> Me gusta mucho el arte.
> Me interesa el arte.
> ¿A Ud. le gustan los cuadros de Goya?
> Sí, me gustan mucho.
> A mis amigos les gusta la obra de Orozco.
> Les gustan los murales mexicanos.

"El Quitasol" de Francisco de Goya

H **Los gustos.** Contesten.

1. ¿Te gusta la literatura?
2. ¿Qué autores o escritores te gustan?
3. A tu mamá, ¿le gusta leer revistas?
4. ¿Qué revistas le gustan?
5. A tus amigos, ¿les gustan los deportes?
6. ¿Qué deportes les gustan?
7. ¿Te gustan los deportes también?
8. ¿Cuál es el deporte que te gusta más?

Comunicación

A **Un almuerzo.** You and two classmates are planning a lunch for your teacher. Decide the day and time to have lunch, what to serve, what you need to buy, and who will prepare the food. Then explain your plans to the class.

B **Somos cultos.** This semester you and two classmates are members of a committee that plans cultural activities for your school. Make a list of possible activities taking into consideration what students in your school like or don't like. Then explain your choices to the class.

REPASO

F

DE CAMPING

R- 51

De vacaciones

Los Santana van de camping.
Cada uno duerme en un saco de dormir.
Ponen los sacos de dormir en la carpa.
Preparan la comida en el hornillo.

José se levanta.
Se lava y se cepilla los dientes.
José tiene la ropa en una mochila.
Saca un blue jean, un par de tenis y una camiseta.
Luego se viste y se desayuna.

A **De camping.** ¿Sí o no?

1. Los Santana van de camping.
2. Duermen en una hamaca.
3. Preparan la comida en el hornillo.
4. José se levanta por la mañana.
5. Tiene la ropa en una maleta.
6. Se viste de una manera elegante.
7. No se desayuna.

B ¿Qué hace el muchacho? Contesten según el dibujo.

1.

2.

3.

4.

5.

6.

C La muchacha. Escojan.

1. La muchacha se mira en _____ .
   a. el espejo   b. la pensión   c. el hornillo

2. Los jóvenes dan una caminata por _____ .
   a. el camping   b. las sendas del bosque   c. el camión

3. Ella se baña y _____ .
   a. se cepilla   b. se lava el pelo   c. toma una ducha

4. En _____ hay muchos árboles.
   a. la orilla   b. el bosque   c. el saco

Los verbos reflexivos

A reflexive verb is one in which the action reflects back to the subject. The subject does the action of the verb to itself. The verb is always accompanied by a reflexive pronoun. Review the following.

INFINITIVE	LAVARSE	LEVANTARSE
yo	me lavo	me levanto
tú	te lavas	te levantas
él, ella, Ud.	se lava	se levanta
nosotros(as)	nos lavamos	nos levantamos
vosotros(as)	*os laváis*	*os levantáis*
ellos, ellas, Uds.	se lavan	se levantan

INFINITIVE	ACOSTARSE
yo	me acuesto
tú	te acuestas
él, ella, Ud.	se acuesta
nosotros(as)	nos acostamos
vosotros(as)	*os acostáis*
ellos, ellas, Uds.	se acuestan

D **Yo.** Preguntas personales.

1. ¿A qué hora te despiertas?
2. ¿A qué hora te levantas?
3. ¿Te desayunas en casa?
4. ¿Te cepillas los dientes antes o después del desayuno?
5. ¿Te peinas o te cepillas el pelo?
6. ¿Te afeitas?
7. ¿Te miras en el espejo cuando te afeitas o cuando te peinas?
8. ¿A qué hora te acuestas?

E **Por la mañana.** Completen según la foto.

1. Yo ____ .
   Él ____ .
   Tú ____ .
   Ud. ____ .

2. Nosotros ____ .
   Ellas ____ .
   Uds. ____ .
   Ella y yo ____ .

1.

2.

El presente de algunos verbos de cambio radical

1. Verbs such as *pedir, servir,* and *repetir* change the -*e* of the infinitive stem to -*i* in all forms of the present tense, except *nosotros(as)* and *(vosotros[as])*.

INFINITIVE	PEDIR	SERVIR	REPETIR
yo	pido	sirvo	repito
tú	pides	sirves	repites
él, ella, Ud.	pide	sirve	repite
nosotros(as)	pedimos	servimos	repetimos
vosotros(as)	*pedís*	*servís*	*repetís*
ellos, ellas, Uds.	piden	sirven	repiten

2. *Preferir* changes -*e* to -*ie* and *dormir* changes -*o* to -*ue* in all forms except *nosotros(as)* and *(vosotros[as])*.

INFINITIVE	PREFERIR	DORMIR
yo	prefiero	duermo
tú	prefieres	duermes
él, ella, Ud.	prefiere	duerme
nosotros(as)	preferimos	dormimos
vosotros(as)	*preferís*	*dormís*
ellos, ellas, Uds.	prefieren	duermen

F ¡Todos no! ¡Solamente uno(a)! Den la forma singular.

1. Nos vestimos y salimos para el restaurante.
2. Preferimos ir a un restaurante económico.
3. Pedimos un biftec.
4. Lo pedimos casi crudo.
5. Los camareros nos sirven.
6. ¿Repiten Uds. el postre?

Comunicación

A **Lleva una blusa roja y…** Describe to your partner what outfit someone in class is wearing but don't tell him or her the name of the person. Your partner has to guess the name of the person. Take turns describing several people.

B **¿A qué hora te…?** In groups of three take turns telling each other at what time you do the following activities on weekends.

1. levantarse
2. desayunarse
3. cepillarse los dientes
4. lavarse
5. vestirse

20.- Bolso bandolera (9.975). Jersey viscosa (5.975). Blusa seda (5.475). Collar piedras alambre (1.375). Collar terracota (975). Cartera (4.375). Monedero (975). Americana lino-seda (13.975). Blusa seda natural (8.975). Falda viscosa delavada (4.975). Capazo paja (1.875). Gorro paja (1.275). Jersey algodón (6.475). Botines ante (3.975). Cinturón piel (2.975). Cinturón piel (3.575). Cinturón piel (2.875). Cinturón piel (2.975).

1

UNA LLAMADA TELEFÓNICA

OBJETIVOS

In this chapter you will learn to do the following:

1. make phone calls from Spanish-speaking countries
2. use proper phone etiquette
3. describe people, things, and events in the past
4. relate habitual, routine actions in the past
5. talk about phone service in some Spanish-speaking countries

Telefónica de Argentina

1

PALABRAS 1

EL TELÉFONO

la clave de área (el prefijo telefónico)

el prefijo del país **(031) 701 228 6534**

el número de teléfono

el teléfono público

la guía telefónica

~~(714) 925 2345~~

el número equivocado

la ranura

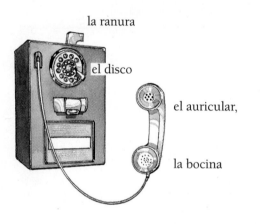

el disco

el auricular,

la bocina

la cabina telefónica

el teléfono de (a) botones

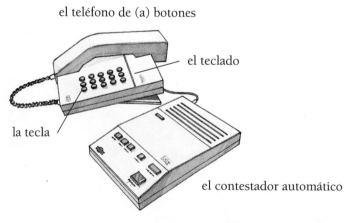

el teclado

la tecla

el contestador automático

el teléfono celular
el teléfono inalámbrico

hacer una llamada telefónica

descolgar el auricular

esperar el tono (la señal)

llamar por teléfono

telefonear

marcar el número

introducir la moneda

El teléfono suena.

El teléfono suena ocupado.
La línea está ocupada.

Están hablando.

el interlocutor

¡Hola! ¿Está el señor Salas, por favor?

¿De parte de quién?

Un momento, por favor.

De parte de la señorita Romero.

Ejercicios

1.

2.

3.

4.

741-5928

5.

6.

A ¿Qué es? Identifiquen.

1. ¿Es un teléfono público o privado?
2. ¿Es un teléfono con disco o un teléfono de (a) botones?
3. ¿Es la guía telefónica o la cabina telefónica?
4. ¿Es el número de teléfono o la clave de área?
5. ¿Es el auricular o la ranura?
6. ¿Es el disco o el teclado?

B Una llamada telefónica. Preguntas personales.

1. ¿Haces muchas llamadas telefónicas?
2. ¿A quién llamas?
3. ¿Cuál es tu número de teléfono?
4. ¿Cuál es tu prefijo telefónico?
5. ¿Tienes un teléfono inalámbrico?
6. Tu teléfono, ¿tiene disco o botones?
7. ¿Tienes un contestador automático?
8. ¿Dejan tus amigos mensajes cuando no puedes contestar el teléfono?

C **Haciendo una llamada telefónica.** Pongan las oraciones en orden.

Hago una llamada telefónica.
Mi interlocutor contesta.
Espero el tono (la señal).
Descuelgo.
Espero la contestación.
Tenemos una conversación.
Marco el número.
Cuelgo.

D **Va a llamar por teléfono.** Escojan la respuesta apropiada.

1. Está sonando ocupado.
   a. ¿No hay tono?
   b. Están hablando (comunicando)
      entonces.
   c. ¿No contesta nadie?

2. ¡Hola!
   a. ¿De parte de quién?
   b. ¡Hola!
   c. Lo siento. No está.

3. El señor Salas, por favor.
   a. Sí, está sonando.
   b. ¿De parte de quién, por favor?
   c. Favor de colgar.

4. ¿Está el señor Salas, por favor?
   a. Lo siento, no está.
   b. No, favor de colgar.
   c. Sí, lo siento.

Marcamos una nueva línea

FIBRA OPTICA

Adelantamos al futuro de las telecomunicaciones es ganarle tiempo al tiempo. En Telmex hemos iniciado la instalación de la nueva red de cableado de fibra óptica para enviar voz, datos e imágenes. Esta moderna tecnología le ofrece una alta velocidad, calidad de transmisión y mayor capacidad de instalación de líneas. Un par de fibras pueden transmitir hasta 30 000 llamadas simultáneas y la información contenida en un directorio telefónico en 1/4 de segundo. Además, el cable resiste golpes, humedad y el ataque de roedores. Al introducir 13 500 kms. de cable de fibra óptica, se enlazarán las 56 ciudades más importantes de la República Mexicana y modernizaremos a la vez, el actual sistema y servicio de Larga Distancia Nacional e Internacional. Es por esto que Telmex y las empresas AT&T y Alcatel Indetel, firmaron sendos convenios para concluir los trabajos en un lapso no mayor a 24 meses, adelantándonos un año al programa original. Esta es la línea que Telmex marca con hechos.

TELMEX
Comunicar es nuestra empresa

VOCABULARIO

PALABRAS 2

CUANDO LLAMABA A MI ABUELITA

Cuando yo era niño, telefoneaba a abuelita.

Yo adoraba a mi abuelita.
Y abuelita me adoraba.
Nos queríamos mucho.

Cuando yo llamaba, abuelita contestaba en seguida.
Ella contestaba en cuanto sonaba el teléfono.
Yo tenía conversaciones alegres con abuelita.

Cuando era niño, yo vivía en Madrid.

Y abuelita vivía en Mérida, en Extremadura.

Ejercicios

A **Cuando José era niño.** Contesten.

1. Cuando José era niño, ¿adoraba a su abuelita?
2. ¿Llamaba a su abuelita por teléfono?
3. ¿Quería mucho a su abuelita?
4. ¿Contestaba abuelita el teléfono?
5. ¿Ella contestaba en seguida?
6. ¿Contestaba en cuanto sonaba el teléfono?
7. ¿Tenía José muchas conversaciones con su abuelita?
8. ¿Ella estaba contenta cuando su nieto la llamaba?

B **José y su abuelita.** Escojan.

1. Cuando José era niño, él —— mucho a su abuelita.

   a. telefoneaba   **b.** visitaba   **c.** escribía

2. Él quería mucho a su abuelita. Él la —— .

   a. detestaba   **b.** contestaba   **c.** adoraba

3. Cuando José llamaba a su abuelita, ella —— en seguida.

   a. llamaba   **b.** contestaba   **c.** hablaba

4. Él tenía muchas conversaciones —— con su abuelita.

   a. tristes   **b.** aburridas   **c.** alegres

C **Un pequeño diccionario.** Pareen.

1. llamar por teléfono
2. querer mucho
3. en seguida
4. una conversación
5. marcar
6. el prefijo telefónico
7. el tono

a. el código de área
b. discar
c. telefonear
d. la señal
e. adorar
f. inmediatamente
g. una charla, una plática

LOCATEL
658-11-11

CIUDAD DE MEXICO
Locatel **DDF**

Comunicación
Palabras 1 y 2

A **Una llamada.** You are in Mexico City making a phone call.

1. Someone responds. Say "hello."
2. You are calling Guadalupe Ortiz. Ask if she is there.
3. The person asks who is calling. Respond.

En la Ciudad de México

B **Un número equivocado.** You call a friend, but a stranger (your partner) answers and tells you that there is no one there by that name. You tell the stranger what number you dialed, and he or she tells you that the phone number isn't wrong but the area code is, and gives you the area code you dialed. Apologize. Then reverse roles.

1. (615) 988-6454 María / (715)
2. (917) 356-3303 Tomás / (817)
3. (402) 248-5417 Eduardo / (202)
4. (513) 751-2083 Camila / (313)

C **Para llamar por teléfono…** Ud. está en una calle de una ciudad de los Estados Unidos y ve a un turista latinoamericano que está tratando de hacer una llamada desde un teléfono público. Explíquele al turista cómo utilizar el teléfono público.

D **Una llamada internacional.** Ud. quiere hacer una llamada internacional. Llame a la operadora (un[a] compañero[a]) para averiguar cómo marcar directamente. La operadora le pregunta a qué ciudad va a llamar y le da las instrucciones. Luego cambie de papel con su compañero(a).

PAÍS	PREFIJO DEL PAÍS	CIUDAD	CLAVE DEL ÁREA
Argentina	54	Córdoba	51
Bolivia	591	La Paz	2
España	34	Barcelona	3
Nicaragua	505	Managua	2
Perú	51	Lima	14
Venezuela	58	Maracaibo	61

ESTRUCTURA

El imperfecto de los verbos en *-ar*

Talking About Habitual Past Actions

1. Spanish has two simple past tenses. One tense is the preterite which you have already learned. The preterite is used to express actions that started and ended at a definite time in the past. The other tense is the imperfect. Study the forms of regular *-ar* verbs in the imperfect.

INFINITIVE	HABLAR	LLAMAR	ENDINGS
STEM	habl-	llam-	
yo	hablaba	llamaba	-aba
tú	hablabas	llamabas	-abas
él, ella, Ud.	hablaba	llamaba	-aba
nosotros(as)	hablábamos	llamábamos	-ábamos
vosotros(as)	*hablabais*	*llamabais*	*-abais*
ellos, ellas, Uds.	hablaban	llamaban	-aban

2. The imperfect tense is used in Spanish to express a habitual or repeated action in the past. When the action or event began or ended is not important.

> La familia Duarte siempre tomaba sus vacaciones en julio.
> A veces pasaban una semana en la playa.
> De vez en cuando alquilaban una casa en las montañas.
> A ellos les gustaban mucho sus vacaciones.

Ejercicios

A **Cuando yo estaba en la escuela primaria.** Preguntas personales.

1. ¿Cómo se llamaba tu escuela primaria?
2. ¿Dónde estaba?
3. ¿Caminabas a la escuela o tomabas el bus escolar?
4. ¿A qué hora llegabas a la escuela?
5. ¿Qué materias estudiabas?
6. ¿Sacabas buenas notas?
7. ¿A qué hora empezaban las clases?
8. ¿Y a qué hora terminaban?

B **Mi abuelita.** Preguntas personales.

1. ¿Adorabas a tu abuelita?
2. ¿La llamabas a veces por teléfono?
3. ¿Tú marcabas el número o mamá lo marcaba?
4. ¿Hablabas mucho con tu abuelita?
5. ¿La visitabas de vez en cuando?
6. ¿Estaba contenta tu abuelita cuando Uds. la visitaban?
7. ¿Uds. compraban regalitos para su abuelita?
8. ¿Tú le dabas los regalitos?

El imperfecto de los verbos en *-er* e *-ir*

Talking About Habitual Past Actions

1. Regular *-er* and *-ir* verbs have identical forms in the imperfect tense.

INFINITIVE	COMER	LEER	VIVIR	ASISTIR	ENDINGS
STEM	com-	le-	viv-	asist-	
yo	comía	leía	vivía	asistía	-ía
tú	comías	leías	vivías	asistías	-ías
él, ella, Ud.	comía	leía	vivía	asistía	-ía
nosotros(as)	comíamos	leíamos	vivíamos	asistíamos	-íamos
vosotros(as)	*comíais*	*leíais*	*vivíais*	*asistíais*	-íais
ellos, ellas, Uds.	comían	leían	vivían	asistían	-ían

2. The *-er* and *-ir* verbs that have a stem change in the present tense do not have a stem change in the imperfect.

querer	quería, querías, quería, queríamos, *queríais*, querían
poder	podía, podías, podía, podíamos, *podíais*, podían
decir	decía, decías, decía, decíamos, *decíais*, decían

3. The imperfect of *hay* is *había*.

   Había tres teléfonos en la casa.

Ejercicios

A **Cuando yo era niño(a).** Preguntas personales.

1. Cuando tú eras niño(a), ¿dónde vivías?
2. ¿Cuántos cuartos tenía la casa de tu familia?
3. ¿Uds. tenían un coche (un carro)?
4. ¿A qué escuela asistías?
5. ¿A qué hora salías para la escuela?
6. ¿Y a qué hora salías de la escuela?
7. ¿A qué hora volvías a casa?

B **Sandra quería mucho a su abuelito.** Completen.

Cuando Sandra era niña, ella ＿＿ (vivir) en San Juan, Puerto Rico. Su abuelo ＿＿
_1_
(vivir) en Adjuntas. Él ＿＿ (preferir) vivir en el campo, en las montañas. Él ＿＿ (tener)
_3_ _4_
una casa bonita en Adjuntas. Sandra nos habla.

—Yo ＿＿ (querer) mucho a abuelito. Yo le ＿＿ (hacer) muchas llamadas telefónicas.
_5_ _6_
Nosotros ＿＿ (visitar) a abuelito con frecuencia. Y él nos ＿＿ (visitar) en San Juan.
_7_ _8_
Cada vez que él ＿＿ (venir), me ＿＿ (traer) un regalito. Yo ＿＿ (abrir) sus regalitos
_9_ _10_ _11_
en seguida.

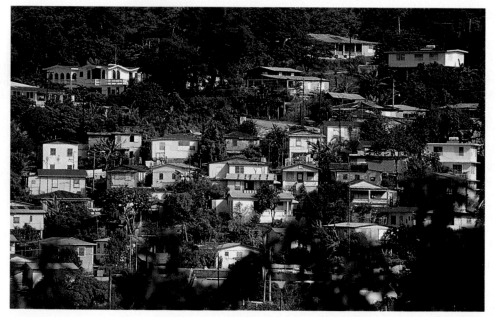

Adjuntas,
Puerto Rico

C **Nuestro(a) profesor(a) de español.** Pregúntenle a su profesor(a).

1. dónde asistía a la escuela superior
2. qué clase o clases prefería cuando era joven
3. si escribía mucho en la escuela
4. si leía mucho también
5. qué tipo de libros prefería
6. si recibía buenas notas
7. si tenía novio(a)
8. si sabía que quería ser profesor(a)

El imperfecto de los verbos *ir* y *ser*

Talking About Habitual Past Actions

The verbs *ir* and *ser* are irregular in the imperfect.

INFINITIVE	IR	SER
yo	iba	era
tú	ibas	eras
él, ella, Ud.	iba	era
nosotros(as)	íbamos	éramos
vosotros(as)	*ibais*	*erais*
ellos, ellas, Uds.	iban	eran

Ejercicios

A **En el quinto grado.** Preguntas personales.

1. Cuando tú estabas en el quinto grado, ¿a qué escuela ibas?
2. ¿Quién era tu maestro(a)?
3. ¿Era simpático(a)?
4. ¿Y cómo eras tú en el quinto grado?
5. ¿Ibas a la escuela con tus amigos?
6. ¿Cómo iban Uds. a la escuela?
7. ¿Quiénes eran tus amigos en el quinto grado?

B **Mis vacaciones.** Preguntas personales.

1. Cuando tú eras muy joven, ¿ibas a la playa o a las montañas?
2. ¿Ibas con la familia?
3. ¿Esquiaban Uds. o nadaban?
4. ¿Iban Uds. en carro o en tren?
5. ¿Era largo el viaje?

Una clase de quinto grado en Venezuela

Los usos del imperfecto   *Uses of the Imperfect*

1. The imperfect tense is used to express continuous, repeated, or habitual actions in the past.

> Cuando yo era niño, me acostaba temprano.
> Tomaba mucha leche.
> Todos los días yo aprendía algo nuevo.
> Yo iba a la escuela con mis amigos.
> Nosotros nos divertíamos.

2. The imperfect is also used to describe persons, places, events, things, weather, and time in the past.

Location	El joven Felipe estaba en la capital.
Age	Tenía sólo dieciocho años.
Appearance	Era grande y tenía los ojos azules.
Physical condition	El pobre muchacho estaba cansado.
Emotional state	Estaba triste.
Attitudes and desires	Quería volver a casa. Tenía ganas de ver a su familia.
Date	Era el veinte de diciembre.
Time	Eran las diez de la noche.
Weather	Hacía frío y nevaba.

> ¿Y por qué no podía volver a casa si quería?
> Porque era soldado. Estaba en el ejército.

Ejercicios

A **El joven soldado Felipe.** Contesten.

1. ¿Cómo se llamaba el joven?
2. ¿Cuántos años tenía?
3. ¿Cómo era?
4. ¿Tenía los ojos castaños?
5. ¿Dónde estaba?
6. ¿Y cómo estaba?
7. ¿Adónde quería ir?
8. ¿A quiénes tenía ganas de ver?
9. ¿Cuál era la fecha?
10. ¿Qué hora era?
11. ¿Qué tiempo hacía?
12. ¿Por qué no podía volver a casa?

B **Don Quijote y Sancho Panza.** Contesten.

1. ¿Quién era alto? (Don Quijote)
2. ¿Quién era bajo? (Sancho Panza)
3. ¿Quién tenía un asno? (Sancho Panza)
4. ¿Quién tenía un caballo? (Don Quijote)
5. ¿Quién era idealista? (Don Quijote)
6. ¿Quién era realista? (Sancho Panza)
7. ¿Quién quería viajar? (Don Quijote)
8. ¿Quién quería volver a casa? (Sancho Panza)
9. ¿Quién quería conquistar los males del mundo? (Don Quijote)
10. ¿Quién estaba loco? (Don Quijote)

C **¿Cómo estabas?** Preguntas personales.

1. Nadie contestó al teléfono. ¿Cómo estabas? ¿Estabas contento(a) o triste?
2. La señora no estaba. ¿Cómo estabas, contento(a) o triste?
3. No saliste bien en el examen. ¿Cómo estabas, contento(a) o triste?
4. Tenías cuatro años. ¿Cómo eras, viejo(a) o joven?
5. Querías dormir. ¿Cómo estabas, cansado(a) o contento(a)?
6. Querías beber algo. ¿Tenías sed o hambre?
7. Querías comer algo. ¿Tenías sed o hambre?
8. Tenías fiebre. ¿Estabas bien o enfermo(a)?

"Don Quijote" de Pablo Picasso

Escenas de la vida *Una llamada telefónica*

SRTA. SOLÍS: ¡Hola!
EMPLEADA: ¡Hola!
SRTA. SOLÍS: ¿Está la señorita Irizarry, por favor?
EMPLEADA: ¿De parte de quién?
SRTA. SOLÍS: De parte de Elena Solís.
EMPLEADA: Un momentito, por favor.
(*Vuelve*)
EMPLEADA: Lo siento, pero la señorita Irizarry no está. ¿Quiere Ud. dejar un mensaje?
SRTA. SOLÍS: Sí, me puede llamar mañana por la mañana. Ella tiene mi número.
EMPLEADA: De acuerdo, señorita.

Una llamada para la señorita. Contesten según la conversación.

1. ¿Quién hace la llamada, la señorita Irizarry o la señorita Solís?
2. ¿Está ocupada la línea?
3. ¿Contesta alguien?
4. ¿Es la señorita Irizarry quien contesta?
5. ¿Está la señorita Irizarry?
6. ¿Deja un mensaje la señorita Solís?
7. ¿Cuándo la puede llamar la señorita Irizarry?
8. ¿Tiene ella su número de teléfono?

> Srta Irizarry,
> La llamó la
> Srta. Solís. Dice
> que la puede
> llamar mañana.
> Teresa

Comunicación

A **En México.** Ud. está haciendo una llamada telefónica en la ciudad de México. Quiere hablar con la Sra. Carmen Casals.

1. Someone else (a classmate) answers the phone. Find out if Mrs. Casals is there.
2. The person asks, *¿De parte de quién?*
3. The situation is reversed. You are answering the phone. Say something.
4. The call is not for you. Find out who is calling.
5. Tell the person to hold a moment.

B **En Buenos Aires.** Ud. está hablando con Carlos Benedetti. Él es de Buenos Aires, Argentina. Carlos quiere saber lo que Ud. hacía en la escuela primaria. Hable con Carlos.

> Estudiante 1: Yo jugaba con mi perro en el patio de mi casa.
> Estudiante 2: Yo también jugaba con mi perro.
> (Yo no. Yo no tenía perro.)

C **No estoy.** Trabaje con un(a) compañero(a) de clase. Ud. quiere invitar a un(a) amigo(a) a su casa. Ud. llama, pero su amigo(a) no contesta. El contestador automático interviene. Deje un mensaje a su amigo(a). Su compañero(a) escribe el mensaje y luego lo lee a la clase.

D **Cuando era muy joven.** Prepare una lista de las actividades que a Ud. le gustaba hacer cuando era muy joven. Luego indique si lo hacía por lo general en el verano, en el invierno, en casa o fuera de casa. Luego compare su lista de actividades con la lista de otro compañero de clase. ¿Qué cosas hacían los dos?

EL TELÉFONO DE AYER Y DE HOY

*J*osé Luis Carrera nos habla.

Cuando yo era niño, me encantaba usar el teléfono. Este aparato me fascinaba. Mamá me dejaba (permitía) telefonear de vez en cuando a abuelita. Yo mismo marcaba el número. Mamá me ayudaba un poco porque a veces yo marcaba un número equivocado. Nuestro teléfono tenía disco y a veces mi dedo pequeño resbalaba[1] y no marcaba el número correcto.

Algunas veces yo llamaba a abuelita desde un teléfono público; cuando nosotros íbamos de compras, por ejemplo. Recuerdo bien que mamá iba a un café o a un estanco de tabaco donde compraba una ficha[2]. Papá me tomaba en sus brazos y me levantaba porque yo no podía alcanzar[3] la ranura del teléfono y yo quería introducir la ficha. Luego papá descolgaba y me daba el auricular (la bocina). Papá marcaba el número y yo esperaba la contestación. Cuando abuelita contestaba, yo oprimía[4] el botón. Si no oprimía el botón, yo podía oír a abuelita pero ella no podía oír lo que yo decía. La ficha caía cuando yo oprimía el botón y si no oprimía el botón, no había conexión.

Pero hoy, todo es diferente. Y yo, no soy viejo. Soy estudiante en un colegio mayor. Cuando hablo de las llamadas que yo hacía a abuelita, es cuestión de hace unos diez años. Y hoy, ¿comprar una ficha para hacer una llamada? ¿Oprimir un botón para hacer conexión? ¡De ninguna manera! Se puede hacer una llamada desde un teléfono público con una moneda o tarjeta de crédito. Ya no hay más fichas. Y nuestro teléfono privado en casa, no tiene disco. Es un teléfono de (a) botones. Tiene un teclado, no un disco. Y tiene una carta de memoria para los números que usamos con frecuencia. ¿Me quiere mandar un fax? No hay problema. Y yo tengo también un teléfono inalámbrico que tiene una distancia de emisión y recepción de 40 kilómetros. Aquí estoy en el jardín de nuestra casa. Creo que voy a hacer una llamada. ¿A quién? A abuelita. Adoraba a mi abuelita y la sigo adorando.

—Aló, abuelita. Te habla tu José Luis.

—José Luis, mi vida. ¿Cómo estás?

[1] resbalaba   *slipped*
[2] ficha   *token*
[3] alcanzar   *reach*
[4] oprimía   *pushed*

Estudio de palabras

■ **Una llamada.** ¿Cuál es la definición?

1. dejar
2. telefonear
3. equivocado
4. el auricular
5. adorar

a. no correcto
b. la bocina
c. permitir
d. querer mucho
e. hacer una llamada telefónica

Comprensión

A **Una llamada a abuelita.** Contesten.

1. ¿Quién nos habla?
2. ¿Qué le fascinaba cuando era joven?
3. ¿A quién llamaba frecuentemente?
4. ¿Quién le ayudaba a marcar el número?
5. ¿De dónde llamaba José Luis con más frecuencia, de su teléfono privado o de un teléfono público?
6. Cuando hacía la llamada de un teléfono público, ¿qué compraba su mamá?
7. ¿Quién lo tomaba en sus brazos?
8. ¿Por qué?
9. ¿Qué quería hacer José Luis?
10. ¿Cuándo oprimía el botón José Luis?
11. Si no oprimía el botón, ¿quién no podía oír la conversación?

B **Por teléfono.** ¿Sí o no?

1. Aún hoy es necesario comprar una ficha para hacer una llamada telefónica en muchos países hispanos.
2. Es posible usar una tarjeta de crédito para pagar una llamada.
3. Los nuevos teléfonos, los aparatos más modernos, tienen disco.
4. Un teléfono de (a) botones tiene un teclado.
5. José Luis tiene un teléfono inalámbrico que es móvil (o portátil).

DESCUBRIMIENTO CULTURAL

Hace poco en España y muchos países de Latinoamérica, uno tenía que comprar una ficha para hacer una llamada de un teléfono público. Como hacía la mamá de José Luis, la persona que quería hacer la llamada tenía que ir a un café o a un estanco (donde vendían tabaco) para comprar la ficha. Y para hacer una llamada interurbana (de una ciudad a otra) o una llamada de larga distancia, era necesario comunicarse con el operador o la operadora. Hoy día es posible marcar o discar directamente, aun para hacer una llamada internacional. Sólo hay que marcar el prefijo del país, la clave de área (el prefijo telefónico) de la ciudad y el número deseado.

Hablando de operadores o telefonistas, es interesante notar que hasta recientemente en los Estados Unidos casi siempre eran mujeres que trabajaban de operadoras. En los países hispanos siempre había operadores varones[1]. Ahora hay mujeres y hombres que son operadores en los Estados Unidos y en los países hispanos.

Muchos aparatos telefónicos permiten discar o marcar sin tener que levantar el auricular. Y no es necesario marcar de nuevo el último número marcado porque el teléfono tiene memoria para llamar automáticamente el último número marcado.

Hoy en día muchos comercios[2] españoles y latinoamericanos, y también muchas familias, tienen teléfonos celulares con cartas de memoria para los números llamados con frecuencia. Muchos de esos aparatos son conectables a telecopiadoras y computadoras (ordenadores).

En muchos países, incluso algunos países hispanos, los teléfonos son un monopolio del Estado. Generalmente el servicio telefónico es parte del "Ministerio de Comunicaciones" que también controla los telégrafos, el correo y, a veces, la radio y la televisión.

En algunos países hispanos es muy difícil ser "abonado" de la compañía de teléfonos, es decir, obtener un teléfono privado. Por eso los teléfonos públicos son muy importantes y muy usados. Con frecuencia se puede ver a unas cuantas personas haciendo cola[3] para usar un teléfono público.

[1] varones   *males*
[2] comercios   *businesses*
[3] haciendo cola   *lining up*

ANTENAS

tecno

LA REVOLUCION AUDIOVISUAL

Ver la cara del otro lado del hilo telefónico: televisión y teléfono, unidos en un invento que sólo podía ser japonés... dado su tamaño.

REALIDADES

4

CIUDAD DE MEXICO

TOMO II J - Z

1

3

El Palacio de comunicaciones, en Madrid, es un edificio maravilloso **1**.

Es un teléfono público en Argentina **2**.

Una central telefónica antigua **3**.

Una guía de teléfonos de la Ciudad de México **4**.

Aquí ven Uds. una ficha que uno tenía que introducir en la ranura de un teléfono público en Chile **5**.

Telefónica de Argentina

2

5

CULMINACIÓN

Comunicación oral

A **Llamo a mi amiga.** You are spending the summer studying Spanish in Salamanca, Spain. You call a friend whom you met in school.

1. You know it is not your friend who answered. Find out if he or she is there.
2. The person who answered wants to know who is calling.
3. He or she tells you that your friend is not in. Find out if you can leave a message.
4. Give him or her your message.

B **La clave de área.** Ud. está haciendo una llamada telefónica de Málaga a Alicante, en España, pero no tiene la clave de área para Alicante y tampoco tiene una guía telefónica. Llame a un(a) operador(a), (un[a] compañero[a] de clase). Explíquele su problema y su compañero(a) le va a ayudar.

C **Los veranos de mi juventud.** Pregúntele a un(a) compañero(a) de clase lo que él o ella hacía con frecuencia durante sus vacaciones de verano. Pregúntele adónde iba, con quiénes, lo que hacía, etc. Luego cambien de papel (de rol) y comparen sus vacaciones.

Comunicación escrita

A **Me llamo...** Escriba los siguientes datos personales para un amigo o una amiga venezolano(a) que Ud. conoció recientemente.

1. su nombre (de Ud.)
2. su dirección
3. su código postal
4. su número de teléfono
5. su clave de área

B **Un trabajo colectivo.** Divide into groups to create a story sentence by sentence in the past. The first person will write a sentence for Category 1 on a piece of paper and pass it to the next person. The second person will read the sentence and continue the story by writing a sentence for Category 2, and so on. When the story is completed, choose a student to read it to the class.

1. fecha
2. las condiciones del tiempo
3. los personajes y el lugar
4. descripción física o emocional de los personajes
5. sus actitudes
6. sus deseos
7. sus acciones habituales

> Esudiante 1: Era el tres de enero.
> Esudiante 2: Hacía mucho frío.
> Esudiante 3: Yo estaba en San Francisco con mis amigos.

C **Me gustaba…** Escriba dos párrafos sobre todo lo que a Ud. le gustaba hacer cuando era muy joven. Si es posible, escriba un párrafo sobre lo que Ud. hacía aún antes de asistir a la escuela primaria. Luego, describa lo que hacía en la escuela primaria.

Reintegración

A **A la playa.** Contesten.

1. ¿Fuiste a la playa durante el verano?
2. ¿Cuánto tiempo pasaste allí?
3. ¿Nadaste mucho?
4. ¿Con quién fuiste a la playa?
5. ¿Tomaron Uds. el sol?
6. ¿Te pusiste crema protectora?
7. Y tu amigo, ¿se puso crema protectora también?
8. ¿Se divirtieron Uds. en la playa?

B **La escuela.** Completen con *el, la, los* o *las.*

Fairfax High School es una escuela secundaria. Es una escuela mixta porque

____ muchachos y ____ muchachas van a ____ misma escuela. Está en ____
  1   2   3   4
ciudad de Los Ángeles. ____ alumnos son muy buenos y muy inteligentes. ____
                          5   6
profesores también son muy buenos. ____ profesora de español enseña muy
                                      7
bien. ____ alumnos aprenden mucho en ____ clase de español.
        8   9

Vocabulario

SUSTANTIVOS

el teléfono
la llamada
el/la interlocutor(a)
la guía telefónica
el número (de teléfono)
el prefijo
la clave de área
el código de área
el prefijo del país
la cabina telefónica
la ranura
la moneda
el auricular
la bocina
el disco

la tecla
el teclado
la señal
el tono
el tono de ocupado
la línea
el contestador

ADJETIVOS

público(a)
privado(a)
celular
inalámbrico(a)
automático(a)
equivocado(a)
ocupado(a)

VERBOS

hacer una llamada
llamar por teléfono
telefonear
descolgar (ue)
esperar
introducir
marcar
discar
sonar (ue)
colgar (ue)
adorar

OTRAS PALABRAS Y EXPRESIONES

¿Está (el nombre de una persona)?
¿De parte de quién?
Un momento, por favor.
Están hablando.
Suena ocupado.
La línea está ocupada.
en seguida
en cuanto
de (a) botones
siempre
de vez en cuando
con frecuencia
a menudo

DE COMPRAS

OBJETIVOS

In this chapter you will learn to do the following:

1. shop for food in a Spanish-speaking country
2. ask for the quantity you want
3. find out prices
4. differentiate between continuous, habitual actions in the past and those completed at a definite time
5. express two past actions in the same sentence
6. talk about the food-shopping practices in Spanish-speaking countries and contrast them with those in the United States

PALABRAS 1

DE COMPRAS

la panadería

el pastel

la pastelería

la carne

la carnicería

el pescado

la langosta · los mariscos

los camarones

la pescadería

las legumbres

las frutas

la verdulería

el pasillo

el supermercado

el hipermercado

el puesto

el mercado

el carrito

La señora empujó el carrito.
Empujó el carrito por los pasillos.

ALGUNOS COMESTIBLES

las papas,
las patatas

la lechuga

las habichuelas,
los frijoles

las judías verdes

el arroz

las manzanas

las naranjas

las uvas

las fresas

la piña

la chuleta

la carne de res

la ternera

el cerdo

el jamón

el lechón

los huevos

el queso

la leche

la mantequilla

Ejercicios

A **¿Qué es?** Identifiquen.

1. ¿Es el pan o el pastel?

2. ¿Es la carne o el pescado?

3. ¿Son legumbres o frutas?

4. ¿Son mariscos o frutas?

B **¿Qué compró y dónde lo compró?** Contesten.

1. María quería comprar pan, ¿adónde fue?
2. Carlos quería comprar frutas y legumbres frescas, ¿adónde fue?
3. Teresa quería comprar mariscos, ¿adónde fue?
4. Francisco quería comprar carne, ¿adónde fue?

C **Mis preferencias.** Preguntas personales.

1. ¿Te gustan las papas?
2. ¿Te gusta una ensalada de tomates y lechuga?
3. ¿Te gusta más la carne de res o la ternera?
4. ¿Te gusta el cerdo?
5. ¿Te gustan las fresas?
6. ¿Te gusta el queso?

D **¿A qué grupo pertenecen?** Clasifiquen los comestibles.

legumbres
frutas
carne
mariscos

1. los camarones
2. las manzanas
3. la ternera
4. el lechón
5. las uvas
6. las habichuelas
7. el jamón
8. las naranjas
9. la piña
10. las judías verdes

E **Un supermercado o un mercado.** ¿Sí o no?

1. Un supermercado tiene puestos.
2. Hay muchos pasillos en un super-mercado grande.
3. Los clientes empujan carritos por los puestos del mercado.
4. Los clientes empujan carritos por los pasillos del supermercado.
5. En el hipermercado venden comes-tibles, ropa y otras mercancías.

"La vendimia" de Francisco de Goya

PALABRAS 2

EN EL SUPERMERCADO

un paquete de zanahorias
congeladas

una lata (un bote) de atún

un envase de crema

una botella de agua mineral

un frasco de mayonesa

una tajada (lonja) de jamón

un envase de detergente líquido

una caja de jabón en polvo

un rollo de papel higiénico

la canasta

la bolsa de plástico

Nota: To ask the cost of a food item whose price fluctuates frequently, Spanish speakers will ask, *¿A cuánto está(n)* _____ *?*. *¿Cuánto es?*, and *¿Cuánto cuesta?* are used more often for merchandise. To find out the total cost of several food items you would ask, *¿Cuánto es?* or *¿Cuánto le debo?* When shopping, a clerk will often ask if you want something else, *¿Algo más?* If you want something else, you will tell the clerk what you want. If you don't want anything else, you will respond, *No, nada más, gracias, ¿Cuánto es?* or *¿Cuánto le debo, por favor?*

María estaba en la carnicería.
Compró un kilo de carne de res.

Pablo fue al supermercado.
Él hizo sus compras en el supermercado.
Él pagó en la caja.
Mientras él pagaba, el joven ponía sus compras
  en bolsas de plástico.

Ejercicios

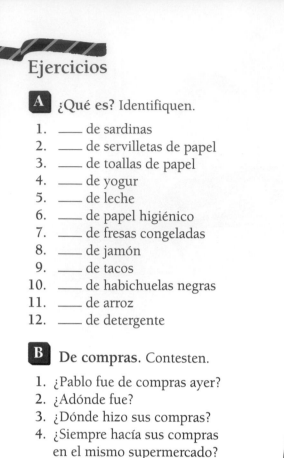

A ¿Qué es? Identifiquen.

1. ___ de sardinas
2. ___ de servilletas de papel
3. ___ de toallas de papel
4. ___ de yogur
5. ___ de leche
6. ___ de papel higiénico
7. ___ de fresas congeladas
8. ___ de jamón
9. ___ de tacos
10. ___ de habichuelas negras
11. ___ de arroz
12. ___ de detergente

B De compras. Contesten.

1. ¿Pablo fue de compras ayer?
2. ¿Adónde fue?
3. ¿Dónde hizo sus compras?
4. ¿Siempre hacía sus compras en el mismo supermercado?
5. Ayer, ¿pagó Pablo en la caja?
6. ¿En qué puso el joven las compras?
7. ¿Ponía las compras en las bolsas mientras Pablo pagaba?

C En el mercado. Contesten según se indica.

1. ¿A cuánto están los huevos? (90 pesos la docena)
2. ¿A cuánto están las chuletas de cerdo? (700 pesetas el kilo)
3. ¿A cuánto está la lechuga? (130 pesetas cada una)
4. ¿A cuánto están las fresas? (2.000 pesos la caja de medio kilo)

D En el mercado. Completen la conversación.

—Sí, señor, ¿qué desea Ud. hoy?
— ___ , por favor.
—¿Y?
—Quisiera ___ .
—¿Algo más?
—No, ___ , gracias. ¿Cuánto ___ ?
—1.200 pesos.

Comunicación

Palabras 1 y 2

A **En una pastelería.** You are in a pastry shop. You are admiring some chocolate cookies (*galletas de chocolate*). A classmate will be the sales clerk.

1. Point to the cookies and tell the clerk you would like some.
2. He or she wants to know how many.
3. He or she asks if you would like something else. Tell him/her no.
4. Ask him/her how much the cookies are.
5. You're not sure if you have to pay at the cashier's. Ask.

B **En la carnicería.** You are in a butcher shop in Monterrey, Mexico. You want some pork chops. A classmate will be the butcher.

1. Ask the butcher the price.
2. Try to find out how many chops there are in a kilo.
3. Tell the butcher you want four chops.
4. The butcher asks if you want something else.
5. Ask him how much you owe.

C **Mis favoritos.** Con un(a) compañero(a) de clase, preparen cada uno una lista de los comestibles que le gustan y que no le gustan. Luego compartan los resultados. ¿Cuántos comestibles les gustan o no les gustan a los/las dos?

D **Voy de compras.** Ud. está viviendo con una familia española en Salamanca. Ud. va a ir de compras. Mire la siguiente lista de compras y pregúntele a un miembro de su familia (un[a] compañero[a] de clase) a qué tienda debe ir.

1. camarones
2. pollo
3. queso
4. judías verdes
5. papas
6. torta

E **En el mercado.** Ud. está en una tienda de abarrotes. Pídale al empleado (su pareja) los siguientes productos. Indique la cantidad que Ud. quiere. Luego cambien de papel.

> papas
> Estudiante 1: Quisiera un kilo de papas.
> Estudiante 2: Sí, señor(ita). Un kilo de papas.

1. agua mineral
2. huevos
3. jamón
4. mayonesa
5. mantequilla
6. Coca-Cola
7. crema
8. detergente
9. leche
10. jabón

El imperfecto y el pretérito   *Talking About Past Events*

1. The choice of the preterite or the imperfect depends upon whether the speaker is describing a completed action in the past or a continuous, recurring action in the past.

   The preterite is used to express actions or events that began and ended at a definite time in the past.

   > Ayer yo fui al mercado.
   > Compré cuatro chuletas de cerdo.
   > El carnicero me dio las chuletas en una bolsa.

2. The imperfect, in contrast to the preterite, is used to express a habitual, repeated, or continuous action in the past. The moment when the action began or ended is not important.

   > Yo iba al mercado todos los días.
   > Cada día yo compraba las cosas que necesitaba.
   > Siempre volvía a casa con varios paquetes o bolsas.

3. Contrast the following sentences.

Repeated, habitual action	Completed action
Él iba de compras todos los días.	Y él fue al mercado ayer.
Ellos me hablaban cada noche.	Y me hablaron anoche.
Yo lo veía todos los días.	Y lo vi ayer.

Ejercicios

A ¿Una vez o frecuentemente? Contesten.

1. ¿Fue la señora al mercado ayer por la mañana?
¿Cuándo fue la señora al mercado?
¿Iba la señora al mercado cada mañana?
¿Cuándo iba la señora al mercado?

2. El otro día, ¿fue la señora al supermercado en carro?
¿Cuándo fue la señora al supermercado en carro?
¿Iba en carro todos los días? ¿Lo dejaba en el estacionamiento?
¿Cuándo iba la señora en carro? ¿Cuándo lo dejaba en el estacionamiento?

3. ¿Hiciste un viaje el año pasado?
¿Cuándo hiciste un viaje?
¿Hacías un viaje cada año?
¿Cuándo hacías un viaje?

4. ¿Jugaron las muchachas al básquetbol (baloncesto) ayer por la tarde?
¿Cuándo jugaron las muchachas al básquetbol?
¿Jugaban las muchachas al básquetbol cada tarde?
¿Cuándo jugaban ellas al básquetbol?

5. ¿Viste una película anoche?
¿Cuándo viste la película?
¿Veías una película cada noche?
¿Cuándo veías una película?

B Viajes estupendos. Completen.

1. El año pasado mis amigos y yo ____ (hacer) un viaje estupendo.
2. Nosotros ____ (ir) a Guatemala.
3. Yo ____ (tomar) un curso de español en Antigua.
4. Mis amigos ____ (estudiar) el español también pero no ____ (tomar) el curso en la misma escuela que yo.
5. El martes pasado, nosotros ____ (levantarse) temprano.
6. Nosotros ____ (ir) a Chichicastenango.
7. Nosotros ____ (andar) por el mercado de "Chichi".
8. Nosotros ____ (ver) a los indios.
9. Ellos ____ (vender) los productos que ____ (cultivar) o ____ (hacer) y con el dinero que ____ (recibir) por las cosas que ____ (vender), ____ (comprar) las provisiones que ____ (necesitar).

El convento de Santa Clara y la iglesia de San Francisco, Antigua, Guatemala

C El veraneo. Preguntas personales.

1. Durante los veranos, ¿ibas a la playa?
2. ¿Nadabas mucho?
3. ¿Esquiabas en el agua?
4. ¿Tomabas el sol?
5. ¿Comías muchos mariscos?
6. ¿Leías en la playa?
7. ¿Salías de noche con tus amigos?
8. ¿Iban a una discoteca?
9. ¿Bailaban Uds.?
10. ¿Lo pasaban bien?
11. Y el verano pasado, ¿fuiste a la playa?
12. ¿Nadaste mucho?
13. ¿Esquiaste en el agua?
14. ¿Tomaste el sol?
15. ¿Comiste mariscos?
16. ¿Leíste mucho en la playa?
17. ¿Saliste de noche con tus amigos?
18. ¿Fueron Uds. a una discoteca?
19. ¿Bailaron Uds.?
20. ¿Lo pasaron bien?

Los jóvenes comen pescado en Salinas, Puerto Rico.

D De compras. Contesten según el modelo.

Raúl / pasteles
Raúl estaba en la pastelería donde compró pasteles.

1. Los señores Colón / una botella de agua mineral
2. Adela / arroz
3. Yo / camarones
4. Los niños / pan
5. Nosotros / un envase de crema
6. Teresa / manzanas y naranjas
7. Mis tías / lechón
8. Don Álvaro / papas y una tajada de jamón
9. Marisela / huevos y queso
10. Rosa María / una caja de jabón en polvo
11. Paco / una lata de atún

Dos acciones en la misma oración   *Narrating a Sequence of Events*

1. Many sentences in the past have two verbs which can either be in the same tense or a different tense. Note the following sentences.

   Juan salió y Elena entró.

   In the sentence above, both verbs are in the preterite because they express simple and specific actions or events that had a definite beginning and end in the past.

2. In the sentence below, the two verbs are in the imperfect because they both express continuous actions with no indication of beginning or end.

   Durante las vacaciones Carlos iba a la playa pero yo trabajaba.

3. In the sentence below, the verb in the imperfect *hablaba* describes what was going on. The verb in the preterite *tocó* expresses the action or event that intervened and interrupted the first action.

   Mi mamá hablaba por teléfono cuando Nando tocó a la puerta.

A Ellos lo hicieron y lo hacían. Formen oraciones según el dibujo.

Ayer Rosaura ____ y Ángel ____ .
Mientras Rosaura ____ Ángel ____ .

1.

2.

3.   4.

B ¿Qué hacías cuándo...? Contesten.

1. ¿Estabas en casa cuando sonó el teléfono?
2. ¿Tocabas el piano cuando sonó?
3. ¿Contestaste al teléfono en cuanto sonó?
4. ¿Hablabas por teléfono cuando tu mamá volvió a casa?
5. ¿Preguntó tu mamá con quién hablabas?
6. ¿Con quién hablabas cuando tu mamá entró?

Los verbos como *querer* y *creer* en el pasado   *Expressing Ideas in the Past*

Since most mental processes involve duration or continuance, verbs that deal with mental activities or conditions are most often expressed in the imperfect tense in the past. The most common of these verbs that you have already learned are:

creer	pensar
desear	preferir
querer	poder
tener ganas	saber

Él sabía lo que preferíamos.
Yo tenía ganas de salir.
Él creía que yo estaba enfermo.

Ejercicios

A   **Yo quería.** Preparen una lista de las cosas que *querían* hacer.

> *Yo...*

B   **Yo sabía.** Preparen una lista de las cosas que *sabían* hacer cuando eran niños(as).

> *Yo... cuando...*

C   **Y yo no podía.** Preparen una lista de las cosas que no *podían* hacer cuando eran niños(as).

> *Yo no... cuando...*

D   **Sabía y podía.** Preparen una lista de las cosas que *sabían* hacer y que *podían* hacer.

> *Yo... y...*

Escenas de la vida   *Fui de compras*

CARLOS: Te llamé esta mañana y no estabas.

ELENA: ¿A qué hora me llamaste?

CARLOS: Pues, te llamé a eso de las nueve.

ELENA: Salí a las ocho y media para hacer las compras.

CARLOS: ¿Fuiste al mercado de Santa Mercedes?

ELENA: Sí, como siempre. Y me compré una cajita de fresas frescas.

CARLOS: ¿A cuánto estaban las fresas?

ELENA: Había una oferta especial— a ochocientos el medio kilo.

¿Dónde estabas? Contesten según la conversación.

1. ¿A quién llamó Carlos?
2. ¿A qué hora la llamó?
3. ¿Estaba en casa?
4. ¿Dónde estaba?
5. ¿A qué hora fue de compras?
6. ¿A qué mercado fue?
7. ¿Qué compró?
8. ¿A cuánto estaban las fresas?
9. ¿Qué había?

Comunicación

A **¿En qué puedo servirle?** Trabaje con un(a) compañero(a) de clase. Preparen una lista de comestibles que quieren comprar. Luego decidan quién va a ser el/la comerciante y quién va a ser el/la cliente. Preparen la conversación que van a tener en el mercado o en la tienda de abarrotes.

B **Mi juventud.** Pregúntele a un(a) compañero(a) de clase si él o ella hacía las siguientes cosas cuando era muy joven. Tome apuntes y prepare un informe para la clase.

1. ir muy a menudo al cine
2. tomar una siesta
3. jugar con sus amigos después de las clases
4. pasar la noche con sus abuelos de vez en cuando
5. mirar películas en la televisión
6. ayudar a sus padres con las tareas domésticas

C **Lo que hacía cuando...** Trabaje con un(a) compañero(a) de clase. Uno(a) de Uds. va a decir lo que hacía ayer. El/la otro(a) va a decir algo que ocurrió y que interrumpió lo que Ud. hacía. Luego incluyan las dos acciones en una sola oración.

LECTURA Y CULTURA

DE COMPRAS

Esta mañana a eso de las ocho, la señora Santana salió de su casa en la Ciudad de México y fue de compras. ¿Adónde fue? Pues, fue al mercado de Santa Mercedes. En años pasados su mamá y su abuelita iban a este mismo mercado. ¿Y cuándo iban? ¡Todos los días! Y la señora Santana sigue haciendo sus compras diariamente también. Compra comida muy fresca. Esta mañana, fue de un puesto a otro en el mercado. En cada puesto compró los comestibles que necesitaba. En el puesto de verduras, compró unas legumbres y en el puesto del carnicero compró carne mechada para preparar unos tacos. Puso las compras en la misma canasta que lleva al mercado todos los días. Y hoy, como siempre, ella buscaba las ofertas especiales. ¿Quién no quiere una ganga?

La señora Bravo, igual que la señora Santana, fue de compras esta mañana. Pero ella no fue al mercado de Santa Mercedes en México. Ella fue al mercado de San Miguel en Madrid. Ella también fue de un puesto a otro buscando todo lo que necesitaba y como siempre ponía sus compras en su capacho[1].

A veces la señora Bravo decide no ir al mercado a hacer sus compras. De vez en cuando va a las pequeñas tiendas en su barrio. Por ejemplo, compra la carne en la carnicería, las legumbres en la

verdulería, y el pan "de cada día" en la panadería. Y la señora conoce al carnicero, a la verdulera y al panadero. Ellos charlan[2] un poquito antes de hacer los negocios[3].

¿Hay supermercados en España y en Latinoamérica? Sí que hay y se están poniendo más y más populares. Pero mucha gente sigue haciendo sus compras en el mercado o en las pequeñas tiendas especializadas—sobre todo en las grandes ciudades y en los pueblos. Pero en las afueras de las ciudades; en los grandes centros comerciales de los suburbios, hay supermercados modernos con un gran "parking". Los clientes entran en el supermercado, toman un carrito y lo empujan de un departamento a otro. En los supermercados venden productos frescos pero hay también muchos productos congelados o enlatados—en lata o bote.

Y en la caja, un joven o una joven pone todas las compras en bolsas de plástico. En San Juan, por ejemplo, si el cliente quiere, el joven lleva las bolsas al carro y los clientes generosos le dan una propina por el servicio.

[1] capacho   *basket*
[2] charlan   *chat*
[3] hacer los negocios   *get down to business*

Estudio de palabras

¿Cuál es otra palabra? Pareen.

1. todos los días	a. mil gramos
2. mismo	b. en lata
3. las legumbres	c. diariamente, cada día
4. un kilo	d. el estacionamiento
5. una ganga	e. igual
6. charlar	f. las verduras
7. el parking	g. cosas para comer
8. enlatado	h. un precio reducido
9. la lata	i. conversar, hablar un poco
10. los comestibles	j. el bote

Comprensión

A Es cosa de todos los días. Contesten según la lectura.

1. ¿De qué nacionalidad es la señora Santana?
2. ¿Dónde hizo sus compras?
3. ¿Cuándo hace o hacía sus compras?
4. En el mercado, ¿qué compró en cada puesto?
5. ¿Qué llevaba la señora al mercado todos los días?
6. Y hoy, ¿lleva una canasta también?
7. ¿Qué pone en la canasta?
8. ¿Que busca o qué quiere la señora?

B Es igual en Madrid. ¿Sí o no?

1. La señora Bravo es mexicana también.
2. En Madrid no hay mercados como en México.
3. A la señora Bravo, como a todas las madrileñas, le gusta hacer sus compras en el supermercado.
4. Las españolas tienen la costumbre de hacer sus compras en muchas pequeñas tiendas especializadas.
5. La señora Bravo lleva un capacho al mercado.

BOCADILLOS

FRÍOS
Jamón Serrano
Jamón Jabugo
Jamón York
Chorizo
Salchichón
Butifarra
Pavo
Vegetal
Atún
Queso

CALIENTES
Jamón York y Queso
Sobrasada y Queso
Bacon y Queso
Frankfurt
Tortilla de Patatas

Zumo de Naranja natural

ENTRANTES

Ensalada Vegetal

Ensalada Vegetal con Atún

DESCUBRIMIENTO CULTURAL

En España y en Latinoamérica la gente suele hacer sus compras todos los días. En los Estados Unidos la gente tiende a ir al supermercado una o dos veces a la semana. Compran todo lo que necesitan para una semana entera. Por eso la gente tiende a comprar productos congelados o enlatados. En España y en Latinoamérica la gente suele hacer sus compras en un mercado o en tiendas especializadas pero es algo que poco a poco está cambiando. Los supermercados se están poniendo más y más populares.

En muchos mercados de la América Central y de la América del Sur, venden comestibles en algunos puestos, ropa en otros y electrodomésticos o artesanías en otros. Estos mercados existen sobre todo en México, Guatemala, Ecuador, el Perú y Bolivia, en los países donde hay una gran población indígena—gente de ascendencia india. En las áreas más remotas hay días de mercado, por lo general, uno o dos días por semana. Por ejemplo, el famoso mercado de Chichicastenango en Guatemala es el jueves y el domingo.

En los mercados, la gente regatea. ¿Qué significa "regatea"? Pues, el vendedor le da un precio al cliente y el cliente le dice que "no". Le ofrece un precio más bajo. Luego el vendedor le da o le pone otro precio.

El regateo existe en los mercados—pero en los supermercados, en las tiendas de (por) departamentos y en las tiendas elegantes, no. En estas tiendas hay a veces ofertas especiales—saldos, rebajas, gangas o liquidaciones—pero no hay regateo.

¿Qué es un hipermercado? Pues, es un concepto relativamente nuevo. Un hipermercado es como un gran supermercado, pero no venden solamente comestibles. Venden todo tipo de mercancías: ropa, electrodomésticos, muebles, etc.

Y AQUÍ EN LOS ESTADOS UNIDOS

En los EE.UU. la gente come comidas típicas de todas partes del mundo. Comemos comida china, japonesa, mexicana, italiana. En las áreas donde vive mucha gente hispana los supermercados tienen secciones dedicadas a comida hispana y llevan productos típicos. Por ejemplo, donde hay mucha gente del Caribe los

supermercados venden arroz en grandes sacos de 20 libras o más. Allí se ven frutas y vegetales como los plátanos verdes, guanábanas, yautías y mamey. Y para freír, muchas familias tradicionales todavía usan manteca[1] de cerdo. En el suroeste y otras áreas con grandes poblaciones méxico-americanas los supermercados venden masa harina[2] (de maíz) para hacer tortillas y tamales; tomatillos y una variedad de chiles (pimientos). Y casi todos los hispanos usan el cilantro.

[1]manteca *lard*
[2]masa harina *flour*

REALIDADES

Un hipermercado español **1**. ¿Por qué lo llaman "híper"? ¿Qué se puede comprar allí?

Los pasillos en un supermercado en los EE. UU. **2**. Los productos que se ven son los que prefieren los clientes hispanos. ¿Cuáles son algunos?

Un mercado tradicional en México **3**. ¿Cuáles son los productos que están vendiendo allí?

Cajas de comestibles para un supermercado mexicano **4**. ¿Qué hay en esas cajas?

La cuenta de un supermercado en España **5**. ¿Qué toma esta familia en grandes cantidades? ¿Cuánto tuvieron que pagar en total? ¿Y quién es Mónica Belengue?

4

5

49

MERCADONA
SUPERMERCADOS DE CONFIANZA
C.I.F. A-46103834 - P.V.P. I.V.A. INCLUIDO
Para que el n.º del Carro Cupón sea

MERCADONA

* VICENTE BRULL *
26/10/93   12.23   OP:40301
N:046347 CAJA:10   SUP:0457

* * * * * * * * * * * * * * * * * * *
CARRO CUPON   N: 49200
* * * * * * * * * * * * * * * * * * *

```
1 DESECH. BASCUL.
1 LECHE DESNATAD        350
1 LECHE DESNATAD         65
1 LECHE DESNATAD         65
1 COLA S/CAFEINA         65
1 GALLETA HOJALD        169
TOTAL ..... PTS         165
ENTREGA .. PTS          879
DEVOLUC .. PTS         2000
LE ATENDIO : MONICA BELENGUE  1121
```

CULMINACIÓN

Comunicación oral

A ¿Dónde compra...? Entreviste a las siguientes personas (tres compañeros[as] de clase) una señora de 32 años, un muchacho de 17 años y un señor de 65 años que ya no trabaja. Pregúnteles dónde compran lo siguiente. Luego déjele saber a la clase el resultado de su encuesta (*survey*).

**LOTE COCINA:
1 KG. AZUCAR
+
1 LT. VINAGRE
+
1 KG. SAL =
LOTE 247**

1. comida para una semana
2. manzanas importadas
3. una bolsa de patatas fritas
4. verduras muy frescas
5. mucha carne
6. pan
7. leche
8. comida preparada
9. cereales

B El regateo. Trabaje con un(a) compañero(a) de clase. Uds. están en un mercado al aire libre donde venden todo tipo de mercancías, artesanías y comestibles. Uno de Uds. va a ser el/la cliente y el/la otro(a) va a ser el/la comerciante. Preparen la conversación que Uds. dos tienen en el mercado. El/la cliente quiere regatear—no quiere pagar el precio que quiere el/la comerciante.

C Ayer. Trabaje con un(a) compañero(a) de clase. Ayer Uds. trataron de hacer muchas cosas. Pero siempre había interrupciones. Preparen una lista de todo lo que hacían y todo lo que intervino e interrumpió lo que hacían.

D En un mercado en México. Ud. va de compras a un mercado en México pero no tiene mucho dinero. Haga una lista de alimentos para preparar tres comidas balanceadas. Luego vaya a tres o cuatro puestos diferentes, regatee con los vendedores (sus compañeros de clase) y compre lo que necesita.

Comunicación escrita

A Fui de compras. Ud. viajaba por México y fue a un mercado interesante. Escríbale una tarjeta postal a un(a) amigo(a). Descríbale el mercado y todo lo que pasó (ocurrió) en el mercado.

B Contrastes culturales. En unos párrafos, contraste cómo se hacen las compras en la mayoría de los países hispanos y cómo se hacen en los EE.UU.

C ¡Gran apertura! Un supermercado americano quiere abrir sucursales (*branches*) en Europa. Ud. y tres compañeros van a preparar un anuncio para el nuevo supermercado. Incluyan en el anuncio lo que pueden comprar, los precios, las ventas especiales, etc.

Reintegración

A **Cuando era niño(a).** Preguntas personales.

1. ¿Dónde vivías cuando eras pequeño(a)?
2. ¿Quiénes vivían en tu casa?
3. ¿Quién preparaba la comida?
4. ¿Quién era tu maestro(a) favorita?
5. ¿Tenías buenos amigos?
6. ¿Cómo se llamaban tus amigos?
7. ¿Qué programas mirabas en la televisión?
8. ¿Qué te gustaba más que cualquier otra cosa?

B **Ya no, pero antes sí.** Sigan el modelo.

Ya no miro la televisión, *pero antes siempre la miraba.*

1. Ya no juego al fútbol,...
2. Ellos ya no hablan por teléfono,...
3. Papá ya no sube las montañas,...
4. Tú ya no tocas el violín,...
5. Uds. ya no comen carne,...
6. Nosotros ya no vamos a la capital,...
7. Ud. ya no hace la plancha de vela,...

Vocabulario

SUSTANTIVOS

la panadería
la pastelería
la carnicería
la pescadería
la verdulería
la tienda de
  abarrotes
el supermercado
el hipermercado
el pasillo
el carrito
la caja
el mercado
el puesto
la canasta
la bolsa de plástico
el pan
el pastel
el pescado
el marisco

el atún
las legumbres
las papas
las patatas
la lechuga
el arroz
las habichuelas
los frijoles
las judías verdes
las zanahorias
las frutas
las manzanas
las naranjas
las uvas
las fresas
la piña
la carne
la carne de res
la ternera
el cerdo

el lechón
el jamón
la chuleta
el queso
los huevos
la leche
la crema
la mantequilla
la mayonesa
el detergente
el jabón
el papel higiénico
el paquete
la lata
el bote
la bolsa
la botella
el frasco
el envase
la caja

el rollo
la tajada
la lonja

ADJETIVOS

congelado(a)
líquido(a)
mineral
higiénico(a)

OTRAS PALABRAS Y
EXPRESIONES

en polvo
de plástico
¿A cuánto está(n)?
¿Cuánto es?
¿Cuánto cuesta?
¿Cuánto le debo?
¿Algo más?
Nada más.

CAPÍTULO

3

EL CORREO

OBJETIVOS

In this chapter you will learn to do the following:

1. use words and expressions related to postal services
2. talk about future events
3. compare people and things
4. address an envelope in Spanish
5. write a business or personal letter with appropriate heading, salutation, and closing
6. compare some U.S. postal services with those in some Spanish-speaking countries

PALABRAS 1

LA CORRESPONDENCIA

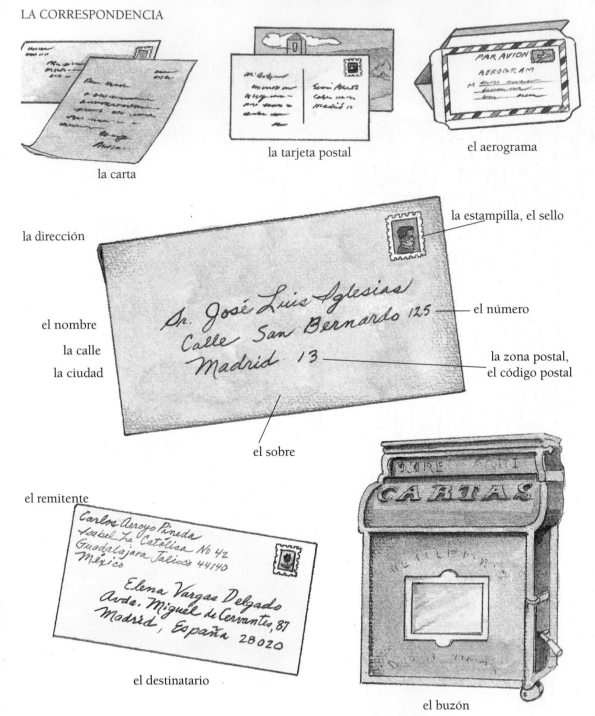

la carta

la tarjeta postal

el aerograma

la dirección

la estampilla, el sello

el nombre

el número

la calle

la ciudad

la zona postal,
el código postal

el sobre

el remitente

el destinatario

el buzón

Teresa le escribirá una carta a su amigo.
¿Cuándo la escribirá? Mañana.

Ella enviará la carta mañana también.
Ella echará la carta al buzón.

Su amigo recibirá la carta en unos dos o tres días.

Ejercicios

A ¿Qué es? Identifiquen.

1. ¿Es el sobre o el sello?

2. ¿Es una carta o una tarjeta postal?

Carlos López Quiñones
Calle Carrasco 231
Colonia Los Pinos
México D.F. México 82800

Carolina Montes Nava
Josefa Ortiz 15
Colonia Narvarte
Mazatlán, Sinaloa, México 36101

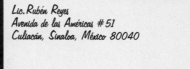

Lic. Rubén Reyes
Avenida de las Américas #51
Culiacán, Sinaloa, México 80040

Sr. Julian Soto López
Calle de las Palomas #22
Colonia Lomas de Plateros
México, D.F. 01480

3. ¿Es el código postal o la clave de área?

4. ¿Es la dirección del remitente o la dirección del destinatario?

B Información en el sobre. Contesten.

1. ¿Cuántos sellos hay en el sobre?
2. ¿Cuál es el nombre del remitente?
3. ¿Cuál es la dirección del destinatario?
4. ¿Cuál es la zona postal?

Fernando Rosales Bravo
Pino Suárez, 24, Piso 2
México, D.F. 06028

Eugenia Martínez Cardenas
Avda. San Juan de Ulúa 32
Veracruz, 15714

C **Mi dirección.** Preguntas personales.

1. ¿Cuál es el número de tu casa?
2. ¿En qué calle está?
3. ¿Cómo se llama la ciudad o pueblo donde vives?
4. ¿Cuál es tu zona postal?
5. ¿Cuánto cuesta enviar una carta?
6. Y, ¿cuánto cuesta mandar una tarjeta postal?

D **Una carta para su novia.** Contesten según se indica.

1. ¿Escribirá Carlos una carta o una tarjeta postal? (una carta)
2. ¿A quién le escribirá la carta? (a su novia)
3. ¿Cuándo la enviará? (mañana)
4. ¿Dónde la echará? (en el buzón)
5. ¿Cuándo recibirá su novia la carta? (la semana que viene)

PALABRAS 2

EL CORREO

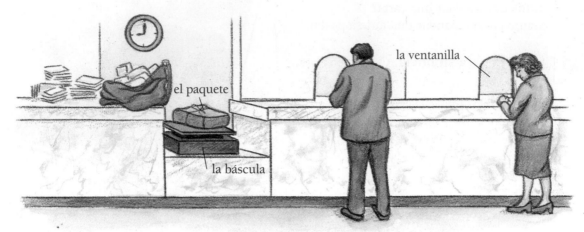

la oficina de correos

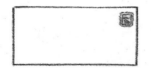

por correo ordinario

por correo aéreo

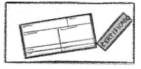

por correo certificado,
recomendado

el apartado postal

el cartero

La empleada del correo pesará el paquete.

El señor enviará el paquete por correo ordinario.
Él lo asegurará.
Lo asegurará por 100.000 pesos.

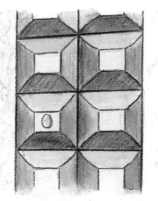

El cartero reparte (entrega) el correo.
Mañana no repartirá (entregará) el correo.
Mañana no hay entrega (reparto).
Mañana es domingo.
Los domingos no hay reparto.

Ejercicios

A El correo. Preguntas personales.

1. ¿Hay un correo cerca de tu casa?
2. Delante del correo, ¿hay buzones?
3. ¿Los buzones están a la izquierda o a la derecha de la entrada?
4. ¿Hay un buzón especial para el correo local y otro para el correo aéreo?
5. ¿Es posible comprar sellos en la ventanilla del correo? ¿Despachan (venden) sellos o estampillas en el correo?
6. ¿Hay también una distribuidora automática de sellos en el correo?
7. Para usar la distribuidora, ¿es necesario introducir monedas en la ranura?
8. ¿Tienes un apartado postal?
9. ¿Qué días de la semana reparte el cartero el correo?
10. ¿Cuánto es el franqueo para enviar una carta dentro de los Estado Unidos?

B ¿Cuál es otra palabra? Expresen las siguientes palabras de otra manera.

1. la casa de correos
2. repartir
3. la casilla
4. por correo certificado
5. el sello
6. vender

C Una palabra relacionada. Pareen.

1. entregar   a. el seguro
2. repartir   b. el remitente
3. enviar   c. el recibo
4. pesar   d. la entrega
5. asegurar   e. la correspondencia
6. corresponder   f. el reparto
7. recibir   g. el peso
8. remitir   h. el envío

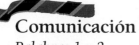

Comunicación
Palabras 1 y 2

*Plaza San Martín,
Lima, Perú*

A **Necesito enviar estas postales.** Ud. está en el correo en Chosica, cerca de Lima. Quiere enviar algunas (tarjetas) postales a casa.

1. Find out how much the postage is.
2. The clerk (your partner) wants to know if you are going to send letters or postcards.
3. Tell him how many stamps you need.

B **Una carta muy importante.** Ud. está en el correo central de Caracas, Venezuela y tiene una carta importante que quiere enviar a los EE. UU.

1. Explain to the clerk (your partner) that you want to send the letter by registered mail.
2. Find out the cost of the postage.
3. Ask when the letter will arrive.

C **El servicio postal.** Una persona define palabras que tienen que ver con el correo y la otra adivina qué palabras son. Cambien de rol.

Caracas, Venezuela

D **En el correo.** Ud. y un(a) compañero(a) están de vacaciones en Ecuador. Ud. quiere enviar seis tarjetas postales a los EE. UU. Su compañero(a) tiene que enviar un paquete y tres cartas. Pregúntenle al/a la empleado(a) de correo (otro[a] compañero[a] de clase) qué tienen que hacer.

*Monumento que marca por
donde pasa el ecuador*

ESTRUCTURA

El futuro de los verbos regulares *Expressing Future Events*

1. The future tense is used to tell what will take place in the future. To form the future tense of regular verbs, you add the future endings to the infinitive. Study the following forms.

INFINITIVE	HABLAR	VER	VIVIR	ENDINGS
yo	hablaré	veré	viviré	-é
tú	hablarás	verás	vivirás	-ás
él, ella, Ud.	hablará	verá	vivirá	-á
nosotros(as)	hablaremos	veremos	viviremos	-emos
vosotros(as)	*hablaréis*	*veréis*	*viviréis*	-éis
ellos, ellas, Uds.	hablarán	verán	vivirán	-án

2. You have already learned the construction *ir a* + infinitive to express events that will take place in the near future. In everyday conversation, this construction is actually used more frequently than the future tense.

> El verano que viene, yo voy a viajar con mi hermano por España.
> El verano que viene, viajaré con mi hermano por España.

> Vamos a comer en algunos restaurantes típicos.
> Comeremos en algunos restaurantes típicos.

> Vamos a vivir con una familia española.
> Viviremos con una familia española.

Ejercicios

A **Él le escribirá.** Contesten.

1. ¿Le escribirá Ángel a su novia?
2. ¿Le escribirá en español o en inglés?
3. ¿Cuándo le escribirá?
4. ¿Comprará sellos en el correo?
5. ¿Enviará la carta en el correo?
6. ¿Echará la carta al buzón?
7. ¿Recibirá su novia la carta en algunos días?
8. ¿Ella abrirá la carta en seguida?
9. ¿La leerá?
10. ¿Estará contenta su novia?

B **El verano que viene.** Preguntas personales.

1. El verano que viene, ¿pasarás algunos días en la playa?
2. ¿Nadarás en el mar, en un lago o en una piscina?
3. ¿Tomarás el sol?
4. ¿Esquiarás en el agua?
5. ¿Comerás pescado y mariscos?
6. ¿Irás a una discoteca con tus amigos?
7. ¿Charlarán Uds.?
8. ¿Bailarán Uds.?
9. ¿Tomarán un refresco?
10. ¿Se divertirán?

C **Haré una llamada telefónica.**
Cambien en el futuro.

1. La voy a llamar por teléfono.
2. Ella va a estar en casa.
3. Ella va a contestar.
4. Nosotros vamos a hablar.
5. Vamos a hablar de la fiesta que vamos a dar.
6. Ella me va a dar una lista de las personas que vamos a invitar.
7. Yo voy a escribir las invitaciones.
8. Yo le voy a leer a Sandra lo que voy a escribir en las invitaciones.
9. Nuestros amigos van a recibir sus invitaciones.
10. Ellos van a estar contentos.
11. ¿Tú vas a recibir una invitación también?
12. ¿Tú vas a ir a la fiesta?

D **Ayer, no, pero mañana, sí.** Contesten según el modelo.

¿Viste la película ayer?
Ayer no. Pero la veré mañana.

1. ¿Fuiste al cine ayer?
2. ¿Viste la película ayer?
3. ¿Compraste las entradas ayer?
4. ¿Te llamó Teresa ayer?
5. ¿La invitaste al cine?
6. ¿Ella fue?

MADRID

¡Hola, Francisco!
Madrid es una ciudad muy interesante. Estoy muy emocionada porque mañana iremos a Segovia.

Hasta pronto,
Carmen

N.° 225 MADRID
Plaza Mayor. Diversos aspectos.
Place "Mayor". Divers aspects.
"Mayor" Square. Different aspects.

D. L. DOMINGUEZ - Teléfono 447 82 75 - MADRID

Sr. Francisco Mendoza
Avda. Alonzo de Ercilla 46
Valparaíso, Chile

El comparativo y el superlativo *Comparing People and Things*
Formas regulares

1. When we speak or write, we often wish to compare one item or person with another. In order to do so in English, we add *-er* to short adjectives and we use "more" before long adjectives.

   > *He is nicer than his brother.*
   > *I think he is more intelligent than his brother.*

2. This construction is called the comparative. To form the comparative in Spanish, *más* is placed before the adjective or adverb. The word *que* follows.

   > **Esta carta es más interesante que la otra carta.**
   > **El correo aéreo es (resulta) más caro que el correo ordinario.**
   > **Pero el correo aéreo es más rápido.**

3. The superlative is used to express that which is the most. In English *-est* is added to short adjectives and "most" is placed before longer ones.

   > *He is the nicest person I know.*
   > *I believe she is one of the most intelligent people in the world.*

4. In Spanish the superlative is formed by using the appropriate definite article (*el, la, los, las*) plus *más* with the adjective or *el más* with the adverb. The preposition *de* is used with the superlative.

   > **Este cartero es el (cartero) más simpático de todos (los carteros).**
   > **Esta oficina de correos es la (oficina de correos) más grande de la ciudad.**
   >   **Es el correo central.**

Ejercicios

A **Más, más y más.** Formen oraciones según el modelo.

      rápido   **El tren / el bus**
                     El tren es más rápido que el bus.

1. rápido   El tren / el bus
2. rápido   El avión / el tren
3. rápido   El correo aéreo / el correo ordinario
4. caro   El correo aéreo / el correo ordinario
5. alto   Las tarifas aéreas / las tarifas para el bus
6. grande   La Ciudad de México / Nueva York
7. industrial Barcelona / Madrid

El puerto de Barcelona, España

B **Cositas minuciosas.** Contesten según se indica.

1. ¿Cuál es el edificio más alto de los Estados Unidos? (la torre Sears en Chicago)
2. ¿Cuál es el río más largo del mundo? (el Nilo)
3. ¿Cuál es la ciudad más grande del mundo? (México)
4. ¿Cuál es el continente más grande de los siete? (Asia)
5. ¿Cuál es el país más pobre del hemisferio occidental? (Haití)
6. ¿Cuál es el estado más grande de los Estados Unidos? (Alaska)
7. ¿Cuáles son las montañas más altas del mundo? (la cordillera Himalaya)
8. ¿Cuál es el avión comercial más rápido de todos? (el Concorde supersónico)

Escenas de la vida *En el correo*

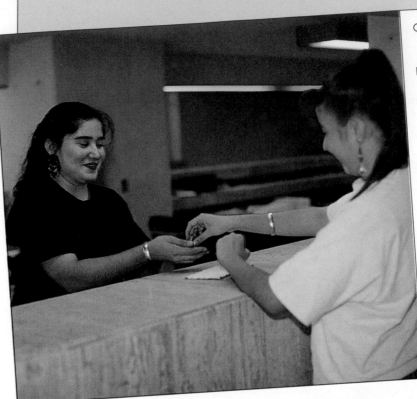

CLIENTE: ¿Cuánto me costará enviar esta tarjeta postal a los Estados Unidos?

EMPLEADA: Por correo aéreo el franqueo es 125 pesos.

CLIENTE: ¿Y cuándo llegará la tarjeta?

EMPLEADA: No sé exactamente. Dentro de una semana, probablemente.

CLIENTE: De acuerdo. Quisiera diez estampillas de 125 pesos, por favor. Estoy segura que escribiré más tarjetas.

EMPLEADA: Aquí tiene Ud. las diez estampillas.

CLIENTE: Gracias. ¿Dónde puedo echar las tarjetas?

EMPLEADA: Al salir del correo, Ud. verá los buzones a mano derecha.

CLIENTE: Gracias, señora.

EMPLEADA: De nada.

■ **¿Llegarán a tiempo?** Contesten según la conversación.

1. ¿Dónde está Elena?
2. ¿Qué va a enviar?
3. ¿Cuánto le costará enviar cada tarjeta?
4. ¿Llegarán mañana las tarjetas?
5. ¿Cuándo llegarán?
6. ¿Cuándo recibirán sus amigos las tarjetas?
7. ¿Cuántas estampillas quiere Elena?
8. ¿Ella escribirá más tarjetas?
9. ¿Dónde verá los buzones?

Comunicación

A **¿Adónde te puedo escribir?** Ud. está hablando con un amigo que conoció hace poco en la Ciudad de Panamá. Ud. volverá a casa pronto y su nuevo amigo le quiere escribir. Déle la siguiente información.

1. el nombre de su calle o avenida
2. el número de su casa
3. su ciudad o pueblo
4. el código o la zona postal
5. el estado donde Ud. vive

B **El verano que viene.** Trabaje con un(a) compañero(a) de clase. Cada uno(a) de Uds. preparará una lista de las cosas que harán el verano que viene. Luego comparen sus listas. Determinen las actividades que harán en común.

La Ciudad de Panamá, Panamá

C **Año nuevo, vida nueva.** Prepare sus resoluciones para el Nuevo Año. Explique lo que no hace ahora pero que hará el año que viene.

D **En busca de superlativos.** Trabaje con un(a) compañero(a) de clase. Prepare preguntas según el modelo. Su compañero(a) las contestará. Luego cambien de papel.

> **ciudad / bonita / Estados Unidos**
> **Estudiante 1: ¿Cuál es la ciudad más bonita de los Estados Unidos?**
> **Estudiante 2: En mi opinión, San Antonio es la ciudad más bonita de los Estados Unidos.**

1. ciudad / bonita / Estados Unidos
2. parque nacional / popular / Estados Unidos
3. deporte / divertido / todos
4. clase / interesante / escuela

ESCRIBIREMOS UNA CARTA

EL SOBRE

—¿Escribiremos una carta en español?

—Sí, mañana en clase. En el sobre indicaremos:

el nombre y la dirección del remitente o de la remitente—Es Ud.

el nombre y la dirección del destinatario o de la destinataria—Es la persona a quien Ud. escribirá y enviará la carta.

Para escribir bien la dirección incluiremos:

el nombre del destinatario
la calle y el número de la casa
el nombre de la ciudad o del pueblo
la zona postal
el nombre del país (Sólo si enviamos la carta de un país, a otro.)

LA CARTA MISMA

Hay dos tipos de cartas. Hay cartas comerciales y hay cartas personales. Una carta comercial emplea fórmulas más formales que una carta personal. Sin embargo, en la parte superior de la hoja escribiremos el lugar y la fecha en una carta comercial y también en una carta personal.

Madrid, 25 de mayo de 19xx

Empezaremos una carta comercial con:

Muy señor mío   Muy distinguido señor
Muy señora mía   Muy distinguida señora

La primera frase será: Acuso recibo de su atenta del 5 del actual.

Su atenta se refiere a la carta y el actual se refiere a este mes.

Terminaremos una carta comercial con: Queda suyo afmo. o S.S.S. (Su seguro servidor).

Empezaremos una carta personal con varias expresiones o fórmulas de saludo. El encabezamiento que usamos dependerá del grado de confianza o intimidad entre nosotros y el/la destinatario(a). Algunas fórmulas son:

Querido amigo   Querida amiga
Querido José   Mi querido José
Querida Teresa   Mi querida Teresa

Y terminaremos la carta con:

Recibe un afectuoso saludo
Con afecto   Un fuerte abrazo

Estudio de palabras

A ¿Qué significa esto? Aquí ven abreviaturas que encontrarán frecuentemente en correspondencia. Pareen.

1. Avda.
2. C/
3. Dpto.
4. Apto.
5. Prov.
6. Sr.
7. Sra.
8. Srta.
9. D.
10. Da.
11. Suyo afmo.
12. S.S.S
13. S.A.

a. Señor
b. Sociedad Anónima (Corporación)
c. Señora
d. Suyo afectísimo
e. Doña
f. Avenida
g. Don
h. Su seguro servidor
i. Departamento
j. Provincia
k. Apartamento
l. Señorita
m. Calle

B La carta comercial. En una carta comercial Ud. verá las palabras *su atenta* o *su grata*. Estas dos palabras significan carta. El actual significa de este mes.

Escriba en español: I acknowledge receipt of your letter of the fifteenth of this month.

Comprensión

Una carta. Escriban lo siguiente:

1. la dirección en un sobre como la escriben en muchos países hispanos
2. una fórmula de saludo para un(a) amigo(a)
3. el encabezamiento de una carta comercial
4. una fórmula de conclusión para una carta personal
5. una fórmula de conclusión para una carta comercial

DESCUBRIMIENTO CULTURAL

Un cartero en México, D.F.

En los Estados Unidos es necesario incluir en la dirección el estado en que vive (reside) el destinatario de la carta. En la mayoría de los países hispanos, no es necesario indicar la región o la provincia.

En España y en varios países latinoamericanos el correo tiene bajo su responsabilidad, los telégrafos y los teléfonos. A este servicio gubernamental se refiere con el nombre de Correos y Telecomunicaciones.

En algunos países el departmento o ministerio de Correos y Telecomunicaciones ofrece toda una gama de servicios financieros. El servicio de giros postales[1], por ejemplo, es muy popular en algunos países. Mucha gente paga sus facturas[2] con giros postales.

En algunos países de Latinoamérica, la gente no tiene mucha confianza en el correo. La verdad es que mucha correspondencia se desvía[3] y no llega al destinatario. Por consiguiente, muchas personas se presentan personalmente a la oficina de una compañía para pagar sus facturas. No envían sus pagos por el correo. El uso del fax (facsímil) para mandar mensajes o recados se está poniendo muy popular.

[1] giros postales   *money orders*
[2] facturas   *bills*
[3] se desvía   *gets lost, goes astray*

2

1

3

El correo central en la Ciudad de México **1** . No parece ser una casa de correo, ¿verdad? ¿Está en un área especial de la ciudad? ¿Qué tipo de área es?

Otro correo elegante **2** . Este está en Valencia, España. ¿Es de estilo moderno?

En algunos países los telégrafos son del gobierno **3** . ¿A qué ciudad y país enviaron este telegrama? ¿Cómo se llama la administración responsable de los telégrafos allí?

Buzones del mundo hispano **4** . Puedes echar una carta o tarjeta postal. ¿Qué les dirá a tu familia y a tus amigos?

También en España hay máquinas que venden sellos o estampillas **5** . Hay muchas opciones, ¿no?

Sellos de Hispanoamérica **6** . ¿De qué países son, y cuánto cuestan?

CORREOS Y TELÉGRAFOS

TELEGRAMA
TELÉGRAFOS NACIONALES

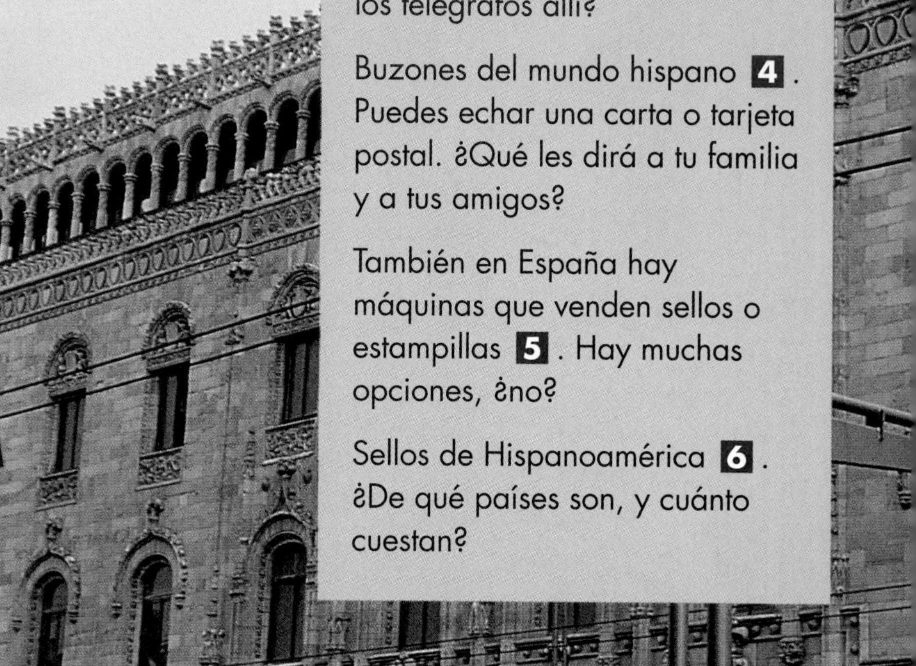

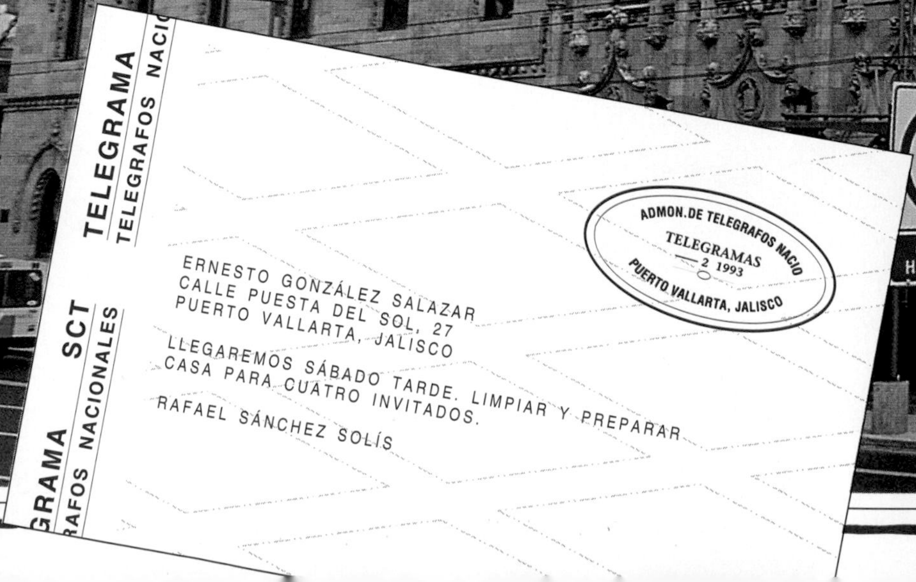

SCT

TELEGRAMA
TELÉGRAFOS NACIONALES

ERNESTO GONZÁLEZ SALAZAR
CALLE PUESTA DEL SOL, 27
PUERTO VALLARTA, JALISCO

LLEGAREMOS SÁBADO TARDE. LIMPIAR Y PREPARAR
CASA PARA CUATRO INVITADOS.

RAFAEL SÁNCHEZ SOLÍS

ADMON. DE TELEGRAFOS NACIO
TELEGRAMAS
2 1993
PUERTO VALLARTA, JALISCO

CENTRO HISTORICO

CARTAS

CORREO

4

5

6

AMERICA

PARAGUAY

AMERICA

CULMINACIÓN

Comunicación oral

A **¿Qué sabes del correo?** Ud. está hablando con un amigo o una amiga en Quito, Ecuador. Él o ella quiere saber algo sobre el sistema de correos en los Estados Unidos. Quiere saber si el correo tiene responsabilidad también por las telecomunicaciones. Dígale lo que Ud. sabe del sistema de correos en nuestro país.

Quito, Ecuador

B **¿Tienes planes para mañana?** Mire los siguientes verbos. Usando estos verbos dígale a su compañero(a) lo que Ud. hará mañana en la escuela y lo que hará después de las clases. Diga con quién(es) lo hará. Si Ud. no lo va a hacer, diga quién(es) en toda probabilidad lo hará(n). Cambien de papel.

estudiar

tomar un examen

recibir una nota buena

recibir una nota mala

leer una novela

escribir una composición o una carta

resolver algunos problemas

ir al correo

jugar

hablar

ir a un café

pedir algo

trabajar

tomar un refresco

charlar

volver a casa

comer

mirar la televisión

ver una película

llamar por teléfono

Comunicación escrita

A **Las direcciones.** Prepare los sobres para cartas que Ud. quiere escribir a las siguientes personas.

1. La señora (Sra.) Doña (Da) Clara Álvarez de Toral. Ella vive en el número cuatro de la Costanilla de San Andrés en Madrid, España. La zona postal es la 13.
2. La Srta. Marisol Príncipe. Ella vive en el Condominio Los Flamboyanes en la Avenida Hostos en Ponce, Puerto Rico. El código postal es el 00731.
3. El Sr. D. Rafael Pérez Sanromán. Él vive en el número 426 de Entre Ríos en Buenos Aires.

B **La carta.** Escríbale una carta a un(a) "pen pal" en España. No olvide el encabezamiento, el saludo y la despedida.

C **Una invitación.** Ud. dará una fiesta. Escriba la invitación que les enviará a sus amigos.

Reintegración

A **En la escuela.** Completen con el presente.

1. Yo ____ mucho en la escuela. (aprender)
2. Nosotros ____ todo lo que nos ____ nuestros profesores. (comprender, decir)
3. En la clase de inglés nosotros ____ que escribir muchas composiciones. (tener)
4. Nosotros ____ con bolígrafo. (escribir)
5. Yo ____ muchos apuntes. (tomar)
6. Yo los ____ en mi bloc. (escribir)
7. En la clase de inglés nosotros ____ mucho. (leer)
8. Yo ____ muchas poesías, y mi amigo ____ muchas novelas. (leer, leer)

B **Mi familia.** Preguntas personales.

1. ¿Tienes una familia grande o pequeña?
2. ¿Cuántos hermanos tienes?
3. ¿Tienen Uds. una casa o un apartamento?
4. ¿Cuántos cuartos tiene tu casa o apartamento?
5. ¿Sales mucho con tus amigos?
6. ¿Adónde van Uds.?
7. De vez en cuando, ¿haces un viaje con tu familia?
8. ¿Adónde vas?

Vocabulario

SUSTANTIVOS

la correspondencia
el correo
la oficina de correos
el empleado de correos
la ventanilla
el buzón
el apartado postal
la casilla
el sello
la estampilla
el franqueo
la tarjeta postal
el aerograma

la carta
el sobre
la dirección
el número
la calle
la zona postal
el código postal
el/la remitente
el/la destinatario(a)
el/la cartero(a)
la entrega
el reparto

VERBOS

corresponder
pesar
asegurar
enviar
echar
repartir

OTRAS PALABRAS Y
EXPRESIONES

por correo aéreo
por correo ordinario
por correo certificado
por correo recomendado

CAPÍTULO

4

UN ACCIDENTE Y EL HOSPITAL

OBJETIVOS

In this chapter you will learn to do the following:

1. talk about some common accidents and medical procedures
2. report an emergency
3. talk about future events
4. make comparisons
5. discuss health care in some areas of the Hispanic world

ESTACIONAMIENTO
IMPEDIDOS
HOSPITAL AUXILIO MUTUO

PALABRAS 1

LOS ACCIDENTES

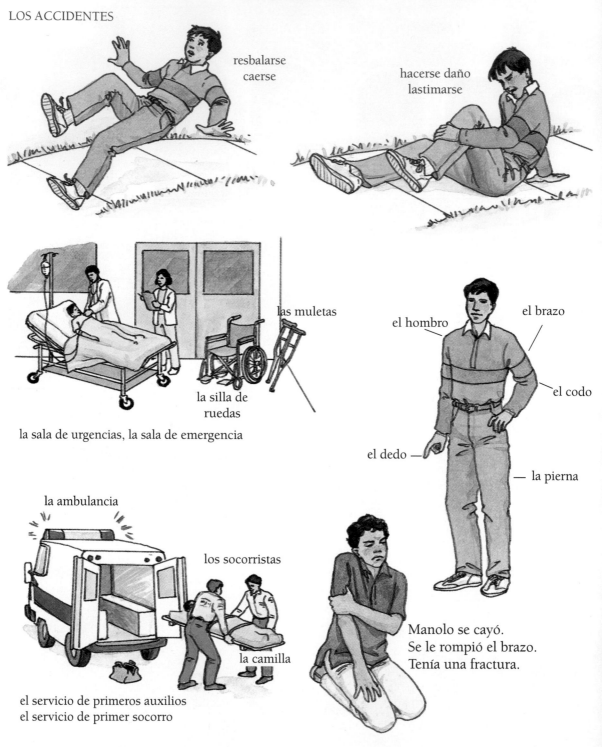

resbalarse
caerse

hacerse daño
lastimarse

las muletas

la silla de
ruedas

la sala de urgencias, la sala de emergencia

el hombro

el brazo

el codo

el dedo

la pierna

la ambulancia

los socorristas

la camilla

el servicio de primeros auxilios
el servicio de primer socorro

Manolo se cayó.
Se le rompió el brazo.
Tenía una fractura.

Elena se resbaló.
Se le torció el tobillo.
Le duele mucho.

la muñeca
la rodilla
el tobillo hinchado

Teresa se lastimó.
Se cortó el dedo.
Tenía una cicatriz.

la frente
la cara
la mejilla
el labio

Joselito tuvo un accidente.
Tendrá que ir al hospital.
La ambulancia vendrá.
Lo pondrán en una camilla.

Nota: With expressions such as *to break* or *to sprain*, the pronoun *se* is often used along with another pronoun. Rather than try to analyze this construction, just memorize the following expressions.

Se me rompió el brazo.	¿Se te rompió la pierna?	A José se le rompió el dedo.
Se me torció la muñeca.	¿Se te torció el tobillo?	A José se le torció la rodilla.

Ejercicios

 A ¿Qué es? Identifiquen.

 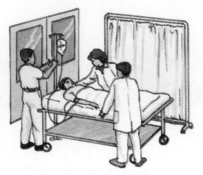 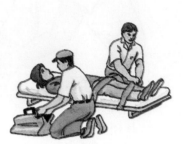

1. ¿Es una silla de ruedas o una camilla?

2. ¿Es la sala de urgencias o el servicio de primeros auxilios?

3. ¿Son los médicos o los socorristas?

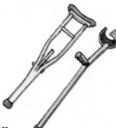 

4. ¿Son muletas o camillas?

5. ¿Se resbaló el joven o se cayó?

6. ¿Se resbaló la joven o se cayó?

B **El accidente de José.** Contesten.

1. ¿Tuvo José un accidente?
2. ¿Se cayó?
3. ¿Se lastimó?
4. ¿Tendrá que ir al hospital?
5. ¿Será necesario llamar a los socorristas?
6. ¿Vendrá la ambulancia?
7. ¿Vendrán los socorristas?
8. ¿Examinarán a José?
9. ¿Lo pondrán en una camilla?
10. ¿Lo llevarán al hospital en la ambulancia?

C **Una serie de accidentes.** Describan el dibujo.

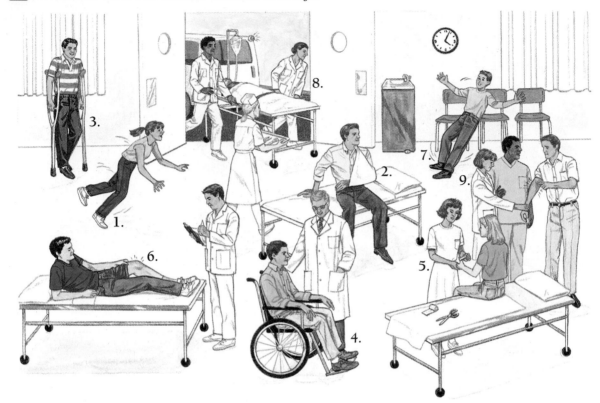

D **¿Cuál es otra palabra?** Pareen.

1. Se lastimó.
2. Le duele.
3. el servicio de primeros auxilios
4. la sala de urgencias

a. la sala de emergencia
b. el servicio de primer socorro
c. Le hace mal.
d. Se hizo daño.

PALABRAS 2

EN EL HOSPITAL

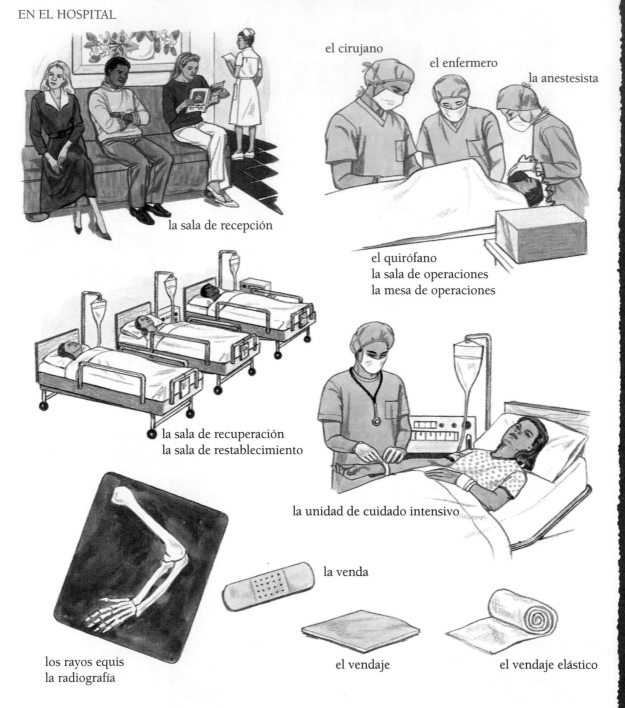

la sala de recepción

el cirujano

el enfermero

la anestesista

el quirófano
la sala de operaciones
la mesa de operaciones

la sala de recuperación
la sala de restablecimiento

la unidad de cuidado intensivo

los rayos equis
la radiografía

la venda

el vendaje

el vendaje elástico

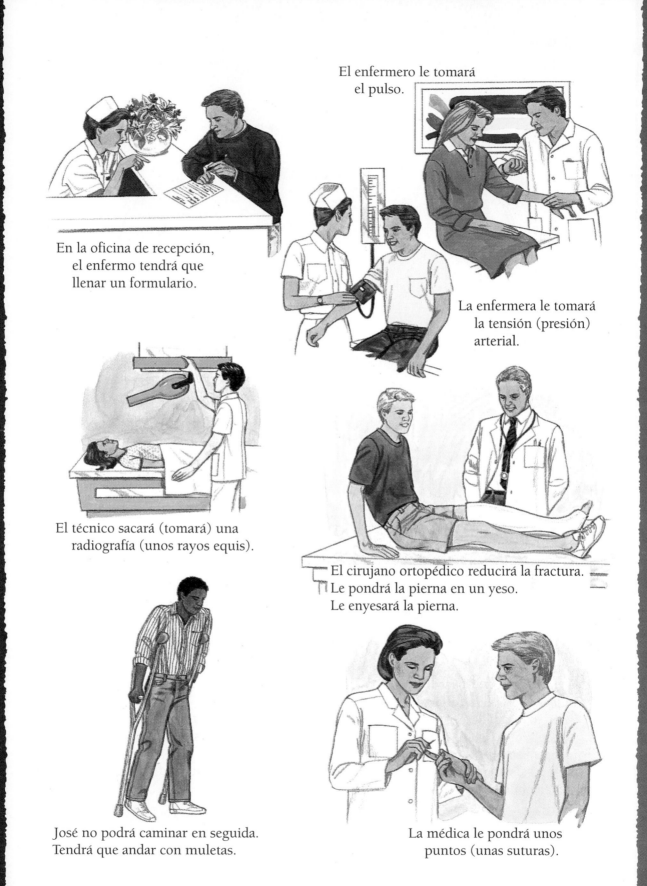

El enfermero le tomará
el pulso.

En la oficina de recepción,
el enfermo tendrá que
llenar un formulario.

La enfermera le tomará
la tensión (presión)
arterial.

El técnico sacará (tomará) una
radiografía (unos rayos equis).

El cirujano ortopédico reducirá la fractura.
Le pondrá la pierna en un yeso.
Le enyesará la pierna.

José no podrá caminar en seguida.
Tendrá que andar con muletas.

La médica le pondrá unos
puntos (unas suturas).

Ejercicios

A ¿Qué es? Identifiquen.

1. ¿Es el quirófano o la sala de restablecimiento?

2. ¿Son vendas o radiografías?

3. ¿Es un formulario o una sutura?

4. ¿Es un yeso o un punto?

B El hospital. ¿Sí o no?

1. Cuando el enfermo o el paciente va al hospital, llega a la oficina de recepción.
2. Antes de entrar en el hospital, el enfermo o el paciente tiene que llenar o completar un formulario.
3. La enfermera toma la tensión arterial en la cabeza.
4. La enfermera toma la tensión arterial en la muñeca.
5. La enfermera toma el pulso en la muñeca.
6. Los rayos equis son fotografías.
7. El médico especialista en los huesos es el ortopedista.
8. El cirujano opera (hace intervenciones quirúrgicas).
9. El joven tendrá que andar con muletas porque se cortó el dedo.
10. Se cortó la mejilla. Si el médico no le pone suturas, tendrá una cicatriz.
11. Los enfermos que están en una condición seria o grave van a la sala de recuperación.
12. Después de una operación menor, trasladan a los enfermos a la unidad de cuidado intensivo.

C **¿Cuál es otra palabra?** Pareen

1. la sala de operaciones
2. la sala de urgencias
3. los rayos equis
4. la sala de recuperación
5. la tensión arterial
6. las suturas
7. lastimarse
8. doler
9. el servicio de primer socorro

a. el servicio de primeros auxilios
b. la presión arterial (sanguínea)
c. los puntos
d. la sala de emergencia
e. hacerse daño
f. la radiografía
g. hacerle mal
h. la sala de restablecimiento
i. el quirófano

Comunicación
Palabras 1 y 2

A **Me lastimé y...** Ud. tuvo varios accidentes. Dígale a un(a) compañero(a) de clase lo que le pasó. Use las expresiones siguientes en su explicación.

1. anteayer / el coche / lastimarse la cara
2. la semana pasada / la discoteca / torcerse el tobillo
3. anoche / la cocina / cortarse el dedo
4. el domingo pasado / la cancha de tenis / resbalarse y torcerse la rodilla
5. durante las vacaciones / la montaña / caerse y romperse la pierna

B **¡Socorro!** Ud. está en la calle Echegaray en Madrid. Ocurre un accidente. No es nada serio pero los accidentados necesitan ayuda. Vaya a un teléfono y llame para pedir ayuda. Explíquele al/a la operador(a) todo lo que pasó y todo lo que Ud. vio.

C **Nos lastimamos.** Ud. y tres compañeros(as) decidieron ir a jugar fútbol. Los cuatro se lastimaron. Uno(a) se resbaló y se le torció el tobillo, otro(a) se cortó el dedo, a otro(a) se le rompió el brazo y Ud. se cayó y se lastimó la muñeca. Uds. van al hospital. Explíquenle al/a la doctor(a) lo que les pasó. El/la doctor(a) les dirá a cada uno de Uds. lo que les tendrá que hacer .

La calle Echegaray, Madrid

El futuro de los verbos irregulares

Expressing More Future Actions

Study the following forms of verbs that have an irregular stem in the future tense. Note that the endings are the same as those for the regular verbs.

INFINITIVE	TENER	SALIR	VENIR	ENDINGS
STEM	tendr-	saldr-	vendr-	
yo	tendré	saldré	vendré	-é
tú	tendrás	saldrás	vendrás	-ás
él, ella, Ud.	tendrá	saldrá	vendrá	-á
nosotros(as)	tendremos	saldremos	vendremos	-emos
vosotros(as)	*tendréis*	*saldréis*	*vendréis*	-éis
ellos, ellas, Uds.	tendrán	saldrán	vendrán	-án

INFINITIVE	PONER	SABER	PODER	ENDINGS
STEM	pondr-	sabr-	podr	
yo	pondré	sabré	podré	-é
tú	pondrás	sabrás	podrás	-ás
él, ella, Ud.	pondrá	sabrá	podrá	-á
nosotros(as)	pondremos	sabremos	podremos	-emos
vosotros(as)	*pondréis*	*sabréis*	*podréis*	-éis
ellos, ellas, Uds.	pondrán	sabrán	podrán	-án

Ejercicios

A **María está enferma.** Contesten según se indica.

1. María está enferma. ¿A quién tendrá que llamar? (al médico)
2. ¿Vendrá el médico a la casa? (no)
3. ¿Adónde tendrá que ir María? (a la consulta del médico)
4. ¿Podrá ir? (sí)
5. ¿Sabrá el médico lo que tiene? (sin duda)

B **Unas vacaciones.** Preguntas personales.

1. ¿Tendrás unas vacaciones este verano?
2. ¿Tendrás que trabajar o podrás ir de vacaciones?
3. ¿Saldrás para la playa o para las montañas?
4. ¿Irás de vacaciones con tus amigos?
5. ¿Saldrán juntos?
6. ¿En qué mes tendrán sus vacaciones?
7. ¿Cuántas semanas podrán Uds. estar fuera de casa?
8. ¿Cuándo sabrás la fecha en que podrás salir?

El futuro de otros verbos irregulares

Expressing More Future Actions

1. Study the future forms of the verbs *decir*, *hacer*, and *querer* that also have an irregular stem.

INFINITIVE	DECIR	HACER	QUERER	ENDINGS
STEM	**dir-**	**har-**	**querr-**	
yo	diré	haré	querré	-é
tú	dirás	harás	querrás	-ás
él, ella, Ud.	dirá	hará	querrá	-á
nosotros(as)	diremos	haremos	querremos	-emos
vosotros(as)	*diréis*	*haréis*	*querréis*	-éis
ellos, ellas, Uds.	dirán	harán	querrán	-án

2. The verb *querer* is very seldom used in the future.

Ejercicios

A ¿Quieres saber? Completen con el futuro.

1. Yo te ____ lo que él ____ . (decir, hacer)
2. Tú me ____ lo que él ____ o lo que él ____ hacer. (decir, hacer, querer)
3. Tú lo conoces. Si él lo quiere hacer, lo ____ . (hacer)
4. ¿Y qué ____ (nosotros)? (hacer)
5. No sabemos lo que ____ que hacer. (tener)
6. Pero, nosotros ____ lo necesario. (hacer)

B Las vacaciones. Completen con el futuro.

PEPITA: Suso, ¿me ____ (decir) lo que ____ (hacer) durante tus vacaciones?

SUSO: No te ____ (poder) decir nada hasta la semana que viene.

PEPITA: ¿Por qué ____ (tener) que esperar tanto para saber lo que tú ____ (hacer)?

SUSO: Pues, (tú) ____ (tener) que esperar porque yo no ____ (saber) lo que ____ (hacer) ni lo que ____ (poder) hacer hasta entonces.

PEPITA: Pues, yo te ____ (decir) lo que yo ____ (hacer).

SUSO: ¿Qué?

PEPITA: Pues, yo ____ (ir) a España.

SUSO: Tú ____ (hacer) un viaje a España. ¡Qué suerte!

C Entre amigos no hay secretos. Contesten.

1. ¿Me dirás lo que harás?
2. ¿Me dirás lo que harás si te digo lo que yo haré?
3. ¿Lo haremos juntos o no?
4. ¿Tus hermanos te dirán si lo haremos juntos?
5. ¿Y tus hermanos te dirán si ellos lo harán con nosotros?

El comparativo y el superlativo
Formas irregulares

Comparing People and Things

1. The adjectives *bueno* and *malo* have irregular comparative and superlative forms.

ADJETIVO	COMPARATIVO	SUPERLATIVO
bueno malo	mejor(es)… que peor(es)… que	el, la, los, las mejor(es) el, la, los, las peor(es)

Este año, ¿vas a recibir las mejores o las peores notas?
José es el mejor alumno de la clase.
Una fiesta es mejor que un examen.

2. Two other adjectives with irregular forms are *mayor* and *menor*. Although they are not actually the comparative and superlative forms of *joven* and *viejo*, they often refer to age.

Mi hermano es mayor (menor) que Paco.
Teresa es la menor (la mayor) de la clase.

Ejercicio

¿No eres el mayor? Practiquen la conversación.

ROSAURA: Te vi con una muchacha ayer. ¿Quién era?
MARCELO: Era mi hermana mayor, Catalina.
ROSAURA: Yo creía que tú eras el mayor de tus hermanos.
MARCELO: No, no. Todo lo contrario. Yo soy el menor.
Mi hermano Santiago es el mayor. Pero no
hay duda, yo soy el mejor estudiante de todos.

Contesten según la conversación.

1. ¿Quién es menor, Marcelo o Catalina?
2. ¿Quién es la hermana mayor de Marcelo?
3. ¿Quién es el mayor de los hermanos?
4. ¿Y quién es el menor?
5. ¿Quién es el mejor estudiante de los tres?

En Segovia, España

Escenas de la vida   *Una visita al hospital*

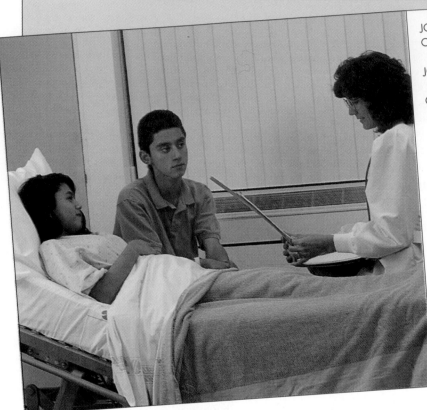

JOSÉ: Catalina, ¿cómo estás?

CATALINA: Ay, ¡qué accidente más tonto tuve yo!

JOSÉ: ¿Tienes los resultados de los rayos equis?

CATALINA: No, la médica los tendrá dentro de poco y me dirá lo que ella tendrá que hacer o lo que yo tendré que hacer. Ah, aquí viene ahora.

CATALINA: ¿Sí, doctora?

DOCTORA: Hola, Catalina. Aquí tengo los resultados de la radiografía. Tú tienes una fractura.

CATALINA: ¿Se me rompió el tobillo?

DOCTORA: Sí, pero no es cosa muy seria. Lo pondré en un yeso y tú podrás salir del hospital en seguida. Te sentirás mejor en casa que aquí, ¿no?

CATALINA: Sí, sí. ¿Tendré que andar con muletas?

DOCTORA: Sí, unos dos o tres días, nada más.

■ **No es nada serio.** Contesten según la conversación.

1. ¿Quién está en el hospital?
2. ¿Está enferma o es que tuvo un accidente?
3. ¿Le tomaron (hicieron) una radiografía?
4. ¿Cuándo tendrá los resultados?
5. ¿Quién le dirá lo que tendrá que hacer?
6. ¿Lo hará en el hospital?
7. ¿Qué tiene Catalina?
8. ¿Qué se le rompió a Catalina?
9. ¿Qué hará la médica?
10. ¿Cuándo podrá Catalina salir del hospital?
11. ¿Se sentirá mejor en casa?

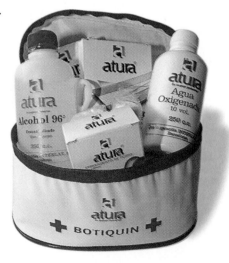

Comunicación

A **La pobre Catalina tuvo un accidente.** Llame a un(a) amigo(a) de Catalina por teléfono (un[a] compañero[a] de clase). Dígale que Catalina está en el hospital. El/la amigo(a) quiere saber: qué le pasó; en qué hospital está; cuánto tiempo estará; qué le hará la médica; si puede visitar a Catalina; cuándo saldrá ella del hospital; cuándo estará mejor.

B **Lo que queremos…** Ud. y un(a) compañero(a) de clase prepararán una lista de cosas que harán de adultos. Luego comparen sus listas individuales y determinen los intereses que comparten (tienen en común). Presenten los resultados a la clase.

C **De viaje en Puerto Rico.** Ud. viajaba en Puerto Rico y desgraciadamente tuvo un pequeño accidente, nada serio. Ud. está en la sala de urgencias del Centro Médico en Río Piedras y tiene que dar la siguiente información al/a la recepcionista (su compañero[a] de clase).

1. su nombre
2. su domicilio
3. nombre de sus padres
4. su edad
5. su compañía de seguros
6. un poco sobre su historial médico

D **La buenaventura.** Ud. le dice la buenaventura (fortuna) a un(a) compañero(a) de clase. Su compañero(a) quiere saber todo lo que le pasará en el futuro. Él/ella le hará muchas preguntas. Conteste a todas sus preguntas. Use su imaginación.

E **Este fin de semana.** Con un(a) compañero(a), haga planes para el fin de semana. Discutan sus obligaciones, fiestas, trabajo, estudios, etc.

F **El verano próximo.** Entreviste a un(a) compañero(a) de clase para saber si hará algunas de las cosas siguientes (u otras originales) el verano próximo.

trabajar mucho	visitar otro país
vivir en otra ciudad	hacer algo diferente que el verano pasado
ir a la playa	poder ir a fiestas
leer novelas interesantes	salir con los amigos
ver películas	

PARA EL **DOLOR** **PANADOL**

El analgésico de confianza más recetado en Puerto Rico y usado en hospitales.

PANADOL CAPLETS

Extra Fuerte PANADOL 500 TABLETAS

HOSPITAL DEL SAGRADO CORAZÓN—¡YA VOY!

—Marcos, ¡cuidado! Están haciendo obras[1] allí en la acera[2].
Si no tienes cuidado, te vas a caer. —Él no se caerá. —Ya se cayó.

—¡Ay, qué dolor!

—¿Dónde te duele?

—Aquí. Creo que se me rompió la pierna.

—Te pondré en el sillín[3] de mi moto y te llevaré al hospital del
Sagrado Corazón.

—¿Estás loco? No me pondrás en tu moto. No me puedo levantar.
El dolor me está matando[4]. ¡Cuánto me duele!

—Pues tendré que llamar al servicio de primeros auxilios.

—¡Ay, bendito! Luego vendrán en la ambulancia con las sirenas
y me pondrán en una camilla. ¡Qué escena!

—Pero te darán una inyección para aliviar el dolor. Te sentirás mejor pronto.

—Me estoy poniendo nervioso. ¿Qué me harán en el hospital?

—No tengo idea. Los socorristas te dirán lo que te harán. Llamaré al hospital y luego
llamaré a tus padres.

Al entrar en el hospital, ¿qué le hicieron a Marcos? Su amigo, Tadeo, quien lo
acompañó al hospital, le ayudó a llenar algunos formularios en la sala de
urgencias. En seguida le hicieron unas radiografías y determinaron que tenía una
fractura complicada. Lo llevaron a la sala de operaciones donde los anestesistas
le dieron una anestesia local. El cirujano ortopedista le redujo la fractura y puso
la pierna en un yeso. Trasladaron a Marcos a la sala de restablecimiento. Le
dieron un calmante y dos horas más tarde estaba en la puerta principal del
hospital sentado en una silla de ruedas con un par de muletas en las manos.

Le dijo su mamá—Volveré en seguida. Voy por el carro.

[1] haciendo obras   *doing repair work*
[2] acera   *side walk*
[3] sillín   *seat*
[4] matando   *killing*

Estudio de palabras

Definiciones. Escojan la definición.

1. operar
2. aliviar
3. la camilla
4. un calmante
5. nervioso
6. completar
7. en seguida
8. la sala de operaciones
9. el cirujano

a. preocupado, agitado
b. el médico que opera
c. el quirófano
d. un analgésico
e. disminuir el dolor
f. hacer una intervención quirúrgica
g. llenar
h. cama para transportar enfermos y heridos
i. inmediatamente

Comprensión

A **¡Pobre Marcos!** Contesten según la lectura.

1. ¿Quién se cayó?
2. ¿Por qué se cayó?
3. ¿Dónde le duele?
4. ¿Por qué no puede ir al hospital en la moto de su amigo?
5. ¿A quién llamará su amigo?
6. ¿Por qué habrá una escena?
7. ¿En que vendrán o llegarán los socorristas?
8. ¿Dónde pondrán a Marcos?
9. ¿Qué le darán?
10. ¿Qué aliviará la inyección?
11. Al llegar al hospital, ¿qué llenaron los amigos?
12. ¿Qué le hicieron a Marcos?
13. ¿Qué tenía Marcos?
14. ¿Adónde lo llevaron?

B **En la sala de operaciones.** Completen.

1. Llevaron a Marcos a la _____ .
2. Lo llevaron a la sala de _____ en una _____ .
3. _____ redujo la fractura.
4. Luego el cirujano ortopedista le puso un _____ .
5. Después trasladaron a Marcos a _____ .
6. En la sala de restablecimiento le dieron _____ .
7. Marcos salió del hospital en _____ .
8. _____ lo llevó a casa.

DESCUBRIMIENTO CULTURAL

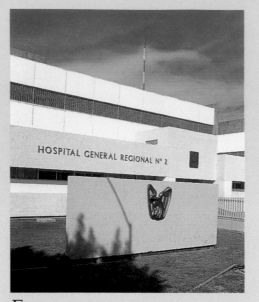

*E*n muchos países hispanos los hospitales están bajo la dirección de un ministerio o departamento del gobierno, el Ministerio de Salud Pública o la Dirección de Sanidad[1], por ejemplo. En general, el cuidado médico en los hospitales es gratis. El seguro social cubre todos los gastos[2] médicos.

La calidad del servicio médico varía de país en país y de región en región. En la mayoría de las grandes ciudades hay hospitales buenos con equipo[3] avanzado y unas instalaciones muy modernas. En las zonas más remotas el equipo es menos avanzado. En las regiones extremadamente remotas, en las montañas y en las selvas tropicales, por ejemplo, hay muy pocos médicos y tampoco hay suficientes hospitales. Es un problema serio porque hay mucha gente que tiene necesidad de mejor asistencia y de mejor cuidado médico.

En todas las ciudades hay grandes hospitales públicos. También existen clínicas privadas. Hay una diferencia entre el significado de la palabra "clínica" en inglés y en español. Una clínica es un hospital privado, a veces el propietario es un médico o grupo de médicos. Las clínicas son para las personas que pueden pagar y que prefieren no ir a un hospital público.

Hay también dispensarios donde tratan a los pacientes que sufren de una herida o de una enfermedad no muy seria. Hoy hay centros médicos dedicados específicamente al tratamiento del SIDA, del alcoholismo y de la adicción a las drogas.

Todos los años, miles de jóvenes de los Estados Unidos van a las universidades de España y de Latinoamérica para estudiar medicina.

Un profesional en el campo de la medicina que existe en los países hispanos pero no en los EE.UU. es el "practicante". El practicante es un diplomado en enfermería. Al practicante se le permite poner inyecciones y practicar curas simples y rutinarias. En caso de heridas o enfermedades graves o complicadas, el practicante manda al paciente a un médico.

En muchas áreas rurales de las Américas las madres todavía dan a luz[4] a sus hijos en casa y no en un hospital. Tradicionalmente las comadronas, unas señoras con mucha experiencia en ayudar a nacer a los niños, cuidaban a las madres. Hoy muchas comadronas son enfermeras especialistas en obstetricia.

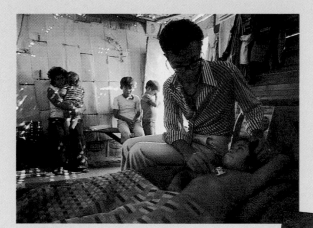

Un practicante

¿Dónde está
tu dolor de cabeza?

Aspirina Masticable, al deshacerse ya en la boca, se asimila mejor y actúa antes. Por eso es rápida y eficaz contra el dolor de cabeza.

Bayer

ASPIRINA

Y AQUÍ EN LOS ESTADOS UNIDOS

En los barrios hispanos de los Estados Unidos mucha gente visita a los herbolarios. Los herbolarios son personas que hacen preparaciones de hierbas para curar una variedad de males o enfermedades. Para cada enfermedad preparan una hierba específica. La gente generalmente hace un tipo de té con las hierbas y lo toma. La palabra "herbolario" se refiere a la persona y a la tienda. Los herbolarios también se llaman botánicas.

[1] sanidad *health*
[2] gastos *expenses*
[3] equipo *equipment*
[4] dan a luz *deliver, give birth*

1

Aquí vemos el patio del Hospital de Jesús en la capital de México **1**. Es uno de los hospitales más viejos de todo México. ¡Qué agradable dar un paseo por este lindo patio! ¿No?

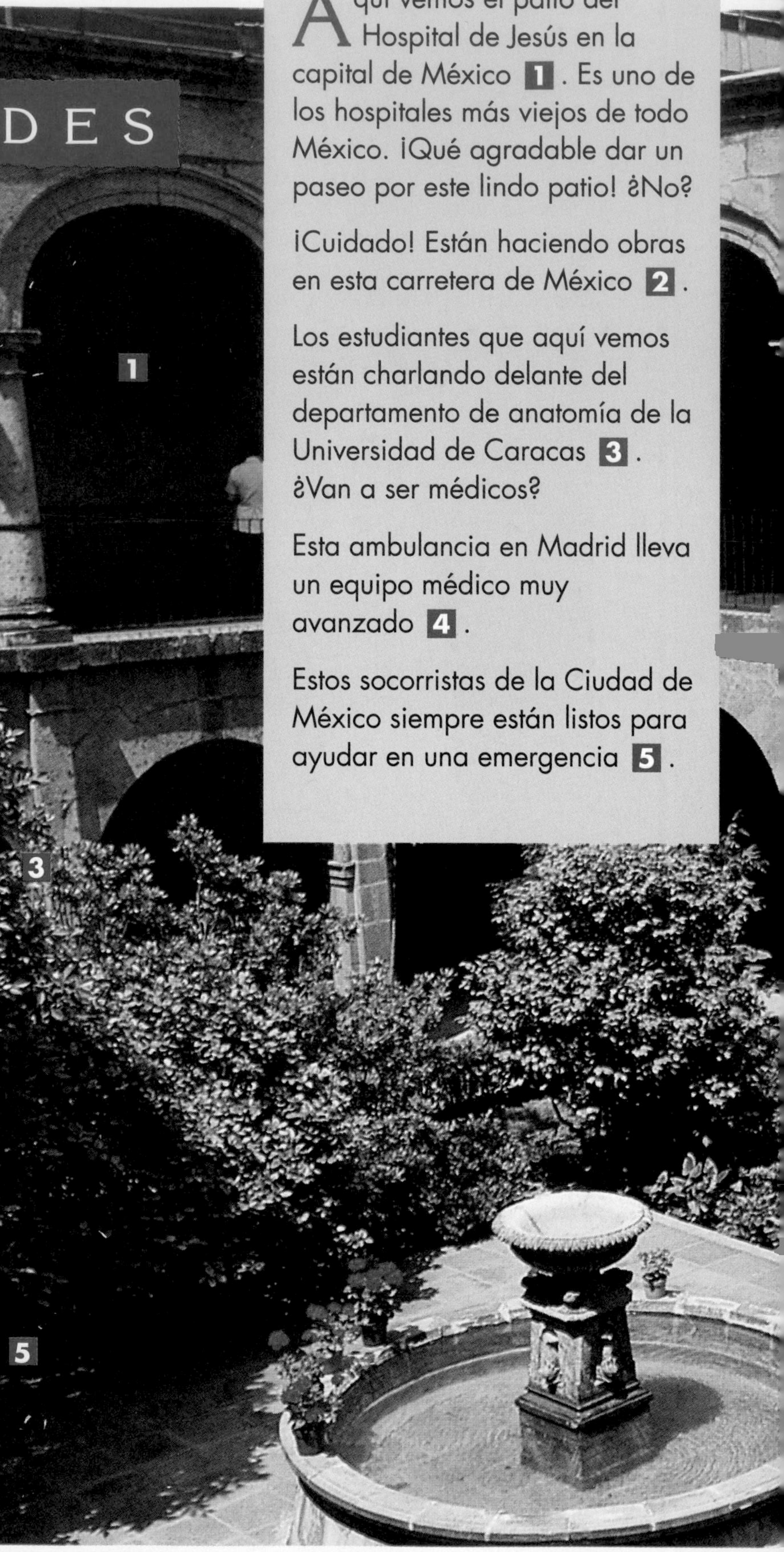

¡Cuidado! Están haciendo obras en esta carretera de México **2**.

Los estudiantes que aquí vemos están charlando delante del departamento de anatomía de la Universidad de Caracas **3**. ¿Van a ser médicos?

Esta ambulancia en Madrid lleva un equipo médico muy avanzado **4**.

Estos socorristas de la Ciudad de México siempre están listos para ayudar en una emergencia **5**.

3

5

4

2

CULMINACIÓN

Comunicación oral

A **¿Qué le pasó?** Ud. toma el papel de un(a) médico(a). Un(a) compañero(a) de clase es su paciente. El/la paciente tuvo un accidente. Hágale preguntas sobre el accidente para poder hacerle una diagnosis. Luego descríbale el tratamiento.

B **Hubo un accidente.** Ud. es un(a) agente de policía y está hablando por teléfono con alguien (un[a] compañero[a] de clase) que le está informando sobre un accidente. Ud. quiere saber lo que pasó, cómo y cuándo ocurrió. Explíquele a su compañero(a) lo que debe hacer y lo que Ud. hará.

C **Lo mejor.** Trabaje con un(a) compañero(a) de clase. Hablen de otros compañeros. Según Uds., ¿quién o quiénes son los más guapos, serios, inteligentes, divertidos, etc?

Más vale perder un minuto en la vida, que la vida en un minuto. Maneja con cuidado.

Comunicación escrita

A **Cuando era niño(a).** Escriba una composición de dos o tres párrafos sobre un accidente que tuvo cuando Ud. era niño(a).

B **La salud.** Ud. ya tiene un vocabulario bastante extenso sobre la salud y los servicios de salud. Prepare un informe escrito sobre los servicios de salud.

1. Prepare una lista de palabras o expresiones relacionadas a este tema.
2. Ponga las palabras y expresiones en oraciones.
3. Luego organice sus oraciones en párrafos.

C **Una visita horrible al hospital.** Imagínese que Ud. tuvo un pequeño accidente que se convirtió en una experiencia horrible. Desde el momento que llamó a los socorristas hasta el momento que salió del hospital todo anduvo mal. En una carta, descríbale su experiencia a un(a) amigo(a).

> La semana pasada se me torció (rompió)… Caminaba por una acera donde… Cuando llamé a los socorristas, sonaba ocupado…

D **¡Lea las noticias!** Imagínese que Ud. es reportero(a) del periódico de su escuela. Ud. vio un accidente que ocurrió en el estacionamiento de los estudiantes. Escriba un artículo para el periódico en el que describe lo que pasó. No se olvide de incluir: qué, quién, cuándo, dónde y cómo.

Reintegración

A **¿Está enfermo o no?** Completen con *ser* o *estar*.

1. Juan ____ de Puerto Rico.
2. Él ____ muy simpático.
3. Él siempre ____ contento.
4. Él ____ muy inteligente y también muy divertido.
5. Hoy el pobre Juan no ____ muy bien.
6. Él ____ un poco enfermo. No se siente bien y tiene fiebre.
7. En este momento él ____ en el consultorio médico.
8. El consultorio ____ en la calle Mendoza.

B **En el consultorio.** Completen.

1. —¿Te habla el médico?
   —Sí, él ____ habla.
2. —¿Les habla el médico a todos los pacientes?
   —Sí, él ____ habla a todos.
3. —¿Te examina el médico?
   —Sí, él ____ examina.
4. —¿Le explicas tus síntomas al médico?
   —Sí, ____ explico mis síntomas.
5. —¿Te hace una diagnosis el médico?
   —Sí, ____ hace una diagnosis.

Vocabulario

SUSTANTIVOS

el hospital
la sala de recuperación
la sala de operaciones
el quirófano
la mesa de operaciones
la sala de
  restablecimiento
la unidad de cuidado
  intensivo
el/la médico(a)
el/la cirujano(a)
el/la ortopedista
el/la enfermero(a)
el/la técnico(a)
el/la anestesista
el/la enfermo(a)
el accidente

la fractura
la cicatriz
la ambulancia
el servicio de primeros
  auxilios
el servicio de primer
  socorro
el/la socorrista
la camilla
la silla de ruedas
la muleta
la venda
el vendaje
los rayos equis
la radiografía
la tensión arterial
la presión arterial

el pulso
los puntos
las suturas
el hombro
el brazo
el codo
la muñeca
el dedo
la pierna
el tobillo
la rodilla
la cara
la frente
la mejilla
el labio

ADJETIVOS

ortopédico
hinchado(a)
complicado(a)
elástico(a)
arterial

VERBOS

resbalarse
caerse
lastimarse
hacerse daño
doler(ue)
romperse
torcer(ue)
cortar
enyesar
llenar
caminar

The following excerpt is from an article that appeared in EL TIEMPO, Santafé de Bogotá, Colombia. After reading the article, answer the questions that follow.

CONTRALORÍA CONTRA LA VENTA DE TELECOM

La Contraloría General de la República se opone a la privatización de la Empresa Nacional de Telecomunicaciones (Telecom) y propone la creación de una entidad de economía mixta controlada por el Estado. Sin embargo, no comparte el paro realizado por los trabajadores. Según el contralor, Manuel Francisco Becerra Barney, es necesario modificar la estructura de Telecom para hacerla una empresa ágil y evitar que dentro de unos años se derrumbe, pero la solución no es privatizar como propone el gobierno. Dijo que es inconveniente entregar el monopolio estatal de las telecomunicaciones al sector privado.

1. What is Telecom?
2. What is the government attempting to do with Telecom?
3. What does Sr. Becerra oppose?
4. How would you describe *una entidad de economía mixta controlada por el Estado*?
5. What does the phrase *el paro realizado por los trabajadores* probably refer to?
6. Why does Sr. Becerra feel that the structure of Telecom needs to be modified?
7. According to Sr. Becerra, what should not be handed over to the private sector?

Here is an advertisement that appeared in MÁS, a magazine published in the United States for the Hispanic market.

Como decía mi Papá... el que a buen árbol se arrima, buena sombra le cobija.

Es más que conexiones claras y rápidas...

Es darle prioridad al cliente. Escucharlo en su idioma. Tratarlo con respeto.

Es anticipar sus necesidades y ayudarlo a obtener el mayor provecho de nuestra experiencia en larga distancia.

Servicio AT&T. Otro beneficio a su favor. **1 800 235-0900.**

AT&T
La mejor decisión.

1. The ad opens with an old Spanish proverb. What does the proverb mean?
2. When the ad says "it's more than…" it assumes that two things are taken for granted. What are they?
3. To what is "priority" given?
4. How is the client treated?
5. *Escucharlo en su idioma.* What does that mean, and why might it be important?
6. In what does the company claim to have experience?
7. What does the company anticipate?
8. In the English ads, the company used the phrase "The Right Choice." How have they said that in Spanish?
9. Do you think the appeal of this ad is technical or emotional? Why?

CAPÍTULOS 1–4

Conversación   *Estaba en el mercado*

GABRIEL: Teresa, ¿dónde estabas? Llamé hace poco pero nadie contestó.

TERESA: Fui al correo porque tenía que comprar unos sellos. No quedaban sellos para correo aéreo. Volveré mañana. ¿Qué pasa, Gabriel? ¿Dónde estás?

GABRIEL: Pues, te diré. Yo estaba en el mercado y hacía las compras cuando sonó una sirena. Era una ambulancia. Parece que la Sra. Juana, la señora de la carnicería, sufrió un ataque cardíaco. Los socorristas le dieron primeros auxilios y la llevaron al hospital. Todo el mundo estaba muy triste. Le mandaremos unas flores al hospital mañana.

TERESA: ¡Qué lástima! No hay nadie más amable que la Sra. Juana. Ella es la persona más simpática de todo el mercado. Yo iré a visitarla esta semana. Y le enviaré una postal hoy mismo.

GABRIEL: Se cayó la moneda. Tendré que colgar. Hasta luego.

A **La llamada.** Contesten.

1. ¿Dónde estaba Teresa cuando Gabriel llamó la primera vez?
2. ¿Por qué tendrá Teresa que volver al correo mañana?
3. ¿Dónde estaba Gabriel cuando oyó la sirena?
4. ¿Qué hacía Gabriel?
5. ¿Qué tipo de sirena era?
6. ¿Dónde trabajaba la señora Juana?
7. ¿Qué le pasó a la señora Juana?
8. ¿Quiénes vinieron en la ambulancia?
9. ¿Adónde la llevaron?
10. ¿Cómo se sentía todo el mundo?
11. ¿Qué mandarán al hospital mañana?
12. ¿Cuándo enviará Teresa una postal?
13. ¿Quién es más simpática que la Sra. Juana?
14. ¿Quién es la persona más amable de todo el mercado?

B **El correo.** Completen.

Voy al ____ para comprar sellos y echar unas cartas al ____ . Tengo que poner la
$\qquad$1 $\qquad$2

zona ____ en los sobres. Luego, buscaré una cabina telefónica para hacer una
$\qquad$3

____ . Necesito unas ____ de 25 pesetas porque es un teléfono ____ , no privado.
4 $\qquad$5 $\qquad$6

Estructura

El imperfecto

1. Review the imperfect tense forms of regular verbs and the verbs
   ir and *ser*, the only irregular verbs in the imperfect tense. Remember
   that the imperfect tense forms of *-er* and *-ir* verbs are identical.

tomar	tomaba, tomabas, tomaba, tomábamos, *tomabais*, tomaban
comer	comía, comías, comía, comíamos, *comíais*, comían
vivir	vivía, vivías, vivía, vivíamos, *vivíais*, vivían

ir	iba, ibas, iba, íbamos, *ibais*, iban
ser	era, eras, era, éramos, *erais*, eran

2. The imperfect tense is used to express an action in the past that is continuous
   or repeated. The time when the action was completed is unimportant. The
   preterite tense is used to express an action completed at a definite time in the
   past. Often a sentence will contain two types of past action. The action that
   was going on is expressed by the imperfect tense, and the action that
   intervened or interrupted that action is expressed by the preterite tense.

   Compraba sellos en el correo cuando vi a Manolo.

A **Cuando éramos niños.** Completen.

Cuando nosotros ____ (vivir) en la ciudad mi padre ____ (trabajar) en el correo.
$\qquad$1 $\qquad$2

Mamá ____ (tener) un puesto en el mercado. Ella ____ (vender) legumbres. Mis
$\qquad$3 $\qquad$4

hermanos y yo ____ (ir) a la escuela por la mañana. Nosotros ____ (volver) a casa
$\qquad$5 $\qquad$6

al mediodía. Yo ____ (preparar) el almuerzo. Mis hermanos ____ (tomar) leche,
$\qquad$7 $\qquad$8

pero yo ____ (beber) gaseosa con el almuerzo. Por la tarde mi hermano
$\qquad$9

Abel ____ (ir) al mercado y le ____ (ayudar) a mamá. Por la noche todos ____
$\qquad$10 $\qquad$11 $\qquad$12

(estar) juntos en casa. En aquellos tiempos todos nosotros ____ (ser) muy felices.
$\qquad$13

B **Un accidente.** Completen.

1. Laura ___ al correo cuando ___ el accidente. (ir, ver)
2. Todo el mundo ___ a la víctima pero nadie ___ a la policía. (mirar, llamar)
3. Laura en seguida ___ un teléfono mientras los otros no ___ nada. (buscar, hacer)
4. La víctima todavía ___ en la acera cuando Laura ___ . (estar, volver)
5. Laura le ___ los primeros auxilios a la víctima cuando ___ la ambulancia. (dar, llegar)

El futuro

1. Future time may be expressed in Spanish in various ways. The use of *ir a* + the infinitive is one way, *Voy a estudiar mañana.* Or the true future tense may be used. Review the future tense forms of regular and irregular verbs. Remember, for regular verbs, the future endings are added to the infinitive.

tomar	tomaré, tomarás, tomará, tomaremos, *tomaréis*, tomarán
volver	volveré, volverás, volverá, volveremos, *volveréis*, volverán
vivir	viviré, vivirás, vivirá, viviremos, *viviréis*, vivirán

2. For irregular verbs the regular future tense endings are added to an irregular stem. Review the future stems of irregular verbs.

INFINITIVE	STEM	FUTURE
tener	tendr-	tendré
salir	saldr-	saldré
venir	vendr-	vendré
poner	pondr-	pondré
saber	sabr-	sabré
poder	podr-	podré
decir	dir-	diré
hacer	har-	haré
querer	querr-	querré

C **Tendrá que…** Cambien en el futuro.

1. Paco va a querer ser médico como su madre.
2. Él va a tener que estudiar más.
3. La universidad no va a poder aceptarlo con malas notas.
4. Yo voy a hacer todo lo posible para ayudar a Paco.
5. Yo le voy a decir lo que tiene que hacer.
6. Primero, Paco y los amigos no van a salir todas las noches.
7. Y los amigos no van a venir a casa a mirar la televisión.
8. Ana y yo vamos a saber cómo hacerle estudiar más.

El comparativo y el superlativo

1. To form the comparative the construction *más… que* can be used with an adjective, noun, or adverb.

> **Ella es más alta que yo.**
> **Ella tiene más trabajo que yo.**
> **Ella camina más rápido que yo.**

2. The superlative is formed by using *más* with the appropriate definite article. The superlative is followed by the preposition *de*.

> **La Ciudad de México es la ciudad más grande de las Américas.**

3. Review the following irregular comparative and superlative forms: the comparative of *bueno(a)* is *mejor*; the superlative is *el* or *la mejor*.

D **Es más… que…** Contesten según su opinión.

1. ¿Qué enfermedad es más grave que la diabetes?
2. ¿Quiénes estudian más que los socorristas?
3. ¿Cuál es el mejor hospital de esta área?
4. ¿Quién es el médico o la médica más famosa del país?
5. ¿Es más cara la penicilina o la aspirina?
6. ¿Quiénes reciben más dinero, los médicos o los socorristas?
7. En el hospital, ¿quiénes tienen el trabajo más difícil?

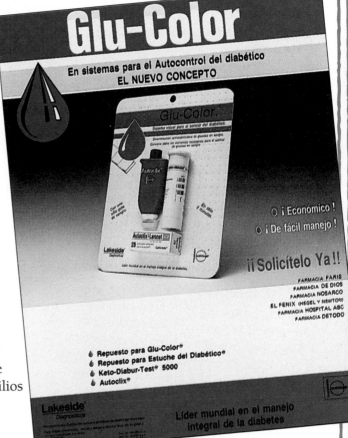

Comunicación

A **Un accidente.** Ud. está caminando por una calle de Santiago de Chile. Alguien se cae en la calle. Llame al servicio de primeros auxilios y explique lo que pasó. Un(a) compañero(a) de clase será el/la operador(a).

B **Quiero enviar…** Ud. está viajando por México. En Taxco Ud. compró un objeto de plata *(silver)* y quiere mandar el paquete a casa por correo. Prepare una conversación con el/la empleado(a) del correo (un[a] compañero[a] de clase).

LAS CIENCIAS NATURALES

Antes de leer

We speak to each other face to face. We talk on the phone. We listen to compact discs and cassettes, radio, and TV. We take sound for granted. Yet sound is one of our foremost means of communication. How does it work? In preparation for reading the following selection, please review how sound is produced, the speed of sound and how the human ear perceives sound.

la oreja
el yunque
el tímpano
el estribo
el nervio auditivo
el caracol
la trompa de Eustaquio
el martillo
el lóbulo

Lectura

EL SONIDO

Cuando un objeto vibra rápidamente mueve el aire alrededor. Cuando va en una dirección saca (desplaza) el aire del lugar. Cuando se mueve en la otra dirección, el aire vuelve rápidamente para llenar el espacio[1]. El aire que está al lado del objeto pasa la vibración al aire que está cerca, y este aire sigue pasando la vibración hasta llegar más lejos. Cuando las vibraciones llegan a nuestro oído[2], se llaman ondas sonoras[3], o sonido[4]. Las vibraciones pueden mover las moléculas en el aire o en otro material, sólido o líquido, como el agua o el metal. Pero no hay sonido si no hay un material por donde transmitir las vibraciones.

El sonido se transmite en el aire a unos 330 metros por segundo, pero por un alambre[5] de metal a unos 5,000 metros por segundo. (Esto parece rápido, pero es mucho más lento que la velocidad de la luz. La luz viaja por el aire a 299.700.000 metros por segundo.) Las ondas sonoras viajan más rápidamente por materiales sólidos que por los líquidos o los gases. Mientras más densas las moléculas del material, más rápidamente viaja el sonido.

Los sonidos tienen tres cualidades que nos permiten conocerlos: el tono[6], el timbre[7], y el volumen o la intensidad.

Algunos sonidos son fuertes, y otros son débiles; una sirena y un canario, por ejemplo. Llamamos a esta característica "intensidad". La intensidad depende de la distancia y del material por el que pasa el sonido. El tono se relaciona con la frecuencia de las vibraciones. Un gran número de vibraciones por segundo produce un tono alto o agudo. Un número menor de vibraciones produce un tono bajo o grave.

El timbre es la característica individual de cada sonido independiente del tono o de la intensidad. El saxofón y el clarinete tienen diferentes timbres.

¿Y cómo oímos los sonidos? El oído humano se divide en tres partes; la oreja u oído externo, el oído medio y el oído interno. Las vibraciones entran por la oreja. Pasan por un canal que las lleva al tímpano[8], una membrana muy sensible[9]. El tímpano transmite las vibraciones a tres huesos muy pequeños que están conectados al tímpano. Desde los huesos las vibraciones llegan al caracol que está lleno de un líquido. Las vibraciones mueven el líquido. Este movimiento activa el nervio auditivo que entonces transmite un mensaje al cerebro.

[1] el espacio   *space*
[2] oído   *ear*
[3] ondas sonoras   *sound waves*
[4] sonido   *sound*
[5] alambre   *wire*
[6] el tono   *pitch*
[7] el timbre   *tone*
[8] tímpano   *ear drum*
[9] sensible   *sensitive*

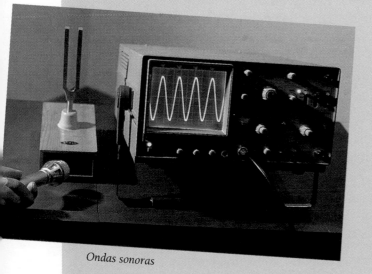

Ondas sonoras

Después de leer

A **El sonido.** Completen.

1. Cuando un objeto vibra, el aire se ____ .
2. Las vibraciones que oímos se llaman ____ sonoras.
3. Los sonidos se transmiten por un ____ de metal a unos 5.000 metros por segundo.
4. La ____ viaja por el aire mucho más rápidamente que el sonido.
5. La velocidad de los sonidos es mayor por ____ que por gases o líquidos.
6. Las tres cualidades de los sonidos son la ____ , el ____ y el ____ .
7. Un tono bajo se produce con menos ____ que un tono alto.

B **El oído.** Contesten.

1. ¿En cuántas partes se divide el oído humano?
2. ¿Qué es la oreja?
3. ¿Adónde llegan primero las ondas sonoras?
4. ¿Qué es el tímpano?
5. ¿Qué parte del oído contiene un líquido?
6. ¿Qué lleva los mensajes al cerebro?

C **Seguimiento.** Contesten.

1. ¿Cómo se llaman en inglés el martillo, el yunque, y el estribo?
2. Si la velocidad de los sonidos es mayor cuando la densidad de las moléculas es mayor, ¿viajan más rápidamente o más lentamente los sonidos encima de una montaña o al nivel del mar?
3. Describa la ruta de los sonidos desde la oreja hasta el cerebro.
4. Explique lo que son "ultrasonidos".

LA SOCIOLOGÍA

Antes de leer

There is a sociology of medicine. Attitudes toward health and customs regarding health vary among cultures, as do the frequency of different illnesses and the ways in which health care is delivered. In preparation for the following selection please look up and review the following: shamans, *curanderos*, acupuncture.

Santiago Ramón y Cajal, médico español

Lectura

MEDICINA Y SOCIEDAD

La importancia de la salud se nota hasta en los saludos: "¿Cómo estás?" es un saludo en casi todo el Occidente[1]. Ya sabemos que los microbios y los virus causan muchas enfermedades, pero los factores culturales y sociales también influyen mucho en la salud. La incidencia de ciertas enfermedades varía mucho entre diferentes grupos étnicos[2]. No son necesariamente responsables los genes sino también factores tales como la dieta y las costumbres. El cáncer del colon es muy frecuente en los países donde se consume mucha grasa y poca fibra. La incidencia de

cáncer del estómago es alta en el Japón, pero baja entre norteamericanos de ascendencia japonesa. Obviamente, la dieta es muy importante. En los EE.UU. se calcula que unos 350.000 personas mueren[3] cada año a causa de enfermedades relacionadas con el tabaco. El cáncer de la piel[4] es más común entre personas de piel muy blanca, las personas que más quieren broncearse en la playa.

El status social influye mucho en la salud. La esperanza de vida[5] para las personas ricas entre los 65 y 69 años de edad es de 2 a 4 años más que la de los pobres. Muy notable también es la diferencia entre hombres y mujeres. Los hombres, por lo general, gozan de[6] 6 años menos de vida que las mujeres.

La vida moderna impone[7] presiones psicológicas en la gente, el estrés, por ejemplo. El apoyo o el sostén[8] social que proveen la familia, los amigos y las otras personas con quienes interactuamos ayuda mucho en mantener la buena salud física y,

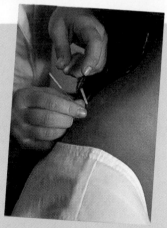

sobre todo, mental.
Todas las sociedades tienen sus "especialistas" para tratar a los enfermos. En las sociedades indígenas había chamanes que curaban a los enfermos por medio de ritos y ceremonias. Hoy todavía existen curanderos en muchos lugares remotos de las Américas. Los curanderos, sin instrucción formal, "curan" con hierbas, pociones y oraciones[9]. En China hay especialistas que se dedican a la acupuntura. La acupuntura se está popularizando en el mundo occidental.

[1] el Occidente *the West*
[2] étnico *ethnic*
[3] mueren *die*
[4] piel *skin*
[5] esperanza de vida *life expectancy*
[6] gozan de *enjoy*
[7] impone *imposes*
[8] el apoyo/el sostén *support*
[9] oraciones *prayers*

Después de leer

A **La salud.** Contesten.

1. ¿Por qué se menciona el saludo "cómo estás"?
2. ¿Cuáles son las causas de muchas enfermedades?
3. ¿Qué clases de factores influyen en la salud?
4. ¿Entre quiénes varía la incidencia de algunas enfermedades?
5. ¿En qué país es frecuente el cáncer del estómago?

B **Seguimiento.** Contesten.

1. El artículo dice que "el apoyo o el sostén social que proveen la familia y los amigos ayuda mucho en mantener la buena salud física y, sobre todo, mental". Comente.
2. ¿Cómo influyen la dieta y las costumbres en la salud? Explique.
3. Prepare un informe breve sobre uno de los siguientes temas:
   a. la acupuntura
   b. los chamanes
   c. los curanderos
   d. los efectos del tabaco
   e. la salud y la clase social

Un curandero

LA HISTORIA

Antes de leer

The voyage of Columbus resulted in an encounter between the cultures of Europe and those of the indigenous peoples of the Americas. Our very diet is a result of this meeting. Make a list of at least a half dozen foods you think are of American origin and half a dozen brought to the Americas by the Europeans.

Lectura

LOS ALIMENTOS EN LA HISTORIA

Hay tortillas en México y en España, pero lo único que tienen en común es su forma. La tradicional tortilla mexicana es de maíz, la española es de huevo, y en México se llama "omelet". La clásica tortilla a la española es de huevo con patatas, realmente un plato "bicultural" ya que las patatas son de América.

"Bicultural" también es el taco de carne. La carne de res, introducida en México por los españoles, se combina con una tortilla de maíz, invento de los aztecas. El maíz era la comida básica de muchos grupos indígenas antes de la llegada de Colón.

Cristobal Colón

La patata o papa se cultivaba primero en la región andina. Los conquistadores la introdujeron en Europa. Hoy se conoce en todo el mundo. En Irlanda durante los siglos XVIII y XIX la papa llegó a ser casi un monocultivo. Todos dependían de la papa para comer. El hambre causada por las malas cosechas[1] de papas alrededor de 1850 mató[2] a muchos y causó una tremenda emigración del país. Muchos irlandeses emigraron entonces a los EE.UU., la Argentina, Chile y otros países de las Américas.

Hoy los mexicanos también hacen tortillas de harina[3] de trigo[4]. Los españoles trajeron el trigo de Europa. En las Américas no había trigo. En las Américas tampoco había ganado[5]; ni vacas[6], ni ovejas[7], ni caballos[8]. Los españoles trajeron la uva[9], el azúcar y el café. Y de las Américas llevaron a Europa el chocolate, el tabaco, el tomate, el cacahuete[10] y el pavo[11].

El mismo descubrimiento de América se debe a la comida. Cristóbal Colón buscaba una nueva ruta a Asia. En Asia estaban las especias[12]. Las especias eran necesarias para conservar la comida. En Europa pagaban mucho por las especias que venían por tierra en caravanas en viajes que duraban años. Colón pensaba llegar a Asia por mar. Como sabemos, Colón nunca llegó a Asia sino a las Américas.

Parte del mural "La almendra del cacao" de Diego Rivera

Muchos siglos antes de Colón los romanos usaban la sal para conservar y dar sabor a la comida. La sal tenía tanta importancia que les pagaban a los legionarios romanos con sal. De allí viene la palabra "salario", o en inglés *salary*.

¹ cosechas *crop*
² mató *killed*
³ harina *flour*
⁴ trigo *wheat*
⁵ ganado *cattle*
⁶ vacas *cows*
⁷ ovejas *sheep*
⁸ caballos *horses*
⁹ uva *grape*
¹⁰ cacahuete *peanut*
¹¹ pavo *turkey*
¹² especias *spices*

Después de leer

A Escojan.

1. Los europeos comían trigo. ¿Que comían los aztecas?
   a. arroz   b. maíz   c. uvas
2. ¿Qué forma tiene una tortilla?
   a. la de un cuadro
   b. la de un triángulo
   c. la de un círculo
3. ¿Cuál de los ingredientes del taco tiene su origen en Europa?
   a. la salsa   b. la tortilla   c. la carne
4. ¿Donde se origina la papa?
   a. En los Andes.
   b. En España.
   c. En Irlanda.
5. ¿Cuál fue la causa de la gran emigración de Irlanda?
   a. el hambre
   b. la guerra
   c. las exploraciones
6. ¿Qué buscaba Colón?
   a. Un mercado para el ganado europeo.
   b. Una ruta por mar a Asia.
   c. Más comercio con las Américas.
7. ¿A quiénes les pagaban con sal?
   a. A los conquistadores españoles.
   b. A los soldados indios.
   c. A los legionarios romanos.

B Seguimiento. Contesten.

1. Muchos indios en Norteamérica cazaban bisontes (*bisons*) para su carne. Con la llegada de los españoles, la caza del bizonte se facilitó. Explique por qué.
2. Explique la derivación de la palabra "salario".
3. Dé algunos ejemplos de platos "biculturales".

CAPÍTULO
5
EL COCHE Y LA GASOLINERA

OBJETIVOS

In this chapter you will learn to do the following:

1. talk about cars and good driving habits
2. buy gas and have your car serviced
3. express conditions
4. refer to people and things already mentioned
5. talk about traffic conditions in the large cities of Latin America
6. discuss some traffic related problems
7. talk about car ownership in Latin America

PALABRAS 1

EL COCHE

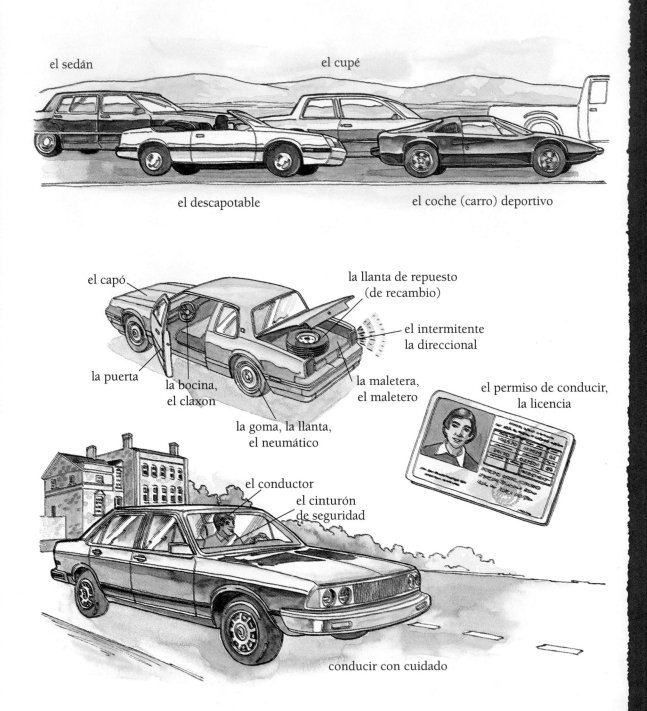

el sedán

el cupé

el descapotable

el coche (carro) deportivo

el capó

la llanta de repuesto
(de recambio)

el intermitente
la direccional

la puerta

la bocina,
el claxon

la maletera,
el maletero

la goma, la llanta,
el neumático

el permiso de conducir,
la licencia

el conductor

el cinturón
de seguridad

conducir con cuidado

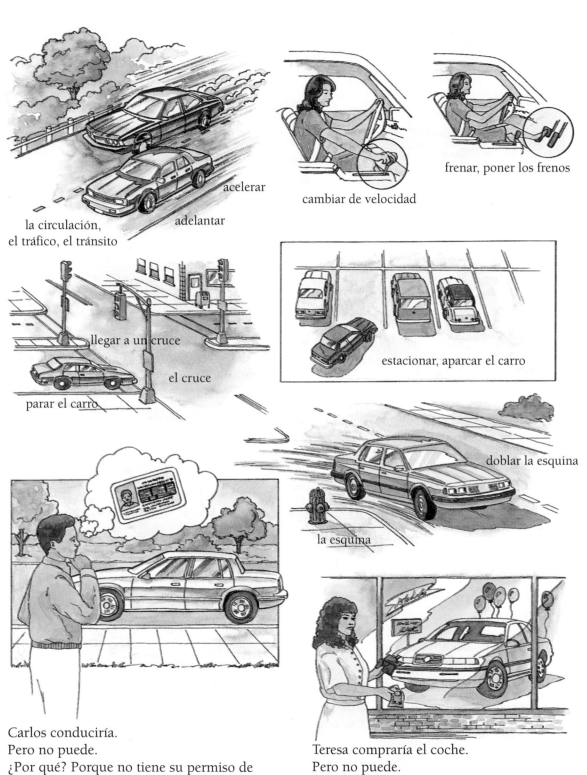

la circulación,
el tráfico, el tránsito

adelantar

acelerar

cambiar de velocidad

frenar, poner los frenos

llegar a un cruce

el cruce

parar el carro

estacionar, aparcar el carro

doblar la esquina

la esquina

Carlos conduciría.
Pero no puede.
¿Por qué? Porque no tiene su permiso de
conducir.

Teresa compraría el coche.
Pero no puede.
¿Por qué? Porque no tiene suficiente dinero.

Ejercicios

A ¿Qué es? Identifiquen.

1. ¿Es un sedán o un cupé?

2. ¿Son los frenos o el acelerador?

3. ¿Es el maletero o el capó?

4. ¿Es el cruce o la esquina?

5. ¿Es el intermitente o la goma?

B El coche. ¿Sí o no?

1. Un cupé tiene dos puertas.
2. El motor del coche está debajo del capó.
3. La llanta de recambio está en el capó.
4. El conductor pone los intermitentes cuando va a parar el carro.
5. El conductor pone los intermitentes o las direccionales cuando va a doblar.
6. Para parar el carro, es necesario poner los frenos.
7. No es necesario cambiar de velocidad si el carro tiene transmisión automática (cambio automático).

ESPECIAL 10° ANIVERSARIO

C Nuestro coche. Preguntas personales.

1. ¿Tienes un coche o tiene tu famila un coche?
2. ¿De qué marca es?
3. ¿Qué modelo es?
4. ¿Es descapotable?
5. ¿Cuántas puertas tiene?
6. ¿Hay una goma de repuesto (recambio) en el maletero?

D Teresa lo haría, pero no puede. Contesten según se indica.

1. ¿Compraría Teresa el coche? (sí)
2. ¿Puede comprar el coche? (no)
3. ¿Por qué no puede? (no tiene bastante dinero)
4. ¿Cambiaría Teresa la llanta? (sí)
5. ¿Puede? (no)
6. ¿Por qué no puede? (no tiene llanta de repuesto)
7. ¿Conduciría Lupe? (sí)
8. ¿Puede? (no)
9. ¿Por qué no puede? (dejó su permiso de conducir en casa)
10. ¿Estacionaría Lupe aquí? (no)
11. ¿Por qué no? (está prohibido)

PALABRAS 2

LA ESTACIÓN DE SERVICIO

la gasolinera

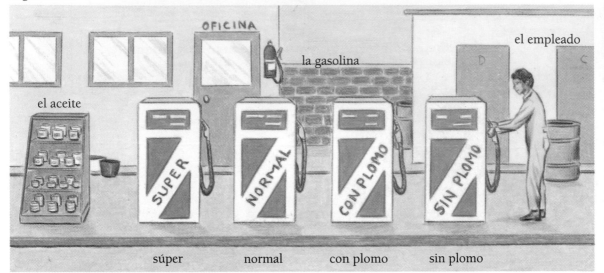

súper   normal   con plomo   sin plomo

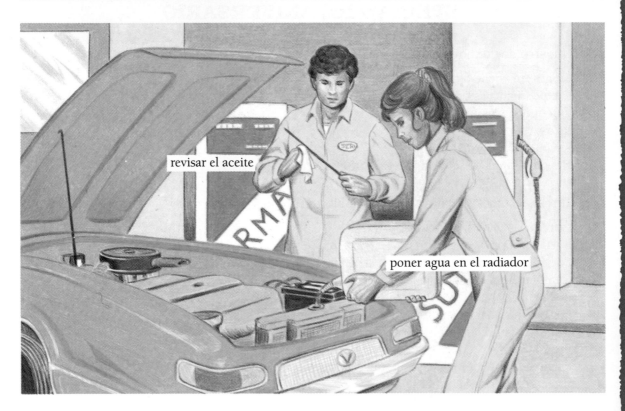

revisar el aceite

poner agua en el radiador

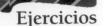

Ejercicios

A ¿Qué es? Identifiquen.

1. ¿Es el motor o el tanque de gasolina?

2. ¿Es la batería o el radiador?

3. ¿Es la gasolina o el aceite?

4. ¿Es el parabrisas o el intermitente?

B En la gasolinera. Escojan.

1. En la gasolinera el empleado llena el tanque de ___ .
   a. agua   **b.** aceite   **c.** gasolina

2. El empleado revisa ___ .
   a. el agua en los neumáticos   **b.** el tanque   **c.** el nivel del aceite

3. El empleado nunca pondría agua en ___ .
   a. la batería   **b.** el radiador   **c.** el tanque

4. El empleado podría verificar ___ .
   a. la presión de los neumáticos   **b.** el aire del radiador   **c.** el parabrisas

5. El parabrisas está sucio. No puedo ver nada. ¿Me lo ___ Ud., por favor?
   a. llenaría   **b.** revisaría   **c.** limpiaría

C Nuestro coche. Preguntas personales.

1. ¿Quién lleva el carro de su familia a la gasolinera?
2. ¿Su carro necesita gasolina normal o súper?
3. ¿Es necesario usar gasolina sin plomo?
4. A veces, ¿es necesario revisar el aceite?
5. A veces, ¿es necesario revisar el agua del radiador?

Comunicación

Palabras 1 y 2

A **En la gasolinera.** Ud. está en una gasolinera en San José, Costa Rica.

1. Tell the attendant (your partner) you need gas.
2. He asks what kind of gas you want.
3. He wants to know how much gas you want.
4. You want the oil and water checked.

B **En Puerto Rico.** Ud. está hablando con un(a) amigo(a) puertorriqueño(a) (un[a] compañero[a] de clase). El/ella le pide los siguientes informes. Conteste a sus preguntas.

1. if you have a driver's license
2. what state you live in
3. at what age you can get a driver's license
4. if you have to take a test

C **Nuestro auto.** Descríbale a un(a) compañero(a) de clase el coche que tiene la familia de Ud. Luego su compañero(a) le describirá su coche (de él o de ella).

D **Un coche de alquiler.** Ud. está en Cancún, México, y quiere alquilar un coche en una agencia de alquiler. Hágale preguntas al/a la empleado(a) de la agencia (un[a] compañero[a] de clase). Use las siguientes expresiones.

> **marcas y modelos de coches**
> **gasolina**
> **precio**
> **transmisión automática**
> **tarjeta de crédito**
> **seguro contra accidente**

AUTOS PECOS RENT A CAR

ALQUILER DE COCHES

OFICINAS
Tels. 273 30 90 y 274 67 32
C/. Alcalde Sainz de Baranda, 50

C/. Vizcaya, 8 (garage) Tel. 239 71 59

SERVICIO URGENTE: De 22 h. a 7 h.
227 37 42 - 777 55 62

Servicio permanente domingos y festivos incluidos a cualquier hora

ESTRUCTURA

El potencial o condicional
Formas regulares

Expressing Conditions

1. Study the following forms of regular verbs in the conditional.

INFINITIVE	COMPRAR	VENDER	CONDUCIR	ENDINGS
STEM	comprar-	vender-	conducir-	
yo	compraría	vendería	conduciría	-ía
tú	comprarías	venderías	conducirías	-ías
él, ella, Ud.	compraría	vendería	conduciría	-ía
nosotros(as)	compraríamos	venderíamos	conduciríamos	-íamos
vosotros(as)	*compraríais*	*venderíais*	*conduciríais*	*-íais*
ellos, ellas, Uds.	comprarían	venderían	conducirían	-ían

2. Note that as with the future, the conditional is formed by adding the appropriate endings to the infinitive. The endings for the conditional are the same as those for the imperfect of *-er* and *-ir* verbs.

3. The uses of the conditional are the same in Spanish and English. The conditional is used to express what would take place under certain circumstances.

> **Yo conduciría pero desgraciadamente no tengo mi permiso de conducir.**
> **Yo compraría el coche pero no tengo suficiente dinero.**

4. The conditional is also used to soften requests.

> **¿Me limpiaría Ud. el parabrisas, por favor?**
> **¿Me revisaría el aceite, por favor?**

Ejercicios

A **Lo que haría yo.** Preguntas personales.

1. ¿Te gustaría comprar un coche?
2. ¿Qué modelo comprarías?
3. ¿Qué color preferirías?
4. ¿Comprarías un coche americano o extranjero?
5. ¿Cuánto pagarías?
6. ¿Preferirías una transmisión automática o manual?

B **Un viaje.** Contesten según se indica.

1. ¿Irían ellos a las montañas o a la playa? (a las montañas)
2. ¿Irían en tren o en coche? (en coche)
3. ¿Quién conduciría? (Teresa)
4. ¿Alquilarían una cabaña o irían a un hotel? (una cabaña)
5. ¿Cuánto tiempo pasarían en las montañas? (unos quince días)
6. ¿Tú irías también? (no)

C **No, no.** Contesten según el modelo.

> **Ellos piensan ir. ¿Y tú?**
> *No, yo no iría.*

1. Ellos piensan llamar. ¿Y tú?
2. Yo pienso escribir. ¿Y Uds.?
3. Carolina piensa visitar a sus primos. ¿Y su hermano?
4. Nosotros pensamos ir. ¿Y Uds.?
5. Ellos piensan viajar en carro. ¿Y Uds.?
6. Teresa piensa conducir. ¿Y tú?

D **Imaginándome millonario(a).** Contesten.

1. ¿Vivirías en la ciudad, en los suburbios o en el campo?
2. ¿Viajarías mucho?
3. ¿Adónde irías?
4. ¿Cómo irías?
5. ¿Con quién irías?
6. ¿Comprarías un coche?
7. ¿Qué tipo de coche comprarías?
8. ¿Trabajarías?

Acaba de nacer y ya está predestinado para el éxito. Hay señales que lo indican, que anuncian su gran futuro: su espacio habitable, su compacta mecánica, sus asientos anatómicos, sus puertas solapadas con un ángulo de apertura de 81°, su coeficiente de penetración del 0,31, su galvanización a doble faz del 100% de las partes expuestas de la carrocería, su agilidad y su asombrosa estabilidad.

Tanto en sus motores de gasolina, 1.372 c.c. (72 CV) y 1.580 c.c. (85 CV), como en su versión Turbo Diesel, 1.929 c.c. (92 CV). Todos ellos son signos de que este coche va a cambiar la historia del automóvil, que va a mostrar a todos los demás el camino a seguir.

Fiat Tipo.
Nacido para marcar su tiempo.

El potencial o condicional
Formas irregulares

Expressing More Conditions

The same verbs that are irregular in the future tense are irregular in the conditional. Study the following.

INFINITIVE	FUTURE	CONDITIONAL
tener	tendré	tendría
poner	pondré	pondría
salir	saldré	saldría
poder	podré	podría
saber	sabré	sabría
hacer	haré	haría
decir	diré	diría
querer	querré	querría

Ejercicios

A **¿Él vendrá o no?** Contesten según el modelo.

> **¿Estará Guillermo?**
> *Dijo que estaría.*

1. ¿Vendrá Guillermo?
2. ¿Hará el viaje?
3. ¿Podrá pagar el viaje?
4. ¿Saldrá el viernes?
5. ¿Tendrá bastante tiempo?

B **Uno sí y el otro no.** Completen con el condicional.

1. Él sabría la dirección pero su hermano no la ____ .
2. Yo te lo diría pero ellos nunca te lo ____ .
3. Nosotros lo haríamos pero ellos no lo ____ nunca.
4. Yo podría ir pero mis amigos no ____ .
5. Uds. lo pondrían en orden pero él no lo ____ .
6. Yo tendría que volver pero tú no ____ .

C **Ahora lo hará pero antes no lo haría.**
Completen con el condicional.

1. Carlos podrá pero antes ____ .
2. Los muchachos vendrán pero antes ____ .
3. Tú lo harás pero antes ____ .
4. Uds. saldrán pero antes ____ .
5. Ud. me lo dirá pero antes ____ .

Una gasolinera en España

Dos complementos en una oración *me lo, te lo, nos lo*

Referring to People and Things Already Mentioned

1. Sentences can have both a direct and indirect object pronoun. When they do, the indirect object pronoun always precedes the direct object pronoun in Spanish. Both pronouns precede the conjugated form of the verb.

   Elena me dio el regalo.   Elena me lo dio.

   Carlos nos preparó la comida.   Carlos nos la preparó.

   Papá me compró los tenis.   Papa me los compró.

   El profesor nos explicó las reglas.   El profesor nos las explicó.

2. Note that the indirect object *me, te,* or *nos* comes before the direct object *lo, la, los, las.*

Ejercicios

A **Mamá me lo compró.** Contesten según se indica.

> ¿Quién te compró los jeans?
> *Mamá me los compró.*

1. ¿Quién te compró el suéter?
2. ¿Quién te compró los tenis?
3. ¿Quién te compró la chaqueta?
4. ¿Quién te compró los zapatos?
5. ¿Quién te compró la raqueta?
6. ¿Quién te compró los anteojos para el sol?
7. ¿Quién te compró las camisas?

B **En el restaurante.** Contesten con pronombres.

1. ¿Te sirvió la comida el mesero?
2. ¿Te trajo el menú?
3. ¿Te recomendó la especialidad de la casa?
4. ¿Te sirvió las legumbres aparte?
5. ¿Te dio la cuenta?

C ¿Quién te compró todo lo que tienes? Contesten según el modelo.

> **Tengo una calculadora.**
> *¿Quién te la compró?*

1. Tengo discos.
2. Tengo una raqueta de tenis.
3. Tengo un teléfono inalámbrico.
4. Tengo una plancha de vela.
5. Tengo un descapotable.
6. Tengo esquís acuáticos.

D Él te la escribió. Empleen dos pronombres en cada oración.

1. Carlos me escribió la carta.
2. Perdón, ¿quién te escribió la carta?
3. Él me envió la carta el otro día.
4. ¿Cuándo te envió la carta?
5. Él me dio las direcciones.
6. ¿Él te dio las direcciones?

E El profesor nos enseñó mucho. Empleen dos pronombres en cada oración.

1. El profesor nos enseñó la gramática.
2. Él nos enseñó el vocabulario.
3. Él nos enseñó las palabras.
4. Él nos enseñó los poemas.
5. Él nos explicó la diferencia.
6. Él nos explicó la teoría.
7. Él nos explicó el sistema.
8. Él nos dio la interpretación.

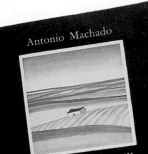

Escenas de la vida *En la gasolinera*

SEÑORITA: Favor de llenar el tanque.
EMPLEADO: Como no, señorita. ¿Con normal o súper?
SEÑORITA: Súper, sin plomo. ¿Y me revisaría el aceite, por favor?
EMPLEADO: Sí. Está un poco sucio. Yo lo cambiaría.
SEÑORITA: ¿Me lo podría cambiar ahora?
EMPLEADO: Sí, pero tardaría una hora más o menos.
SEÑORITA: Entonces no puedo ahora. Tengo prisa. Volveré mañana.
EMPLEADO: De acuerdo.

En la gasolinera. Contesten según la conversación.

1. ¿Dónde está la señorita?
2. ¿Qué tipo de gasolina quiere?
3. ¿Revisa el aceite el empleado?
4. ¿Lo cambiaría él?
5. ¿Por qué lo cambiaría?
6. ¿Lo podría cambiar?
7. ¿Cuánto tiempo tardaría?
8. ¿Puede esperar la señorita?
9. ¿Cuándo volverá?

Un carro de energía solar

Comunicación

A **Vamos a comprar un carro.** Trabaje con un(a) compañero(a) de clase. Descríbale el carro que le gustaría comprar. Luego él o ella le describirá el carro que a él o a ella le gustaría comprar. Decidan si Uds. comprarían el mismo carro o no.

B **La herencia.** Vamos a imaginar un poquito. Ud. recibió o heredó mucho dinero. Prepare una lista de las cosas que haría con el dinero. Luego, lea su lista y determine las categorías o los tipos de cosas o actividades que a Ud. le interesaría hacer.

C **Hay un problema.** Ud. va a una estación de servicio porque tiene un problema con su carro. Dígale al/a la empleado(a) (un[a] compañero[a] de clase) lo que pasa. El/la empleado(a) le dirá cómo arreglar el carro.

D **¿Harías eso?** Pregúntele a un(a) compañero(a) de clase si él o ella haría las siguientes cosas y cuándo las haría. Luego cambien de papel.

1. comprar un coche de cambio automático
2. estacionar en una zona prohibida
3. conducir sin el permiso de conducir
4. usar el claxon
5. comprar gasolina "súper"
6. comprar un coche viejo

LOS CARROS EN LATINOAMÉRICA

El año pasado yo estuve en varias ciudades de Latinoamérica. Me gustaría compartir[1] con Uds. algunas cosas que me sorprendieron. Uds. no se pueden imaginar el tráfico que hay en las grandes ciudades.

Yo diría que hay más tráfico en Caracas, Buenos Aires o México que en Chicago o Dallas. Me sorprendió también el estado en que están los carros. Muchos carros que ví en las calles eran viejos, muy viejos. ¿Saben por qué? Pues por varias razones, sobre todo los precios. En la mayoría de los países latinoamericanos los coches son muy caros. El automóvil se considera un lujo. El automóvil en Latinoamérica, es para personas con dinero, no es un modo de transporte para el público en general. El pueblo viaja en autobús. Por eso, los gobiernos les imponen impuestos[2] muy altos a los automóviles, especialmente a los carros importados. Un carro de ocasión, es decir, un carro usado de los años 70 costaría unos 10.000 dólares. ¿Cuánto costaría un coche nuevo? Depende, pero por lo general, el comprador de un carro nuevo en Latinoamérica tendría que pagar el doble, o más, de lo que pagaríamos en los Estados Unidos. Por eso, los dueños[3] de los coches los cuidan[4] bien y los reparan frecuentemente. Los mantienen en excelentes condiciones.

Pero no hay duda que estos vehículos viejos causan un problema serio. ¿Cuál es este problema? Es la contaminación del aire. En los Estados Unidos, por ejemplo, existen leyes[5] para la protección del ambiente[6]. Se controlan las emisiones de los carros. Se prohíbe la gasolina con plomo. Pocos países latinoamericanos tienen leyes como éstas. Las emisiones de los buses y camiones[7] con motores diesel y la gasolina con plomo, contaminan el aire de bellas ciudades como Santiago de Chile y México. Tan grave es el problema en estas ciudades, que el gobierno no permite circular todos los vehículos todos los días. Algunos vehículos circulan los días pares[8], y los otros los días impares.

[1]compartir *share*	[5]leyes *laws*
[2]impuestos *taxes*	[6]ambiente *environment*
[3]dueños *owners*	[7]camiones *trucks*
[4]cuidan *take care of*	[8]pares *even*

Estudio de palabras

A ¿Cuál es la definición? Pareen.

1. la mayoría
2. viejo
3. usado
4. el tráfico
5. de los automóviles
6. el automóvil
7. el carro, el camión
8. el doble
9. reparar
10. causar

a. crear
b. los vehículos
c. dos veces
d. el número más grande
e. el tránsito, la circulación
f. hacer reparaciones
g. antiguo
h. el coche, el carro
i. de ocasión
j. automovilístico

B El verbo y el nombre. Pareen.

1. contaminar
2. costar
3. mantener
4. reparar
6. comprar
7. importar
8. sorprender

a. la reparación
b. el mantenimiento
c. el costo
d. la contaminación
e. la importación
f. la sorpresa
g. la compra, el/la comprador(a)

Comprensión

A ¿Sí o no? Contesten.

1. Hay poco tráfico en las ciudades latinoamericanas porque no hay muchos coches.
2. La mayoría de los coches son nuevos.
3. Los coches cuestan menos en Latinoamérica que en los Estados Unidos.
4. Los vehículos en Latinoamérica causan mucha contaminación del aire en las ciudades.

B Explicación. ¿Por qué mantienen los dueños sus carros en buenas condiciones en Latinoamérica?

C Datos o informes. Indique tres cosas que aprendió sobre las ciudades latinoamericanas en esta lectura.

Una autopista en Caracas, Venezuela

DESCUBRIMIENTO CULTURAL

Los autobuses son la forma de transporte más popular para el pueblo en los países hispanos. Viajar en bus, bus municipal o privado, resulta muy barato. Pero hay un costo oculto, la contaminación. Para mantener el bajo costo se permite el uso de buses antiguos, mayormente diesel, que emiten enormes cantidades de contaminantes. Los gobiernos necesitan un servicio de transporte barato y por eso no imponen muchas restricciones en los buses.

Muchos gobiernos federales y municipales están tratando de aliviar el problema de la contaminación. Por ejemplo, en la Ciudad de México, los carros con placas o matrículas que tienen un número impar pueden circular en la ciudad ciertos días y los carros que tienen matrícula con número par, los otros días. Es una medida para reducir el tráfico y bajar la cantidad de emisiones de gases tóxicos en el aire.

La Ciudad de México

Una manera de reducir el tráfico es con construir una red de metro. Hoy la Ciudad de México, Caracas y Santiago de Chile tienen nuevas redes excelentes y modernas.

Y AQUÍ EN LOS ESTADOS UNIDOS

Las compañías automovilísticas norteamericanas tienen fábricas en España y en Latinoamérica. La General Motors, la Chrysler y la Ford, todas montan y fabrican vehículos en los países hispanos. Hoy la Ford, por ejemplo, fabrica un modelo, el Festiva, en México para vender en los Estados Unidos. Algunos modelos se introducen en el extranjero y, si tienen buen resultado, después en los EE. UU.

Una estación de ferrocarril en Buenos Aires, Argentina

REALIDADES

Aquí vemos el tráfico en una calle de la capital argentina, Buenos Aires **1**. Hay muchos taxis, ¿no? Y estos autobuses de muchos colores se llaman "micros".

La gente está subiendo al metro en una estación en la Ciudad de México **2**.

¿Por qué vienen los alumnos a esta auto escuela en Madrid, España **3**?

Aquí vemos una placa o matrícula de México, D. F.– es decir–del Distrito Federal que es la capital **4**.

Este obelisco famoso está en la Avenida 9 de julio en Buenos Aires **5**. Se dice que es la avenida más ancha del mundo.

037774
D F MEX

4

5

TAXI

Comunicación oral

A **¿Conduces bien o mal?** Dígale a un(a) compañero(a) si Ud. hace lo siguiente cuando conduce. Él o ella le dirá si Ud. es buen(a) conductor(a) o no, y por qué o por qué no. Luego cambien de papel.

1. Cuando veo una luz amarilla, acelero.
2. Cuando voy a doblar una esquina, pongo las direccionales.
3. Cuando llego a un cruce, toco la bocina y continúo.
4. Cuando tengo que parar, pongo el pie en el acelerador.
5. Cuando veo a alguien en la calle, pongo los frenos y toco la bocina.

B **¡Qué mala suerte!** Ud. no salió bien en el examen que tomó para conseguir su permiso de conducir. Llame a un(a) amigo(a) y explíquele lo que pasó. Dígale por qué Ud. no salió bien. Él o ella le dirá lo que tiene que hacer antes de tomar el examen de nuevo.

C **El transporte público.** Con un(a) compañero(a) de clase hable de las ventajas (*advantages*) de usar el transporte público para ir al colegio, en vez de usar el coche.

Comunicación escrita

A **Por favor...** Su coche tiene problemas. Ud. tiene que dejarlo en la estación de servicio pero la estación no está abierta. Escríbale una nota al mecánico explicándole lo que le pasa al coche.

B **Un coche nuevo.** Imagínese que Ud. tiene un coche nuevo. Escríbale una carta a un(a) amigo(a) describiéndole el viaje que Ud. hará en su coche nuevo.

Reintegración

 Un viaje. Contesten.

1. ¿Hiciste un viaje?
2. ¿Hizo el mismo viaje tu amigo(a)?
3. ¿Lo hicieron en carro?
4. ¿Adónde fueron?
5. ¿Quién condujo?
6. ¿Pusiste tus maletas en la maletera del carro?
7. Y tu amigo, ¿puso sus maletas en la maletera?
8. Antes de salir, ¿llenaste el tanque de gasolina?
9. ¿A qué gasolinera fuiste?

B **Mañana.** Contesten.

1. ¿Qué harás mañana?
2. ¿Qué harás durante el verano?
3. ¿Qué harás el año que viene?
4. ¿Qué harás durante el fin de semana?
5. ¿Qué harás durante tus vacaciones?

Vocabulario

SUSTANTIVOS

el coche
el carro
el sedán
el cupé
el descapotable
el coche deportivo
la puerta
el capó
la maletera
el maletero
el neumático
la goma
la llanta
la bocina
el claxon
el intermitente
el radiador
la direccional

la batería
el tanque
el parabrisas
el cinturón de seguridad
el freno
el conductor
la licencia
el permiso de conducir
la circulación
el tráfico
el tránsito
el cruce
la gasolinera
la gasolina
el/la empleado(a)
el aceite
la presión
el aire

ADJETIVOS

súper
normal

VERBOS

conducir
acelerar
adelantar
doblar
frenar
parar
estacionar
aparcar
llenar
revisar
verificar
limpiar

OTRAS PALABRAS Y EXPRESIONES

cambiar de velocidad
con cuidado
con plomo
sin plomo
de repuesto
de recambio

OBJETIVOS

In this chapter you will learn to do the following:

1. check in and out of a hotel
2. ask for things you may need when staying at a hotel
3. talk about what you have done recently
4. tell what you do for other people
5. describe various kinds of lodging in the Hispanic World

VOCABULARIO

PALABRAS 1

EN LA RECEPCIÓN

el recepcionista   la recepcionista

la llegada al hotel

la recepción

el ascensor

el botones, el mozo

la ficha, la tarjeta

el cliente, el huésped

la llave

el equipaje

un cuarto, una habitación

un cuarto sencillo

un cuarto doble

La señorita ha llegado al hotel.
Ella ya ha reservado un cuarto.
Ella ha subido a su cuarto.
Ella ha abierto la puerta.
El botones ha subido el equipaje.

la salida del hotel

el cajero

la cuenta, la nota

los gastos

el total, el monto

la caja

El señor ha pedido su nota.
El cajero se la ha dado.

El señor ha abandonado su cuarto.

Ejercicios

A ¿Qué es? Identifiquen.

1. ¿Es la recepción o la caja?

2. ¿Es el recepcionista o el botones?

3. ¿Es la ficha o la nota?

4. ¿Es la llave o la tarjeta de crédito?

5. ¿La señorita ha llegado al hotel o ha salido del hotel?

6. ¿El mozo ha subido o ha bajado el equipaje?

B En la recepción. Contesten.

1. ¿Ha llegado al hotel la señorita?
2. ¿Tiene ella una reservación?
3. Ella viaja sola. ¿Quiere una habitación doble o sencilla?
4. ¿La señorita se ha presentado en la recepción?
5. ¿Ha pedido su habitación?
6. ¿Ha llenado la ficha de llegada?
7. ¿Ha ido a su cuarto?
8. ¿El botones ha subido el equipaje?
9. ¿La señorita le ha dado una propina?
10. ¿A quién se la ha dado?

C ¿Qué es o quién es? Den la palabra.

1. adonde van los clientes al llegar al hotel
2. adonde van los clientes para pagar su cuenta antes de salir del hotel
3. el que lleva o sube el equipaje a los cuartos de los clientes
4. el que trabaja en la recepción
5. el que trabaja en la caja
6. un cuarto para una sola persona
7. un cuarto para dos personas
8. lo que usa mucha gente para pagar la cuenta o la nota en un hotel
9. lo que abre la puerta

D Una palabra relacionada. Pareen.

1. llegar   a. el pago
2. salir   b. el gasto
3. pagar   c. la reservación
4. gastar   d. la salida
5. recibir   e. la llegada
6. reservar   f. la recepción

El suite presidencial de un hotel en Querétaro, México

VOCABULARIO

PALABRAS 2

EN LA HABITACIÓN

el aire acondicionado

el televisor

la almohada

la sábana

la cama

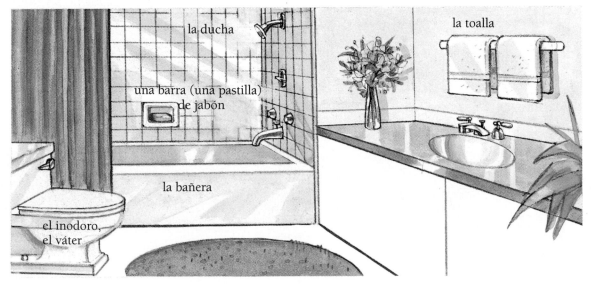

el baño

la ducha

la toalla

una barra (una pastilla)
de jabón

la bañera

el inodoro,
el váter

el armario

la percha,
el colgador,
el gancho

la camarera

La camarera ha limpiado el cuarto.
Ha hecho (tendido) la cama.

Ha cambiado las toallas.

A **El cuarto de un hotel.** Contesten según el dibujo.

1. ¿Cuántas camas hay en el cuarto?
2. ¿Tiene balcón el cuarto?
3. ¿Tiene baño el cuarto?
4. ¿Hay una ducha en el cuarto de baño?
5. ¿Cuántas toallas hay?
6. ¿Hay toallas grandes y pequeñas?
7. ¿Quién limpia el cuarto?

B **En el cuarto del hotel.** Completen.

1. —— ha limpiado el cuarto.
2. Ella ha hecho la —— .
3. Ella ha —— las toallas en el —— .
4. Ella ha traído más barras de —— .
5. Hay —— para colgar la ropa en el armario.
6. Hace calor en el cuarto. La señorita ha puesto el —— —— .

C **Los sinónimos.** ¿Cuál es otra palabra?

1. el cuarto
2. la pastilla
3. la percha
4. el total
5. la nota
6. el botones

Comunicación

Palabras 1 y 2

A **En la pensión.** Ud. ha llegado a la Pensión Costa Azul en Barcelona. Ud. se presenta a la recepción. Hable con el/la recepcionista.

1. Find out if they have a single room.
2. The receptionist wants to know if you have a reservation. You don't.
3. A single room is available. Ask what floor it is on, and how much it is.
4. The receptionist asks you if you have luggage.
5. At the end of your stay, ask for your bill and if you can pay with a credit card.

B **Lo que voy a hacer.** Durante su estadía en el hotel, Ud. piensa hacer lo siguiente. Explíquele al/a la recepcionista lo que tiene que tener en el cuarto.

1. Me quiero lavar.
2. Quiero tomar una ducha.
3. Quiero colgar mi ropa en el armario.
4. Está haciendo mucho calor y no me gusta mucho el calor.
5. Quiero tomar un poco de aire fresco sin salir a la calle.
6. Me gustaría ver una película o un partido de fútbol.
7. Quisiera hacer algunas llamadas.
8. Somos cuatro personas.

El parque Güell, Barcelona, España

C **¡Qué hotel!** Ud. ha pasado sus vacaciones en un hotel en San Juan, Puerto Rico. Su compañero(a) de clase quiere saber si le gustó el hotel. Dígale lo que Ud. opina sobre…

1. el servicio de los botones
2. la piscina
3. el baño
4. la cama
5. el restaurante del hotel
6. el desayuno
7. la habitación
8. la vista desde su ventana

ESTRUCTURA

El presente perfecto

Talking About What You and Others Have Done Recently

1. The present perfect tense in Spanish is formed by using the present tense of the verb *haber* and the past participle. Note the present tense forms of the verb *haber*.

INFINITIVE	HABER
yo	he
tú	has
él, ella, Ud.	ha
nosotros(as)	hemos
vosotros(as)	*habéis*
ellos, ellas, Uds.	han

2. The past participle of regular verbs is formed by adding *-ado* to the infinitive stem of *-ar* verbs, and *-ido* to the infinitive stem of *-er* and *-ir* verbs.

hablar	hablado	comer	comido	subir	subido
reservar	reservado	poder	podido	pedir	pedido

3. The present perfect is called a compound tense because it consists of two verb forms: the present tense of the verb *haber,* and the past participle of the verb being used.

INFINITIVE	LLEGAR	COMER	SUBIR
yo	he llegado	he comido	he subido
tú	has llegado	has comido	has subido
él, ella, Ud.	ha llegado	ha comido	ha subido
nosotros(as)	hemos llegado	hemos comido	hemos subido
vosotros(as)	*habéis llegado*	*habéis comido*	*habéis subido*
ellos, ellas, Uds.	han llegado	han comido	han subido

4. The present perfect tense is used to describe a recently completed action.
   Some time expressions that are used frequently with the present perfect are:

ya	*already, yet*
todavía no	*not yet*
jamás	*ever, never*
nunca	*never*

   Ya has visitado México, ¿verdad?
   Sí, he estado dos veces.
   Pero todavía no he estado en Taxco.
   No he ido nunca a Taxco.

5. In compound tenses the verb *haber* and the participle are never separated.

   María ha llegado pero sus amigos no han llegado.
   Él ha leído la carta pero su amigo no la ha leído.
   Ella se ha levantado pero sus amigos no se han levantado.

Ejercicios

A **En el hotel.** Contesten.

1. ¿Ha llegado Carmen al hotel?
2. ¿Ha ido a la recepción?
3. ¿Se ha presentado en la recepción?
4. ¿Ha llenado la ficha o la tarjeta de recepción?
5. ¿Han llegado sus amigos también?
6. ¿Han subido ellos a su cuarto?
7. Y tú, ¿has estado alguna vez en un hotel?
8. ¿En qué hotel has estado?

La iglesia de Santa Prisca, Taxco, México

B **No, ya lo he hecho.** Contesten según el modelo.

> ¿Vas a comer?
> *No, porque ya he comido.*

1. ¿Vas a llamar a María?
2. ¿Vas a ir a la gasolinera?
3. ¿Vas a llenar el tanque?
4. ¿Vas a revisar el aceite?
5. ¿Vas a cambiar la llanta?

C **Ya ha llegado.** Completen con el presente perfecto.

Rosaura ya ____ (llegar) al hotel. ____ (presentarse) en la recepción y ____ (ir) a
<small>1</small> <small>2</small> <small>3</small>
su cuarto. El mozo le ____ (subir) las maletas.
<small>4</small>
Nosotros no ____ (llegar) todavía. ____ (tener) un problema. ____ (haber)
<small>5</small> <small>6</small> <small>7</small>
mucho tráfico.

D **Mis viajes.** Preguntas personales.

1. ¿Has estado alguna vez en un país extranjero?
2. Si todavía no has estado en un país extranjero,
   ¿has estado en otro estado de los Estados Unidos?
3. ¿Qué estados o países has visitado?
4. ¿Te han gustado?
5. ¿Ya has viajado en avión?
6. ¿Adónde has ido en avión?
7. Hasta ahora, ¿cuántas veces has viajado en avión?

Los participios irregulares

Talking About What You and Others Have Done

The following verbs have irregular past participles.

decir	dicho
hacer	hecho
ver	visto
escribir	escrito
abrir	abierto
cubrir	cubierto
morir	muerto
poner	puesto
volver	vuelto
devolver	devuelto

Ejercicios

A **Ella ha hecho una reservación.** Contesten.

1. ¿María ha escrito al hotel?
2. ¿Ella ha hecho una reservación?
3. ¿Ella ha puesto un sello en el sobre?
4. ¿Ella ha vuelto al mismo hotel?
5. ¿Ella ha visto el cuarto?
6. ¿Ella ha abierto la puerta con la llave?
7. ¿Ella ha sacado la ropa de sus maletas?
8. ¿Ella ha puesto su ropa en el armario?
9. ¿Ella ha devuelto la llave a la recepción?

B **Ya lo han hecho.** Contesten según el modelo.

> ¿Escribirlo?
> *Pero ya lo han escrito.*

1. ¿Escribirlo?
2. ¿Devolverlo?
3. ¿Verlo?
4. ¿Abrirlo?
5. ¿Ponerlo?
6. ¿Decirlo?
7. ¿Hacerlo?

Stgo - Chile

HOTEL APOQUINDO

Las Condes - Santiago

Dos complementos con *se*

Referring to People and Things Already Mentioned

1. You have already learned that when there are two object pronouns in the same sentence, the indirect object always precedes the direct object.

   Ella **me** ha devuelto **el dinero**.   Ella **me** **lo** ha devuelto.

   Él **nos** sirvió **la comida**.   Él **nos** **la** sirvió.

2. When the direct object pronouns *lo*, *la*, *los*, or *las* are used with *le* or *les*, both *le* and *les* change to *se*.

   El mesero **les** dio **el menú**.   El mesero **se** **lo** dio.

   La señora **le** dejó **la propina**.   La señora **se** **la** dejó.

3. Since *se* can refer to different people, it is frequently clarified by adding a prepositional phrase.

   La señora **le** dio **el regalo** a él.   La señora **se** **lo** dio a él.

   La señora **le** dio **el regalo** a ella.   La señora **se** **lo** dio a ella.

   La señora **le** dio **el regalo** a Ud.   La señora **se** **lo** dio a Ud.

   La señora **les** dio **el regalo** a ellos.   La señora **se** **lo** dio a ellos.

   La señora **les** dio **el regalo** a ellas.   La señora **se** **lo** dio a ellas.

   La señora **les** dio **el regalo** a Uds.   La señora **se** **lo** dio a Uds.

Ejercicios

A **¿Quién se lo dio? Su tía se lo dio.** Contesten con pronombres.

1. ¿Quién le dio *el disco* a *Teresa*?
2. ¿Quién le dio *la raqueta* a *Juan*?
3. ¿Quién le dio *los esquís* a *Teresa*?
4. ¿Quién le dio *las botas* a *Juan*?
5. ¿Quién les dio *los boletos* a *Juan* y a *Teresa*?
6. ¿Quién les dio *las entradas*?

B **Su abuelita se lo compró.** Contesten según el modelo.

> **¿Quién le compró el regalito al niño?**
> *Su abuelita se lo compró.*

1. ¿Quién le compró la bicicleta?
2. ¿Quién le compró el pijama?
3. ¿Quién le compró el suéter?
4. ¿Quién le compró los patines?

C **Tomás se la ha escrito, sin duda.**
Expresen con pronombres.

1. Tomás le ha escrito la carta a Lupe.
2. Tomás le ha pedido los sellos a su mamá.
3. Su madre le dio las estampillas.
4. Lupe no le ha contestado la carta.
5. Tomás le ha devuelto los sellos a su mamá.
6. Su amigo le vendió los sellos porque Tomás no pudo ir al correo.

Escenas de la vida   *En la recepción del hotel*

EL RECEPCIONISTA: ¿Sí, señorita?

LA CLIENTE: Un cuarto sencillo, por favor.

EL RECEPCIONISTA: Sí, señorita. ¿Con baño o sin baño?

LA CLIENTE: Con baño.

EL RECEPCIONISTA: ¿Por cuántas noches?

LA CLIENTE: Tres.

EL RECEPCIONISTA: ¿Ud. ha hecho una reservación?

LA CLIENTE: Sí y he recibido una confirmación.

EL RECEPCIONISTA: No hay problema. ¿A nombre de quién ha hecho Ud. la reservación?

LA CLIENTE: A nombre de Castelar.

EL RECEPCIONISTA: Aquí tiene Ud. la llave para el 503. ¿Tiene Ud. maletas?

LA CLIENTE: Sí.

EL RECEPCIONISTA: El mozo se las subirá en seguida.

En el hotel. Contesten según la conversación.

1. ¿Quiere la señorita un cuarto sencillo o doble?
2. ¿Por cuántas noches la quiere?
3. ¿Ella ha hecho una reservación?
4. ¿Ha recibido ella una confirmación?
5. ¿A nombre de quién ha hecho ella la reservación?
6. ¿Qué cuarto le han dado a la señorita?
7. ¿Quién le subirá las maletas?

Hotel Emperador
★★★★
MADRID

SERVICIOS DEL HOTEL

ALQUILER DE COCHES
Nuestro Conserje le atenderá gustosamente 442

APARCAMIENTO
Muy cerca del Hotel, a 25 mts.

BAR-PIANO
En Planta Noble. Abierto de 11.00 a 24.00 horas. Podrá elegir su música preferida . . . 103

BAR TERRAZA
En planta 10.ª Abierto de Junio a Septiembre de 11.00 a 19.30 horas 403

BOUTIQUE
En el Hall principal del Hotel 803

Comunicación

A **Una habitación, por favor.** Ud. es el/la cliente que llega a un hotel. Su compañero(a) de clase tomará el papel del/de la recepcionista. Preparen la conversación que Uds. tienen en la recepción.

B **Al salir.** Ud. tomará el papel de un(a) cajero(a) en un hotel. Su compañero(a) de clase es un(a) cliente que está saliendo del hotel. Preparen la conversación que Uds. tienen en la caja del hotel.

C **¿Has… ?** Ud. y un compañero de clase van a preparar una lista de las cosas que ya han hecho hoy. Luego comparen sus listas y determinen cuáles son las cosas que Uds. han hecho. Luego decidan quién ha hecho más.

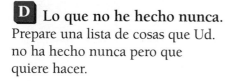

D **Lo que no he hecho nunca.** Prepare una lista de cosas que Ud. no ha hecho nunca pero que quiere hacer.

E **Queremos una habitación.** Con un(a) compañero(a) de clase prepare la siguiente situación. Otro(a) compañero(a) toma apuntes sobre lo que Uds. dicen y luego informa a la clase.

Ud. y dos amigos han llegado al aeropuerto en Tegucigalpa, Honduras. Son las tres de la mañana y Uds. están muy cansados. No tienen una reservación en un hotel. Llame a un hotel. Ud. quiere saber si tienen cuartos disponibles; los precios; dónde está el hotel; qué transporte hay para ir al hotel; y cualquier otra cosa importante.

F **¿Qué prefieres?** Hágale preguntas a un(a) compañero(a) de clase sobre lo que le importa cuando se queda en un hotel. Luego cambien de papel. Use las siguientes expresiones para formar las preguntas.

> **clase de hotel**
> **tipo de habitación**
> **aire acondicionado**
> **baño**
> **balcón**
> **cerca del centro, la playa**
> **cómo puede pagar la cuenta**

LOS HOTELES EN ESPAÑA Y EN LATINOAMÉRICA

La señora Thompson es profesora de español en los Estados Unidos. A ella le encantan la lengua española y las culturas hispanas. Por consiguiente, ella ha viajado mucho a España y a Latinoamérica. Ella se ha alojado[1] o se ha hospedado en muchos tipos de hoteles.

Algunos alumnos de la señora Thompson tienen mucho interés en hacer un viaje a España o a Latinoamérica. Le han preguntado a la Sra. Thompson sobre los hoteles. Ella les ha explicado que hay sin duda hoteles de todas las categorías. Hay hoteles de gran lujo[2] que cuestan mucho y hay también hoteles más modestos que siempre están muy limpios y que resultan más baratos o más económicos. Hay

Una casa de huéspedes en México

también pensiones. Una pensión es un hotel pequeño o puede ser una casa privada (particular) que por pago aloja a turistas. Una pensión es un tipo de casa de huéspedes[3]. Algunas pensiones son muy buenas y por lo general no son muy caras.

En España y en Puerto Rico hay paradores. Los paradores españoles son del gobierno. En Puerto Rico el gobierno los supervisa. Tienen habitaciones cómodas y ofrecen muchos servicios para los turistas. Tienen restaurantes que suelen servir[4] comidas típicas de la región.

[1]alojado *stay, lodged*
[2]de gran lujo *deluxe*
[3]casa de huéspedes *guest house, boarding house*
[4]suelen servir *customarily serve*

Estudio de palabras

Definiciones. Pareen.

1. se ha alojado
2. tiene interés
3. viajar
4. de todas las clases
5. de gran lujo
6. económico
7. particular
8. cómodo

a. hacer un viaje
b. privado
c. lujoso, elegante
d. confortable
e. se ha hospedado
f. le interesa
g. razonable, no caro, de precio módico
h. de todas las categorías

Comprensión

A De viaje. Pareen.

1. ¿Qué es la Sra. Thompson?
2. ¿Qué le gusta mucho a la señora Thompson?
3. ¿Adónde ha viajado ella?
4. ¿Qué tipos de hoteles hay en España y en Latinoamérica?
5. ¿Qué tipo de comida suelen servir en los comedores o restaurantes de los paradores?

B El hospedaje. Describan.

1. un hotel de lujo
2. una pensión
3. una casa de huéspedes
4. un parador

El Real Monasterio de San Lorenzo de El Escorial, España

DESCUBRIMIENTO CULTURAL

*E*n los Estados Unidos hay muchos moteles. Hay moteles muy grandes que parecen hoteles. Ofrecen casi todos los servicios que ofrece un hotel. En Latinoamérica y en España hay muy pocos moteles.

En España y en otros países europeos, hay albergues para jóvenes[1]. Estos albergues o residencias juveniles ofrecen cuartos limpios y económicos para estudiantes.

Los hoteles en España se clasifican de acuerdo con los servicios que ofrecen, su lugar y categoría, etc. Si un hotel no ofrece comidas, no puede llamarse "hotel". Es una "residencia", aunque puede ofrecer desayunos y servicios de cafetería. El turismo en España siempre ha sido una industria muy importante. Por eso, el Ministerio de Transporte, Turismo y Comunicaciones publica, cada año, una "Guía de Hoteles". Estas son las categorías:

H = Hotel
HR = Hotel Residencia
HA = Hotel Apartamentos
RA = Residencia Apartamentos
M = Motel
Hs = Hostal
P = Pensión
HsR = Hostal Residencia

En España, las pensiones, como los hoteles, tienen diferentes categorías. Los hoteles pueden llevar de una a cinco estrellas; las pensiones de una a cuatro.

En el pasado, el cliente llegaba a un hotel y se quedaba una semana o más. Pero las cosas han cambiado. El avión ha introducido el turismo rápido. Ahora los clientes pasan una o dos noches en un lugar y salen para otro. Los hoteles han tenido que adaptarse a la vida moderna.

[1]albergues para jóvenes   *youth hostels*

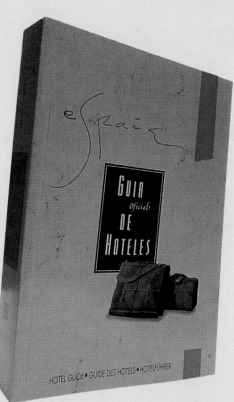

LOPE DE VEGA

HOSTAL R.

GRAN VIA, 59
28013 MADRID   ☎ 247 70 00

Y AQUÍ EN LOS ESTADOS UNIDOS

Las grandes cadenas[2] norteamericanas como Hyatt, Marriott, Sheraton y Hilton han comprado o construido hoteles en las capitales y en los lugares de turismo en Latinoamérica y en España. Uno de los primeros hoteles modernos en Madrid, el Hotel Castellana, era norteamericano. Pero también hay cadenas españolas que se han establecido en las dos Américas, incluso en los EE.UU. y en Puerto Rico. Hoteles HUSA (Hoteles Unidos S.A.) y Meliá son algunos. Como la industria hotelera es tan internacional, los empleados tienen que hablar varios idiomas para poder atender a sus clientes. En la recepción de los grandes hoteles en Miami, Houston, Los Ángeles, Nueva York y otras ciudades, siempre hay alguien que puede hablar español.

[2]cadenas   *chains*

Un hotel Meliá en Puerto Rico

Un albergue juvenil en España

Es el hall del Hotel Reina Victoria en Madrid **1**.

Aquí vemos al portero y la entrada principal del lujoso Hotel Alfonso XIII en Sevilla **2**, **3**.

Es el hotel Casa Que Canta en Zihuatanejo, México **4**. ¿Te gustaría un cuarto con vista al mar?

Es la lista de lavandería del Hotel Plaza en Buenos Aires **5**.

Es el menú del desayuno del Hotel Elevage en Buenos Aires **6**. ¿Que vas a pedir?

160

4

6

5

161

Comunicación oral

A **El hotel.** ¿Se ha alojado o pasado unas vacaciones en un hotel? ¿En qué hotel ha estado? Descríbale el hotel a un(a) compañero(a) de clase. Luego cambien de papel.

B **He hecho…** Prepare Ud. una lista de cosas interesantes que Ud. ha hecho. Compare su lista con la de un(a) compañero(a). Luego prepare una lista de las cosas que los dos han hecho. Determinen si las van a hacer de nuevo.

C **Algo extraordinario.** Trabajen en grupos de cuatro. Cada uno de Uds. escribirá algo excepcional que ha hecho. Los otros miembros del grupo le harán preguntas sobre su actividad extraordinaria. Ud. contestará con sí o no. Los otros tendrán que descubrir lo que Ud. ha hecho.

Comunicación escrita

A **La reservación.** Escríbale una carta a un hotel para hacer una reservación. Incluya todos los detalles e informes necesarios.

B **Una confirmación.** Escríbale un fax a un hotel confirmando una reservación. Incluya sólo la información más importante.

C **La publicidad.** Trabajen en grupos de cuatro. Preparen anuncios de publicidad (*advertising*) para un hotel.

Reintegración

A ¡Qué divertido! Completen.

1. ¿Cuándo? En el —— esquiamos y en el —— nadamos.
2. ¿Dónde? Esquiamos en —— y nadamos en —— .
3. Esquiamos cuando hace —— y nadamos cuando hace —— .
4. Cuando esquiamos nos ponemos —— y cuando nadamos nos ponemos —— .
5. Cuando esquiamos o nadamos, para protegernos del sol nos ponemos —— .

B Los deportes. Identifiquen el deporte.

1. la raqueta, la red, la pelota, la cancha
2. el jardinero, la base, el pícher, el campo
3. el hoyo, la bola, la bolsa
4. el balón, el portero, el gol, el campo
5. el balón, la cesta, driblar

Vocabulario

SUSTANTIVOS

el hotel	la cuenta	el colgador
la llegada	la nota	el gancho
la salida	el total	el baño
la recepción	el monto	la bañera
el/la recepcionista	el gasto	la ducha
la reservación	la tarjeta de crédito	el inodoro
el/la huésped	el cuarto	el váter
el/la cliente	la habitación	la barra
la tarjeta	el balcón	la pastilla
la ficha	el aire acondicionado	el jabón
el botones	el televisor	la toalla
el mozo	la cama	la camarera
el equipaje	la almohada	
el ascensor	la sábana	
la caja	el armario	
el/la cajero(a)	la percha	

ADJETIVOS

sencillo(a)
doble

VERBOS

reservar
abrir
limpiar
cambiar

OTRAS PALABRAS Y
EXPRESIONES

hacer (tender) la cama
abandonar el cuarto
ya
todavía no
jamás
nunca

A BORDO
DEL AVIÓN

OBJETIVOS

In this chapter you will learn to do the following:

1. talk about air travel
2. tell about events that were taking place
3. compare people and things with the same characteristics
4. discuss some interesting facts about airports and air travel in the region of the Andes
5. discuss the influence of geography on travel in Latin America

VOCABULARIO

PALABRAS 1

DENTRO DEL AVIÓN

la tripulación

la cabina de vuelo (de mando)

la co-piloto

la asistenta de vuelo

el piloto,
el comandante

el asistente de vuelo,
el sobrecargo

la señal de no fumar `NO FUMAR`

el compartimiento sobre el asiento

la ventanilla

la salida de emergencia

SALIDA DE EMERGENCIA

el respaldo

la mesita

el asiento

el pasillo

debajo del asiento

abrocharse el cinturón de seguridad

el chaleco salvavidas

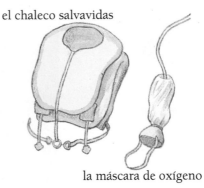

la máscara de oxígeno

el aseo, el lavabo

presentar una película

los audífonos

los canales de música
estereofónica

El asistente de vuelo les estaba dando
    la bienvenida.
Les estaba dando la bienvenida a bordo.
Les estaba dando la bienvenida a los pasajeros.
Él estaba haciendo algunos anuncios.

La asistenta de vuelo estaba
distribuyendo los audífonos.

la comida

el carrito

las bebidas

Los asistentes de vuelo estaban sirviendo la comida.

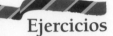

Ejercicios

A **¿Qué es o quién es?** Identifiquen.

1. ¿Es el asistente de vuelo o el comandante?

2. ¿Es el chaleco salvavidas o el cinturón de seguridad?

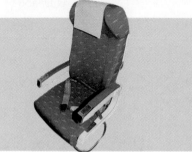

3. ¿Es el asiento o la mesita?

4. ¿Es la máscara de oxígeno o la señal de no fumar?

5. ¿Es el aseo o la cabina de mando?

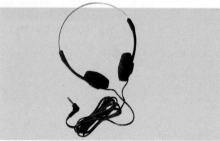

6. ¿Son los audífonos o los canales de música estereofónica?

B **A bordo del avión.** Contesten según se indica.

1. ¿Quién dirige el avión? (el piloto)
2. ¿De dónde lo dirige? (de la cabina de vuelo o de la cabina de mando)
3. ¿Quiénes componen la tripulación? (el piloto o el comandante, el co-piloto y los asistentes de vuelo)
4. ¿Quiénes sirven a los pasajeros durante el vuelo? (los asistentes de vuelo)
5. ¿De qué se responsabilizan los asistentes de vuelo? (de la seguridad de los pasajeros)
6. En el caso de una emergencia, ¿de dónde salen los pasajeros? (de las salidas de emergencia)

C **Algunas reglas a bordo del avión.** Escojan.

1. ¿Qué tienen que abrocharse los pasajeros durante el despegue y el aterrizaje?

    a. el cinturón de seguridad
    b. el respaldo de su asiento
    c. la máscara de oxígeno

2. Si la presión del aire cambia en la cabina durante el vuelo, ¿de qué deben servirse los pasajeros?

    a. del cinturón de seguridad
    b. del chaleco salvavidas
    c. de la máscara de oxígeno

3. Durante el despegue y el aterrizaje, ¿cómo tienen que poner los pasajeros el respaldo de su asiento?

    a. debajo de su asiento
    b. en posición vertical
    c. en el pasillo

4. ¿Dónde tienen que poner los pasajeros su equipaje de mano durante el despegue y el aterrizaje?

    a. en la mesita
    b. en el pasillo
    c. debajo de su asiento o en el compartimiento de equipaje

5. En el caso imprevisto de un aterrizaje de emergencia en el mar, ¿qué tienen que ponerse los pasajeros?

    a. el cinturón de seguridad
    b. el chaleco salvavidas
    c. la salida de emergencia

D **¿Qué va a pasar?** Contesten con *Por supuesto* o *Espero que no*.

1. Los pasajeros desembarcarán por la salida de emergencia.
2. Presentarán una película durante el vuelo.
3. Los pasajeros se pondrán el chaleco salvavidas durante el vuelo.
4. Se caerán las máscaras de oxígeno.
5. Los asistentes de vuelo distribuirán los audífonos.
6. El comandante buscará un asiento en la cabina económica.

PALABRAS 2

EN EL AEROPUERTO

el aeropuerto

la torre de control

la pista

el ala (las alas)

las hélices

el motor

el jet
el avión reactor

el helicóptero

el aterrizaje

el despegue

la altura , la altitud

el pico

la montaña

la cordillera

el altiplano

el valle

la meseta

la llanura

el lago

el nivel del mar

El avión estaba despegando.
No estaba aterrizando.
El avión estaba despegando de la pista.
La pista estaba en la llanura del altiplano.

El avión estaba sobrevolando las montañas.
Los pasajeros estaban viendo los picos y
los valles.

Ejercicios

A **El aeropuerto.** ¿Sí o no?

1. Los aviones despegan de la pista.
2. Los controladores del tráfico aéreo trabajan en la cabina de mando.
3. Un avión reactor tiene hélices.
4. Un avión tiene alas.
5. La torre de control está cerca de la pista.

B **¿Qué es?** Escojan.

1. una extensión de tierra que no tiene altos ni bajos
   a. la llanura   **b.** el pico   **c.** el valle

2. una gran extensión de terreno elevado (alto) y llano
   a. el pico   **b.** la montaña   **c.** la meseta

3. una meseta de mucha extensión y a gran altura
   a. el altiplano   **b.** el pico   **c.** el valle

4. espacio de tierra entre montañas
   a. el pico   **b.** la meseta   **c.** el valle

5. la parte superior de una montaña o un monte
   a. la llanura   **b.** el pico   **c.** el valle

6. grado de elevación donde el mar toca la tierra
   a. la altura   **b.** la tierra   **c.** el nivel del mar

C **Un vuelo interesante.** Contesten según el dibujo.

1. ¿Estaba sobrevolando las montañas el avión?
2. ¿Estaban mirando por las ventanillas los pasajeros?
3. ¿Estaban sirviendo la comida los asistentes de vuelo?
4. ¿Estaba distribuyendo audífonos una asistenta de vuelo?
5. ¿Estaban empujando el carrito por el pasillo los asistentes de vuelo?

Comunicación

Palabras 1 y 2

A **El billete.** Mire el billete de avión y dé la siguiente información.

1. el nombre del pasajero
2. el número de vuelos que va a tomar
3. el número del primer vuelo
4. el origen del primer vuelo
5. el destino del primer vuelo
6. la clase en que va a viajar
7. la hora de salida del segundo vuelo
8. el precio total del pasaje

B **En el aeropuerto.** Trabaje con un(a) compañero(a) de clase. Dígale todo lo que tienen que hacer los pasajeros en el aeropuerto antes de abordar el avión. Utilice las siguientes expresiones. Luego, cambien de papel.

> facturar el equipaje
> ir (presentarse) al mostrador de la línea aérea
> recibir (conseguir) una tarjeta de embarque
> pasar por el control de seguridad
> ir a la puerta de salida

C **Voy a viajar a…** Trabaje con un(a) compañero(a) de clase. Imagínese que Ud. va a hacer un viaje fantástico. Dígale a su compañero(a) adónde irá, cómo será su viaje, todo lo que Ud. verá, cómo irá, lo que comprará, etc. Su compañero(a) tomará apuntes y luego le hará preguntas sobre su viaje.

D **Tengo que regresar (volver) a casa.** Ud. está de vacaciones en Tegucigalpa, Honduras y tiene que regresar a casa debido a una emergencia. Un(a) compañero(a) de clase será el/la agente de la línea aérea en el aeropuerto. Preparen la conversación que Uds. tienen para cambiar su boleto.

ESTRUCTURA

Los tiempos progresivos

Describing People's Activities

1. You have already learned the present progressive tense which is used to express an action that is actually in progress. The present progressive is formed by using the present participle and the present tense of the verb *estar*. Review the following forms of the present participle of regular verbs.

hablar	hablando	comer	comiendo	recibir	recibiendo
esperar	esperando	hacer	haciendo	salir	saliendo

Los pasajeros están abordando el avión.
El asistente de vuelo les está dando la bienvenida a bordo.

2. In addition to the present there are other progressive tenses. The imperfect progressive is used to describe what was going on in the past, and the future progressive is used to express what will be going on in the future. The appropriate tense of the verb *estar* is used along with the present participle.

Los asistentes de vuelo estaban anunciando
   el aterrizaje.
Los pasajeros estaban poniendo el respaldo
   de sus asientos en posición vertical.
El avión estará aterrizando dentro de poco.
Los pasajeros estarán saliendo por (desembarcando de)
   la puerta delantera.

3. The verbs that have a stem change in the preterite, have the same stem change in the present participle.

E > I		O > U	
pedir	pidiendo	dormir	durmiendo
servir	sirviendo	morir	muriendo
repetir	repitiendo		
sentir	sintiendo		
decir	diciendo		

4. The following verbs have a *y* in the present participle.

caer	cayendo
leer	leyendo
traer	trayendo
oír	oyendo
distribuir	distribuyendo
construir	construyendo
contribuir	contribuyendo

Ejercicios

A **En el aeropuerto.** Contesten.

1. ¿Estaba haciendo un viaje Clarita?
2. ¿Estaba hablando con la agente en el mostrador de la línea aérea?
3. ¿Estaba facturando su equipaje?
4. ¿Estaba revisando la agente su boleto y su pasaporte?
5. ¿Estaban pasando los otros pasajeros por el control de seguridad?
6. ¿Estaban esperando otros en la puerta de salida?
7. ¿Estaba saliendo el vuelo para Caracas?

B **La llegada.** Contesten según se indica.

1. ¿Estarán llegando pronto los pasajeros? (sí)
2. ¿Estará aterrizando a tiempo el avión? (no, con una demora de veinte minutos)
3. ¿En qué puerta estarán desembarcando los pasajeros? (la puerta 40)
4. ¿Dónde estarán reclamando su equipaje? (en el carrusel B)

C Durante el vuelo. Formen oraciones según el modelo.

> los asistentes de vuelo / trabajar
> *Los asistentes de vuelo estarán trabajando.*

1. dar anuncios
2. pasar por la cabina
3. distribuir audífonos
4. dar instrucciones de seguridad
5. servir bebidas
6. servir una comida

D Durante el vuelo. Formen oraciones según el modelo.

> los pasajeros / charlar
> *Los pasajeros estarán charlando.*

1. ver una película
2. escuchar música estereofónica
3. comer
4. leer la revista de la línea aérea
5. dormir un poco

E ¿Qué estaban haciendo esta mañana? Expliquen lo que estaban haciendo los miembros de su familia esta mañana.

1. Mi madre
2. Mi padre
3. Mis hermanos
4. Yo
5. Mis hermanos y yo
6. Y tú

La comparación de igualdad con adjetivos y adverbios   *Comparing People and Things*

1. In English, to compare things that are the same or equal you use "as… as."

   I am as smart as my brother.

2. In Spanish *tan… como* is used with either an adjective or an adverb.

   Yo soy tan inteligente como mi hermano.
   El tren no viaja tan rápido como el avión.

Ejercicio

Dos aeropuertos semejantes. Completen.

1. El aeropuerto de Jorge Chávez en Lima es ____ grande ____ el aeropuerto de Ezeiza en Buenos Aires.
2. La terminal del aeropuerto de Jorge Chávez es ____ grande ____ la de Ezeiza.
3. Pero el aeropuerto de Jorge Chávez no está ____ lejos del centro de la ciudad ____ el aeropuerto de Ezeiza.
4. En Buenos Aires hay dos aeropuertos. Uno se llama el aeroparque. El aeroparque no es ____ grande ____ el aeropuerto internacional de Ezeiza.
5. El aeroparque no está ____ lejos de la cuidad ____ Ezeiza.

La comparación de igualdad con sustantivos

Comparing People and Things

1. In English to compare quantities you use "as much… as" or "as many… as."

     He has as much money as I.

2. In Spanish, you use *tanto* before the noun and *como* after the noun. *Tanto* is an adjective, therefore, it must agree in gender and number with the noun it modifies.

     Ella tiene tanto dinero como yo.
     Y ella lleva tantas maletas como tú.
     Él tiene tantos blue jeans como Luis.
     Este año hay tanta nieve como el año pasado.

3. Note that *tanto… como* can also be used alone.

     Él viaja tanto como Uds.

El aeropuerto de Ezeiza, Buenos Aires, Argentina

Ejercicio

Dos aeropuertos. Contesten.

1. ¿Tiene este aeropuerto tantos vuelos como el otro?
2. ¿Sirve este aeropuerto a tantos pasajeros como el otro?
3. ¿Tiene este aeropuerto tantas pistas como el otro?
4. ¿Tiene este aeropuerto tanto tráfico como el otro?
5. ¿Tiene este avión tantos asientos como el otro?
6. ¿Es este avión tan grande como el otro?
7. ¿Tiene este avión tantas salidas de emergencia como el otro?
8. ¿Es el servicio de esta línea aérea tan bueno como el de la otra línea?

Escenas de la vida   *A bordo del avión*

RAÚL: ¿Qué estaba diciendo el asistente de vuelo?

MARISA: Estaba anunciando el aterrizaje.

RAÚL: ¿El aterrizaje? ¿Ya estamos llegando?

MARISA: Sí, estaremos aterrizando en algunos momentos. Tienes que poner el respaldo de tu asiento en posición vertical.

RAÚL: Sí, lo sé. ¿Tienes tu cinturón abrochado?

MARISA: Sí. No puedo creer que ya estamos aterrizando en La Paz. ¡Qué paisaje más maravilloso!

El aterrizaje. Contesten según la conversación.

1. ¿Qué estaba anunciando el asistente de vuelo?
2. ¿Cuándo estarán aterrizando?
3. ¿Como tienen que poner el respaldo de sus asientos?
4. ¿Qué tienen que abrochar los pasajeros?
5. ¿Adónde están llegando?
6. ¿Cuándo estarán aterrizando?
7. ¿Cómo es el paisaje?

La Paz, Bolivia

Comunicación

A **Esta mañana y esta noche.** Trabaje con un(a) compañero(a) de clase. Cada uno(a) preparará una lista de todo lo que estaba haciendo a las ocho esta mañana, y todo lo que estará haciendo a las ocho de la noche. Luego comparen sus listas y determinen si Uds. hacen lo mismo por la mañana o por la noche.

B **Son muy parecidos.** Trabaje con un(a) compañero(a) de clase. Piensen en algunas personas que Uds. conocen que, en su opinión, tienen las mismas características. Comparen a estas dos personas.

C **¿Quién es tan… como…?** Trabaje con un(a) compañero(a) de clase. Pregúntele sus opiniones sobre quiénes o qué tienen las siguientes características. Luego cambien de papel.

> tan rico como
> Estudiante 1: ¿Quién es tan rica como Barbra Streisand?
> Estudiante 2: Elizabeth Taylor es tan rica como Barbra Streisand.

1. tan grande como
2. tan rápido como
3. tan inteligente como
4. tan alto como
5. tan guapo como
6. tan difícil como
7. tan lejos como
8. tan simpático como
9. tan importante como
10. tan interesante como

1. Hacer la tarea
2. Estudiar para el examen de biología
3. Llamar a José
4. Comprar comida para la fiesta del sábado
5. Cortarme el pelo
6. Ir por mi cheque a mi trabajo

AeroPerú
EL IMPERIO DEL SOL

Descubra Sudamérica

Viajes
Fama s.a. de c.v.

UN VUELO INTERESANTE

*H*ace poco mi amigo Álvaro y yo estábamos a bordo de un vuelo de la Lloyd Boliviana. Estábamos volando a La Paz, la capital de este país tan interesante y de tanta influencia cultural india. Fue nuestro primer viaje a Bolivia y por eso los anuncios que hizo el comandante nos interesaron mucho.

Vamos a escuchar uno de sus anuncios.

"Señores y señoras. Dentro de poco estaremos aterrizando en el aeropuerto El Alto, el aeropuerto internacional que sirve a La Paz. Se llama El Alto porque es el aeropuerto comercial más alto del mundo—a 13.450 pies (4.100 metros) sobre el nivel del mar. Por consiguiente ningún otro aeropuerto del mundo tiene una pista tan larga como la pista de El Alto. La pista mide[1] 4 kilómetros. ¿Por qué es tan larga? Porque a esta altura el aire está muy enrarecido[2] y contiene muy poco oxígeno. Tiene muy poca densidad y no puede sostener el peso del avión para darle fuerza ascensional[3]. Por esta razón el avión tiene que alcanzar una gran velocidad antes de poder despegar. Para alcanzar esta velocidad es necesario tener una pista muy larga".

Durante el vuelo el piloto nos estaba diciendo otras cosas interesantes. Nosotros estábamos a bordo de un jet.

Una vista de La Paz, Bolivia

Pero el piloto nos dijo que los aviones de hélices tenían o tienen que descender después de despegar de El Alto. ¿Tienen que bajar o descender? Sí, porque los aviones de hélices vuelan a una altura de unos 12.000 pies y el aeropuerto está a 13.450 pies. ¿Hay muchos aviones de hélices hoy? Sí, hay, porque en muchas zonas muy remotas los aeropuertos no pueden acomodar los jets.

[1] mide   *measures*
[2] enrarecido   *thin*
[3] fuerza ascensional   *lift*

Estudio de palabras

A Verbo y sustantivo. Escojan.

1. anunciar   a. el peso
2. medir   b. la medida
3. pesar   c. el aterrizaje
4. despegar   d. el anuncio
5. aterrizar   e. el vuelo
6. volar   f. el despegue

B ¿Cuál es la definición? Escojan.

1. dentro de poco   a. la medida
2. la altura   b. la rapidez
3. 1.200 metros de largo   c. en poco tiempo, pronto
4. 1.000 kilos   d. el peso
5. la gran velocidad   e. la altitud
6. descender   f. bajar

Comprensión

A Un vuelo interesante. Contesten según la lectura.

1. ¿Adónde iban Álvaro y su amigo?
2. ¿Qué les interesaba mucho?
3. ¿Por qué es famoso el aeropuerto El Alto?
4. ¿Qué no contiene el aire a esta altura?
5. ¿Qué tienen que hacer los aviones de hélices después de despegar?

Una vendedora en La Paz, Bolivia

B Informes y datos. Contesten.

1. el nombre del aeropuerto de La Paz
2. la altura del aeropuerto
3. el largo de la pista

C Explicaciones. Contesten.

1. Explique por qué el aeropuerto de La Paz tiene que tener una pista tan larga.
2. Explique por qué los aviones de hélices tienen que bajar o perder altitud después de despegar de La Paz.

DESCUBRIMIENTO CULTURAL

*E*l aeropuerto El Alto en La Paz está situado en una llanura del altiplano andino. Aquí siempre hace mucho viento. Antiguamente la ciudad de La Paz estaba situada donde está hoy el aeropuerto. Pero a los conquistadores españoles no les gustaba el viento y por este motivo trasladaron la ciudad a un valle más abajo de la meseta. Hoy en día hay una carretera moderna del aeropuerto a la ciudad. Para ir del aeropuerto a la ciudad el viajero tiene que bajar unos 1.600 pies (485 metros).

Cuando uno baja del avión en La Paz, se siente un poco mareado[1], y a veces tiene dificultad en respirar[2]. A veces se siente muy frío y dentro de poco se siente cansado. Estos son síntomas típicos del soroche. El soroche es un mal de montaña causado por el enrarecimiento del aire y la falta de oxígeno. En las alturas del altiplano boliviano no hay tanto oxígeno como lo hay al nivel del mar.

La llegada a La Paz es una experiencia maravillosa. La ciudad parece estar en un cráter, en un valle abajo del altiplano. Encima de la ciudad el cielo es claro, limpio y muy azul. Los paceños, los habitantes de La Paz, llaman cariñosamente a su ciudad "El Hueco"[3].

En la carretera del aeropuerto a La Paz uno verá anuncios para los aerodeslizadores o hidrofoils que cruzan el lago Titicaca. Si El Alto es el aeropuerto más alto del mundo, el lago Titicaca es el lago navegable más alto del mundo. El lago Titicaca está entre Bolivia y el Perú. Si a Ud. le interesan los animales, le encantará esta región donde hay ovejas[4],

En el lago Titicaca

llamas, alpacas, vicuñas y chinchillas. En esta región viven los indios Aymarás y Quechuas.

Y AQUÍ EN LOS ESTADOS UNIDOS

Todo el mundo conoce el nombre de Charles Lindbergh, "El Águila[5] Solitaria", la primera persona que sobrevoló el Atlántico sólo. Pero pocos conocen el nombre del Capitán Emilio Carranza. Lindbergh voló de Wáshington a la Ciudad de México en el mismo avión con el que cruzó el Atlántico. El Presidente de México, Elías Calles, lo invitó. Los mexicanos querían corresponder a este fino gesto.

El 11 de junio de 1928, Emilio Carranza de 22 años de edad, capitán de las

Fuerzas Aéreas Mexicanas y sobrino del ex-presidente Venustiano Carranza, salió de México en su avión Excélsior para los Estados Unidos y llegó a Wáshington como héroe. Después de un mes en Norteamérica, era hora de volver a México. El joven aviador despegó del aeropuerto Roosevelt en Nueva York a las 7:05 de la noche, el 12 de julio de 1928. Nunca llegó a México. Una familia que daba un paseo en el campo cerca de Chatsworth, Nueva Jersey, encontró los restos del Excélsior y el cuerpo sin vida del valiente capitán.

Diez mil soldados y marinos norteamericanos marcharon con los restos del héroe mexicano al tren que lo llevaría de la Pennsylvania Station hasta México.

En las escuelas de México hicieron una colecta. Los niños mexicanos dieron sus contribuciones para un monumento en el lugar de la tragedia. Allí está todavía, y cada año, en el aniversario de su muerte, militares y representantes de las dos repúblicas dejan flores en honor de Emilio Carranza.

[1] mareado *dizzy*
[2] respirar *breath*
[3] hueco *hole*
[4] oveja *sheep*
[5] águila *eagle*

Monumento a Emilio Carranza, Nueva Jersey

Unas mujeres bolivianas

REALIDADES

¡Q ué vista más fabulosa del lago Titicaca en Bolivia **1**! Es el lago navegable más alto del mundo.

Pasajeros llegando y saliendo del aeropuerto Jorge Chávez que sirve a la capital del Perú, Lima **2**.

Una comida típica que sirven durante un vuelo **3**. ¿Te gusta?

El comandante y el co-piloto en la cabina de mando a bordo de un avión de Viasa, la línea aérea nacional de Venezuela **4**.

185

CULMINACIÓN

Comunicación oral

A **De Dallas a México.** Trabajen en pequeños grupos. Imagínense que un(a) alumno(a) de su grupo estará haciendo su primer viaje en avión. Explíquenle todo lo que tendrá que hacer desde el momento que llega al aeropuerto de Dallas hasta salir del aeropuerto de México.

B **Un viaje en avión.** Mire el horario. Escoja un destino. Luego, hágale preguntas sobre el vuelo a un(a) agente de la compañía aérea (un[a] compañero[a] de clase).

1. Quito / 11:15 / puerta # 14 / 10:45
2. Buenos Aires / 8:00 / puerta # 9 / 7:30
3. Caracas / 12:20 / puerta # 19 / 11:50
4. Madrid / 19:30 / puerta # 38 / 19:00
5. Londres / 18:00 puerta # 35 / 17:00
6. Acapulco / 7:10 / puerta # 3 / 6:40

C **Nuestro estado.** Trabajen en grupos de tres. Tengan una conversación para comparar su estado con algún estado cercano.

Comunicación escrita

A **Un viaje fantástico.** Ud. acaba de volver de un viaje educacional a dos ciudades de Latinoamérica. Escríbale una carta a un(a) amigo(a) comparando las dos ciudades. Puede comparar el tamaño, el tráfico, los precios, los hoteles, los restaurantes y la comida, los museos, los parques, las tiendas, etc.

B **El servicio a bordo.** Imagínese que Ud. ha tomado un vuelo de Nueva York a Madrid. Escríbale una carta a la compañía aérea. En su carta indique si Ud. consideró el servicio bueno o malo. Dé todos los detalles posibles.

Reintegración

A **En el aeropuerto.** Empleen cada palabra en una oración.

1. el mostrador de la línea aérea
2. la tarjeta de embarque
3. el control de seguridad
4. la pantalla de salidas
5. el equipaje de mano
6. facturar el equipaje
7. reclamar el equipaje
8. pasar por la aduana

B **Un viaje en tren.** Completen con el pretérito.

1. La señora ____ un viaje en tren. (hacer)
2. Ella ____ un boleto de ida y vuelta en la ventanilla. (comprar)
3. Los pasajeros ____ al andén. (ir)
4. El mozo ____ y les ____ con su equipaje. (venir, ayudar)
5. El mozo ____ el equipaje en el tren. (poner)

Vocabulario

SUSTANTIVOS

el avión
la tripulación
el asistente de vuelo
la asistenta de vuelo
el sobrecargo
el/la piloto
el/la comandante
la cabina de vuelo (la cabina de mando)
la puerta de salida
la salida de emergencia
el respaldo del asiento
la mesita
la ventanilla
el pasillo
el compartimiento
el cinturón de seguridad

la máscara de oxígeno
el chaleco salvavidas
la señal de no fumar
la bienvenida
el anuncio
el aseo
el lavabo
la bebida
la comida
el carrito
los audífonos
el canal
el aeropuerto
la pista
la torre de control
el avión reactor
el jet

el motor
las hélices
el ala (las alas)
el despegue
el aterrizaje
la geografía
la altura
la altitud
el altiplano
la montaña
la cordillera
el pico
la llanura
la meseta
el valle
el lago
el nivel del mar

ADJETIVOS

estereofónico

VERBOS

distribuir
abrocharse
despegar
aterrizar
sobrevolar

OTRAS PALABRAS Y EXPRESIONES

debajo de
sobre
a bordo
dar la bienvenida

8

LA PELUQUERÍA

OBJETIVOS

In this chapter you will learn to do the following:

1. use words and expressions related to hairstyles
2. explain how you want your hair done when at a hairdresser
3. refer to people and things already mentioned
4. tell what you and others have just done
5. discuss changing hairstyles
6. contrast hairstyles in the U. S. and in the Hispanic countries

PALABRAS 1

¿CÓMO TE PEINAS?

el pelo, el cabello

el pelo liso, lacio

el pelo rizado

el pelo crespo

el pelo largo

el pelo corto

el pelo rubio

el pelo castaño

la raya

la patilla

el bigote

el pelo negro

el pelo rojo

el moño

la cola de caballo

los rizos

el peinado afro

la trenza

el flequillo

la onda

el bucle

El señor está peinándose.

La señorita está cepillándose el pelo.

El joven está lavándose el pelo.

Ejercicios

A ¿Cómo tienen el pelo? Describan los peinados.

1.

2.

3.

4.

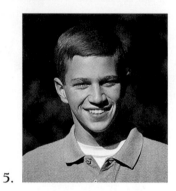

5.

6.

B Un peinado masculino o femenino. Escojan.

masculino   femenino   unisex

1. el moño
2. las trenzas
3. la cola de caballo
4. el bucle
5. la raya
6. el bigote
7. los flequillos
8. las patillas

C **El pelo.** Preguntas personales.

1. ¿Tienes el pelo liso o rizado?
2. ¿Tienes el pelo rizado o crespo?
3. ¿De qué color es tu pelo?
4. ¿Llevas raya o no?
5. Si llevas raya, ¿la llevas a la derecha, a la izquierda o en el medio?
6. ¿Tienes el pelo largo o corto?

D **Mi peinado.** Preguntas personales.

1. ¿Te peinas frecuentemente?
2. ¿Estás peinándote ahora?
3. ¿Te cepillas el pelo con frecuencia?
4. ¿Te estás cepillando el pelo ahora?
5. ¿Te peinas o te cepillas con más frecuencia?
6. ¿Te lavas el pelo todos los días?
7. ¿Te lavas el pelo mientras estás tomando una ducha?

PALABRAS 2

NECESITO UN CORTE DE PELO

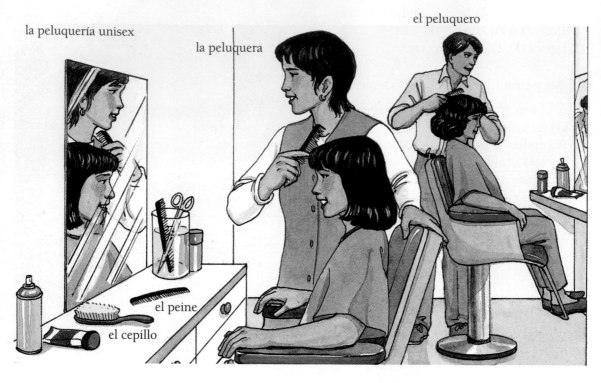

la peluquería unisex
la peluquera
el peluquero
el peine
el cepillo

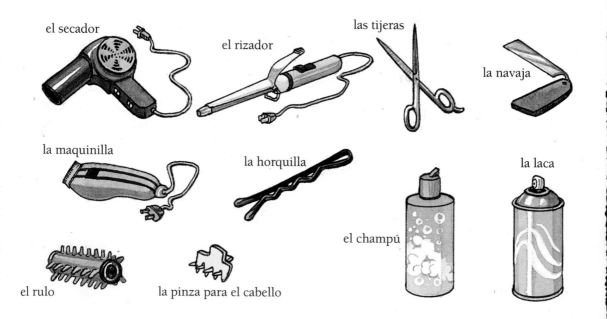

el secador

el rizador

las tijeras

la navaja

la maquinilla

la horquilla

la laca

el champú

el rulo

la pinza para el cabello

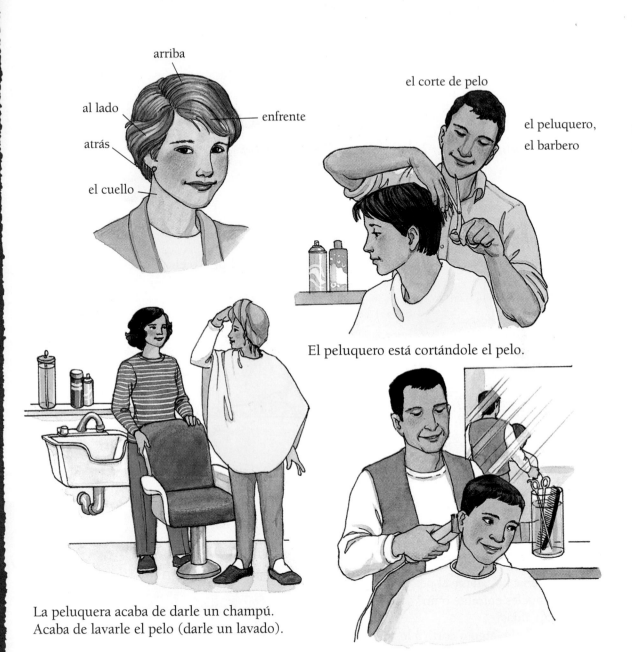

arriba

el corte de pelo

al lado

enfrente

el peluquero,
el barbero

atrás

el cuello

El peluquero está cortándole el pelo.

La peluquera acaba de darle un champú.
Acaba de lavarle el pelo (darle un lavado).

Ahora va a recortarle el pelo.
Va a darle un recorte.

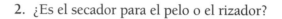

Ejercicios

A **¿Qué es?** Identifiquen según la foto.

1. ¿Es el peine o el cepillo?

2. ¿Es el secador para el pelo o el rizador?

3. ¿Es una horquilla o un rulo?

4. ¿Son tijeras o es una navaja?

B **El peinado.** Contesten según la foto.

1. Este muchacho, ¿tiene el pelo largo o corto?
2. ¿Tiene bucles enfrente o no?
3. ¿Tiene patillas?
4. ¿Tiene el pelo largo o corto a los lados?

C **Mi peinado.** Preguntas personales.

1. ¿A qué peluquería vas?
2. ¿Vas con frecuencia (a menudo)?
3. ¿Prefieres el pelo largo o el pelo corto?
4. ¿Te lava el pelo el peluquero antes de cortarte el pelo?
5. Cuando te da un corte, ¿usa tijeras o navaja?
6. ¿Te gusta el pelo largo o corto atrás, en el cuello?

Comunicación

Palabras 1 y 2

A **El pelo.** Un(a) compañero(a) de clase quiere saber qué peinado prefiere Ud. Déle una descripción completa. Luego cambien de papel.

B **¿Está de moda?** Pregúntele a un(a) compañero(a) de clase si los estilos siguientes están de moda o no.

1. El pelo largo para muchachos
2. El pelo corto para muchachas
3. La onda para muchachas
4. El moño para muchachas
5. La cola de caballo para muchachos
6. El "look" mojado (*wet*) para muchachos
7. El "look" mojado para muchachas
8. Las trenzas para muchachas
9. El afro para gente con pelo crespo
10. El bigote para muchachos

C **¡El pelo de mis sueños!** Escriba un párrafo corto describiendo cómo le gustaría tener el pelo: el color, el largo, el estilo, etc.

ESTRUCTURA

La colocación de los pronombres de complemento

Referring to People or Things Already Mentioned

1. You have already learned that the direct and indirect object pronouns precede the conjugated form of a verb.

> Él me envió la carta.
> ¿Cuándo te la mandó?
> Me la envió el otro día.

Srta. Norma Marta Ruiz
Avda. General San Martín, 28
Montevideo, Uruguay

2. The object pronouns may be attached to either the present participle, *enviando*, *leyendo*, *escribiendo*, or the infinitive *enviar*, *leer*, *escribir*. They may also precede the helping verb used with the participle or the infinitive.

BEFORE	ATTACHED
Me está escribiendo la carta.	Está escribiéndome la carta.
¿Cuándo te la va a enviar?	¿Cuándo va a enviártela?
Me la estará enviando hoy.	Estará enviándomela hoy.
Él me va a escribir la carta.	Él va a escribirme la carta.
¿Cuándo te la va a enviar?	¿Cuándo va a enviártela?
Me la quiere mandar hoy.	Quiere mandármela hoy.

3. Note that in order to maintain the same stress, a present participle carries a written accent mark when either one or two pronouns are added to it. An infinitive carries a written accent mark only when two pronouns are attached to it.

diciéndome	decirme
diciéndomelo	decírmelo

Ejercicios

A ¿Qué está haciendo el peluquero? Contesten según el modelo.

> ¿Está recortándote las patillas?
> *Sí, me las está recortando.*
> *Sí, está recortándomelas.*

1. ¿Está enrollándote el pelo?
2. ¿Está cortándote la cola de caballo?
3. ¿Está lavándote el pelo?
4. ¿Está recortándote el bigote?

B En la peluquería. Contesten según el modelo.

> ¿Va a darle el champú?
> *Sí, se lo va a dar.*
> *Si va a dárselo.*

1. ¿Va a lavarle el pelo?
2. ¿Va a mojarle el pelo?
3. ¿Va a cortarle el pelo?
4. ¿Va a secarle el pelo?

C ¡Yo! Preguntas personales.

1. ¿Estás lavándote el pelo?
2. ¿Vas a lavarte el pelo esta noche?
3. ¿Vas a comprarte el champú?
4. ¿Está cortándote el pelo el peluquero?
5. ¿Va a cortártelo mañana?

D En el cine. Contesten con pronombres.

1. ¿Quiere ver la película Marisol?
2. ¿Va a ver la película?
3. ¿Está comprando las entradas ahora?
4. ¿Está comprando las entradas en la taquilla del cine?
5. ¿Quiere Marisol sentarse en la primera fila?
6. ¿Quiere ver la película de la primera fila?
7. Desde la primera fila, ¿puede ver la película bien?

E **Unas entradas como regalito.** Usen pronombres en la oración.

1. Yo estoy comprando las entradas para Guillermo.
2. El taquillero va a darme las entradas.
3. Yo le voy a pagar las entradas.
4. El taquillero me está diciendo el precio.
5. Yo le voy a regalar las entradas a Guillermo.
6. Yo sé que Guillermo va a invitar a su novia al teatro.

F **Una carta.** Contesten según se indica.

1. ¿Está escribiendo la carta Susana? (no)
2. ¿Cuándo va a escribírtela? (mañana)
3. ¿Está comprando los sellos ahora? (sí)
4. ¿Y está comprando el sobre? (no)
5. ¿Ya lo ha comprado? (sí)
6. ¿Cuándo va a enviarte la carta? (mañana)
7. ¿Quién va a entregarte la carta? (el cartero)
8. ¿La vas a abrir en seguida? (sí)
9. ¿Cómo vas a leer la carta? (con mucho interés)
10. ¿La vas a contestar en seguida? (sí)
11. ¿Cómo vas a enviarle tu carta? (por correo aéreo)
12. ¿Vas a enviársela en seguida? (sí)

Acabar de con el infinitivo

Describing Events That Have Just Taken Place

Acabar de + an infinitive, means "to have just."

Mi amiga acaba de llegar.
Y nosotros acabamos de comer.
Los otros acaban de salir.

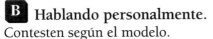

Ejercicios

A **¿Acabas de hacerlo o vas a hacerlo?**
Preguntas personales. Usen pronombres.

1. ¿Acabas de leer el periódico o vas a leer el periódico?
2. ¿Acabas de escribir la composición o vas a escribir la composición?
3. ¿Acabas de tomar el examen o vas a tomar el examen?
4. ¿Acabas de hacer tus tareas o vas a hacer tus tareas?
5. ¿Acabas de llamar a tu amigo o vas a llamar a tu amigo?

B Hablando personalmente.
Contesten según el modelo.

> ¿Vas a levantarte?
> No, *porque acabo de levantarme.*

1. ¿Vas a lavarte las manos?
2. ¿Vas a cepillarte los dientes?
3. ¿Vas a bañarte?
4. ¿Vas a tomar el desayuno?
5. ¿Vas a salir para la escuela?

C **¿Quién acaba de hacerlo?** Contesten según se indica.

1. ¿Quién acaba de salir? (Casandra)
2. ¿Quién acaba de llamar? (el amigo de Casandra)
3. ¿Quién acaba de contestar al teléfono? (Yo)
4. ¿Quiénes acaban de hablar? (el amigo de Casandra y yo)

Escenas de la vida   *En la peluquería*

PELUQUERO: ¿Un champú?
CLIENTE: No, gracias. Acabo de lavarme el pelo.
PELUQUERO: De acuerdo, pero quiero mojarle el pelo antes de cortárselo.
¿Prefiere Ud. el pelo largo o corto?
CLIENTE: Pues, no muy corto. Sólo quiero un recorte.
PELUQUERO: De acuerdo. Voy a quitarle un poco aquí a los lados y enfrente.
¿Quiere Ud. laca?
CLIENTE: No. Me gusta más el "look" natural.

La peluquería. Contesten según la conversación.

1. ¿Dónde está la joven?
2. ¿Con quién está hablando?
3. ¿Quiere un champú?
4. ¿Por qué no?
5. Después de mojarle el pelo, ¿qué hará el peluquero?
6. ¿Cómo quiere el pelo?
7. ¿Qué quiere, un corte o un recorte?
8. ¿Quiere laca?
9. ¿Qué "look" prefiere?

Comunicación

A **Voy a la peluquería.** Ud. tiene el pelo muy largo y decide visitar la peluquería. Hable con el/la peluquero(a) (un[a] compañero[a] de clase).

1. Dígale al/a la peluquero(a) que Ud. quiere un corte de pelo.
2. Él o ella le preguntará qué clase de corte quiere.
3. Él o ella le preguntará si quiere una raya o no, y dónde.
4. Él o ella le preguntará si quiere un corte con tijeras o con maquinilla.

B **Acabamos de…** Trabaje con un(a) compañero(a) de clase. Cada uno(a) preparará una lista de lo que acaba de hacer. Luego comparen sus listas y determinen cuáles de las cosas que los dos acaban de hacer son las mismas.

> *Yo acabo de ___ y ___ no acaba de ___ .*
> *Yo acabo de ___ y ___ acaba de ___ también.*
> *Nosotros dos acabamos de ___ .*

C **Pues acabo de…** Trabaje con un(a) compañero(a) de clase. Dígale algunas cosas que Ud. no va a hacer dentro de poco porque las acaba de hacer.

D **Tiene el pelo corto.** Trabaje con un(a) compañero(a) de clase. Descríbale el pelo y el peinado de otro(a) compañero(a) de clase. Él/ella adivinará a quién está Ud. describiendo. Luego, cambien de papel.

NUEVOS PEINADOS EN LATINOAMÉRICA

—*R*aúl, en este momento, ¿cuál es el último grito de la moda en peinados?

—Francamente no sé cómo responderte. Es díficil, ¿sabes? Los estilos cambian muy de prisa. Este año domina el estilo corto. El "look" es natural, muy informal.

—¡Increíble! El año pasado yo estuve en Chile y todo el mundo tenía el pelo largo.

—Precisamente, como acabo de decirte—la moda cambia rápido. El estilo del momento es el peinado corto o el corte en capas[1], un poco de "gel" o gelatina, quizá—pero laca, no. ¿Y mañana? ¿Quién sabe? Yo tengo una amiga que es peluquera y hace poco estaba diciéndome que cree que dentro de poco el pelo largo va a estar de moda una vez más. ¿Es igual o parecido en los Estados Unidos?

— Ah, sí. El estilo de peinados cambia siempre.

— ¿Y cuál es el "look" "in" en este momento?

— Francamente no sé qué decirte.

—¿Ves?

[1] en capas   *layered*

Estudio de palabras

A ¿Cuál es la palabra en español? Escojan.

1. in	**a.** la gelatina
2. el gel	**b.** la laca
3. el look	**c.** de moda, en onda
4. el spray	**d.** la apariencia

B ¿Cuál es la definición? Escojan.

1. muy de prisa	**a.** en poco tiempo, pronto
2. una vez más	**b.** ahora
3. dentro de poco	**c.** semejante
4. parecido	**d.** rápido
5. en este momento	**e.** responder
6. contestar	**f.** otra vez

Comprensión

Los peinados. ¿Sí o no?

1. En Latinoamérica los estilos de peinados no cambian casi nunca.
2. El pelo corto domina siempre.
3. El "look" informal es muy sofisticado, muy elegante.
4. El "look" informal es más bien natural.
5. En este momento la gente lleva mucha laca.
6. Los peluqueros están diciendo que no volverá de moda el pelo largo.

DESCUBRIMIENTO CULTURAL

*E*l pelo y los peinados han tenido siempre gran significado en todas las culturas. En Gran Bretaña los jueces[1] todavía llevan peluca[2]. Algunos militares y religiosos se cortan el pelo *al rape*, dejándose casi nada de pelo en la cabeza. En los países católicos muchos monjes llevan tonsura, una pequeña porción circular de la cabeza afeitada.

En las Américas, entre los indígenas, el peinado, igual que el vestido, frecuentemente identifica al grupo o a la tribu. Y el largo del pelo no tiene nada que ver con el sexo de la persona. En algunos grupos, los hombres llevan el pelo largo, a veces en trenza. En otros grupos, las mujeres se adornan las trenzas con cintas de colores vivos (brillantes). También hay peinados especiales para diferentes ocasiones. Hay peinados para el trabajo, para ir a misa, y para ir de paseo[3]. Los adornos en la cabeza son importantes. Por ejemplo, los *caciques*[4] llevan un tipo de adorno y los *curanderos* otro. El arte que nos ha venido de los antiguos incas, aztecas y mayas nos muestra una variedad de peinados y adornos muy elaborados en las cabezas de los dioses. Todavía no sabemos el significado de cada uno.

Y, ¿quién se encarga del cuidado del pelo y la barba? Los peluqueros o barberos, por supuesto. El barbero es un personaje especial en la literatura hispana. El barbero ha tenido fama de independiente y hasta de anarquista. Trabaja por sí solo. No tiene jefes. Conoce todos los secretos del pueblo. Y el hombre que pone el cuello bajo la navaja del barbero pone allí su vida.

En Londres

En Guatemala

Indios otavaleños en el Ecuador

[1] jueces   *judges*
[2] peluca   *wig*
[3] ir de paseo   *to go for a walk*
[4] cacique   *chief*

Éste ha sido el tema de varios cuentos españoles y latinoamericanos. El barbero español ha sido figura importante en otras literaturas. "Fígaro", el barbero de Sevilla, aparece en la obra del francés Beaumarchais, y en la ópera del mismo nombre del italiano Rossini.

Hablando de los peinados y sus significados, una nota curiosa. Los toreros siempre han llevado coleta. Hoy la coleta es postiza[5], pero antiguamente era de verdad. Todo el mundo sabía quién era torero por la coleta. Cuando un torero se retira de su profesión hay una ceremonia. Al torero se le "corta la coleta". Esta ceremonia también existe al otro lado del mundo, también en conexión con un espectáculo tradicional, como es la corrida de toros. Se trata del Japón, y del "sumo". Los gigantescos atletas del "sumo", que pesan hasta 200 kilos, llevan el pelo en un moño encima de la cabeza. Cuando un "sumo" se retira de su profesión, él también se "corta la coleta".

[5] postiza   *false*

Gioachino Rossini
El Barbero de Sevilla

OPERA MADRID

11 y 13 de febrero – 7:30 p.m.

Una coleta

Esta perfumería elegante se encuentra en la Zona Rosa de la Ciudad de México **1**.

El barbero le está dando un corte de pelo a su cliente en una barbería de la Ciudad de México **2**.

Aquí vemos tres pastillas de jabón **3**. ¿De qué marcas son? Magno, Heno de Pravia y Maja son tres marcas españolas muy conocidas por su suavidad.

Unas señoras de ascendencia maya en Guatemala con sus peinados tradicionales **4**.

Una señora indígena de las islas de San Blas, Panamá **5**.

Una boliviana del altiplano de Bolivia con sombrero típico **6**.

208

Comunicación oral

A **Quiero…** Ud. está en una peluquería en un país hispanohablante. Hable con el/la peluquero(a) (su compañero[a]) y dígale cómo Ud. quiere o no quiere el pelo.

B **Los peinados.** En sus propias palabras, describa a un(a) compañero(a) el "look" en peinados que está en onda en este momento en los Estados Unidos. Si hay una gran diferencia entre los peinados masculinos y femeninos, describa estas diferencias.

Comunicación escrita

¡Qué peinados! En un párrafo describa cada uno de los siguientes peinados.

1.

2.

3.

4.

Reintegración

A **Un día típico.** Preguntas personales.

1. ¿A qué hora te levantas por la mañana?
2. ¿Se levanta tu hermano(a) a la misma hora?
3. ¿Te lavas la cara y las manos?
4. ¿Te lavas el pelo todos los días?
5. ¿Cuántas veces al día te cepillas los dientes?
6. ¿Qué marca de pasta dentífrica empleas?

B **La escuela primaria.** Preguntas personales.

1. ¿A qué escuela primaria asistías?
2. ¿Quién era tu maestro(a) favorito(a)?
3. ¿Ibas a la escuela a pie o tomabas el autobús?
4. ¿Almorzabas en la cafetería de la escuela o volvías a casa?

Vocabulario

SUSTANTIVOS

el pelo	el corte de pelo
el cabello	el recorte
la raya	el lavado
el moño	el rizado
la cola de caballo	el peine
los rizos	el cepillo
el flequillo	el secador
el peinado afro	el rizador
la onda	las tijeras
el bucle	la navaja
la patilla	la maquinilla
el bigote	la horquilla
la peluquería	el rulo
el/la peluquero(a)	la pinza para el cabello
el/la barbero(a)	el champú
	la laca

ADJETIVOS

liso(a)
lacio
rizado(a)
crespo(a)
largo(a)
corto(a)
rubio(a)
castaño(a)
negro(a)
rojo(a)

VERBOS

cortar
recortar
rizar
peinar(se)
cepillar(se)
acabar de

OTRAS PALABRAS Y EXPRESIONES

arriba
en frente
atrás
al lado
en el cuello

It pays to read the fine print. Here are a number of hotel forms from Spain and Latin America.

HOTEL-RESIDENCIA COVADONGA

No olvide entregar su llave y retirar su documentación.

1. What are they telling you?
   a. Remember to hand in your key and pick up your passport or I.D.
   b. Leave your valuables in the safe before retiring.
   c. Hand in your laundry and laundry list before going to bed.

REGENTE HOTEL

La Administración se hace solamente responsable de los valores depositados en la Caja del Hotel contra recibo.

2. The hotel is responsible only for valuables
   a. held in the cash register
   b. deposited in the bank by hotel staff
   c. left in the hotel safe with a receipt

The following note was left for a hotel guest in Santafé de Bogotá, Colombia.

DE: ANA MARÍA BELLO
FECHA: 28 Abril
PARA: D. Manuel Madero Príncipe, hab. 306

Su reserva ha sido confirmada para el 1° de Mayo.
Bogotá – Miami
Vuelo 916 Saliendo 11:30 am.
Favor presentarse al aeropuerto a las 8:30 a.m.
Su récord localizador es R/RCEYJE
¡Feliz viaje!
A-A American Airlines

1. The note tells the guest that his flight has been ___ .
   a. booked   b. cancelled   c. confirmed

2. The passenger's name is ___ .
   a. Madero   b. Bello   c. Receyje

3. Flight departure time is ___ .
   a. 8:30   b. 9:16   c. 11:30

4. The passenger should get to the airport by ___ .
   a. 8:30   b. 9:16   c. 11:30

5. A "récord localizador" is probably ___ .
   a. an alarm clock/radio   b. a computer file locater code   c. an aircraft flight recorder

6. The person getting the note is wished a ___ .
   a. happy birthday   b. pleasant journey   c. prosperous New Year

REPASO

CAPÍTULOS 5–8

Conversación

MUJER: Yo estaba pensando en hacer un poco de turismo. Como no tenemos vuelo mañana, me gustaría ir al campo. Por eso alquilé el coche. También me gusta conducir y en el hotel no se paga por estacionar.

HOMBRE: Nos han cambiado de hotel otra vez. Me han dicho que este hotel es tan bueno como el Excélsior y no cuesta tanto como los otros hoteles. Oye, cuando suben el equipaje, ¿tenemos que darle una propina al botones?

MUJER: No. Pasan las propinas directamente a la cuenta de la compañía. La tripulación no paga. He estado en este hotel antes. Los cuartos son grandes y tienen aire acondicionado y televisor. Acabo de ver una gasolinera en la esquina. Vamos a parar. Quiero revisar todo, los frenos, el aceite y las gomas, antes de salir al campo. ¿Quieres ir con nosotros mañana? Hay sitio, este sedán es grande. Estaríamos muy contentos de tenerte con nosotros.

HOMBRE: Con mucho gusto. Pero necesito un recorte. Me queda largo el pelo. Mira, mientras te revisan el coche yo me recortaré en esa peluquería.

MUJER: Uds. los asistentes de vuelo tienen que tratar con el público. En la cabina de mando no tenemos que preocuparnos tanto. Estaré en la gasolinera. Y como hemos aterrizado temprano, en la recepción no nos esperan hasta más tarde.

En el hotel. Contesten.

1. ¿Dónde están el hombre y la mujer?
2. ¿Por qué no tiene que darle una propina al botones?
3. ¿Por qué alquiló un coche la mujer?
4. ¿Cuál es la razón por el cambio de hoteles?
5. ¿Qué le gusta a la mujer del nuevo hotel?
6. ¿A qué hotel iban antes?
7. ¿Por qué quiere parar la mujer?
8. ¿Qué tipo de coche alquiló la mujer?
9. ¿Qué tiene que hacer el hombre? ¿Por qué?
10. ¿Cuál será la profesión del hombre?
11. ¿Qué será la mujer?
12. ¿Por qué no les esperan hasta más tarde en la recepción del hotel?

Hotel Principado M.R.

Un pequeño lujo

Estructura

El potencial o condicional

The conditional is used in Spanish as in English to express what would take place under certain circumstances. It is formed by adding -ía, -ías, -ía, -íamos, (-íais), or -ían to the appropriate stem. The stem for the conditional is the same as for the future. In regular verbs, it is the entire infinitive.

dar	daría, darías, daría, daríamos, *daríais*, darían
ver	vería, verías, vería, veríamos, *veríais*, verían
oír	oiría, oirías, oiría, oiríamos, *oiríais*, oirían

Remember that the same verbs irregular in the future tense are irregular in the conditional.

INFINITIVE	STEM	CONDITIONAL
tener	tendr-	tendría
salir	saldr-	saldría
venir	vendr-	vendría
poner	pondr-	pondría
saber	sabr-	sabría
poder	podr-	podría
decir	dir-	diría
hacer	har-	haría
querer	querr-	querría

A ¿Qué haríamos? Contesten con el condicional.

> **Ellos van a jugar.**
> *Pues, nosotros no jugaríamos.*

1. Ellos van a poder comprar el coche.
2. Ellos van a tener bastante dinero.
3. Ella va a conducir.
4. Ella va a estacionar el coche en la calle.
5. Ellos van a frenar.
6. Ellos van a saber qué hacer.
7. Ella va a poner los intermitentes.
8. Ellos van a revisar el motor cada semana.
9. Ellos van a venir por el camino viejo.

Los complementos

1. When both a direct and an indirect object pronoun are used in the same sentence, the indirect object pronoun always precedes the direct object pronoun.

> La Sra. Ruiz me vendió el coche.
> La Sra. Ruiz me lo vendió.

2. The indirect object pronouns *le* and *les* change to *se* when used with the direct object pronouns *lo, los, la, las*. Because *se* can mean *a él, a ella, a Ud., a ellos, a ellas,* or *a Uds.* a prepositional phrase is often added for clarity.

> ¿A quién le regalaste los esquís?
> Yo se los regalé *a ella*.

B **¿Qué hicieron?** Contesten que *sí* y usen pronombres.

1. ¿Braulio te lavó el pelo?
2. ¿Y le diste la propina?
3. ¿Y Josefina le cortó el pelo a tu hermana?
4. ¿Y tu hermana también le dio la propina?
5. ¿Y les dieron las gracias a Uds.?
6. ¿Recomendaron Uds. la peluquería a los amigos?

El presente perfecto de verbos regulares

1. Remember, the present perfect tense is used to express an action completed recently. It is formed by combining the present tense of the verb *haber* with the past participle. The past participle is formed by dropping the infinitive ending and adding *-ado* to *-ar* verbs and *-ido* to *-er* and *-ir* verbs.

limpiar	he limpiado, has limpiado, ha limpiado, hemos limpiado, *habéis limpiado*, han limpiado
comer	he comido, has comido, ha comido, hemos comido, *habéis comido*, han comido
subir	he subido, has subido, ha subido, hemos subido, *habéis subido*, han subido

2. These verbs have irregular past participles.

decir	dicho	devolver	devuelto
hacer	hecho	morir	muerto
ver	visto	volver	vuelto
escribir	escrito	cubrir	cubierto
poner	puesto	abrir	abierto

C **Llegaron al hotel.** Contesten con *no* y el presente perfecto.

1. ¿Ya llegaron los Fernández?
2. ¿Ya fueron a recepción?
3. ¿Llenaron la ficha?
4. ¿El mozo les subió el equipaje?
5. ¿El Sr. Fernández ya estacionó el coche?
6. ¿Paco encontró la reservación?

D **En la gasolinera.** Completen con el presente perfecto.

Marisa ___ (volver) a la gasolinera. Pero ellos no ___ (abrir)
       1   2
todavía. Nadie le ___ (decir) a Marisa que los sábados
             3
abren tarde. Y, ¿qué ___ (hacer) ella? Pues ___ (escribir)
               4   5
una nota y la ___ (poner) en el parabrisas. Y ___ (irse)
          6   7
a tomar un café.

Comparativos de igualdad

1. When two things that are equal are compared, the expression "as… as" is used in English. The Spanish equivalent is *tan… como. Tan* is always followed by an adjective or adverb.

   José es tan bajo como Roberto.

2. The Spanish equivalent of "as many as" or "as much as" is *tanto… como.* Because *tanto* will usually modify a noun, it must agree with the noun in number and gender.

   Tenemos tantos sellos como ellos.

E **Tengo tantos.** Combinen las frases usando *tan… como* or *tanto… como.*

1. El tren es conveniente. El avión es conveniente.
2. El tren cuesta $200. El avión cuesta $200.
3. El tren tiene 250 asientos. El avión tiene 250 asientos.
4. Las comidas en el tren son buenas. Las comidas en el avión son buenas.
5. Los asientos en el tren son cómodos. Los asientos en el avión son cómodos.

Comunicación

Una reservación. Ud. quiere reservar un cuarto en el Hotel Nacional. Escríbale una carta al hotel. Incluya todos los detalles necesarios.

CIENCIAS: LA METEOROLOGÍA

Antes de leer

*I*n the following selection you will review the difference between weather and climate, what causes the seasons, and how climates can change. Please review the following terms in preparation: atmosphere, climate, latitude, altitude, axis, and rotation.

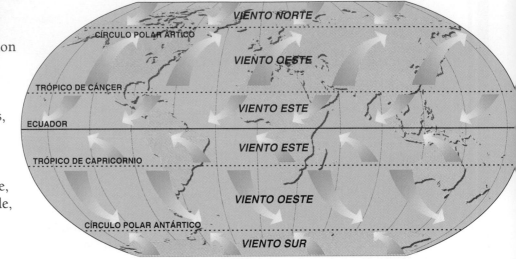

Lectura

EL TIEMPO Y EL CLIMA

El tiempo es la condición diaria de la atmósfera en un lugar específico. El clima es la combinación de condiciones típicas de la atmósfera en una región durante un período de tiempo muy largo. Los vientos, la altura, la latitud y la proximidad de los mares y lagos[1] grandes afectan el clima.

Ya sabemos que la Tierra gira alrededor del Sol en una órbita. La Tierra también da vueltas sobre su eje[2]. La rotación de la Tierra alrededor de su eje causa el día y la noche. El eje de la Tierra está inclinado, y por eso tenemos estaciones del año. Sin esa inclinación y la órbita de la Tierra alrededor del Sol, los días y las noches serían de 12 horas durante todo el año, y no tendríamos estaciones diferentes. Durante el verano los rayos del Sol son más directos que en el invierno. Por eso

hace más calor en el verano. Cerca del ecuador[3] (las latitudes entre los grados 23 1/2 norte y 23 1/2 sur) los rayos del Sol llegan en un ángulo[4] de 90 grados durante todo el año. Las latitudes medias se extienden de los 23 1/2 grados a los 66 1/2 grados a los dos lados del ecuador. Como los rayos del Sol son más oblicuos[5], las temperaturas son más moderadas[6]. De las latitudes norte y sur de 66 1/2 grados hasta los polos norte y sur están las zonas más frías del planeta. Esas regiones casi no reciben rayos directos del Sol.

El aire caliente se expande y sube. Tiene baja presión. El aire frío se contrae[7] y baja. Tiene alta presión. Cerca del ecuador el aire se calienta y sube moviendo las capas[8] altas de aire hacia los polos. En los polos el aire se enfría y baja. El aire frío se mueve en dirección de los polos al ecuador, y el aire caliente va del ecuador a los polos. La rotación de la Tierra hace mover los vientos en el hemisferio norte hacia la derecha. En el hemisferio sur se mueven hacia la izquierda. En los dos hemisferios los vientos que van hacia el ecuador soplan[9] de este a oeste. Los vientos que van hacia los polos soplan de oeste a este. Estos vientos traen temperaturas altas a las latitudes medias.

La altura es la elevación sobre el nivel del mar[10]. La altura de una región afecta su temperatura. Mientras más alta la región, más fría. La altura también afecta la precipitación. Cuando un viento caliente pasa por encima de una montaña se enfría, se condensa, forma nubes, y llueve antes de llegar al otro lado. Por eso un lado de la montaña es más verde y húmedo que el otro.

Debido a que el agua absorbe el calor más lentamente que la tierra y lo mantiene por más tiempo, los vientos que pasan sobre el mar traen aire templado a las regiones costales. En el invierno los continentes se enfrían y en el verano se calientan[11] más rápidamente que los océanos. Por eso las regiones costales tienen climas más templados.

Los climas cambian a través de largos períodos de tiempo. La destrucción de la vegetación y la contaminación atmosférica pueden causar cambios más rápidos en el clima.

[1] lagos *lakes*		[7] se contrae *contracts*	
[2] eje *axis*		[8] capas *layers*	
[3] ecuador *equator*		[9] soplan *blow*	
[4] ángulo *angle*		[10] nivel del mar	
[5] oblicuos		*sea level*	
angled, oblique		[11] se calientan	
[6] moderadas *moderate*		*become warm*	

Después de leer

A El tiempo. Contesten.

1. ¿Cuál es la diferencia entre el tiempo y el clima?
2. ¿Cuáles son algunos factores que afectan el clima?
3. ¿Cómo se llama la ruta de la Tierra alrededor del Sol?
4. ¿Sobre qué da vueltas el planeta Tierra?
5. ¿Qué es lo que causa el día y la noche?
6. ¿Durante qué estación del año son más directos los rayos del Sol?
7. ¿Entre qué latitudes hace calor durante todo el año?
8. ¿Cuáles son las latitudes de las zonas templadas?
9. ¿Cuál es el clima entre las latitudes 66 1/2° y los polos?
10. ¿Qué tipo de presión tiene el aire caliente?
11. ¿Qué es lo que causa el movimiento de los vientos a la derecha y a la izquierda?
12. ¿Cuál es la relación entre altura y temperatura?
13. ¿Qué puede acelerar los cambios en el clima?

B Seguimiento. Contesten.

1. Explique cómo los vientos afectan el clima.
2. Describa lo que pasa cuando los vientos pasan por las montañas.
3. Prepare un dibujo que enseña la rotación de la Tierra sobre su eje y la órbita de la Tierra alrededor del Sol.
4. Sobre un mapa de las Américas describa el movimiento de los vientos.
5. Explique por qué la gente va a la costa durante el verano.

CIENCIAS SOCIALES: LA HISTORIA

Antes de leer

*T*he jungles and mountains of Latin America have made travel there extremely difficult. In many areas travel by air was far more feasible than overland travel. The idea of a highway from the United States to the end of South America was a dream that took over half a century to become reality. In preparation for the selection, please study the map provided and review the history of the Pan American Highway.

Lectura

LA CARRETERA PANAMERICANA

La idea de una carretera para unir[1] las repúblicas americanas nació en 1923 durante la Conferencia Internacional de los Estados Americanos. En 1929 adoptaron un plan general para la carretera. La construcción empezó en 1930 y tomó más de 30 años para completar.

La carretera cubre unos 27.000 kilómetros. Comienza en Alaska, atraviesa[2] el Canadá y los EE.UU. Pasa por México y Centroamérica hasta llegar a Chile. Otras carreteras que conectan con la Panamericana llegan a Paraguay, la Argentina y Brasil. Algunos países construyeron carreteras secundarias para conectar la Panamericana con áreas antes inaccesibles. Sin contar las carreteras de los EE.UU. que forman, oficialmente, parte de la Carretera Panamericana, la extensión total del sistema es de unos 72.000 kilómetros. La carretera conecta todas las capitales de Centroamérica. La Carretera Simón Bolívar es parte de la Panamericana. Va desde Caracas, Venezuela, por Bogotá, Colombia, a Quito, Ecuador. Desde Quito la Panamericana continúa hacia el sur. Continúa por la costa oeste pasando por Lima y Arequipa, Perú y Antofagasta, Chile, antes de llegar a Santiago. Después de Santiago la carretera vira[3] al este y se extiende unos 1.450 kilómetros hasta Buenos Aires. Hay una ruta alternativa de la Panamericana que comienza en Arequipa, Perú y pasa por La Paz, Bolivia, para llegar a Buenos Aires (unos 3.815 kilómetros). Desde Buenos Aires hay tres rutas que van al este y al norte. Una va a Asunción, Paraguay; otra pasa por Montevideo hasta Porto Alegrė, Brasil; la tercera pasa por Curitiba, Brasil, a Río de Janeiro.

En la Carretera Panamericana, cerca de todas las grandes ciudades se encuentran gasolineras, hoteles y restaurantes. La carretera pasa por selvas tropicales y montañas altas, hasta de una altura de 4.570 metros. La Carretera Panamericana conecta, físicamente, las repúblicas del gran continente americano.

¹ unir   *to unite*
² atraviesa   *it goes through, it passes through*
³ vira   *it turns*

Después de leer

A La Carretera Panamericana.
Completen.

1. Se presentó la idea de una carretera en el año ____ .
2. En 1929 se adoptó un ____ general para la carretera.
3. En el norte, la carretera comienza en ____ .
4. El largo de la carretera es de unos ____ kilómetros.
5. 72.000 kilómetros es la ____ de la carretera.
6. La sección entre Caracas y Quito se llama Carretera ____ .
7. La carretera va por la costa hasta llegar a ____ .
8. La ruta alternativa va de ____ a Buenos Aires.
9. Las carreteras que van a Montevideo y Asunción comienzan en ____ .
10. El lugar más alto en la carretera es de ____ metros.

B Seguimiento. Contesten.

1. Indique las capitales por las que pasa la Panamericana.
2. Explique por qué tomó tanto tiempo construir la carretera.
3. Explique la razón por el nombre de la sección de la Panamericana entre Caracas y Quito.

HUMANIDADES: LA MITOLOGÍA

Antes de leer

The dream of flight dates back to earliest time. Leonardo Da Vinci conceived a kind of flying machine that appeared among his sketches. The following selection is about a myth concerning flight. It is the myth of Daedalus. It comes to us from ancient Greece. Most myths present a moral or lesson. The myth of Daedalus is no exception. As you read consider what the lesson or lessons might be. In preparation, please familiarize yourself with the following figures and terms in Greek mythology:

KING MINOS: A king and lawgiver of ancient Crete. He was the son of Zeus, the chief god of the ancient Greeks.

THE MINOTAUR: A fabulous monster, half bull and half man, he was confined in the Cretan labyrinth and fed with human flesh.

LABYRINTH: An intricate combination of passages in which it is difficult or impossible to reach the exit.

MINERVA: Goddess of wisdom, patroness of the arts and trades.

"El Minotauro" de Pablo Picasso

Lectura

DÉDALO

Dédalo era un arquitecto de Atenas, Grecia. El rey Minos le mandó hacer un laberinto. Minos quería meter al Minotauro, un monstruo con cabeza de toro[1] y cuerpo de hombre, en el laberinto. Dédalo perdió el favor de Minos, y el rey lo hizo prisionero y lo metió en una torre[2]. Dédalo pudo escapar de la torre con su hijo, Ícaro. Como la torre estaba en una isla, aunque Dédalo podía salir de la torre, todavía era prisionero. Minos vigilaba[3] e inspeccionaba cuidadosamente todos los barcos que pasaban por la isla. Dijo Dédalo: "Aunque Minos manda[4] en tierra y mar, no puede en el aire. Por allí iré". Así

es que Dédalo comenzó a hacerse unas alas para él y para su hijo, Ícaro. Juntó plumas[5], de pequeñas a grandes. Juntó las plumas pequeñas con cera[6], hasta formar unas alas curvas como las de un ave. Por fin Dédalo pudo probar sus alas. Las alas lo levantaron de la tierra. Dédalo le puso las alas a su hijo, Ícaro, y le enseñó a volar. Dédalo le dijo a Ícaro: "Hijo mío, nunca debes volar ni muy alto ni muy bajo. Si vuelas muy bajo la humedad[7] del agua entrará en las plumas y tus alas pesarán[8] demasiado. Si vuelas muy alto el calor del sol afectará la cera y perderás tus alas. Quédate cerca de mí y estarás seguro". Dédalo le dio un beso a su hijo, Ícaro. El último beso que le daría. Dédalo comenzó a volar e Ícaro también. Pasaron las islas

de Samos y Delos a la izquierda y Lebintos a la derecha. El jóven Ícaro, decidió volar más alto.

—Puedo hacer lo que quiero, puedo volar como los dioses, puedo subir hasta el cielo.

Se separó de su padre y subió hacia el sol. El sol derritió[9] la cera de las plumas. Las plumas se separaron de las alas. Las alas de Ícaro, sin plumas, ya no podían funcionar. El pobre Ícaro se perdió y se murió en las aguas del mar. Dédalo llegó a Sicilia lejos del rey Minos. Pero llegó solo.

Dédalo tenía un sobrino, Perdiz. Dédalo envidiaba[10] a Perdiz porque era muy talentoso. Trató de matarlo. Lo tiró[11] de una torre alta. Pero antes de llegar Perdiz al suelo, la diosa Minerva lo salvó. Ella le cambió en un ave[12]. El ave no vuela lejos y vive en la tierra, porque nunca se olvida de lo que pasó. El ave se llama perdiz[13].

[1] toro	*bull*	[8] pesarán	*will weigh*
[2] torre	*tower*	[9] derritió	*melted*
[3] vigilaba	*guarded*	[10] envidiaba	*envied*
[4] manda	*rules*	[11] tiró	*threw*
[5] plumas	*feathers*	[12] ave	*bird*
[6] cera	*wax*	[13] perdiz	*partridge*
[7] la humedad	*dampness, humidity*		

Después de leer

A **Dédalo.** Contesten.

1. ¿Cuál era la profesión de Dédalo?
2. ¿Quién le mandó hacer un laberinto?
3. ¿Dónde metieron al Minotauro?
4. ¿A quiénes hizo prisioneros en una torre el rey Minos?
5. ¿Por qué no pudo Dédalo salir de la isla?
6. ¿De qué hizo Dédalo las alas?
7. ¿A qué altura le recomendó volar Dédalo a su hijo Ícaro?
8. ¿Adónde llegó Dédalo cuando se escapó de la isla?
9. ¿Qué le pasó a Ícaro?
10. ¿Quién era Perdiz?
11. ¿Por qué quiso Dédalo matar a Perdiz?

B **Seguimiento.** Contesten.

1. Explique la moral o la lección que ofrece el mito.
2. Describa el carácter de Dédalo.
3. Cuente en sus propias palabras la historia de Perdiz.
4. ¿Qué es perdiz en inglés?

9

LA COCINA

OBJETIVOS

In this chapter you will learn to do the following:

1. talk about food and its preparation
2. give commands
3. give information and directions using the passive voice with *se*
4. discuss the recipe for a good paella
5. identify popular dishes of the Spanish-speaking countries
6. discuss the variety of food available in the Hispanic world

VOCABULARIO

PALABRAS 1

¡A COCINAR!

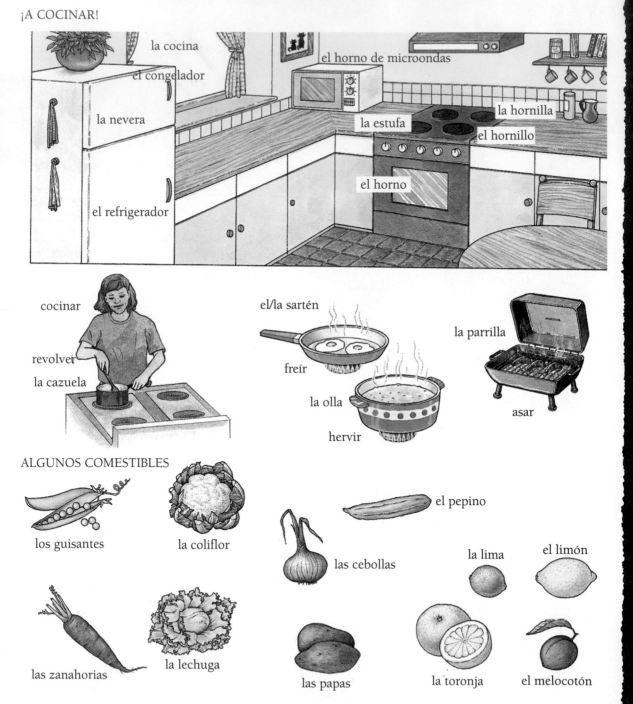

la cocina

el congelador

la nevera

el refrigerador

el horno de microondas

la hornilla

la estufa

el hornillo

el horno

cocinar

revolver

la cazuela

el/la sartén

freír

la olla

hervir

la parrilla

asar

ALGUNOS COMESTIBLES

los guisantes

la coliflor

las cebollas

el pepino

la lima

el limón

las zanahorias

la lechuga

las papas

la toronja

el melocotón

la chuleta de cordero

el pollo

el cordero

la salchicha

la costilla

la carne de res

la ternera

la pimienta

la sal

el azúcar

Señora, ase Ud. la carne en el horno.
Pues, la estoy asando.

Señor, fría Ud. los huevos.
Pues, los estoy friendo.

Señorita, coma Ud. más.
Pues, estoy comiendo más.

A **La cocina.** Contesten según la foto.

1. ¿Es una cocina moderna o anticuada?
2. ¿Cuántas hornillas tiene la estufa?
3. ¿Es una estufa eléctrica o de gas?
4. ¿Cuántas puertas tiene el refrigerador?
5. ¿Es para el congelador (la congeladora) la puerta de la izquierda?
6. ¿Cocina o cuece rápido un horno de microondas?

B **¿Qué necesita el cocinero?** Completen.

1. El cocinero necesita una —— porque va a freír algo.
2. El cocinero necesita una parrilla porque va a —— algo.
3. El cocinero necesita una —— porque va a hervir algo.
4. El cocinero va a —— el agua.
5. El cocinero va a —— las chuletas de cerdo.
6. El cocinero va a —— los huevos.

C **Lo que me gusta y lo que no me gusta.** Preguntas personales.

1. ¿Te gustan los guisantes?
2. ¿Te gusta una ensalada de lechuga y tomates?
3. ¿Te gustan las papas fritas?
4. ¿Te gustan más las toronjas o las naranjas?
5. ¿Te gustan más las legumbres o las frutas?
6. ¿Te gusta el pollo?
7. ¿Te gusta más el pollo frito o el pollo asado?
8. ¿Te gusta más la carne o el pescado?

D **¿A qué grupo pertenece?** Hagan categorías. Escriban en otro papel.

legumbre   fruta   carne   especia

1. la cebolla
2. la toronja
3. la zanahoria
4. el cerdo
5. la papa
6. el cordero
7. el melocotón
8. los guisantes
9. la pimienta

E **La cocina.** ¿Sí o no?

1. Se puede hervir zanahorias.
2. Se puede asar guisantes.
3. Se puede asar el pollo.
4. Se puede revolver los huevos.
5. Se puede freír la lechuga.
6. Se puede freír la salchicha.
7. Se puede hervir, freír o asar las papas.

¡DESE GUSTO!

La carne de Publix es para darse gusto. Por su calidad superior. Por la variedad de cortes de todo tipo. Y por el servicio personal de amables carniceros.

Donde comprar es un placer.

Publix

PALABRAS 2

EN LA COCINA

limpiar

picar

rallar

los pedacitos, los trocitos

pelar

rebanar

cortar

las rebanadas

tapar

agregar

Se quita (retira) del fuego.
Se apaga.

Se pone al fuego.

MÁS COMESTIBLES

el maíz

los pimientos

el aguacate

el ajo

las habichuelas negras,
los frijoles negros

el arroz

la papaya

el coco

las cerezas

la sandía

el plátano, la banana

los mariscos

los camarones,
las gambas

el pescado

las almejas

la langosta

los mejillones

los calamares

el aceite

Se limpia la lechuga.

Se pelan las papas.

Se pica el ajo.
Se pican las cebollas.

Ejercicios

A **En la cocina.** ¿Sí o no?

1. Antes de cocinar, se pone la sartén o la olla al fuego.
2. Antes de empezar a cocinar se apaga el fuego.
3. Después de cocinar, se limpian y se cortan las legumbres.
4. Es necesario limpiar bien las conchas de las almejas antes de cocinarlas.
5. Antes de hacer la ensalada, se lava la lechuga.

B **Preparando la comida.** Contesten según el dibujo.

1. ¿Qué está picando la señora?

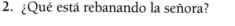

2. ¿Qué está rebanando la señora?

3. ¿Qué está cortando la señora?

4. ¿Qué está pelando la señora?

5. ¿Qué está limpiando la señora?

C **¿Qué opinas?** ¿Se puede o no?

1. ¿Se puede hervir o freír el arroz?
2. ¿Se puede rallar la lechuga?
3. ¿Se puede rallar el queso o el coco?
4. ¿Se puede rebanar la sandía?
5. ¿Se puede picar la carne de res?
6. ¿Se puede freír la chuleta?
7. ¿Se puede asar el arroz?
8. ¿Se puede tapar la olla?

D **Definiciones.** ¿Cuál es la palabra?

1. las almejas, los mejillones, la langosta, etc.
2. poner una tapa en una olla
3. cortar en pedacitos muy pequeños
4. cortar en rebanadas
5. lavar
6. lo contrario de destapar
7. retirar

Comunicación

Palabras 1 y 2

A **Lo que me gusta comer.** Haga Ud. una lista de los comestibles que a Ud. le gustan mucho. Luego enséñele la lista a un(a) compañero(a) y pregúntele si a él/ella le gustan las mismas cosas que a Ud.

B **Nuestras comidas favoritas.** Con un(a) compañero(a) hagan una lista de sus comestibles favoritos. Luego decidan a cuál de los dos le gustan más las comidas que son buenas para la salud.

C **Una visita.** Ud. está de visita con la familia Castro. Ellos viven en Medellín, Colombia. Esta noche Ud. les va a preparar una comida típica americana. Los Castro (tres compañeros de clase) quieren saber lo que Ud. piensa cocinar. Explíqueles cómo se prepara cada plato.

D **Una lección gastronómica.** Trabaje con un(a) compañero(a) de clase. Ud. está aprendiendo a cocinar. Su compañero(a) es un(a) cocinero(a) experto(a). Ud. quiere saber cómo se preparan los siguientes comestibles. Pregúntele a su compañero(a). Él/ella le contestará.

Recogiendo café en Colombia

tomate	carne	guisantes
arroz	maíz	gambas

E **Casa en venta.** Su familia está vendiendo su casa. Ud. recibe una llamada telefónica de una persona a quien le interesa comprar la casa. Déle una descripción de la casa especialmente de la cocina.

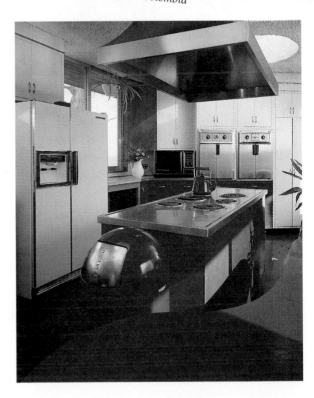

El imperativo formal
Formas regulares

Telling Other People What to Do

1. You use the command form of the verb, the imperative, to tell someone what to do. To form the *Ud.* and *Uds.* commands, you drop the *o* from the present tense *yo* form and add the following endings:

INFINITIVE	YO, PRESENT	UD. COMMAND	UDS. COMMAND
hablar	hablø	hable Ud.	hablen Uds.
preparar	preparø	prepare Ud.	preparen Uds.
comer	comø	coma Ud.	coman Uds.
leer	leø	lea Ud.	lean Uds.
abrir	abrø	abra Ud.	abran Uds.

STEM CHANGING VERBS

INFINITIVE	YO, PRESENT	UD. COMMAND	UDS. COMMAND
pensar	piensø	piense Ud.	piensen Uds.
contar	cuentø	cuente Ud.	cuenten Uds.
volver	vuelvø	vuelva Ud.	vuelvan Uds.
hervir	hiervø	hierva Ud.	hiervan Uds.
pedir	pidø	pida Ud.	pidan Uds.

2. Note that the endings used for the formal commands have the vowel opposite to the vowel usually associated with the conjugation. The *-ar* verbs have *-e* and the *-er* and *-ir* verbs have *-a*.

3. You just add *no* before these commands to make them negative.

prepare Ud.	no prepare Ud.
pida Ud.	no pida Ud.
vuelva Ud.	no vuelva Ud.
preparen Uds.	no preparen Uds.
pidan Uds.	no pidan Uds.
vuelvan Uds.	no vuelvan Uds.

4. Note that the following verbs are regular, but they have a spelling change in the command form.

tocar	toque Ud.	toquen Uds.
picar	pique Ud.	piquen Uds.
jugar	juegue Ud.	jueguen Uds.
pagar	pague Ud.	paguen Uds.
agregar	agregue Ud.	agreguen Uds.
empezar	empiece Ud.	empiecen Uds.

Ejercicios

A **¿Preparo la comida?** Contesten según el modelo.

> **¿Preparo la comida?**
> *Sí, prepare Ud. la comida.*

1. ¿Preparo la comida?
2. ¿Limpio la lechuga?
3. ¿Pelo los tomates?
4. ¿Pico el ajo?
5. ¿Hiervo el agua?
6. ¿Frío el pollo?
7. ¿Tapo la sartén?
8. ¿Retiro la sartén del fuego?

B **¿Preparamos la comida?** Contesten según el modelo.

> **¿Preparamos la comida?**
> *No, no preparen Uds. la comida.*
> *Yo la voy a preparar.*

1. ¿Preparamos la comida?
2. ¿Limpiamos la lechuga?
3. ¿Pelamos los tomates?
4. ¿Picamos el ajo?
5. ¿Hervimos el agua?
6. ¿Freímos el pollo?
7. ¿Tapamos la sartén?
8. ¿Retiramos la sartén del fuego?

C **¿Qué debo hacer con la carta?** Contesten con el imperativo.

1. ¿Debo aceptar la carta?
2. ¿Debo abrir la carta?
3. ¿Debo leer la carta?
4. ¿Debo contestar a la carta?
5. ¿Debo escribir la carta en inglés?

D **Debe hacer lo que quiere hacer.**
Contesten según se indica.

> **Quiero viajar a España.**
> *Entonces, ¡viaje Ud. a España!*

1. Quiero viajar a España.
2. Quiero pasar un mes en Madrid.
3. Quiero tomar el tren a Toledo
4. Quiero visitar la capital.
5. Quiero ver los cuadros de El Greco.
6. Quiero aprender el español.
7. Quiero comer una paella.
8. Quiero beber horchata.
9. Quiero vivir con una familia española.

Una vista de Toledo, España

El imperativo formal   *Telling Other People What to Do*
Formas irregulares

1. A verb that has an irregularity in the *yo* form of the present tense will keep
   the same irregularity in the command form since the *yo* form of the present
   serves as the root for the command. Study the following.

INFINITIVE	YO, PRESENT	UD. COMMAND	UDS. COMMAND
hacer	hago	haga Ud.	hagan Uds.
poner	pongo	ponga Ud.	pongan Uds.
salir	salgo	salga Ud.	salgan Uds.
venir	vengo	venga Ud.	vengan Uds.
decir	digo	diga Ud.	digan Uds.
conducir	conduzco	conduzca Ud.	conduzcan Uds.

2. The following are the only formal commands that are irregular.

ir	vaya Ud.	vayan Uds.
ser	sea Ud.	sean Uds.
saber	sepa Ud.	sepan Uds.
estar	esté Ud.	estén Uds.
dar	dé Ud.	den Uds.

Ejercicios

A **Voy de compras.** Contesten según el modelo.

Quiero hacer las compras.
Pues, haga Ud. las compras.

1. Quiero hacer las compras.
2. Quiero salir ahora.
3. Quiero ir al mercado de Santa Tecla.
4. Quiero poner mis compras en esta canasta.
5. Quiero ir a pie.
6. No quiero conducir.
7. Quiero ir en carro.

B **¿Podemos salir?** Contesten según el modelo.

¿Podemos salir?
¡Cómo no! Salgan Uds. ahora.

1. ¿Podemos salir?
2. ¿Podemos llevar el carro?
3. ¿Podemos llevar a Anita?
4. ¿Podemos volver mañana?
5. ¿Podemos poner las maletas en la maletera?

C **Una llamada telefónica.** Completen con el imperativo.

1. ____ Ud. por teléfono. (llamar)
2. ____ Ud. la llamada. (hacer)
3. ____ la llamada de un teléfono público. (hacer)
4. ____ Ud. a la cabina telefónica. (ir)
5. ____ Ud. el auricular. (descolgar)
6. ____ la moneda en la ranura. (introducir)
7. ____ el tono. (esperar)
8. ____ el número. (marcar)
9. ____ Ud. la contestación. (esperar)
10. ____ Ud. "Aló". (decir)
11. ____ Ud. cortés. (ser)
12. ____ Ud. por Antonio. (preguntar)
13. ____ Ud. con él. (hablar)

La voz pasiva con *se*

Talking in General Terms about What Is Done

1. The impersonal passive construction in English is as follows:

    Meat is sold at the butcher shop.

2. In Spanish the pronoun *se* can be used to express the impersonal passive voice. Note that if the subject is singular, the verb is singular. If the subject is plural, the verb is plural.

    Se vende carne en la carnicería.
    Y se venden legumbres en la verdulería.

3. *Se* can also be used to convey the general subject one, they and people.

    Aquí se habla español.   *Spanish is spoken here.*
    One speaks Spanish here.
    They speak Spanish here.
    People speak Spanish here.

Ejercicios

A **¿Dónde se venden?** Contesten.

1. ¿Se venden habichuelas en la verdulería?
2. ¿Se venden habichuelas en lata o bote en el supermercado?
3. ¿Se vende pescado en la pescadería?
4. ¿Se venden bananas en la frutería?
5. ¿Se vende cordero en la carnicería?
6. ¿Se venden pasteles en la pastelería?
7. ¿Se vende leche en la lechería?
8. ¿Se vende queso también en la lechería?

B **¿Cuál?** Contesten.

1. ¿Se ralla el queso o el tomate?
2. ¿Se fríen las papas o los aguacates?
3. ¿Se pica el ajo o el arroz?
4. ¿Se asa la carne en una sartén o en el horno?
5. ¿Se fríen los calamares en aceite o en maíz?

C **¿Qué se come y dónde?** Contesten según se indica.

1. ¿Se comen muchas tortillas en México? (sí)
2. ¿Se come mucho maíz en España? (no)
3. ¿Se come mucha carne de res en la Argentina? (sí)
4. ¿Se bebe mucho vino en Panamá? (no)
5. ¿Se bebe más vino en Chile? (sí)
6. ¿Se comen muchos mariscos en Chile? (sí)
7. ¿Se comen muchas comidas italianas en Uruguay? (sí)
8. ¿Se usa mucho aceite en España? (sí)
9. ¿Se come mucho arroz con habichuelas en Puerto Rico? (sí)
10. ¿Se usan muchas salsas picantes en España? (no)

D **¿Qué idioma se habla dónde?** Escojan.

francés español portugués
inglés   árabe   alemán

1. ¿Qué idioma se habla en el Perú?
2. ¿Qué idioma se habla en el Brasil?
3. ¿Qué idioma se habla en Egipto?
4. ¿Qué idioma se habla en Alemania y en Austria?
5. ¿Qué idioma se habla en Irlanda?
6. ¿Qué idiomas se hablan en Quebec?

Escenas de la vida   *¿Yo? ¿En la cocina?*

QUICO: Carlos, ¿te gusta cocinar?
CARLOS: A mí, ¿cocinar? De ninguna manera. En la cocina soy un desastre. ¿A ti te gusta?
QUICO: Sí, bastante.
CARLOS: ¿Qué sabes preparar?
QUICO: Muchas cosas, pero mi plato favorito es la paella.
CARLOS: La paella, dices. ¿Qué es?
QUICO: Pues, es una especialidad española—de Valencia. Lleva muchos ingredientes—¡mariscos, arroz!
CARLOS: Se comen muchos mariscos en España, ¿no?
QUICO: Sí, hombre. Y algún día te voy a preparar una buena paella.

Me gusta cocinar. Contesten según la conversación.

1. ¿A quién le gusta cocinar?
2. ¿Quién es un desastre en la cocina?
3. ¿Cuál es el plato que a Quico le gusta mucho preparar?
4. ¿Dónde se come la paella?
5. ¿De qué región de España es la paella una especialidad?
6. ¿Qué opinas? ¿Te gustaría la paella o no?

*Una calle
en Valencia, España*

Comunicación

A **En la escuela.** Haga una lista de las cosas que se hacen generalmente en la escuela. Compare su lista con la de un(a) compañero(a) de clase. Dígale a él/ella cuáles son las cosas más importantes de su lista. Su compañero(a) le dirá por qué o por qué no son importantes.

> **En la escuela se...**

B **Personalmente.** Tome Ud. la lista de la Actividad A y dígale a un(a) compañero(a) de clase cuándo Ud. hace cada actividad. Cambien de papel.

C **Comidas populares.** Con un(a) compañero(a) de clase preparen una lista de todos los comestibles que ya han aprendido. Luego decidan cuáles de estos comestibles se comen mucho en los Estados Unidos y cuáles no se comen con mucha frecuencia.

D **En la cocina.** Ud. está dando lecciones de cocina. Explíquele a uno(a) de sus alumnos(as), (un[a] compañero[a] de clase) qué puede hacer con los siguientes comestibles.

1. las judías verdes
2. los camarones
3. las zanahorias
4. la lechuga
5. el pollo
6. el biftec
7. los calamares
8. las papas
9. las cebollas
10. los tomates

UNA RECETA

Como le dijo Quico a José, la paella es un plato delicioso que es una especialidad de la cocina española. Quien no ha comido una paella no sabe lo que se ha perdido. La paella valenciana lleva muchos ingredientes. Aquí tiene Ud. una receta bastante sencilla para preparar una paella. Decida si a Ud. le gustaría comer esta deliciosa comida.

INGREDIENTES

3 tomates
2 cebollas grandes
2 pimientos (uno
    verde y uno rojo)
4 dientes[1] de ajo
1/2 kilo de camarones
4 calamares
12 almejas
12 mejillones
langosta (opcional)
1 pollo en partes
3 chorizos
1 paquete de guisantes congelados
1 bote de pimientos morrones

1 1/2 tazas de arroz
3 tazas de consomé de pollo
4 pizcas[2] de azafrán[3]
1/4 taza de aceite de oliva

PREPARACIONES

1. Pique los tomates, los pimientos, las cebollas y el ajo.
2. Lave las almejas y los mejillones en agua fría.
3. Limpie y pele los camarones.
4. Limpie y corte en rebanadas los calamares.
5. Corte en rebanadas los chorizos.
6. Fría o ase el pollo aparte.

COCCIÓN

Se usa una paellera o una olla.

1. Fría ligeramente[4] en el aceite los pimientos y las cebollas picadas.
2. Agregue el ajo y los tomates y fría ligeramente a fuego lento unos dos o tres minutos.
3. Agregue el arroz.
4. Revuelva el arroz con los tomates, las cebollas, los pimientos y el ajo.
5. Agregue el consomé de pollo y llévelo a la ebullición[5].
6. Baje el fuego y agregue los camarones, los calamares, el chorizo, el pollo, las almejas y los mejillones.
7. Agregue el azafrán.
8. Ponga sal y pimienta a su gusto.

[1] dientes   *cloves*   [3] azafrán   *saffron*   [5] a la ebullición   *to a boil*
[2] pizcas   *pinches*   [4] ligeramente   *lightly*

Si se prepara la paella en una olla, tape la olla y cocine (cueza) a fuego lento encima de la estufa unos 40 minutos. En una paellera, ase la paella en el horno sin tapa o cocine a fuego lento encima de la estufa.

Al final agregue los guisantes y los pimientos y sirva. Ud. notará que el arroz tiene un bonito color amarillo. Es del azafrán.

Estudio de palabras

 ¿Cuál es la palabra? Completen.

1. una ___ para hacer la paella
2. medio ___ de camarones
3. un ___ de guisantes congelados
4. tres ___ de ajo
5. una ___ de sal
6. una ___ de consomé de pollo

Comprensión

A Una paella.

Prepare Ud. una lista de los ingredientes que lleva una paella.

B La cocción. ¿Sí o no?

1. Se puede asar la paella en la parrilla.
2. La paella lleva muchas papas.
3. Hay muchas especias en una paella.
4. El arroz de una paella se pone amarillo.
5. El chorizo es un tipo de salchicha española.

C ¿Por qué?

Mire Ud. un mapa de España y explique por qué se comen muchos mariscos en España.

Cultivando azafrán

DESCUBRIMIENTO CULTURAL

Es difícil imaginar lo que sería nuestra dieta sin las contribuciones del Nuevo Mundo. ¿Qué se comería en Europa hoy? O mejor, ¿qué no se comería? Pues sabemos que se comería pollo, pero no se comería pavo[1], porque es nativo de las Américas. ¿Y para beber? ¿Café, té? Pues sí, porque no se originaron en las Américas sino en el Medio Oriente y en Asia. Pero no se podría tomar chocolate, porque el chocolate o "chocolatl" que cultivaban los toltecas y aztecas en México no se encontraba en el Viejo Mundo.

Los tres productos más importantes de la agricultura americana precolombina son el maíz, la papa y el tomate. Los indígenas americanos los cultivaban siglos[2] antes de la llegada de Cristóbal Colón y los españoles. El maíz se cultivaba en la tierra baja, y la papa en el altiplano.

Los incas sabían conservar las papas con un método que las secaba, y también las congelaba. Pronto los españoles reconocieron el valor de esta nueva comida. Las primeras papas llegaron a España en el siglo quince. Desde España pasaron a toda Europa donde hoy son la base de muchas cocinas.

Piense Ud. en una cocina donde nunca aparecería una papa, una mazorca[3] de maíz o un jugoso tomate. ¿Con qué se servirían las famosas hamburguesas? No habría "ketchup" de tomate, ni papas fritas. ¿Y qué harían los italianos sin salsa de tomate para sus espaguetis?

Y AQUÍ EN LOS ESTADOS UNIDOS

¿Sabía Ud. que hubo una época cuando se creía que el tomate era venenoso[4]? Pues, sí. Cuando los españoles llevaron los primeros tomates a Europa, se usaban para adorno nada más. En poco tiempo los españoles y los italianos descubrieron lo deliciosos que eran. Pero los ingleses, no. Ellos creían que la persona que comía un tomate se moriría. Y los colonos ingleses en Norteamérica creían lo mismo hasta el siglo pasado.

[1] pavo   *turkey*
[2] siglos   *centuries*
[3] mazorca   *corn ear*
[4] venenoso   *poisonous*

Detalle del mural "El cultivo del maíz" de Diego Rivera

En un mercado al aire libre en Bolivia

Un árbol de cacao

Los pescadores salen de Valencia en sus barcos **1**. Si tienen suerte volverán con sus barcos llenos de pescado.

El señor recoge tomates en Chihuaha, México **2**. Sus antepasados cultivaban el 'jitomate' hace muchos siglos. ¿Cómo prefieres tú los tomates?

Sardinas de los mares de España **3**. La presentación es bella, ¿verdad? ¿Puedes describirla?

Un plato de ricos tostones o "plátanos a puñetazos" **4**. ¿De qué se hacen los tostones?

Una parrillada en la Argentina **5**. Carne, carne y más carne. Se prepara en el campo al aire libre. Si es la Argentina, ¿qué tipo de carne será?

CULMINACIÓN

Comunicación oral

A **Un plato favorito.** Hable Ud. con un(a) compañero(a) de clase. Cada uno(a) determinará uno de sus platos favoritos y se lo describirá al otro (a la otra). Su compañero(a) tiene que adivinar qué plato es.

B **Restaurantes étnicos.** ¿Hay restaurantes étnicos, es decir, restaurantes donde preparan y sirven comidas de otras partes del mundo, cerca de donde Ud. vive? Si hay, prepare Ud. una lista de los restaurantes que Ud. conoce y note la nacionalidad de la cocina que sirven. Si Ud. puede, describa un plato de uno de los restaurantes.

C **Gustos y preferencias.** Prepare una lista de diez comestibles. Luego pregúntele a un(a) compañero(a) de clase si le gusta o no cada comestible de su lista. Su compañero(a) contestará con "mucho", "un poco", "no" o "de ninguna manera".

D **¿Te gusta comer?** Mucha gente come sólo para vivir, y mucha gente vive para comer. ¿Cómo se clasificaría Ud.? Explíquele a un(a) compañero(a) por qué.

Comunicación escrita

A **De compras.** Suponga que Ud. va a preparar una comida. Decida lo que Ud. va a cocinar y luego prepare una lista de las compras que tiene que hacer.

B **Una receta.** Escriba la receta de la comida que Ud. va preparar.

Reintegración

A **En el restaurante**. Empleen las siguientes palabras en una oración.

1. el restaurante
2. el mesero
3. el menú
4. la especialidad
5. la cuenta
6. la propina

B **La mesa**. Identifiquen según la foto.

C **Siempre, y ayer también**. Completen con el pretérito o el imperfecto.

1. Nosotros siempre ____ en aquel restaurante y ____ allí anoche. (comer)
2. Nosotros siempre ____ al restaurante en carro y ____ en carro anoche. (ir)
3. El mismo mesero siempre nos ____ y él nos ____ anoche. (servir)
4. Yo siempre ____ paella y ____ una paella anoche. (pedir)
5. El mesero siempre me ____ la cuenta y él me la ____ anoche. (dar)
6. Yo siempre ____ y ____ anoche también. (pagar)

Vocabulario

SUSTANTIVOS

la cocina
la estufa
el hornillo
la hornilla
el horno
el horno de microondas
el refrigerador
la nevera
el congelador
el/la sartén
la olla
la cazuela
la tapa
la parrilla
el pedacito
el trocito
la rebanada
los comestibles
los guisantes
las cebollas

las zanahorias
la lechuga
las papas
las habichuelas negras
los frijoles
la coliflor
el maíz
el ajo
el arroz
el pimiento
el aguacate
la lima
el limón
la toronja
el melocotón
el plátano
la banana
la carne de res
el cordero
la ternera

la salchicha
el pollo
la chuleta
la costilla
el pescado
los mariscos
las almejas
los mejillones
los camarones
las gambas
la langosta
los calamares
el aceite
la sal
la pimienta
el azúcar

VERBOS

cocinar
hervir
freír
asar
revolver
agregar
limpiar
pelar
picar
rallar
rebanar
cortar
tapar
apagar

OTRAS PALABRAS Y EXPRESIONES

poner al fuego
retirar del fuego

LA CARRETERA Y LAS DIRECCIONES

OBJETIVOS

In this chapter you will learn to do the following:

1. give directions to drive around in the city
2. talk about driving
3. tell others what to do
4. talk about the roads and highways of the Hispanic World

VOCABULARIO

PALABRAS 1

LAS DIRECCIONES

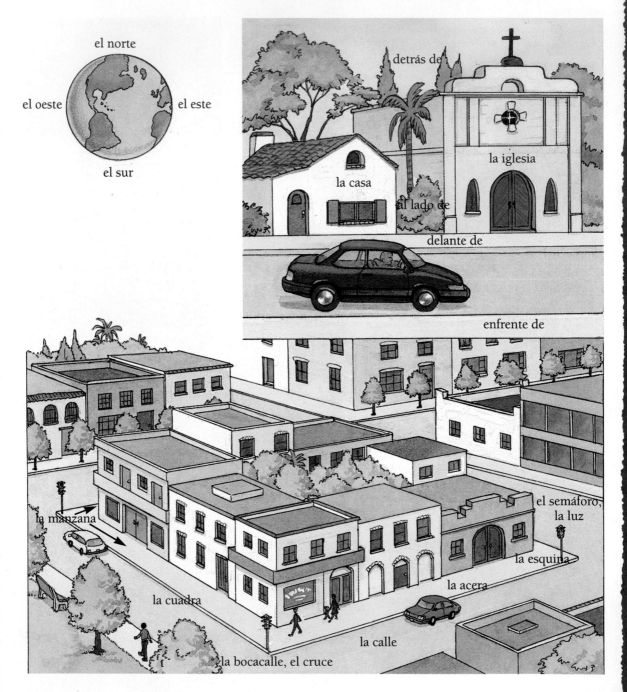

el norte

el oeste el este

el sur

detrás de

la iglesia

la casa

al lado de

delante de

enfrente de

la manzana

el semáforo, la luz

la esquina

la acera

la cuadra

la calle

la bocacalle, el cruce

a la izquierda

derecho

a la derecha

el peatón

el paso de peatones

Los peatones están caminando.
Están cruzando la calle.
Están cruzando en el paso de peatones.

El señor dio una vuelta.

Catalina dobló a la derecha.

el parquímetro

La señorita estacionó el coche.

Ejercicios

A **¿Dónde está?** Contesten según el dibujo.

1. ¿Dónde está el garaje?
2. ¿Está el carro en el garaje?
3. ¿Dónde está el carro?

4. ¿Qué hay detrás de la casa?
5. ¿Dónde está la iglesia?

B **Un poco de geografía.** ¿Sí o no?

1. Nueva York está al norte de Miami.
2. Chile y la Argentina están en el norte del continente sudamericano.
3. Chile y la Argentina están en el sur de la América del Sur.
4. California está en el este de los Estados Unidos.
5. El océano Pacífico está al oeste de los Estados Unidos.
6. El estado de Massachussetts está en el este.
7. El océano Atlántico está al este de los Estados Unidos.
8. México está al norte de los Estados Unidos.

C **En el centro de la ciudad.** Contesten según se indica.

1. ¿Qué hay en el centro de la ciudad? (mucho tráfico)
2. ¿Cuándo se paran los carros? (la luz está roja)
3. ¿Dónde está el semáforo? (en el cruce)
4. ¿Quiénes pueden cruzar la calle cuando se para el tráfico? (los peatones)
5. ¿Dónde deben cruzar? (en el paso de peatones)
6. ¿Dónde hay semáforos? (en las esquinas de los cruces principales)
7. ¿Se puede entrar en esta calle? (no, es de sentido único)
8. ¿Por qué dio la vuelta el señor? (porque iba en sentido contrario)
9. ¿Estacionó la señora el coche? (sí)
10. ¿Dónde introdujo (puso) la moneda? (en la ranura del parquímetro)

D **Definiciones.** ¿Cuál es la palabra?

1. el semáforo
2. el cruce
3. el tráfico
4. ir a pie
5. estacionar

a. el tránsito
b. caminar
c. la luz del tránsito
d. aparcar
e. la bocacalle

E **Lo contrario.** Pareen.

1. seguir derecho
2. la derecha
3. caminar
4. delante de
5. el sur

a. la izquierda
b. el norte
c. detrás de
d. dar la vuelta
e. conducir

La calle Florida en la Argentina

PALABRAS 2

¡MANEJA CON CUIDADO!

la carretera

la autopista, la autovía

la salida

la garita de peaje

el carril

la entrada

el rótulo

SAN PEDRO
28 KM

80 Km/h

la velocidad máxima

Roberto, quédate en el carril derecho.
Paga el peaje.
Y luego sal en la próxima salida.

Donde está el rótulo, dobla a la derecha.
Y luego sigue derecho.

Roberto, ¡cuidado!
Está prohibido adelantar.
Hay solamente un carril en cada sentido.

Ejercicios

A **¿Qué es?** Contesten según la foto.

1. ¿Es una calle o una carretera?

2. ¿Es la salida o la entrada?

3. ¿Tiene dos o cuatro carriles la autopista?

4. ¿Se paran los coches delante de la salida o delante de la garita de peaje?

5. ¿Es un rótulo o un carril?

B **En la carretera.** Contesten según se indica.

1. ¿Qué vamos a tomar? (la autopista)
2. ¿Qué tenemos que pagar? (el peaje)
3. ¿Dónde lo tenemos que pagar? (en la garita)
4. ¿Cuántos carriles tiene la autopista en cada sentido? (tres)
5. ¿Cuál es la velocidad máxima? (cien kilómetros)
6. ¿Está prohibido adelantar? (no)
7. ¿Está prohibido exceder la velocidad máxima? (sí)

C **Donde vivo yo.** Preguntas personales.

1. ¿Cuál es una autopista cerca de donde tú vives?
2. ¿Es una autopista de peaje?
3. ¿Cuánto es el peaje?
4. ¿Dónde tienes que pagar el peaje? ¿En la salida de la autopista? Si no, ¿a cada cuántos kilómetros hay garitas de peaje?
5. ¿Cuál es el número de la salida más cerca de tu casa?
6. ¿Cuál es la velocidad máxima en la autopista?
7. ¿Cuántos carriles tiene?
8. A la salida, ¿hay un rótulo que indica los pueblos cercanos?

Comunicación
Palabras 1 y 2

A **Cerca de mi casa.** Descríbale a un(a) compañero(a) de clase lo que hay cerca (en los alrededores) de su casa. Dígale dónde están con relación a su casa. Cambien de papel.

B **En la escuela.** Trabaje con un(a) compañero(a) de clase. Él/ella le va a preguntar cómo se puede ir a varios lugares dentro de su escuela o del recinto (*campus*) de su escuela. Ud. va a darle las direcciones.

C **Las autopistas.** Ud. está viajando por el Ecuador. Un(a) amigo(a) ecuatoriano(a) le pregunta cómo son las autopistas donde Ud. vive. Descríbale las autopistas de su estado.

El imperativo familiar
Formas regulares

Telling Friends What to Do

1. The *tú* command is used when speaking to a person you know well or to a child. The familiar *tú* form of the command for regular verbs is the same as the *Ud.* form of the verb in the present tense.

UD.	IMPERATIVE (TÚ)
Ud. habla	habla
Ud. come	come
Ud. escribe	escribe

2. The imperative of verbs with a stem change is formed in the same way.

UD.	IMPERATIVE (TÚ)
Ud. cierra	cierra
Ud. pierde	pierde
Ud. vuelve	vuelve
Ud. pide	pide
Ud. fríe	fríe

Ejercicios

A **¿Qué debo hacer?** Contesten según el modelo.

¿Debo hablar?
Sí, Pepe, habla.

1. ¿Debo hablar?
2. ¿Debo parar?
3. ¿Debo doblar?
4. ¿Debo dar la vuelta?
5. ¿Debo doblar a la derecha?
6. ¿Debo leer lo que hay en el rótulo?
7. ¿Debo seguir derecho?
8. ¿Debo volver?
9. ¿Debo pedir direcciones?

B **¿Cómo debo ir?** Completen con el imperativo.

1. Oye, Roberto, ___ a la derecha. (doblar)
2. ___ derecho. (seguir)
3. ___ derecho hasta la tercera bocacalle. (seguir)
4. ___ a la izquierda. (mirar)
5. A mano izquierda, verás la tienda. ___ . (entrar)
6. ___ la escalera. (buscar)
7. ___ al tercer piso. (subir)

C **Debes hacer lo que quieres hacer.** Contesten según el modelo.

> **Quiero viajar a España.**
> *Entonces, viaja a España.*

1. Quiero viajar a España.
2. Quiero pasar un mes en Madrid.
3. Quiero tomar el tren a Toledo.
4. Quiero visitar la capital.
5. Quiero ver los cuadros de El Greco.
6. Quiero aprender el español.
7. Quiero comer una paella.
8. Quiero beber horchata.
9. Quiero vivir con una familia española.

"San Martín y el pordiosero" de El Greco

El imperativo de los verbos irregulares

Telling Friends What to Do

The following verbs have irregular forms for the *tú* command. Study the following.

INFINITIVE	IMPERATIVE (TÚ)
decir	di
ir	ve
ser	sé
salir	sal
hacer	haz
tener	ten
venir	ven
poner	pon

Ejercicios

A **¿Debo venir mañana?** Contesten con sí y el imperativo.

1. ¿Debo venir mañana?
2. ¿Debo hacer el viaje en tren?
3. ¿Debo salir temprano?
4. ¿Debo ir en taxi?
5. ¿Debo decir algo al taxista?
6. ¿Debo poner las maletas en la maletera?

B **Voy de compras.** Contesten según el modelo.

> **Quiero hacer las compras.**
> *Pues, haz las compras.*

1. Quiero hacer las compras.
2. Quiero salir ahora.
3. Quiero ir al mercado de Santa Tecla.
4. Quiero poner mis compras en esta canasta.
5. Quiero ir a pie.
6. Quiero conducir.
7. Quiero ir en carro.

C **Una llamada telefónica.** Completen con el imperativo (tú).

1. ____ por teléfono. (llamar)
2. ____ la llamada. (hacer)
3. ____ la llamada de un teléfono público. (hacer)
4. ____ a la cabina telefónica. (ir)
5. ____ el auricular. (descolgar)
6. ____ la moneda en la ranura. (introducir)
7. ____ el tono. (esperar)
8. ____ el número. (marcar)
9. ____ la contestación. (esperar)
10. ____ "Hola". (decir)
11. ____ cortés. (ser)
12. ____ por Antonio. (preguntar)
13. ____ con él. (hablar)

El imperativo negativo

Telling Someone Not to Do Something

1. The negative of the *tú* command is formed the same way as the formal commands (*Ud., Uds.*) You drop the *-o* of the *yo* form of the present tense and add *-es* to *-ar* verbs and *-as* to *-er* and *-ir* verbs.

INFINITIVE	PRESENT (YO)	NEGATIVE COMMMAND (TÚ)
hablar	yo hablø	no hable*s*
comer	yo comø	no com*as*
abrir	yo abrø	no abr*as*
volver	yo vuelvø	no vuelv*as*
pedir	yo pidø	no pid*as*
hacer	yo hagø	no hag*as*
salir	yo salgø	no salg*as*

2. The same verbs that are irregular in the formal command are irregular in the negative *tú* command.

ir	no vayas
ser	no seas
saber	no sepas
estar	no estés
dar	no dés

Ejercicios

A **No, Pepe. No lo hagas.** Cambien a la forma negativa.

1. ¡Corre, Pepe!
2. ¡Espera, Pepe!
3. ¡Vuelve, Pepe!
4. ¡Come, Pepe!
5. ¡Escribe, Pepe!
6. ¡Baja, Pepe!
7. ¡Haz otro, Pepe!
8. ¡Ven, Pepe!
9. ¡Ten cuidado, Pepe!
10. ¡Sal ahora, Pepe!

B ¡Ay, bendito! ¿Lo hago o no lo hago? Contesten según el modelo.

> Amigo, hablo o no hablo.
> *No, no hables.*

1. Amigo, ¿llamo o no llamo?
2. ¿Voy en carro o no?
3. ¿Voy a pie o no?
4. ¿Salgo o no?
5. Luego, ¿escribo una carta o no?
6. ¿Vendo el coche o no?
7. ¿Hago algo o no?

Los pronombres con el imperativo   *Telling Friends What to Do*

The object pronouns are attached to the affirmative commands. They precede the negative commands.

FORMAL	
AFFIRMATIVE	NEGATIVE
Levántese Ud.	No se levante Ud.
Míreme Ud.	No me mire Ud.
Escríbale Ud.	No le escriba Ud.
Démelo Ud.	No me lo dé Ud.
Dígaselo Ud.	No se lo diga Ud.

INFORMAL	
AFFIRMATIVE	NEGATIVE
Levántate.	No te levantes.
Mírame.	No me mires.
Escríbele.	No le escribas.
Dámelo.	No me lo des.
Díselo a él.	No se lo digas a él.

Ejercicios

A ¡Qué dormilona es Marisa! Practiquen la conversación.

MAMÁ: Marisa, levántate. Ya es hora.

MARISA: ¡Ay, mamá! Que no. ¡Déjame, por favor!

MAMÁ: Bien. No te levantes. Y no te laves ni te vistas. Quédate en cama.

MARISA: Perdóname, mami. Pero tengo sueño.

264   CAPÍTULO 10

B **La rutina.** Contesten según el modelo.

> ¿Me levanto?
> *Sí, levántate.*
> *No, no te levantes.*

1. ¿Me levanto?
2. ¿Me lavo?
3. ¿Me lavo el pelo?
4. ¿Me pongo la chaqueta?
5. ¿Me acuesto?

C **Sí, dámelas.** Contesten según el modelo.

> ¿Te doy las direcciones?
> *Sí, dámelas.*

1. ¿Te doy las direcciones?
2. ¿Te doy el mapa?
3. ¿Te doy el número de teléfono?
4. ¿Te doy el código?
5. ¿Te doy la zona postal?
6. ¿Te doy las estampillas?
7. ¿Te doy el sobre?

D **No, no la escriba Ud.** Cambien a la forma negativa.

1. Escríbale.
2. Mándele la carta.
3. Llámelo por teléfono.
4. Déle mis recuerdos.
5. Invítelo a visitarnos.

Escenas de la vida   *¿Dónde está?*

MARISA: Catalina, ¿tú estás en qué pensión?
CATALINA: La Pensión Rosa.
MARISA: Dime dónde está.
CATALINA: Pues, ¿sabes dónde está el Palacio de Telecomunicaciones?
MARISA: Sí, claro.
CATALINA: Pues, está a tres cuadras de allí. En la esquina, donde está Telecomunicaciones, verás Quevedo. Toma Quevedo hasta el primer semáforo. En el semáforo, dobla a la derecha y a mano izquierda verás la pensión.

■ **En la pensión.** Contesten según la conversación.

1. ¿En qué pensión está Catalina?
2. ¿Está cerca de qué edificio grande la pensión?
3. ¿A cuántas cuadras del Palacio de Telecomunicaciones está?
4. ¿Hasta dónde debe tomar Quevedo Marisa?
5. ¿Qué hace al llegar al primer semáforo?
6. Y luego, ¿dónde está la pensión?

HOSPEDAJE *Familiar*

Comunicación

A **A la escuela.** Roberto Robles es de Oaxaca, México. Él está pasando un mes viviendo con su familia. Mañana él va a visitar su escuela por primera vez. Dígale a Roberto (un[a] compañero[a] de clase) cómo puede ir a su escuela.

Las ruinas de Monte Albán, Oaxaca, México

B **A la capital.** Roberto tiene su permiso de conducir y mañana su papá le va a permitir usar su carro. Roberto quiere ir a visitar la capital de su estado. Explíquele a Roberto (un[a] compañero[a] de clase) cómo puede ir de su pueblo a la capital en carro.

C **Yo no.** ¡Tú! Dígale a un(a) compañero(a) de clase algunas cosas que Ud. cree que él/ella debe hacer. Su compañero(a) no quiere hacer lo que Ud. le dice.

> Estudiante 1: Estudia para el examen de español.
> Estudiante 2: No quiero estudiar. Tú, estudia si quieres.

LAS DIRECCIONES A MALDONADO

*H*ablan Felipe y Luisa.

Mañana quiero ir a Maldonado y no sé precisamente dónde está. ¿Me puedes dar direcciones, por favor?

Condominios en Punta del Este, Uruguay

Sí, amigo, ¡cómo no! Es el mismo camino para ir a Punta del Este. Para salir de Montevideo, vas a tomar la Avenida Central. Sigue por la Avenida Central hasta el final. Es una calle de sentido único y no hay muchos semáforos. Al salir de la ciudad, toma la autopista del sur.

En la autopista tienes que pagar un peaje, pero vale la pena[1]. Es mucho más rápido. Tiene varios carriles en cada dirección y no hay tantos embotellamientos[2] como en la (carretera) nacional. La nacional tiene sólo un carril en cada sentido y no sé cuántos semáforos.

Después de pasar por la segunda garita de peaje, quédate en el carril derecho. Sal de la autopista en la primera salida después del peaje. Al salir, sigue derecho hasta la primera bocacalle donde hay un rótulo. El rótulo indica la dirección a Maldonado. En esta primera bocacalle donde está el rótulo, dobla a la izquierda. Sigue hasta el primer semáforo y estarás en el centro mismo de Maldonado. Estaciona con cuidado y no te olvides[3] de poner una moneda en el parquímetro. Si no, te van a clavar[4] con una multa[5].

[1] vale la pena   *it's worth it*
[2] embotellamientos   *traffic jams, bottlenecks*
[3] no te olvides   *don't forget*
[4] clavar   *nail, stick*
[5] multa   *fine*

Montevideo, Uruguay

Estudio de palabras

■ **En la carretera.** Pareen.

1. la autopista
2. el carril
3. la bocacalle
4. la garita de peaje
5. el sentido
6. estacionar

a. el cruce
b. aparcar, parquear
c. la autovía
d. la dirección
e. la vía, la banda
f. la cabina de peaje

Comprensión

A **Voy a Maldonado.** Contesten.

1. ¿Adónde quiere ir Felipe?
2. ¿Quién le da las direcciones?
3. ¿Hasta dónde debe ir por la Avenida Central?
4. ¿Por qué es mejor tomar la autopista?
5. ¿Dónde va a salir Felipe de la autopista?
6. Después de salir, ¿qué hay en la primera bocacalle?
7. ¿Por qué debe tener cuidado con el estacionamiento?

B **Detalles.** Busquen los informes en la lectura.

1. el nombre de la calle que Felipe tomará para salir de la ciudad
2. el nombre de la autopista
3. cuántas veces él pagará un peaje
4. el número de carriles en la autopista
5. el número de carriles en la carretera nacional

SERVICIO DE TAXIS

Rosalío C. Juárez

TELÉFONOS:
Part. 273-24-14
Sitio 514-91-65

IMPORTE
5.50 PTS
E.M.T.

M 966273

EMPRESA MUNICIPAL
DE TRANSPORTES DE
MADRID, S. A.
DIEZ VIAJES EN AUTOBUS

AYUNTAMIENTO DE MADRID
ESTACIONAMIENTO REGULADO
MATRICULA
M-5922-GF
N.º DE TARJETA ó DISTINTIVO
FECHA 20-9
HORA 10'50
81505094 LUGAR P. DEL ANGEL 3
Se encuentra Vd. en zona de ESTACIONAMIENTO REGULADO
SU VEHICULO HA SIDO DENUNCIADO POR
ESTAR ESTACIONADO INDEBIDAMENTE
LE ROGAMOS ESPERE A RECIBIR EN SU DOMICILIO
LAS CORRESPONDIENTES INSTRUCCIONES.

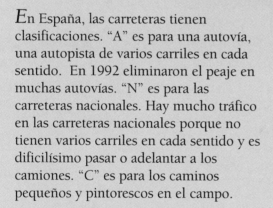

En España, las carreteras tienen clasificaciones. "A" es para una autovía, una autopista de varios carriles en cada sentido. En 1992 eliminaron el peaje en muchas autovías. "N" es para las carreteras nacionales. Hay mucho tráfico en las carreteras nacionales porque no tienen varios carriles en cada sentido y es dificilísimo pasar o adelantar a los camiones. "C" es para los caminos pequeños y pintorescos en el campo.

En 1992 en España celebraron el Quincentenario del viaje de Cristóbal Colón con una exposición internacional, la EXPO '92, en Sevilla. En Barcelona tuvieron lugar los Juegos Olímpicos. Para estos eventos, el gobierno español decidió mejorar y extender el sistema de carreteras. Hoy las autovías van del norte al sur y del este al oeste. Son magníficas carreteras. Algunos detalles interesantes—la velocidad máxima en las autovías—120 kilómetros por hora. Y los niños no pueden sentarse en el asiento delantero. Los niños tienen que estar sentados en el asiento trasero. Es obligatorio abrocharse el cinturón de seguridad en la carretera, pero dentro de la ciudad, no.

Es difícil hablar de las carreteras en Latinoamérica. ¿Por qué? Porque en los alrededores de las grandes ciudades hay carreteras bastante buenas. Pero como ya saben Uds., partes de Latinoamérica son muy grandes. El terreno puede ser muy hostil[1], como por ejemplo, en las junglas o selvas tropicales, en los picos andinos y en los descampados patagónicos. Por eso, el medio de transporte más popular en Latinoamérica es el avión. En las zonas más remotas las carreteras son bastante primitivas y no muy bien marcadas.

[1] hostil   *barren areas*

Barcelona '92

REALIDADES

GRAN VÍA

Una vista de la Carretera Panamericana **1**. ¿Cuáles serán esas montañas tan altas?

Estamos en una de las avenidas más famosas de Madrid **2**. Es la Gran Vía.

La agente de policía dirige el tráfico en la Ciudad de México **3**. ¿Qué les está indicando?

Éstas son dos de las señales internacionales para el tráfico en una carretera **4**. ¿Qué les está indicando?

Los conductores de automóviles tienen sus propios clubes y revistas **5**. ¿De qué país es este club, y cómo se llama la revista?

4

5

CLUB
AUTOMOVIL

SANTO DOMINGO-CONSTITUCION
CON EL MAR A LA VISTA

PHOENIX

CONSTITUCION

PHOENIX II
652

PHOEM

• ERNESTO FONTAINE
• FURGONES VAN
• CURANTOS

Comunicación oral

A **Del aeropuerto.** Un buen amigo acaba de llegar de México. Está en el aeropuerto donde ha alquilado un carro. Le ha telefoneado para pedir direcciones a su casa. Déle las direcciones.

B **Una receta.** Su mejor amigo(a) le pregunta cómo preparar su comida favorita. Déle la receta.

Comunicación escrita

A **Direcciones.** Imagínese que un buen amigo de Buenos Aires le está visitando. Él quiere ir a ver los lugares interesantes de la ciudad donde Ud. vive. Escríbale las direcciones desde su casa.

El barrio La Boca, Buenos Aires, Argentina

B **No debes...** Sus padres van a salir este fin de semana. Ellos le han escrito una lista en español de ocho cosas que Ud. debe hacer, y ocho cosas que no debe hacer. Escriba lo que dice la lista. Luego compare su lista con la de un(a) compañero(a) de clase. ¿Cuántas cosas son similares?

Reintegración

 A El automóvil. Completen.

1. ____ , ____ y ____ son tipos de automóviles.
2. El motor está debajo del ____ .
3. ____ de repuesto está en ____ .
4. Es necesario tener ____ antes de conducir.
5. Una luz roja indica que el conductor tiene que ____ . Antes es necesario poner los ____ .

B En la gasolinera. Sigan el modelo.

> Favor de llenar el tanque.
> *Llene Ud. el tanque, por favor.*

1. Favor de revisar el aceite.
2. Favor de verificar la presión.
3. Favor de poner agua en el radiador.
4. Favor de limpiar el parabrisas.
5. Favor de abrir el capó.

C Y tú también. Escriban las oraciones del Ejercicio B en la forma de *tú*.

Una gasolinera en Madrid, España

Vocabulario

SUSTANTIVOS

la calle
la bocacalle
el cruce
la esquina
el semáforo
la luz
la manzana
la cuadra
la acera
el peatón
el parquímetro
la carretera
la autopista

el peaje
la garita de peaje
la salida
la entrada
el carril
el sentido
el rótulo
la velocidad
el norte
el sur
el este
el oeste

ADJETIVOS

prohibido
máximo

VERBOS

caminar
cruzar
doblar
adelantar
estacionar
parar

OTRAS PALABRAS Y
EXPRESIONES

detrás de
delante de
enfrente de
al lado de
a la derecha
a la izquierda
derecho
dar la vuelta

11

LOS BUENOS MODALES

OBJETIVOS

In this chapter you will learn to do the following:

1. talk about courtesy
2. discuss good and bad manners
3. greet people properly in a Hispanic setting
4. take leave of people
5. express actions that may or may not take place
6. express preferences
7. express opinions
8. compare good manners in the Hispanic World with those of the United States

PALABRAS 1

¿CÓMO TE COMPORTAS?

Este muchacho tiene buenos modales.
Es cortés.
Se comporta bien.
Tiene buen comportamiento.
Es bien educado.

Y esta niña no tiene buenos modales.
No se comporta bien.
Tiene mal comportamiento.
Es muy mal educada.
Es malcriada.
Es necesario que ella aprenda buenos modales.

una persona menor

una persona mayor

saludar

Los amigos se saludan.

despedirse

Los amigos se despiden el uno del otro.

José le confía un secreto a su amiga, Anita.
Él no quiere que nadie sepa su secreto.
Él insiste en que Anita no diga nada a nadie.

Ejercicios

A ¿Qué hacen? Contesten según el dibujo.

1. ¿Los amigos se saludan o se despiden?

2. ¿Los amigos se saludan o se despiden?

3. ¿Este niño es bien educado o mal educado?

4. ¿Este niño es mal educado o bien educado?

5. ¿Es una persona menor o mayor?

6. ¿Este niño es cortés o malcriado?

B Lo contrario. Escojan.

1. saludar
2. bien educado
3. cortés
4. mayor

a. malcriado
b. menor
c. despedirse
d. mal educado

C ¿Buenos modales o no? Decidan.

1. Él siempre habla en voz muy alta.
2. Él se queda sentado cuando alguien se acerca a la mesa.
3. Ella se levanta cuando entra una persona mayor.
4. Ella hace mucho ruido cuando come.
5. Él nunca dice "gracias".

VOCABULARIO

PALABRAS 2

MODALES Y COSTUMBRES

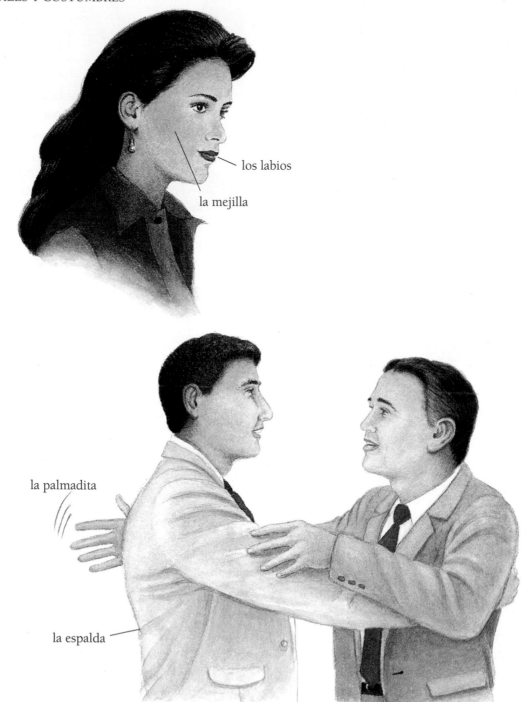

los labios

la mejilla

la palmadita

la espalda

El señor Salas se acerca.
La señora Robles se levanta.

La señora Robles le da la mano.
Los señores se estrechan la mano.

un besito

Las dos señoras son muy buenas amigas.
Se dan un besito.
Se dan un besito en las mejillas.

un abrazo

Los dos señores son buenos amigos.
Son amigos íntimos.
Se abrazan.
Se dan unas palmaditas en la espalda.

Ejercicios

A **Se saludan.** Contesten con *sí* o *no*.

1. ¿La señora Robles está sentada en una oficina?
2. ¿Se acerca el señor Salas?
3. ¿Se levanta la señora Robles?
4. ¿Le da la mano la señora Robles?
5. ¿Se estrechan la mano los dos señores?
6. ¿Se dan un besito?
7. ¿Está sentada en un café la señora Castro?
8. ¿Se acerca su amiga?
9. ¿Se dan un besito las dos amigas?
10. ¿Se dan un besito en cada mejilla?

B **Buenos modales.** Completen.

1. Los dos señores se ____ la mano.
2. Y las dos señoras se dan ____ también.
3. Las amigas se dan un ____ en las mejillas, no en los labios.
4. Los dos señores se abrazan. Se dan unas ____ en la espalda.

C **Definiciones.** Escojan la palabra.

1. ofrecer una invitación, convidar
   a. confiar   **b.** invitar

2. acciones, porte, conducta o comportamiento de un individuo
   a. la cortesía   **b.** los modales

3. hablar a una persona de "tú", no de "Ud."
   a. tutear   **b.** considerar

4. la conducta, el modo de ser de un individuo
   a. el comportamiento   **b.** el secreto

5. en confianza
   a. en consideración   **b.** en secreto

6. emplear una fórmula de cortesía para separarse de una persona
   a. desaparecer   **b.** despedirse

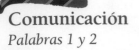

Comunicación

Palabras 1 y 2

A **Buenos modales.** Prepare dos listas: una de comportamientos que Ud. considera buenos modales en los Estados Unidos y otra de comportamientos que Ud. considera como falta de buenos modales. Enséñele la lista a un(a) compañero(a) de clase y pregúntele si él o ella está de acuerdo con Ud. Luego díganle a la clase los resultados.

B **Un poco de cortesía.** Es probable que sus padres le digan cosas que Ud. debe hacer para ser cortés. ¿Cuáles son los consejos que le dan o que le han dado sus padres? Dígaselos a dos compañeros de clase. Cambien de papel.

C **Reglamentos escolares.** Escríbale una carta a un(a) amigo(a) donde le deja saber cuáles son los reglamentos de comportamiento o conducta que su profesor(a) de español considera importantes en la clase.

D **¿Cómo se comporta Carlitos?** Escriba una lista de los niños pequeños que Ud. conoce (primos, sobrinos, hermanos, etc.). Luego escriba al lado de cada nombre cómo se comporta cada uno de los niños.

E **¡Qué niño!** Imagínese que ayer por la tarde Ud. y su compañero(a) tuvieron que cuidar a unos niños, pero de familias diferentes. Ud. tuvo suerte porque el niño que cuidó tiene muy buenos modales, pero el niño que cuidó su compañero(a) es completamente lo opuesto. Comparta sus experiencias con su compañero(a).

El subjuntivo

Talking about Actions that May or May Not Take Place

1. All the forms of the verbs you have learned so far have been in the indicative mood. The indicative is used to indicate or express actions that definitely are taking place, did take place or will take place. Let us analyze some statements in the indicative.

> **Cuando los amigos de Teresa llegaron, ella se levantó.**
> **Ella les dio la mano.**
> **Teresita siempre se levanta cuando llegan sus amigos.**
> **Ella es muy cortés.**

The above statements express objective, factual, real information. When Teresa's friends arrived she stood up and gave them her hand. Teresa always stands up and extends her hand. She is very courteous. Because of the factual nature of the information in these sentences, they are in the indicative.

2. Now you will learn the subjunctive mood. The subjunctive is used more in Spanish than in English. The subjunctive expresses the opposite of the indicative. The indicative indicates what definitely is. The subjunctive, on the other hand, expresses what may be. Let us analyze some statements in the subjunctive and compare them with statements in the indicative.

> **INDICATIVE:**
> **Carlos se comporta bien. Él es cortés.**

> **SUBJUNCTIVE:**
> **Los padres de Carlos quieren que él se comporte bien. Ellos insisten en que él sea cortés.**

The first group of sentences in the indicative points out factual information. The second set of sentences states what Carlos' parents want or insist upon. Note, however, the information is not factual. His parents want him to behave well and they insist that he be polite. In spite of their wishes and insistence, it is not assured that Carlos will act accordingly. It may or may not happen and for this reason the subjunctive must be used in Spanish. Note that the subjunctive appears in a clause introduced by *que*.

Formación del subjuntivo

How to Express Desires about the Actions of Others

1. You are already familiar with the subjunctive form of verbs because of your study of the formal commands. Those forms are the subjunctive.

hable Ud. hablen Uds.	coma Ud. coman Uds.	escriba Ud. escriban Uds.	venga Ud. vengan Uds.	salga Ud. salgan Uds.

2. To form the present tense of the subjunctive drop the final -o from the first person singular, *yo*, of the present indicative and add -e endings to -ar verbs and -a endings to -er and -ir verbs.

PRESENT INDICATIVE	ROOT	PRESENT SUBJUNCTIVE
hablo	habl-	hable
como	com-	coma
escribo	escrib-	escriba
vengo	veng-	venga
salgo	salg-	salga

INFINITIVE	HABLAR	COMER	ABRIR
yo	hable	coma	abra
tú	hables	comas	abras
él, ella, Ud.	hable	coma	abra
nosotros(as)	hablemos	comamos	abramos
vosotros(as)	*habléis*	*comáis*	*abráis*
ellos, ellas, Uds.	hablen	coman	abran

3. Remember that any verb that is irregular in the first person *yo* form of the present tense, will maintain that irregularity in the present subjunctive.

INFINITIVE	INDICATIVE (YO)	SUBJUNCTIVE
venir	vengo	venga
tener	tengo	tenga
salir	salgo	salga
poner	pongo	ponga
traer	traigo	traiga
hacer	hago	haga
oír	oigo	oiga
decir	digo	diga
conducir	conduzco	conduzca

INFINITIVE	VENIR	SALIR
yo	venga	salga
tú	vengas	salgas
él, ella, Ud.	venga	salga
nosotros(as)	vengamos	salgamos
vosotros(as)	*vengáis*	*salgáis*
ellos, ellas, Úds.	vengan	salgan

4. The following are the only verbs that do not follow the normal pattern in the present subjunctive.

DAR	ESTAR	IR	SABER	SER
dé	esté	vaya	sepa	sea
des	estés	vayas	sepas	seas
dé	esté	vaya	sepa	sea
demos	estemos	vayamos	sepamos	seamos
deis	*estéis*	*vayáis*	*sepáis*	*seáis*
den	estén	vayan	sepan	sean

Ejercicio

■ **Los padres de Pepe quieren que él haga muchas cosas.** Sigan el modelo.

> estudiar
> *Los padres de Pepe quieren que él estudie.*

1. estudiar mucho
2. tomar cinco cursos
3. trabajar duro
4. aprender mucho
5. leer mucho
6. comer bien
7. vivir con ellos
8. recibir buenas notas
9. asistir a la universidad
10. tener éxito
11. salir bien en sus exámenes
12. decir siempre la verdad
13. tener buenos modales
14. ser cortés
15. conducir con cuidado

El subjuntivo en cláusulas nominales

Expressing Wishes, Preferences, and Commands

You have learned that the subjunctive is used after the verbs *querer* and *insistir* because even though someone wants or insists that something be done, it may or may not happen. Just as the subjunctive is used after *querer* and *insistir*, it is used for the same reason after the following verbs.

desear	*to desire*
esperar	*to hope*
temer	*to fear*
tener miedo de	*to be afraid*
preferir	*to prefer*
mandar	*to order*

Espero que vengan mis amigos.
Pero temo que lleguen tarde.
Tengo miedo de que no estén para el concierto.
Espero que traten de llegar a tiempo, que hagan un esfuerzo.

Ejercicios

A ¿Qué quieren sus padres? Sigan el modelo.

> **Sus padres quieren que ____ .**
> **Ellos se comportan bien.**
> *Sus padres quieren que ellos se comporten bien.*

1. Ellos se comportan bien.
2. Ellos se levantan.
3. Ellos saludan a sus amigos.
4. Ellos tienen buenos modales.
5. Ellos son corteses.

B ¿Qué prefieres? Sigan el modelo.

> **Yo prefiero que ____ .**
> **Tú se lo dices.**
> *Yo prefiero que tú se lo digas.*

1. Tú se lo dices.
2. Tú se lo escribes.
3. Tú se lo das.
4. Se lo envías.
5. Se lo explicas.

SIEMPRE VISTASE BIEN PARA COMER. USE EL CUBIERTO ADECUADO. Y SI SE LE CAE LA SERVILLETA, NO ES NECESARIO RECOGERLA.

La Condesa Margara Di Persia
PRESENTA
ETIQUETA:
CLAVE PARA EL EXITO

$29.95
Agregue $4.95 para gastos de manipulación y franqueo.

C **¿Qué temen ellos?** Sigan el modelo.

> Ellos temen que ——— .
> Yo no estoy.
> *Ellos temen que yo no esté.*

1. Yo no estoy.
2. Yo no quiero ir.
3. No voy.
4. Yo no lo hago.
5. No se lo digo al profesor.

D **¿En qué insisten sus padres?** Sigan el modelo.

> Sus padres insisten en que ——— .
> Ella estudia mucho.
> *Sus padres insisten en que ella estudie mucho.*

1. Ella estudia mucho.
2. Ella hace sus tareas.
3. Ella recibe buenas notas.
4. Ella es diligente.
5. Ella tiene buenos modales.

E **¡Vamos todos!** Contesten.

1. ¿Quieres que yo conduzca?
2. ¿Prefieres que yo vaya en mi carro?
3. ¿Insistes en que todos vayamos juntos?
4. ¿Quieres que Teresa y Pablo vayan también?
5. ¿Prefieres que ellos nos acompañen?
6. ¿Esperas que todos lleguemos a la misma hora?

F **Un corte de pelo.** Contesten.

1. ¿Quieres que el peluquero te corte el pelo?
2. ¿Quieres que él te dé un champú?
3. ¿Prefieres que él te corte el pelo con navaja o tijeras?
4. ¿Insistes en que él te ponga la raya a la izquierda o a la derecha?
5. ¿Teme el peluquero que tú no le des propina?

G Todos quieren hacer algo distinto. Completen.

Pues, yo no sé lo que vamos a hacer esta noche. Antonio quiere que nosotros
___ (ir) al cine. No sé por qué. Pero insiste en que nosotros ___ (ver) la
₁   ₂
película que están poniendo ahora en el Metropol. Carlos teme que mañana
___ (ser) el último día. Tiene miedo de que ellos ___ (cambiar) las películas
₃   ₄
los sábados. ¿Y tú? ¿Qué quieres que nosotros ___ (hacer)? ¿Prefieres que ___
                                               ₅   ₆
(ir) al cine o que ___ (hacer) otra cosa? ¿Qué me dices? Que Felipe quiere que
                    ₇
Uds. ___ (quedarse) en casa. ¿Por qué? Ah, él quiere que todo el grupo ___ (ir)
     ₈   ₉
a su casa. Él no quiere que nosotros ___ (salir). Él prefiere que todos ___
                                     ₁₀   ₁₁
(mirar) la televisión y que ___ (ver) el equipo de Barcelona que va a jugar
                            ₁₂
contra Valencia.

El subjuntivo con expresiones impersonales   *Expressing Opinions*

1. The subjunctive is also used after the following impersonal expressions.

Es imposible	Es bueno
Es posible	Es mejor
Es probable	Es fácil
Es improbable	Es difícil
Es necesario	Es importante

2. Note that all the above expressions take the subjunctive since the action of
   the verb that follows them may or may not take place.

   Es importante que ellos tengan buenos modales.
   Y es necesario que sean corteses.
   **Pero es posible que ellos no tengan buenos modales y que no sean
   corteses.**

Ejercicios

A Buenos modales. Contesten.

1. ¿Es importante que los jóvenes tengan buenos modales?
2. ¿Es necesario que ellos se comporten bien?
3. ¿Es fácil que ellos sean corteses?
4. ¿Es importante que ellos se levanten cuando entra una persona mayor?
5. ¿Es improbable que ellos se den un besito?

B ¿Qué es posible? Sigan el modelo.

> Es posible que ____ .
> Mañana tenemos examen.
> *Es posible que mañana tengamos examen.*

1. Mañana tenemos examen.
2. El profesor no nos dice nada.
3. Él nos da el examen como una sorpresa.
4. Todos recibimos buenas notas en el examen.
5. El profesor está contento.

C Esperando a los nietos. Practiquen la conversación.

ABUELITO: ¿Es posible que ellos lleguen mañana por la mañana?

ABUELITA: Sí, es posible. Pero es improbable.

ABUELITO: Pero es importante que yo sepa.

ABUELITA: Entiendo. Pero dicen que es probable que haga mal tiempo mañana.

ABUELITO: ¿Ah, sí? No lo sabía. ¿Es posible que haga mal tiempo? Entonces es mejor que lleguen tarde. No quiero que tengan un accidente en la carretera.

D Esperando a los nietos. Completen según la conversación.

Abuelito está un poco nervioso. Es posible que sus nietos ____ (llegar) mañana por la mañana. Es importante que el abuelito ____ (saber) cuándo van a llegar. Pero es difícil que la abuelita le ____ (decir) la hora de la llegada de los nietos. Es posible que mañana ____ (hacer) muy mal tiempo. Como los nietos vienen en carro será necesario que ellos ____ (conducir) con mucho cuidado. Será necesario que ellos ____ (conducir) despacio si hay mucha nieve. Es mejor que ellos ____ (llegar) un poco tarde. Abuelito no quiere que ellos ____ (tener) un accidente. Es mejor que ____ (llegar) tarde pero sanos y salvos.

Escenas de la vida *¿Por qué no nos tuteamos?*

LUPE: Hola, Debbie.

DEBBIE: Hola, Lupe. ¿Cómo está Ud. hoy?

LUPE: Estoy bien, gracias. Y sabes, Debbie, me puedes tutear si quieres.

DEBBIE: ¿Tutear?

LUPE: Sí, me puedes hablar de "tú".

DEBBIE: Ah, decirte ¿cómo estás?, y no ¿cómo está Ud.?

LUPE: Sí, no tenemos que ser tan formalitas. Ahora nos conocemos bién, ¿no crees?

DEBBIE: Sí, y gracias, Lupe.

A **¿Sí o no?** Contesten.

1. Debbie y Lupe se conocen bien.
2. Lupe es hispana.
3. Debbie es hispana también.
4. Las muchachas siempre se hablaban de "tú".
5. Lupe sugiere que se tuteen.
6. Lupe dice que tienen que ser formalitas.

B **¿Tú o usted?** Expliquen.

¿Por qué dice Lupe que ahora las dos muchachas pueden tutearse?

Comunicación

A **Lo que quieren mis padres.** Dígale a un(a) compañero(a) de clase lo que sus padres siempre quieren que Ud. haga. Su compañero(a) le dirá lo que quieren sus padres que él o ella haga. Luego, pongan sus dos listas juntas y decidan cuáles son los mismos consejos que Uds. dos reciben de sus padres. ¿Están de acuerdo Uds. con los consejos que reciben de sus padres? Déjenle saber su opinión a la clase.

B **Mi mejor amigo(a).** Trabaje con un(a) compañero(a) de clase. Cada uno(a) debe preparar una lista de características que Uds. quieren que tenga su mejor amigo(a). Luego comparen sus listas y determinen cuáles son las características que Uds. en común quieren que su mejor amigo(a) tenga. Escriban un párrafo describiendo cómo creen Uds. que debe ser su mejor amigo(a).

C **Buena conducta.** Trabaje con un(a) compañero(a) de clase. Escriban un párrafo en el que describen lo que Uds. consideran ejemplos de buen comportamiento en la escuela.

D **¿Qué crees tú?** Pregúntele a un(a) compañero(a) de clase qué haría él o ella en las siguientes situaciones. Cada respuesta comenzará con "Es importante que…", "Es mejor que…" o "Es recomendable que…". Luego cambien de papel.

1. ver un accidente en la carretera
2. perder una tarjeta de crédito
3. ayudar a un(a) amigo(a) en un examen
4. decir una mentira
5. no entender la tarea de matemáticas

E **Cosas fáciles y difíciles.** Prepare una lista de cosas que es probable que Ud. haga y otra lista de cosas que es difícil que Ud. haga. Luego compare sus listas con las listas de un(a) compañero(a) de clase. Díganle a la clase en qué se parecen las listas.

BUENOS MODALES Y FÓRMULAS DE CORTESÍA

¿Quieres que yo te diga lo que se considera buenos modales en los países hispanos? Bien, pero antes es necesario que tú sepas y reconozcas que es difícil que yo te hable en términos generales. Es importante que te des cuenta[1] de que es posible que existan diferencias en los distintos países. Sin embargo, te daré algunos ejemplos de buenos modales.

Tú estás sentado(a) en un café, en casa o en una oficina. Alguien se acerca. Tú lo conoces. Para ser cortés, es necesario que tú te levantes. Además de levantarte, es importante que tú le des la mano si no quieres que todos te consideren mal educado(a). Aun los jóvenes se dan la mano cuando se encuentran y también cuando se despiden. Es posible que me preguntes si se dan la mano sólo en una situación formal. No, se dan la mano igualmente en situaciones informales. Se le da la mano a un amigo o a un conocido.

¿Un amigo o un conocido? En los países hispanos hay una gran diferencia entre un amigo y un conocido. Un amigo es una persona que conoces muy bien. Es una persona con quien tienes confianza, en quien puedes confiar secretos. Un conocido es una persona que conoces de la escuela, de la oficina, etc., pero no se conocen muy bien. En las culturas hispanas la gente tiene muchos conocidos y pocos amigos. Es justo decir que en los Estados Unidos solemos decir[2] que tenemos muchos "friends" y pocos "acquaintances". En los países hispanos es al revés[3].

Hablando de amigos y conocidos, ¿cómo se saludan y cómo se despiden? Como ya he dicho se les da la mano a conocidos y a amigos. Pero es más común que los amigos se den un besito en cada mejilla. ¿Quiénes se dan un besito en la mejilla? Pues una amiga a otra amiga o un amigo a una amiga. ¿Y dos amigos? Dos amigos se dan un abrazo. Se abrazan dándose unas palmaditas en la espalda.

[1] darse cuenta   *realize*
[2] solemos decir   *usually say*
[3] al revés   *the contrary*

Estudio de palabras

A ¿Cuál es el sustantivo? Escojan.

1. considerar
2. existir
3. despedir
4. saludar
5. confiar
6. abrazar
7. besar

a. la despedida
b. la confianza
c. el beso
d. la consideración
e. el abrazo
f. la existencia
g. el saludo

B La cortesía. Completen con un sustantivo.

1. El confía mucho en ella. Tiene mucha ____ en ella.
2. Los hombres se abrazan. Se dan un ____ el uno al otro.
3. Las amigas se besan en la mejilla. Se dan un ____ en la mejilla.
4. Ellos se despiden por mucho tiempo. A veces las ____ son tristes.

Comprensión

A ¿Sí o no? Contesten.

1. Es fácil que alguien te diga lo que son buenos modales en todos los países hispanos.
2. Los hispanos se quedan sentados cuando se acerca un amigo.
3. Los hispanos se dan la mano sólo en situaciones formales.
4. En las culturas hispanas hay una gran diferencia entre un conocido y un amigo.
5. Las mujeres que son amigas se abrazan cuando se encuentran.

B Los amigos. Contesten.

1. ¿Qué es un amigo?
2. ¿Qué es un conocido?
3. En los países hispanos, ¿cómo suelen despedirse dos amigos?
4. ¿Y dos amigas?

DESCUBRIMIENTO CULTURAL

*E*s necesario que todos sepamos que en todas las sociedades hay convenciones de cortesía que uno debe adoptar si no quiere que los otros lo tomen por mal educado. Si Ud. viaja por los países hispanos, hay que tener cuidado con el uso de "tú" y "Ud.". En general, debe dirigirle la palabra con la forma de Ud. a personas mayores, como por ejemplo, a un(a) profesor(a), a un(a) comerciante o a una persona que Ud. no conoce muy bien, a un(a) conocido(a).

Y Ud. puede tutear, hablar de "tú" a un buen amigo, a un pariente si Ud. tiene parientes en un país hispano. Y los jóvenes de la misma edad se tutean casi siempre. Hoy día la gente se tutea más fácilmente que antes pero depende del país. En Puerto Rico, por ejemplo, en seguida se tutea. En México es mejor que espere hasta que la otra persona le tutee. Cuando alguien le tutea, es como una invitación. La persona quiere que Ud. la tutee también.

Hay que tener cuidado con el uso de la palabra "invitar". Si Ud. invita a una persona a tomar algo en un café o en un restaurante diciendo "José, te invito a..." significa que Ud. va a pagar. José no va a pagar y tampoco van a compartir (dividir) la cuenta. Hablando de un café o de un restaurante, si Ud. pasa por delante de una persona que está comiendo, es aconsejable que le diga "Buen provecho". Significa que Ud. quiere que la persona guste de lo que está comiendo. La gente sigue diciendo "buen provecho" pero es una costumbre que poco a poco está desapareciendo en algunos lugares.

En cuanto a las costumbres o convenciones de cortesía, si Ud. se encuentra en un país extranjero, es importante que se fije en[1] lo que hacen los otros. Hay un refrán español que dice: "A tierra que vayas, haz lo que veas". Es decir que todo no es lo mismo en todas partes. Y como decimos en inglés, "Cuando en Roma, haz (haga) lo que hacen los romanos".

[1]se fije en   *take note of*

La chica habla con su abuelo **1**. No es malcriada. Tiene buen comportamiento.

Los muchachos son buenos amigos **2**. Se dan palmaditas en la espalda.

Los jóvenes son amigos íntimos **3**. Se abrazan.

Este joven tiene buenos modales **4**. Es cortés.

Los señores se estrechan la mano **5**.

El niño le da un besito a su abuela **6**. Se comporta bien.

Comunicación oral

A **Saludos.** Mire las siguientes fotografías. Salude a cada persona apropiadamente. Ud. no quiere ser descortés. Mire las fotografías una vez más. Despídase de cada persona apropiadamente.

B **Convenciones de cortesía.** Trabaje con un(a) compañero(a) de clase. Imagínese que Ud. es de un país hispanohablante de la América del Sur. Hágale preguntas a su compañero(a) americano(a) sobre las convenciones de cortesía en los Estados Unidos. Su compañero(a) se las contestará.

C **Las profesiones.** Haga una lista de profesiones. Escriba varias oraciones describiendo las características que necesita una persona en cada una de las profesiones. Luego léale las oraciones a un(a) compañero(a) de clase. Su compañero(a) tiene que adivinar cuál es cada profesión. Cambien de papel.

Estudiante 1: **Es importante que sepa explicar bien.**
              Es bueno que sea simpático.
              Es necesario que tenga buena disciplina.

Estudiante 2: **Es un profesor.**

Comunicación escrita

A **La etiqueta.** Escriba un párrafo para un libro de etiqueta explicando algunas convenciones de cortesía y algunos ejemplos de buenos modales.

B **Los buenos modales.** Ud. está viajando por un país hispano. Escríbale una carta a un(a) amigo(a). En la carta descríbale algunas costumbres o convenciones de cortesía que Ud. ha notado (en que Ud. se ha fijado) en Latinoamérica que son distintas o diferentes de nuestras convenciones.

C **Los reglamentos.** Escríbale una nota a un(a) amigo(a) donde le dice cómo tiene que prepararse para el examen de español.

   Es bueno que… y después es mejor que…

Reintegración

Cuando yo era joven. Completen con el pretérito o el imperfecto.

1. Cuando María ____ joven, siempre ____ bien.
   (ser, comportarse)
2. Sus padres la ____ y ella los ____ . (adorar, adorar)
3. Ellos le ____ mucho cariño. (tener)
4. Cuando María ____ su cumpleaños, sus padres siempre
   ____ una fiesta en su honor y le ____ regalos.
   (celebrar, dar, comprar)
5. Sus abuelos y todos los otros parientes de María
   siempre ____ a su fiesta de cumpleaños. Siempre ____ .
   (venir, asistir)
6. Un año su abuelito ____ a la fiesta con un regalo
   excepcional. (venir)
7. María ____ cinco años. (tener)
8. Y su abuelito le ____ una mascota, un perrito. (dar)
9. El perrito ____ adorable. A María le ____ mucho y
   ella ____ muy contenta. (ser, gustar, estar)
10. María ____ a su abuelito, ____ en sus piernas y
    le ____ un besito. (correr, sentarse, dar)

¡Muy, pero Muy Feliz Cumpleaños!

Vocabulario

SUSTANTIVOS	ADJETIVOS	VERBOS	OTRAS PALABRAS Y EXPRESIONES
los modales	cortés	comportarse	el uno del otro
la cortesía	descortés	saludar	dar la mano
el comportamiento	educado(a)	tutear	estrechar la mano
el besito	malcriado(a)	despedirse	dar palmaditas
el abrazo	íntimo(a)	confiar	es bueno
la palmadita	menor	acercarse	es mejor
la espalda	mayor	desear	es fácil
la mejilla		esperar	es difícil
		temer	es importante
		tener miedo	es necesario
		preferir	es probable
		mandar	es improbable
			es posible
			es imposible

OBJETIVOS

In this chapter you will learn to do the following:

1. talk about and describe many family celebrations
2. discuss some important holidays
3. give advice and make suggestions to others
4. express doubt, uncertainty, or disbelief
5. express emotional reactions to the actions of others
6. talk about some Hispanic customs, holidays, and celebrations

PALABRAS 1

¡FELIZ CUMPLEAÑOS!

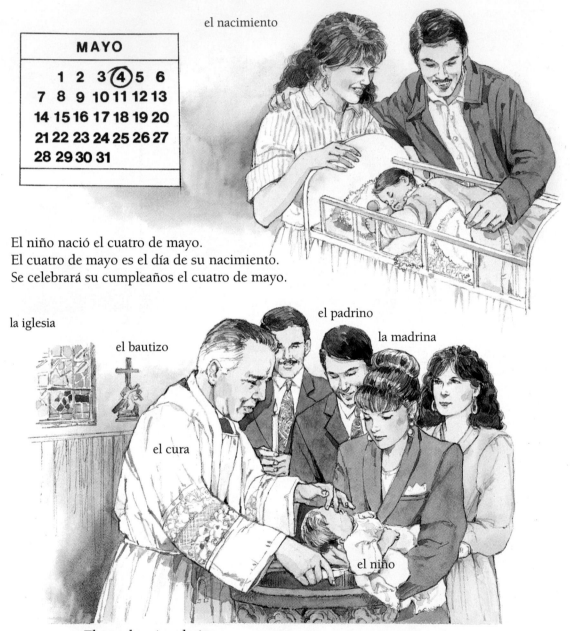

el nacimiento

MAYO

1	2	3	④	5	6
7	8	9	10	11	12	13
14	15	16	17	18	19	20
21	22	23	24	25	26	27
28	29	30	31			

El niño nació el cuatro de mayo.
El cuatro de mayo es el día de su nacimiento.
Se celebrará su cumpleaños el cuatro de mayo.

la iglesia

el padrino

la madrina

el bautizo

el cura

el niño

El cura bautiza al niño.
Los padres les piden a sus amigos que
    sean padrino y madrina.

la vela

la torta

el pastel
el bizcocho

el salón del hotel

Rosalía cumple quince años.
Ella es quinceañera.
Sus padres le dan una fiesta.
La quinceañera se viste de gala.
Se reúne toda la familia.

el cementerio, el camposanto

la tumba

las flores

Los muertos o los difuntos son los que ya no viven, que han muerto.
Los difuntos están enterrados en las tumbas.

Ejercicios

A **El bautizo.** Contesten según se indica.

1. ¿Qué día nació el niño? (el 4 de mayo)
2. ¿Cuándo lo bautizaron? (en junio)
3. ¿Quién lo bautizó? (el cura)
4. ¿Dónde lo bautizó? (en la iglesia)
5. ¿Quién era el padrino? (el señor Villabuena)
6. ¿Y quién era la madrina? (su esposa)
7. ¿Están contentos los padres que sus amigos sirvan de padrinos? (sí)
8. ¿Qué hay después de la ceremonia en la iglesia? (una fiesta familiar en casa)

B **La quinceañera.** Contesten según el dibujo.

1. ¿Cuántos años tiene la muchacha?
2. ¿Qué le dan sus padres?
3. ¿Quiénes se reúnen?
4. ¿Qué le dan (traen) a la muchacha?
5. ¿Dónde tiene lugar la recepción?
6. ¿Comen todos una rebanada (tajada) de torta?
7. ¿Cuántas velas hay en la torta?
8. ¿Cómo se viste la quinceañera?

C El cumpleaños. Completen.

1. El día que nace un niño o una niña es el día de su ____ .
2. En el futuro celebrarán su ____ en esta fecha.
3. El ____ es una ceremonia religiosa.
4. En la iglesia católica y en algunas otras iglesias cristianas el bautismo tiene lugar en la ____ .
5. Una muchacha que ____ quince años es una quinceañera.

D Preguntas. Formen preguntas.

1. El niño nació *el cuatro de mayo*.
2. *El cura* lo bautizó.
3. *Los padrinos* asistieron al bautizo.
4. El cura bautizó al niño *en la iglesia*.
5. Los padrinos estaban *contentos*.

E El camposanto. Contesten según se indica.

1. ¿Quiénes están enterrados en el cementerio? (los muertos)
2. ¿Cuál es otra palabra que significa muerto? (el difunto)
3. ¿Dónde están enterrados los difuntos? (en el camposanto)
4. ¿Cuál es otra palabra que significa camposanto? (el cementerio)
5. ¿Qué ponen los parientes de los difuntos en las tumbas? (flores)

Celebración del día de los Muertos en México

PALABRAS 2

¡FELIZ NAVIDAD Y PRÓSPERO AÑO NUEVO!

la Navidad

el árbol
de Navidad

los camellos

los Reyes Magos

los regalos de Navidad, los aguinaldos

la Misa

La Navidad es el veinticinco de diciembre.
El 24 es la víspera de la Navidad, o Nochebuena.
La misa del gallo tiene lugar a la medianoche de la víspera de Navidad.

Los Reyes Magos van a llegar.
Traen regalos (aguinaldos).
Los niños ponen paja en sus zapatos.

la paja

Los padres les aconsejan a los niños que sean buenos.
Les dicen que se comporten bien.
Los niños quieren que los Reyes les traigan aguinaldos.

la menora

la vela

el brazo

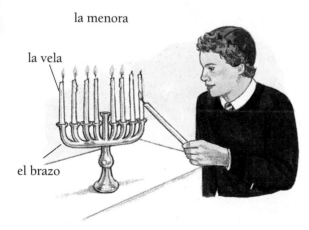

el candelabro

DICIEMBRE

					1	2
3	4	5	6	7	8	9
10	11	12	13	14	15	16
17	18	19	20	21	22	23
24 31	25	26	27	28	29	30

Hanuka es la fiesta de las luces.
Es una fiesta hebrea (de los judíos).
La fiesta dura ocho días.
La menora es un candelabro de siete brazos.
La menora para la fiesta de luces tiene nueve brazos.
Durante la fiesta los niños encienden las velas del candelabro.

Ejercicios

A La Navidad. Contesten.

1. ¿Cuál es la fecha de la Navidad?
2. ¿Cuál es la fecha de la víspera de la Navidad?
3. En la iglesia católica, ¿cuándo tiene lugar la misa del gallo?
4. En los Estados Unidos, ¿cuándo reciben los niños (y otros) aguinaldos?
5. ¿Quién les trae los aguinaldos, San Nicolás (*Santa Claus*) o los Reyes?
6. Para la Navidad, ¿qué decoran las familias cristianas en los Estados Unidos?

B Definiciones. ¿Qué es?

1. el día que nació el niño Jesús
2. la misa que tiene lugar la medianoche de la víspera de la Navidad
3. un animal que sobrevive bien en el desierto
4. un regalo de Navidad

C Algunas costumbres navideñas.
¿Sí o no?

1. Los padres siempre les aconsejan a los niños que se comporten bien.
2. Los niños que son malos reciben aguinaldos.
3. La celebración de la Navidad es una costumbre cristiana.
4. El árbol de Navidad es una costumbre religiosa.
5. Los camellos llevan zapatos llenos de paja.

D Hanuka. Contesten según se indica.

1. ¿Qué es Hanuka? (la fiesta de las luces)
2. ¿Quiénes celebran Hanuka? (los judíos)
3. ¿Cuánto tiempo dura la fiesta? (ocho días)
4. ¿Cómo se llama el candelabro que se usa durante la fiesta de las luces? (la menora)
5. ¿Cuántos brazos tiene? (nueve)
6. ¿Quiénes encienden las velas? (los niños)
7. ¿Cuántas velas encienden cada noche de la fiesta? (una)

Comunicación

Palabras 1 y 2

A **La Navidad.** En los Estados Unidos las familias cristianas celebran la Navidad. Para ellas es una fiesta importante. Describa algunas costumbres navideñas tradicionales de los Estados Unidos.

B **Fiestas tradicionales.** Dígale a un(a) compañero(a) de clase todo lo que sabe sobre alguna fiesta tradicional, religiosa o cultural. Incluya información sobre el origen de la celebración, así como detalles de las ceremonias y las comidas tradicionales de la fiesta.

C **La familia.** Con un(a) compañero(a) de clase, prepare una conversación sobre fiestas familiares. Ud. hará las preguntas y su compañero(a) las contestará. Luego cambien de papel. Pregúntele:

1. si celebran la Navidad, Hanuka u otra ocasión religiosa
2. cómo celebran esos días
3. si cambian regalos entre todos o si se los dan sólo a los niños
4. si celebran el cumpleaños de cada miembro de la familia
5. cómo celebraron su último (*last*) cumpleaños
6. cuándo su familia tiene una reunión anual u otra ocasión cuando se reúnen todos

D **En las fiestas familiares.** Explíquele a un(a) compañero(a) de clase las fechas que celebran Ud. y su familia. Déjele saber por qué esas fechas son importantes. Dígale como las celebran. Cambien de papel.

ESTRUCTURA

El subjuntivo de los verbos de cambio radical

Expressing More Actions that May or May Not Take Place

1. Verbs that have a stem change in the present indicative also have a stem change in the present subjunctive. Observe the following.

(O > UE)		(E > IE)	
ENCONTRAR	PODER	CERRAR	PERDER
encuentre	pueda	cierre	pierda
encuentres	puedas	cierres	pierdas
encuentre	pueda	cierre	pierda
encontremos	podamos	cerremos	perdamos
encontréis	*podáis*	*cerréis*	*perdáis*
encuentren	puedan	cierren	pierdan

Verbs that follow the same *e > ie* pattern are *sentarse, comenzar, empezar,* and *pensar.* Verbs that follow the *o >ue* pattern are *acostarse, encontrar(se), recordar,* and *volver. Jugar* also changes to *-ue.*

2. Note that the verbs *dormir* and *sentir* have a stem change in every form of the present subjunctive. Verbs like *pedir* have an *-i* in all forms of the present subjunctive.

O > UE, U	E > IE, I	E > I
DORMIR	SENTIR	PEDIR
duerma	sienta	pida
duermas	sientas	pidas
duerma	sienta	pida
durmamos	sintamos	pidamos
durmáis	*sintáis*	*pidáis*
duerman	sientan	pidan

Morir is conjugated like *dormir,* and *preferir* is conjugated like *sentir. Repetir, freír, seguir,* and *servir* are conjugated like *pedir.*

Ejercicio

Yo quiero. Sigan el modelo.

> **Yo quiero ____ .**
> **Él vuelve mañana.**
> *Yo quiero que él vuelva mañana.*

1. Él vuelve mañana.
2. Él nos encuentra delante del restaurante.
3. Él se sienta a nuestra mesa.
4. Él pide algo bueno.
5. Él me recomienda un plato.
6. El mesero nos sirve ahora.

El subjuntivo con verbos como *pedir* y *aconsejar*

Giving Advice and Making Suggestions

1. The following verbs are followed by the subjunctive because even though one asks, advises, or tells someone to do something, it is not certain the person will do it. It may or may not happen.

pedir	*to ask*
rogar	*to beg, plead*
sugerir	*to suggest*
aconsejar	*to advise*
exigir	*to demand*
decir	*to tell (someone to do something)*
escribir	*to write (someone to do something)*

   Ellos le sugieren que termine con su trabajo en seguida.
   Él me recomienda que lo haga.
   Él nos aconseja que salgamos ahora.

2. Note too that an indirect object pronoun, *me, le,* etc. accompanies the above verbs. The indirect object pronoun serves as the subject of the dependent clause.

   Él me pide que (yo) vaya y yo le pido que (él) vaya.

3. The verbs *decir* and *escribir* are followed by the subjunctive only when they imply a command. If someone tells or writes about an event, the subjunctive is not used. Observe the following:

   Yo le digo que vaya.
   Yo le digo que el tren está llegando.
   Yo le escribo a mi abuela que la voy a visitar.
   Mi abuela me escribe que estudie.

Ejercicios

A ¿Qué te escribe tu primo? Sigan el modelo.

> Mi primo me escribe.
> ir a la fiesta
> *Mi primo me escribe que vaya a la fiesta.*

1. ir a la fiesta
2. tomar el tren
3. llegar un día antes de la fiesta
4. no ir a un hotel
5. quedarse en casa de mis tíos

B El profesor nos aconseja. Sigan el modelo.

> El profesor nos aconseja.
> Llegamos a clase a tiempo.
> *El profesor nos aconseja que lleguemos*
> *a clase a tiempo.*

1. Llegamos a clase a tiempo.
2. Nos sentamos en seguida.
3. No decimos nada a nadie. Nos callamos.
4. Contestamos a sus preguntas.
5. Hacemos preguntas si no comprendemos.
6. Estudiamos.
7. Hacemos nuestras tareas con cuidado.
8. Escribimos claramente.

C Mis padres. Contesten.

1. ¿Tus padres te aconsejan que seas bueno?
2. ¿Tus padres te aconsejan que te comportes bien?
3. ¿Tus padres te piden que ayudes con las tareas domésticas?
4. ¿Tus padres te piden que les digas adónde vas y con quiénes?
5. ¿Tus padres te sugieren que hagas tus tareas antes de poner la televisión?
6. ¿Tus padres te dicen que te acuestes antes de las diez y media?

El subjuntivo con expresiones de duda

Expressing Doubt or Uncertainty

1. The subjunctive is always used after any expression that implies doubt.

   Yo dudo que ellos lleguen hoy.
   Y Elena no cree que vengan mañana tampoco.

2. Note, however, that if the statement implies certainty rather than doubt, the indicative, not the subjunctive, is used.

   Yo no dudo que ellos van a llegar.
   Y creo que llegarán hoy.

3. Note also that after an expression that implies certainty, the future is often used. Review the following expressions of doubt and certainty.

SUBJUNCTIVE	INDICATIVE
dudar	no dudar
es dudoso	no es dudoso
no estar seguro(a)	estar seguro(a)
no creer	creer
no es cierto	es cierto

Ejercicios

A **¿Lo crees o no lo crees?** Comiencen la oración con *creo* o *no creo*.

1. El mundo es redondo.
2. Hace calor en la Antártida.
3. Los coches contaminan el aire.
4. Los aviones vuelan a una altura de un millón de metros.
5. Los trenes son mucho más rápidos que los aviones.

ESTE MOTOR... NO CONTAMINA

B **Mi mejor amigo(a).** Contesten con *creo* o *dudo*.

1. ¿Tu mejor amigo(a) va a recibir una "A" en todos sus cursos?
2. ¿Va a asistir a la universidad?
3. ¿Va a ser médico(a)?
4. ¿Va a tener una familia grande?

C **Una fiesta.** Completen.

1. Yo creo que él nos _____ . (invitar)
2. Dudo que la fiesta _____ el domingo. (ser)
3. Estoy seguro(a) que _____ el sábado. (ser)
4. Yo dudo que él _____ la fiesta en casa. (dar)
5. Yo creo que _____ a dar la fiesta en un hotel. (ir)
6. Yo lo dudo. Dudo que él _____ un salón en un hotel. (alquilar)
7. Es cierto que él _____ muchos regalos. (recibir)

Una fiesta en San Juan, Puerto Rico

El subjuntivo con expresiones de emoción

Expressing Emotional Reactions to the Actions of Others

1. The subjunctive is required in the dependent clause after any expression or verb that expresses an emotion. The subjunctive is used because it is a subjective opinion. One may be happy over the fact, but someone else may be sad.

> **Me alegro de que él lo sepa.**
> **Te alegras, ¿de veras? Yo no. Yo estoy triste que él lo sepa.**
>
> **¿Sientes que él vaya?**
> **Yo no. Estoy contento que él vaya.**

2. The following are verbs and expressions that are used to convey emotions.

> **alegrarse de**
> **estar alegre**
> **estar contento(a)**
> **estar triste**
> **sentir**
> **ser una lástima**
> **sorprender**

Ejercicios

 A **Me alegro.** Sigan el modelo.

> **Él lo sabe.**
> *Me alegro de que él lo sepa y mi hermano*
> *siente que él lo sepa.*

1. Él lo sabe.
2. Él viene.
3. Él tiene las noticias.
4. Él nos dice lo que está pasando.
5. Él no guarda secretos.

B **Una fiesta.** Contesten.

1. ¿Te alegras de que yo vaya a la fiesta?
2. ¿Te alegras de que esté Ramón también?
3. ¿Sientes que no vaya su hermana?
4. ¿Te sorprende que ella no esté?
5. ¿Pero estás contento(a) que ella se encuentre mejor?

C **El pobre Luis.** Completen.

1. Estoy triste que Luis no ——. (venir)
2. Me sorprende que él —— enfermo. (estar)
3. Siento que él —— en el hospital. (estar)
4. Estoy contento que su condición se ——. (mejorar)
5. Es una lástima que él —— que guardar cama. (tener)

¡Que te mejores pronto!

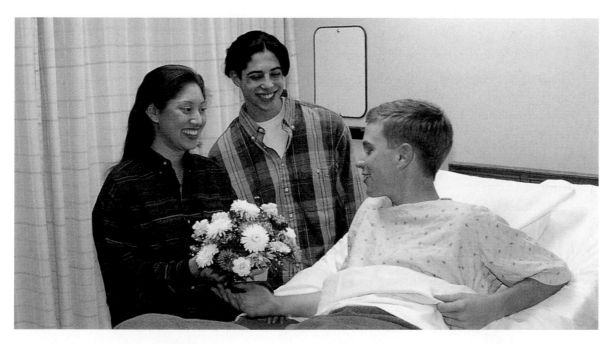

Escenas de la vida   *El cumpleaños de Lupe*

CHEFA: Lupe, ¿cuándo es tu cumpleaños?
LUPE: El día diez de julio.
CHEFA: ¿Cuántos años vas a cumplir?
LUPE: Dieciséis.
CHEFA: ¿Vas a tener una fiesta?
LUPE: ¡Claro! Creo que voy a invitar a toda mi familia.
CHEFA: ¿Tienes una familia grande?
LUPE: Sí, somos muchos. Y me alegro de que seamos muchos.
CHEFA: Yo sé por qué. No hay duda que recibirás muchos regalos.

La fiesta. Contesten según la conversación.

1. ¿Cuándo es el cumpleaños de Lupe?
2. ¿Cuántos años va a cumplir?
3. ¿Habrá una fiesta en honor de su cumpleaños?
4. ¿A quiénes va a invitar?
5. ¿Por qué sabe Lupe que ella va a recibir muchos regalos?

Comunicación

A **Consejero.** Aconseje a un(a) amigo(a) sobre lo que debe hacer en cada una de las siguientes situaciones. Luego cambien de papel.

> **si Mamá está triste**
> **Estudiante 1: ¿Qué debo hacer si Mamá está triste?**
> **Estudiante 2: Te aconsejo que le des un besito.**

1. si Mamá está triste
2. si recibo mala nota en un examen
3. si mi amigo(a) se enfada conmigo
4. si pierdo las llaves de mi casa
5. si mi hermano(a) me rompe un disco
6. si olvido el cumpleaños de mi madre/padre
7. si rompo un vaso de cristal

B **Mi horóscopo.** Aquí tiene Ud. su horóscopo. Dígale a un compañero(a) de clase lo que dice. Él o ella le indicará si lo cree o si lo duda y le dirá las razones por su respuesta. Luego cambien de papel.

1. Me voy a enamorar.
2. Voy a perder mucho dinero.
3. Voy a recibir buenas noticias.
4. Voy a recibir malas noticias.
5. Voy a ganar la lotería.

C **¿Pasará o no?** Con un(a) compañero(a) de clase determinen las cosas o los eventos que Uds. creen que van a pasar u ocurrir en su vida y cosas que no creen que pasen ni ocurran. Luego comparen Uds. sus dos listas para determinar lo que Uds. tienen en común.

D **Algunas emociones.** Prepare Ud. una lista de cosas que le ponen contento(a) y cosas que le ponen triste.

> **Estoy contento(a) que…**
> **Y estoy triste que…**

DESDE EL NACIMIENTO HASTA LA MUERTE

No hay duda que se considera a la familia el núcleo principal de las sociedades hispanas. La familia es sumamente importante y también son importantes las fiestas y celebraciones familiares. Durante estas festividades se reúne toda la familia—hasta los parientes lejanos[1].

Poco después del nacimiento de un niño, un nuevo miembro de la familia, tiene lugar el bautizo. Llevan al niño a la iglesia donde recibe el sacramento del bautismo. (La religión predominante en los países hispanos es el catolicismo, aunque hoy en día están en aumento las iglesias pentacosteses y evangélicas.) Después de la ceremonia en la iglesia hay una fiesta donde se ofrecen comida y refrescos en la casa de los padres. Para el bautizo del niño los padres escogen[2] a un padrino y a una madrina. Es una decisión importante porque el padrino y la madrina van a formar parte de la familia. Y es posible que ellos tengan que sustituir a los padres naturales.

La Navidad, o las Navidades, duran desde la Navidad, el 25 de diciembre, hasta Reyes, el 6 de enero. Muchas familias van a la misa del gallo, a la medianoche el día 24 de diciembre, la Nochebuena. En cada país se preparan platos especiales para Navidad. En España, el pavo[3] es tradicional; en el Caribe, el lechón y postres típicos. En muchas partes del mundo hispano, los niños no reciben sus regalos el 25 de diciembre. Los reciben el 6 de enero, el día de los Reyes. Es el día en que llegaron los Reyes Magos a Belén con regalos para el niño Jesús. Para la visita de los Reyes, los niños ponen sus zapatos en la puerta de la casa. En los zapatos ponen paja para los camellos. No quieren que los camellos pasen hambre. Los padres les aconsejan a los hijos que sean buenos y que se comporten bien para que los Reyes les dejen regalos en los zapatos.

Tampoco se puede olvidar[4] a los parientes que ya no están con nosotros, porque se han muerto. El dos de noviembre es el día de los Difuntos. Todos van al cementerio a poner flores en las tumbas de los miembros difuntos de la familia. En México y en el Perú, dos países con grandes poblaciones indígenas, los indios se visten de sus mejores ropas y van al cementerio con canastas llenas de comida. Ponen flores, velas y canastas de comida en las tumbas. Cantan a los parientes que ya están en el paraíso[5]. Ofrecen comida a los difuntos y después ellos comen y se divierten. Es una fiesta alegre, no triste, en honor de los parientes muertos. Comen pasteles y bizcochos en forma de esqueletos.

[1] parientes lejanos *distant relatives*
[2] escogen *choose*
[3] el pavo *turkey*
[4] olvidar *forget*
[5] paraíso *paradise*

Estudio de palabras

■ **¿Cuál es el sustantivo?** Escojan.

1. reunir	a. el consejo
2. comer	b. la creencia
3. decidir	c. el comportamiento
4. nacer	d. la reunión
5. morir	e. la llegada
6. creer	f. la comida
7. llegar	g. la muerte
8. aconsejar	h. la decisión
9. comportarse	i. el nacimiento

Comprensión

A **¿Cuándo son las fiestas?** Contesten.

1. ¿Cuándo es o cuándo tiene lugar el bautizo?
2. ¿Dónde tiene lugar el bautizo?
3. ¿Cuál es la fecha de la Navidad?
4. ¿Cuándo tiene lugar la misa del gallo?
5. ¿Qué es el seis de enero?
6. ¿Cuándo reciben los niños hispanos sus regalos?
7. ¿Quiénes se los traen?
8. ¿Dónde los ponen?
9. ¿Y qué ponen los niños en los zapatos? ¿Por qué?
10. ¿Cuándo van todos al cementerio?
11. ¿Qué ponen en las tumbas de los parientes muertos?

B **Datos de interés.** Den la información.

1. la religión predominante en los países hispanos
2. un sacramento de la iglesia católica
3. religiones en aumento en los países hispanos
4. dos países que tienen una gran población indígena

C **Explicaciones.** Contesten.

1. Explique por qué el seis de enero es el día de los Reyes y por qué los niños reciben sus aguinaldos ese día.
2. Explique lo que hacen los indios el día de los Muertos y por qué.

DESCUBRIMIENTO CULTURAL

La selección de los padrinos es una decisión importante porque es posible que estas personas tengan que asumir la obligación de criar y mantener a sus ahijados en el caso de la muerte de los padres naturales. Por eso una familia pobre trata de encontrar a una persona de importancia y de suficientes recursos económicos para que sea padrino o madrina de su hijo. El padrino o la madrina de un niño de la clase alta debe saber manejar la herencia del ahijado si es necesario. Ser padrino o madrina es una obligación importante, y como ya saben Uds., estas personas se consideran parte de la familia de su ahijado o ahijada.

Los adherentes de la religión judía, los judíos, no celebran la Navidad. En diciembre los judíos celebran Hanuka o el festival de las luces. Este festival empieza el 25 del mes hebreo de Kislen y dura ocho días, hasta el 2 de Tevet. Hanuka conmemora la rededicación del Templo de los Macabeos después de su victoria contra los sirios bajo el rey Antíoco IV. Cada noche, los miembros de la familia judía encienden una vela en la menora.

Hay una fiesta cristiana que coincide con una fiesta judía por muy claras razones históricas. Se trata de la Pascua. Para los cristianos la Pascua o Pascua Florida, conmemora la resurrección de Jesucristo. Pero la palabra "pascua" viene del hebreo "pesah" que es la fiesta más solemne de los judíos porque conmemora la libertad del cautiverio en Egipto. La Semana Santa de los cristianos tiene lugar durante la misma época del año que la Pascua judía. Jesucristo estuvo en Jerusalén para la Pascua cuando murió. La Semana Santa, en los países hispanos, es notable por las procesiones y ceremonias religiosas. Las procesiones de Semana Santa en Sevilla tienen fama mundial.

Semana Santa en Sevilla, España

En 1492 los Reyes Católicos expulsaron a los árabes y a los judíos de España. Algunos judíos fueron a Holanda, y de Holanda a Angloamérica. Otros salieron para el Nuevo Mundo con los colonizadores españoles. Muchos, para evitar la persecución, decían que eran cristianos, pero seguían practicando su religión.

En 1992, unos antropólogos norteamericanos, haciendo unas investigaciones en Nuevo México, encontraron familias "católicas" que, sin saber por qué, seguían unas tradiciones familiares muy curiosas durante la Pascua Florida. Iban a un lugar escondido[1], y allí encendían un candelabro de nueve brazos, y comían unos platos especiales. Cuando se les preguntó si eran judíos, contestaron que no, que eran católicos. ¿Por qué la comida escondida y el candelabro de nueve brazos? No sabían qué contestar, excepto que era "una tradición familiar".

[1] escondido *hidden*

Un convento en Nuevo México iluminado por luminarias para la Navidad

REALIDADES

Las comidas especiales para la Navidad son tradicionales **1**. Una familia mexicana come los tradicionales tamales. ¡Qué ricos son!

Semana Santa en Antigua, Guatemala **2**. El suelo se cubre de flores. Es una alfombra preciosa.

Los padrinos llevan al bebé en sus brazos **3**. ¿Qué acaban de celebrar?

Estos dulces se preparan para el día de los Muertos en México **4**. ¿Qué forma tienen los dulces? ¿Por qué?

Es la Navidad. Aquí ves las "posadas" que son tradicionales en el suroeste de los EE. UU. **5**.

324

Comunicación oral

A **Un cumpleaños especial.** Haga una lista de los regalos que le gustaría dar a cada miembro de su familia y a sus amigos para su cumpleaños. Enséñele la lista a un(a) compañero(a) de clase. Él o ella le dirá que compre otra cosa. Cambien de papel.

> Estudiante 1: A mi mamá le voy a dar (regalar) un vestido.
> Estudiante 2: No creo que le guste un vestido. Es mejor que le des (regalos) una blusa.

B **Quince o dieciséis.** Haga Ud. algunas comparaciones culturales. Trabaje con un(a) compañero(a) de clase. Uno(a) de Uds. describirá lo que es el "sweet sixteen". El otro o la otra describirá la fiesta de la quinceañera. Luego hagan algunas comparaciones entre las dos fiestas.

Comunicación escrita

A **Una carta.** Escriba una carta a una persona en un país hispano. Explíquele cuál es su día de fiesta o celebración favorita. Descríbasela y explíquele por qué le gusta tanto y por qué es su favorita.

B **Otra carta.** Ud acaba de recibir una carta de un buen amigo en Paraguay. Le ha escrito muchas noticias. Contéstele usando las siguientes expresiones.

1. Me alegro de que…
2. Pero, siento que…
3. Me sorprende que…
4. No puedo creer que…
5. Es fantástico que…
6. Espero que…

Reintegración

A Regalos. Contesten.

1. ¿Qué compraste para tu padre o para tu madre? ¿Por qué se lo/la compraste? ¿Para cuándo o qué ocasión? ¿Dónde lo/la compraste?
2. ¿Qué compraste para un(a) hermano(a)? ¿Por qué se lo/la compraste? ¿Para cuándo o qué ocasión? ¿Dónde lo/la compraste?
3. ¿Qué compraste para un(a) amigo(a)? ¿Por qué se lo/la compraste? ¿Para cuándo o qué ocasión? ¿Dónde lo/la compraste?

B Cuestión de gustos. Sigan el modelo.

> Juan quiere estos zapatos.
> *Le gustan.*

1. Yo quiero esta mochila.
2. Ella quiere estos esquís.
3. Yo quiero esta raqueta.
4. Ellos quieren esta calculadora.
5. Quieres estas cintas.
6. Queremos este disco.
7. Quiero esta camisa.
8. Elena quiere estos tenis.

Llene su trineo de ahorros en la

Venta Prenavideña

Con su Tarjeta Palacio, compre en noviembre y pague en enero.

El Palacio de Hierro

No hay otra venta como una venta de El Palacio.

123 312 81
ESTELA BUROLLER

¡Cumpla su capricho!
¡Páguelo fácilmente con su Tarjeta Palacio!

Durango y Centro abierto diariamente de 10 a.m. a 7 p.m. Miércoles y Sábados hasta las 8 p.m.

Vocabulario

SUSTANTIVOS

el nacimiento	la Navidad
el/la niño(a)	el árbol de Navidad
el bautizo	el zapato
la iglesia	la paja
el cura	los Reyes Magos
la madrina	el camello
el padrino	el regalo de Navidad
el cumpleaños	el aguinaldo
la quinceañera	la misa
el/la muerto(a)	la misa del gallo
el/la difunto(a)	la víspera
el cementerio	la Nochebuena
el camposanto	la fiesta de las luces
la tumba	el judío
las flores	la menora
la torta	el candelabro
el pastel	el brazo
el bizcocho	la vela
el salón del hotel	

ADJETIVOS

hebreo

VERBOS

nacer
bautizar
cumplir (años)
alegrarse de
vivir
morir
enterrar
sentir
reunirse
encender
rogar
sugerir
aconsejar
exigir
dudar
creer

OTRAS PALABRAS Y EXPRESIONES

estar seguro(a)
estar alegre
estar triste
ser una lástima

The highway is often a dangerous place. This article is from the Spanish newspaper EL INDEPENDIENTE. "Kamikaze" pilots in World War II would deliberately fly their bomb-loaded planes into enemy ships. Spain has a number of highways designated National I, II, etc.

DETENIDO UN "KAMIKAZE" EN GUADALAJARA

Fernando Rodríguez Caballero, un presunto conductor "kamikaze", fue detenido el pasado domingo en Taracena (Guadalajara), después de viajar en un Audi 80, matrícula CS 5818 W, 17 kilómetros en dirección contraria por la N-II. El detenido, de 37 años, ha sido acusado del crimen de conducción temeraria. Rodríguez Caballero dio un índice de alcoholemia de dos gramos por litro de sangre, más del doble de lo permitido. El conductor entró en la autopista en Azuqueca. De allí se dirigió a Barcelona, pero por el carril que lleva a Madrid.

A **El conductor.** Escojan.

1. This incident took place on a ____ .
   a. Saturday   **b.** Sunday   **c.** Monday

2. The driver's age is ____ .
   a. 17   **b.** 37   **c.** 80

3. He was headed towards ____ .
   a. Azuqueca   **b.** Barcelona   **c.** Madrid

B **¡Qué mal maneja!** Answer.

1. Explain in your own words why the driver was stopped.
2. What is the legal blood alcohol limit in Spain?
3. What does the following sentence mean?
   Se dirigió a Barcelona, pero por el carril que lleva a Madrid.
4. Why do you think they call Rodríguez Caballero a "kamikaze"?

The following announcements appeared in the social pages of EL DIARIO DE HOY, San Salvador, El Salvador.

CUMPLEAÑOS

En ocasión de encontrarse celebrando su cumpleaños la señorita **Claudia Elizabeth Galdámez**, será agasajada en ambiente familiar por sus padres.

LLUVIA DE REGALOS

Por la próxima visita de la cigüeña, **doña Cecilia de Lemus** fue agasajada con un té y regalos para bebé, ofrecido por un grupo de amigas, las oferentes colmaron de finas atenciones a la futura mamá.

COMUNIÓN

Este día, en la Iglesia María Auxiliadora de la ciudad de Santa Tecla, recibirá el sacramento de la comunión **Rolando Mauricio Mixco Chacón**. Después de la ceremonia será agasajado con un desayuno.

ANIVERSARIO DE BODAS

Conmemorando su aniversario de boda se encuentran el Ing. **Arnaldo Hirlemann Polh** y do̅a **Marina Zepeda de Hirlemann**, quienes serán objeto de cariñosas felicitaciones.

PRÓXIMAS NUPCIAS

Por su próximo matrimonio el Ing. **Carlos Salgado Lemus** y la Arq. **Claudia Lorena Cruz Solís**, fueron agasajados con un cóctail ofrecido por doña Doris Valiente de Moncada.

MISA

Este día, a las once de la mañana se oficiará una misa de fin de novenario por el alma de la señora doña **Marina Palomo de Martínez**. La familia estará recibiendo el pésame de sus numerosas relaciones sociales.

PRÓXIMO ENLACE

Por su próxima boda, la señorita **Elyen Angélica Diermissen** fue agasajada con un té para la feliz novia y demás invitadas.

La crónica social. Contesten.

1. A professional couple was given an engagement party. Who are they, and what are their professions?
2. Whose parents are giving her a birthday party?
3. What are the Hirlemann's celebrating?
4. There is a religious observance for someone who died. Who is it?
5. What are they doing for Cecilia de Lemus? Why? What kind of bird might a *cigüeña* be?
6. Who is having a First Communion, and what will happen after the ceremony?
7. What will Srta. Diermissen be doing soon? What did her friends do for her?

E.P.D.
LA SEÑORA

Doña Marina Palomo de Martínez
HA FALLECIDO

DESPUES DE RECIBIR LOS SANTOS SACRAMENTOS Y LA BENDICIÓN PAPAL

Dispuesto su entierro para el miércoles, día 2 de septiembre a las 10:00 a.m.
Los que suscriben: sus hermanos y sobrinos en su nombre y en el de los demás familiares ruegan a las personas de su amistad se sirvan concurrir a la Funeraria Rivero, sita en la Calle Independencia, para desde allí acompañar el cadáver hasta el Cementerio San Felipe, previa Misa en la Iglesia Sam Ramón, favor que agradecerán eternamente

San Salvador 2 de septiembre

Antonio Martínez, José Ignacio Martínez Palomo, Eugenia Martínez de Rosas, Elena Suárez Martínez, Inés Palomo de García, Luis Antonio Palomo Serrano, Dra. Ana Palomo de Suárez

CAPÍTULOS 9–12

Conversación

FERNANDO: Tengo miedo de que lleguemos tarde. Es importante que los padrinos estén allí a tiempo para la fiesta de la quinceañera.

ELENA: Cálmate, hombre. Te digo que no te preocupes. No voy a exceder la velocidad máxima. Seguimos derecho dos o tres kilómetros más. Es la próxima salida de la autopista. Salimos, doblamos a la izquierda en el cruce y tomamos la Nacional Cuatro Norte. La iglesia está detrás del estadio.

FERNANDO: Espero que tu hermana nos prepare una de esas comidas fabulosas. ¡Carne asada, pescado frito, ensalada de mariscos! La puedo oír —Vengan todos a comer. No sean tímidos. Pruébenlo todo. —¡Qué alegría! ¡En casa de tu hermana sí que se come bien!

ELENA: No quiero que te hagas el cerdo[1]. Ya estás demasiado gordo[2]. Después de la ceremonia iremos a casa de Lupe y Rafael para la recepción. Acuérdate de darle la mano al cura. Y saluda a Rafael. Sé cortés con él. No seas mal educado.

FERNANDO: Dudo que pueda ser cortés con ése, pero por ti y por nuestra sobrina quinceañera haré lo posible.

ELENA: Gracias. ¡Qué amable! Oye, quiero que vayamos al camposanto mañana. Busca un lugar donde se venden flores para ponerlas en la tumba de mis abuelos.

FERNANDO: Sí, sí. Eloísa, mira el rótulo. Es la salida nuestra.

[1] cerdo *pig*
[2] gordo *fat*

Vamos a la fiesta. Escojan.

1. Las dos personas probablemente son ___ .
   a. un matrimonio   **b.** unas quinceañeras   **c.** curas

2. Ellos están en ___ .
   a. el estadio   **b.** la iglesia   **c.** la autopista

3. El hombre tiene miedo de ___ .
   a. comer mucho   **b.** llegar tarde   **c.** ir muy rápido

4. El estadio está en frente ___ .
   a. de la casa de la hermana   **b.** de la iglesia   **c.** del cruce

5. La Nacional Cuatro es ___ .
   a. una carretera   **b.** un estadio   **c.** un restaurante

6. Parece que al hombre le gusta mucho ___ .
   a. conducir   **b.** cocinar   **c.** comer

7. El hombre y la mujer son los ___ de la quinceañera.
   a. padres   **b.** abuelos   **c.** tíos

8. Y también son sus ___ .
   a. padrinos   **b.** curas   **c.** hermanos

9. Parece que al señor no le gusta ___ .
   a. Rafael   **b.** Lupe   **c.** Eloísa

10. Mañana los señores van ___ .
    a. al estadio   **b.** al cementerio   **c.** a la iglesia

Estructura

La voz pasiva con *se*

The true passive voice "Spanish is spoken," is less frequent in Spanish than in English. The construction *se* with the third person singular or plural of the verb is more common.

> **Se vende carne allí.**
> **Se sirven comidas a los pobres.**

A **Una paella.** Completen con la voz pasiva.

1. ___ la paella con arroz y mariscos. (preparar)
2. Primero ___ los camarones. (pelar)
3. ___ las almejas y los mejillones. (limpiar)
4. ___ y ___ unos chorizos. (cortar, freír)
5. ___ agregar pollo u otra carne. (poder)
6. La paella ___ bien caliente. (servir)

El subjuntivo—verbos regulares e irregulares

1. Review the forms of the present subjunctive.

hablar	hable, hables, hable, hablemos, *habléis*, hablen
comer	coma, comas, coma, comamos, *comáis*, coman
subir	suba, subas, suba, subamos, *subáis*, suban
hacer	haga, hagas, haga, hagamos, *hagáis*, hagan
poner	ponga, pongas, ponga, pongamos, *pongáis*, pongan
traer	traiga, traigas, traiga, traigamos, *traigáis*, traigan
conocer	conozca, conozcas, conozca, conozcamos, *conozcáis*, conozcan
oír	oiga, oigas, oiga, oigamos, *oigáis*, oigan
decir	diga, digas, diga, digamos, *digáis*, digan

Remember, like the commands, the subjunctive is formed from the first person *yo* form of the present tense.

2. The following verbs do not follow that pattern.

dar	dé, des dé, demos *deis*, den
estar	esté estés, esté, estemos, *estéis*, estén
ir	vaya, vayas, vaya, vayamos, *vayáis*, vayan
saber	sepa, sepas, sepa, sepamos, *sepáis*, sepan
ser	sea, seas, sea, seamos, *seáis*, sean

3. The following verbs and expressions are followed by the subjunctive since it cannot be determined whether the action expressed in the dependent clause will actually be carried out.

querer	tener miedo de	preferir
desear	prohibir	mandar
temer	esperar	insistir

4. When a clause is introduced by a statement of doubt, the subjunctive must be used. When the statement implies certainty, however, the indicative is used.

Dudo que él venga.	No dudo que él vendrá.
Es dudoso que él lo sepa.	Es cierto que él lo sabe.
No creo que él esté enfermo.	Creo que él está enfermo.

5. The subjunctive is used after many impersonal expressions.

es posible	es difícil	es probable
es bueno	es importante	es mejor
es mejor	es necesario	es fácil
es imposible		

B **Su padre quiere que…** Completen con el presente de subjuntivo.

1. Su padre quiere que Joselito —— bien. (portarse)
2. Él no quiere que el niño —— ruido. (hacer)
3. Insiste en que —— bien educado. (ser)
4. Los padres quieren que sus hijos —— bien. (comportarse)
5. Joselito teme que sus padres no —— contentos con él. (estar)
6. Le mandan que —— a los mayores. (saludar)
7. Y que les —— la mano. (dar)

C **La mamá de Sara.** Cambien la oración según se indica.

> Sara va de compras / mamá quiere
> *Mamá quiere que Sara vaya de compras.*

1. Sara sale en seguida / mamá prefiere
2. Sara lleva bastante dinero / mamá insiste en
3. Sara no tiene cuidado / mamá teme
4. Sara hace las compras en el centro / mamá espera
5. Sara pierde el dinero / mamá tiene miedo

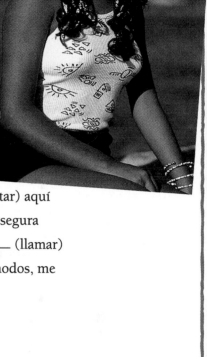

D **Luis va a venir.** Completen.

No creo que Luis ——₁ (venir) hoy. Pero estoy seguro que él ——₂ (estar) aquí mañana. Martín duda que Luis ——₃ (saber) cómo venir. Yo no estoy segura tampoco de que él ——₄ (conocer) la ruta al pueblo. Espero que él ——₅ (llamar) si se pierde. Temo que él ——₆ (salir) sin un mapa bueno. De todos modos, me alegro que él ——₇ (venir) a estar con nosotros.

E **Una conversación.** Completen con el subjuntivo.

MARTÍN: Ellos vienen, ¿no?
ROSA: No, es imposible que —— . (venir)
MARTÍN: Ay, pero yo quiero que ellos —— aquí la semana que viene. (estar)
ROSA: Es dudoso que —— tan pronto. (llegar)
MARTÍN: Pues yo les escribiré que —— el primer avión. (tomar)
ROSA: Y yo temo que no —— el viaje. (hacer)

Comunicación

■ **¿Cómo se prepara?** Un estudiante de Uruguay quiere saber cómo preparar un plato típico norteamericano. Escoja uno y explíquele cómo se prepara. Déle la receta.

LAS CIENCIAS NATURALES

Antes de leer

Living organisms need nutrients in order to exist. Green plants can produce their own food from the energy they receive from sunlight. Plants are producers. All animals are consumers. They derive their nutrients from plants or from other animals. In the following selection you will learn about the basic types of nutrients. You will learn which nutrients form cells, which provide energy and which regulate the functions of the body.

Lectura

LA NUTRICIÓN

Los alimentos que consumimos son de tres tipos: formativos, energéticos y reguladores. Los alimentos formativos son los que forman materia viva, las nuevas células. Los alimentos energéticos nos dan energía. Los alimentos reguladores regulan el funcionamiento del organismo humano.

El cuerpo humano necesita alimentos formativos para la creación de células. Las células que forman el cuerpo humano no son eternas. Cada segundo millones de células mueren, pero nuevas células toman su lugar. Las proteínas forman parte de las células. Y las proteínas se forman de aminoácidos. Hay 21 aminoácidos diferentes. El cuerpo humano no puede usar directamente las proteínas animales y vegetales que comemos. Tiene que cambiar su forma. Entonces el cuerpo descompone las proteínas en aminoácidos.

Después el cuerpo reconstruye los aminoácidos en proteínas de una forma que podemos usar.

Algunos comestibles formativos son los huevos, la leche, el pescado, la carne y las habichuelas o frijoles.

Los alimentos energéticos nos dan la energía para mantener constante la temperatura del cuerpo, la respiración y los latidos o pulsaciones del corazón[1]. Y, obviamente, necesitamos energía para todas nuestras actividades. Si somos muy activos necesitamos más alimentos energéticos. Estos alimentos son los glúcidos (hidratos de carbono[2]) y las grasas.

Algunos comestibles energéticos son las papas, el pan, el maíz[3], el azúcar, el aceite de oliva y la mantequilla[4].

Los alimentos reguladores son los que controlan o regulan las funciones del cuerpo. Las vitaminas, los minerales como el calcio, el sodio y el hierro[5] y el agua son alimentos reguladores. Se encuentran en comestibles como la lechuga y otras verduras, los tomates, los mariscos, las frutas, la leche y los productos de la leche como el queso y el yogur y, obviamente, en la sal y el agua.

Una dieta que incluye comestibles de los grupos básicos provee todos los alimentos que necesitamos. Los grupos son: las carnes y las legumbres; las frutas y verduras; los productos lácteos (de la leche); y el pan y los cereales y las grasas y dulces.

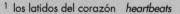

[1] los latidos del corazón   *heartbeats*
[2] hidratos de carbono   *carbohydrates*
[3] el maíz   *corn*
[4] la mantequilla   *butter*
[5] el hierro   *iron*

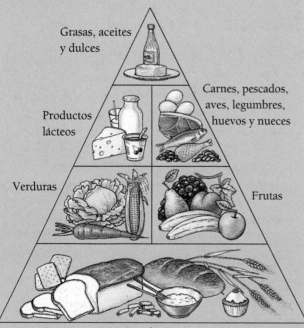

Grasas, aceites y dulces

Productos lácteos

Carnes, pescados, aves, legumbres, huevos y nueces

Verduras

Frutas

Pan, cereales y pastas

Después de leer

A **¿En qué grupo están?** Escojan.

las carnes y legumbres	los productos lácteos
las frutas y verduras	el pan y los cereales

1. las papas
2. la salchicha
3. las zanahorias
4. la toronja
5. el pescado
6. el arroz
7. la piña
8. la tarta
9. el helado
10. los huevos
11. el maíz
12. los camarones

B **Más sobre los alimentos.** Contesten.

1. ¿Cuáles son tres alimentos reguladores?
2. ¿Cuál es una función vital que requiere energía?
3. ¿Dónde se encuentran los aminoácidos?
4. ¿Qué tipo de alimento son los hidratos de carbono y las grasas?
5. ¿Por qué son necesarios los alimentos formativos?
6. ¿Cuántos aminoácidos hay?

C **Seguimiento.** Contesten.

1. Explique lo que pasa con las proteínas que comemos.
2. Los vegetarianos no comen carne. Explique cómo ellos pueden alimentarse de los grupos básicos.
3. Dé Ud. algunos ejemplos de alimentos que son al mismo tiempo energéticos y también reguladores.
4. Indique en qué grupo básico están los diferentes ingredientes de una paella.

LAS CIENCIAS SOCIALES

Antes de leer

The religious traditions of Western Europe and, consequently, of Spain and the Americas, are primarily Judeo-Christian. Of course, there are other great world religions, Islam, Hinduism, and Buddhism among others. Spain was Christianized during Roman times. Later it was invaded and conquered by Islamic Arabs. In Islamic Spain the Jews lived at peace for hundreds of years with both Christians and Muslims. In preparation for the following selection please review, briefly, the history of Judaism, Christianity, and Islam.

*Maimónides
(1135-1204)*

Lectura

ESPAÑA Y LAS GENTES DEL LIBRO

Los romanos le dieron a España su lengua y su religión. Y España hizo lo mismo con sus colonias en el Nuevo Mundo.

En el año 711 los árabes invadieron a España y trajeron con ellos su religión, Islám, la religion de Mahoma (570-632). Los mahometanos creen que Mahoma es un profeta. También consideran profetas a Abrahán y Jesucristo. Los mahometanos, igual que los judíos y los cristianos, son monoteístas. Ellos creen en un solo dios, Alá. El libro sagrado de Islám es el Corán[1].

Los judíos estuvieron en España desde los tiempos de los romanos. Vivían tranquilamente en la España musulmana. El gran filósofo judío, Maimónides (Moisés ben Maimón) nació en Córdoba. Era sefardí. Los sefardíes son judíos españoles.

Desde 711 hasta 1492 hubo luchas[2] intermitentes entre cristianos y musulmanes. En 1492 los Reyes Católicos, Fernando e Isabel, conquistaron la última parte de España en manos de los árabes, el reino de Granada. En 1492 los reyes expulsaron a los musulmanes y a los judíos de España. En un solo año España perdió algunos de sus mejores artesanos, agricultores, comerciantes[3], científicos y pensadores[4]. Los árabes volvieron al norte de África. Los

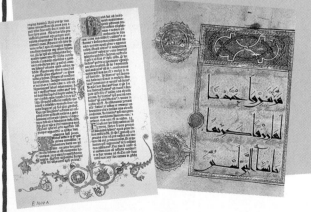

sefardíes se fueron a Turquía, Portugal, Holanda y África. Algunos sefardíes vinieron a Nueva Amsterdam (Nueva York) con los holandeses en el siglo XVI.

Los islamitas consideran a los judíos y a los cristianos "gentes del libro" porque todos—islamitas, judíos y cristianos— creen en un solo dios y aceptan el Antiguo Testamento, la Biblia, o "el libro".

Hoy en Latinoamérica las "gentes del libro" son: 395.554.500 cristianos, de los cuales 371.863.600 son católicos; 990.000 judíos y 645.000 islamitas.

[1] el Corán   *Koran*
[2] luchas   *battles*
[3] comerciantes   *merchants*
[4] pensadores   *thinkers*

La Gran Mezquita de Córdoba

Después de leer

A   **Los árabes.** Completen.

1. Los ___ trajeron el cristianismo a España.
2. Las colonias españolas en América recibieron su ___ y su religión de España.
3. La religión de la mayoría de los árabes es ___ .
4. El gran profeta de Islám es ___ .
5. A los que creen en un solo dios se les llama ___ .
6. El gran filósofo sefardí era ___ .
7. Después de su expulsión de España, los árabes fueron al ___ .
8. Algunos sefardíes fueron a Norteamérica con los ___ .
9. El último lugar en España en manos de los árabes era ___ .
10. La religión que predomina numéricamente en Latinoamérica es ___ .

B   **Seguimiento.** Contesten.

1. Indique un resultado de la expulsión de los árabes y los judíos de España.
2. Explique lo que quiere decir "gentes del libro".
3. Indique cuáles son los libros sagrados de los judíos, los cristianos y los islamitas.

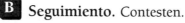

Rodrigo Díaz de Vivar, "El Cid Campeador" (1043-1099)

LAS HUMANIDADES

Antes de leer

Food has played a prominent role in many literary works. The witches in *Macbeth* create a lovely pot of "Fillet of a fenny snake… eye of newt, and toe of frog, wool of bat, and tongue of dog… lizard's leg, and owlet's wing." In Hemingway's *Old man and the Sea* Santiago, the aged fisherman, dreams of how his great fish will taste. The Christmas dinner in *Oliver Twist*, the lovely smells emanating from the chocolate factory in *Willy Wonka and the Chocolate Factory* are artfully described.

Of all the regions of Spain, the one where food is most important is the Basque country. Basque men join eating clubs where monumental quantities of food are bought, prepared, and consumed by the members. The following selection ends with a brief excerpt from the novel *La quiebra*, by the Basque author Juan Antonio de Zunzunegui.

Lectura

JUAN ANTONIO DE ZUNZUNEGUI- NOTA BIOGRÁFICA

Zunzunegui nació en Bilbao en 1902 y murió en Madrid en 1982. Escribió con un estilo realista. Sus descripciones de personas son excelentes. Sus novelas y cuentos tienen como escenario a Bilbao, el puerto, el pueblo y las costumbres. Dice Zunzunegui de su arte:

—Al verdadero novelista se le ve en el diálogo. Pues hablando es cómo se muestran las personas y en el diálogo es donde se dibujan los caracteres.

Zunzunegui describe una comida en su tierra. Los invitados son gente del pueblo. Chomín trabaja en la construcción. Otro es carpintero, otro es albañil[1]. Vienen de diferentes partes de España. Cruz, es andaluz, de Huelva. Otro es de Navarra. Comen un pescado en salsa roja. Todos tienen apetito: comen muy contentos, y toman demasiado vino. Anabitarte empieza a hablar de las regiones y de las comidas. Él dice que donde se come peor es en el sur, en Andalucía, donde todo se fríe. Él dice que los andaluces comen cualquier cosa.

De cómo la comida es lo que más nos distingue[2] a los españoles, de la novela *La quiebra*, de Juan Antonio de Zunzunegui.

—Está visto que es la comida lo que más nos distingue a los hombres de España— dijo Fermín.

Chomín comía y bebía sin decir palabra.

—Sí, a la gente no es necesario preguntarle de dónde es ni cómo piensa, sino cómo come…—opinó Anabitarte—. Mejor que dividir a España en cuarenta y nueve provincias, sería partirla[3] así: tierras donde se fríe, tierras donde se asa y tierras donde se guisa⁴, o de otra forma: gentes de sartén, gentes de parrilla y gentes de cazuela…, y nada más.

—Tierras donde se fríe—continuó Anabitarte—; no hay necesidad de señalar cuales son.

—¡Tierras del aceite, claro!—interrumpió Chomín.

—Más al norte, en el centro de España—continuó Anabitarte—, están las tierras donde se asa. Tierras altas, frías, de heladas⁵ y nieves. Aquí están las gentes de parrilla, que asan el ganado y la caza. Aquí entran los hombres de ambas⁶ Castillas. Ya al Norte, vienen las tierras donde se guisa; gentes de cazuela, gentes de salsa; éstos somos nosotros. Se guisa en Bilbao, en Gijón, en San Sebastián, en Vigo, en la Coruña. La salsa en la cocina es la invención del hombre; la salsa es el progreso, la salsa es la civilización.

¹ albañil   *mason*
² distingue *identifies*
³ partirla   *divide it*
⁴ guisa   *stews*
⁵ heladas   *frost*
⁶ ambas   *both*

Después de leer

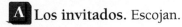

A Los invitados. Escojan.

1. Los invitados son trabajadores/profesionales.
2. Huelva está en Andalucía/Navarra.
3. El plato principal es de carne/pescado.
4. Ellos toman demasiado café/vino.
5. Cruz/Anabitarte dice que se come mal en Andalucía.
6. Cuando comía, Chomín hablaba/no hablaba.
7. En España había 49 platos/provincias.
8. Las tierras donde se fríe son las tierras de la salsa/del aceite.
9. Según Anabitarte, se puede determinar de qué parte de España es una persona si se sabe lo que come/piensa.

B Seguimiento. Contesten.

1. Explique cómo Anabitarte cree que España debe dividirse.
2. Busque las siguientes ciudades en el mapa: Bilbao, Gijón, San Sebastián, Vigo y la Coruña e indique en que regiones están.
3. Explique las tres "regiones" de España según Anabitarte.
4. Indique la región que Anabitarte considera la mejor, y diga por qué.
5. En un mapa de España indique las tres regiones de Anabitarte.
6. Parece que hay algún prejuicio (*prejudice*) contra una de las regiones, ¿cuál es?
7. Explique lo que dice Zunzunegui del diálogo.

CAPÍTULO

13

LA NATURALEZA Y
LA LIMPIEZA

OBJETIVOS

In this chapter you will learn to do the following:

1. talk about camping
2. describe nature walks
3. take your clothes to a laundry or dry cleaner when in a Spanish-speaking country
4. express wishes, preferences, and demands concerning oneself and others
5. describe some interesting places for camping and hiking in Spain and South America

PALABRAS 1

POR EL SENDERO

la senda,
el sendero

la hamaca

el camping

la tienda de campaña,
la carpa

el saco para dormir

la mochila

el hornillo

la caravana, la casa-remolque

la caminata

Los jóvenes dieron una caminata.
Dieron una caminata por el parque nacional.

El joven puso su ropa
en una mochila.

Las amigas levantaron una tienda (una carpa).

Rosaura quiere comer.
Pero ella no quiere preparar la comida.
Quiere que Felipe la prepare.
Le dice que prepare la comida en el hornillo.

Ejercicios

A **De camping.** Contesten según el dibujo.

1. ¿Los jóvenes dieron un paseo o una caminata?
2. ¿Iba la senda por las montañas o por la playa?
3. ¿Llevaron ellos su ropa en una maleta o en una mochila?

4. ¿Prepararon la comida en el hornillo o en la estufa?
5. ¿Durmieron en un saco para dormir o en una hamaca?
6. ¿Viajó la familia en un camper o en una caravana?

B **De camping.** Preguntas personales.

1. ¿Te gusta el camping?
2. ¿Vas de camping de vez en cuando?
3. ¿Hay campamentos cerca de donde tú vives?
4. ¿Tienen caravanas muchas familias?
5. ¿Tiene tu familia una caravana?
6. ¿A ti te gustan las caminatas?
7. ¿Dónde puedes dar una caminata donde tú vives?
8. Si vas de camping, ¿prefieres dormir en un saco para dormir o en una hamaca?

Un parque nacional en Costa Rica

C **En el campamento.** Escojan el verbo para completar la oración.

dieron	levantaron	llevaron
durmieron	anduvieron	fueron
cocinaron		

1. Los amigos —— de camping.
2. —— una caminata por las montañas.
3. —— una tienda en el campamento.
4. —— en un hornillo.
5. —— en un saco para dormir.
6. —— su ropa en una mochila.
7. —— por unas sendas pintorescas en el parque.

Un camping en España

PALABRAS 2

TENGO QUE LAVAR MI ROPA

arrugada

sucia

manchada

una mancha

José sacó su ropa de la mochila.
¡Qué sucia estaba!
¡Qué arrugada estaba!

el jabón en polvo

el almidón

el blanqueador

la secadora

la ropa sucia

el lavado

la máquina de lavar

la lavandería

José fue a la lavandería.
Llevó su ropa sucia a la lavandería.
Lavó su ropa.

la plancha

El joven planchó su camisa.

la limpieza
en seco

encogerse

la tintorería

Señor, le aconsejo que no lave este suéter.
Es de lana.
Se va a encoger.
Le recomiendo (sugiero, aconsejo) que lo limpie
en seco.

Ejercicios

A ¡Qué ropa más sucia! Contesten según se indica.

1. ¿De dónde sacó José su ropa? (de la mochila)
2. ¿Cómo estaba? (sucia)
3. ¿Adónde fue José? (a la lavandería)
4. ¿Qué llevó a la lavandería? (el lavado)
5. ¿Dónde lavó la ropa? (en la máquina de lavar)
6. ¿Qué puso en la máquina? (dos paquetes de detergente)
7. ¿Dónde secó la ropa? (en la secadora)
8. ¿Planchó la ropa? (no)

B La ropa. Completen.

1. Esta camisa está manchada. La tengo que ——— .
2. Este suéter está sucio. Lo tengo que ——— .
3. Este pantalón está arrugado. Lo tengo que ——— .
4. Me van a lavar la ropa sucia en la ——— .
5. Y me van a limpiar en seco la chaqueta en la ——— .
6. Lavo la ropa en la ——— y luego la seco en la ——— .

C Palabras relacionadas. Pareen.

1. lavar
2. planchar
3. caminar
4. recomendar
5. sugerir
6. limpiar
7. aconsejar

a. la recomendación
b. el consejo
c. el lavado
d. la limpieza
e. el planchado
f. la sugerencia
g. la caminata

Comunicación

Palabras 1 y 2

A **De camping.** Ud. y un(a) compañero(a) van a hacer una excursión. Van de camping. Piensan dar unas caminatas. Preparen una lista de la ropa que van a poner en su mochila.

B **En un hotel o en un camping.**
Con un(a) compañero(a) de clase, preparen una lista de cosas o actividades que pueden hacer los clientes de un hotel. Luego preparen una lista de las cosas que pueden hacer los viajeros que van de camping. Entonces decidan lo que Uds. preferirían hacer—quedarse en un hotel o ir de camping. Expliquen por qué. Si no están de acuerdo, expliquen sus diferencias de opinión.

C **En una lavandería.** Imagínese que Ud. está trabajando a tiempo parcial en una lavandería en un barrio donde vive mucha gente de ascendencia hispana. Explíquele a un(a) cliente cómo usar la máquina de lavar. Use las siguientes expresiones.

1. esperar media hora
2. prender *(start)* la máquina
3. escoger la temperatura
4. poner blanqueador
5. poner detergente
6. poner la ropa sucia
7. introducir monedas
8. sacar el lavado

ESTRUCTURA

El infinitivo o el subjuntivo

Expressing Your Wishes and Preferences and Those of Others

1. With any verbs or expressions that require the subjunctive, the subjunctive is used only when there is a change of subject. That is to say the subjunctive is used when the subject of the main clause is different from the subject of the dependent clause that follows *que*.

MAIN		DEPENDENT
Yo quiero	que	Juan nos acompañe.
Él prefiere	que	vayamos juntos.
Pues, es necesario	que	decidamos lo que vamos a hacer.

2. If there is no change of subject, the infinitive is used.

> Juan quiere acompañarnos.
> Él prefiere no salir.
> Es necesario decidir.

Ejercicios

A **Estoy de acuerdo.** Contesten según el modelo.

> Ellos quieren que tú vayas.
> *Pues, no hay problema. Quiero ir.*

1. Ellos quieren que tú hagas el viaje.
2. Ellos quieren que tú vayas con ellos.
3. Ellos quieren que tú conduzcas.
4. Ellos quieren que tú tomes la autopista.
5. Ellos quieren que tú vuelvas con ellos también.

B **El lavado.** Contesten.

1. ¿Quieres lavar la ropa sucia?
2. ¿O prefieres que yo te la lave?
3. ¿Quieres ir a la lavandería?
4. ¿O quieres que yo vaya a la lavandería?
5. ¿Es posible lavar el suéter o es necesario limpiarlo en seco?
6. ¿Quieres que yo lo lleve a la tintorería?

C **Juan quiere pero yo prefiero.**
Completen según el modelo.

> **ir al museo/ir al cine**
> *Juan quiere que yo vaya al museo*
> *pero yo prefiero ir al cine.*

1. ir en autobús/ir en tren
2. ir a un hotel/ir de camping
3. nadar/esquiar en el agua
4. esquiar/patinar
5. cocinar/comer en un restaurante

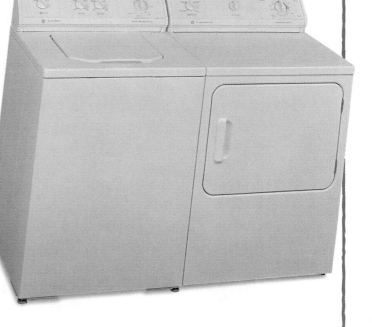

D **Un pequeño conflicto.** Completen.

Pilar quiere _____ (mirar) la televisión pero Tomás prefiere que todos _____ (salir)
de casa. Él desea _____ (estudiar) y no quiere que nadie _____ (hacer) ruido. Él le
pide a Pilar que no _____ (poner) la tele. Y Pilar no quiere _____ (perder) el
campeonato de tenis en la tele. Ella insiste en que Tomás _____ (ir) a otro cuarto a
estudiar, pero Tomás no quiere _____ (ir) a otro cuarto. Quiere _____ (quedarse)
donde está.

Repaso del pretérito de los verbos irregulares

Telling What You and Others Did in the Past: A Review

Review the forms of the preterite of the following irregular verbs.

estar	estuve, estuviste, estuvo, estuvimos, *estuvisteis*, estuvieron
tener	tuve, tuviste, tuvo, tuvimos, *tuvisteis*, tuvieron
andar	anduve, anduviste, anduvo, anduvimos, *anduvisteis*, anduvieron
poner	puse, pusiste, puso, pusimos, *pusisteis*, pusieron
poder	pude, pudiste, pudo, pudimos, *pudisteis*, pudieron
saber	supe, supiste, supo, supimos, *supisteis*, supieron
querer	quise, quisiste, quiso, quisimos, *quisisteis*, quisieron
hacer	hice, hiciste, hizo, hicimos, *hicisteis*, hicieron
venir	vine, viniste, vino, vinimos, *vinisteis*, vinieron
decir	dije, dijiste, dijo, dijimos, *dijisteis*, dijeron
traer	traje, trajiste, trajo, trajimos, *trajisteis*, trajeron
conducir	conduje, condujiste, condujo, condujimos, *condujisteis*, condujeron
ir	fui, fuiste, fue, fuimos, *fuisteis*, fueron

Ejercicios

A **Al mercado.** Contesten.

1. ¿Fuiste al mercado?
2. ¿Anduviste por todo el mercado?
3. ¿Fuiste de un puesto a otro?
4. ¿No pudiste comprar frutas frescas?
5. ¿Hiciste muchas compras?
6. ¿Pusiste tus compras en una bolsa o en una canasta?

Un mercado en México

B **Hoy y ayer también.** Cambien al pretérito.

1. Ella va.
2. Ella no puede.
3. Ella lo sabe.
4. Ella no quiere.
5. Ella lo dice.
6. Ella conduce.
7. Ella lo trae.
8. Ella no lo hace.

C **Hoy y ayer también.** Cambien *ella* en *ellos* en el Ejercicio B.

D **Un picnic.** Completen.

Ayer nosotros ____ (hacer) un picnic. ¿Me preguntas adónde (nosotros) ____
1
(ir)? Pues, ____ (ir) al parque Florida. No solamente una persona ____ (traer) la
3   4
comida. Todos nosotros ____ (traer) algo. ¿Qué ____ (hacer) yo? Pues, yo ____
5   6   7
(hacer) empanadas. Estaban muy buenas, muy ricas y todos mis amigos ____
8
(pedir) más. Todos ____ (repetir).
9

Un parque en Buenos Aires, Argentina

CONVERSACIÓN

Escenas de la vida *En la lavandería*

ANTONIO: ¿Me puede lavar y planchar esta camisa, por favor?

EMPLEADO: Sí, señor. ¿Quiere Ud. almidón o no?

ANTONIO: No, sin almidón, por favor.

EMPLEADO: ¿Ve Ud. que aquí hay una mancha en la manga? ¿De qué es? ¿Sabe Ud.?

ANTONIO: No, no sé.

EMPLEADO: Pues, trataré de quitársela pero no quiero prometerle.

ANTONIO: De acuerdo.

EMPLEADO: ¿Para cuándo quiere Ud. la camisa?

ANTONIO: La necesito para mañana.

EMPLEADO: Muy bien.

La lavandería. Contesten según la conversación.

1. ¿Qué lleva Antonio a la lavandería?
2. ¿Qué quiere que el señor haga con la camisa?
3. ¿Quiere almidón o no?
4. ¿Dónde está manchada la camisa?
5. ¿De qué es la mancha?
6. ¿Promete el señor quitar la mancha?
7. ¿Para cuándo quiere Antonio la camisa?

Comunicación

A **Consejos.** Trabaje con un(a) compañero(a) de clase. Ud. le va a aconsejar que haga cinco cosas. Él o ella le va a decir si lo quiere hacer o no. Si no lo quiere hacer, le dirá que lo haga Ud.

B **Sugerencias.** Un(a) compañero(a) de clase le va a decir algunas cosas que no quiere hacer. Cada vez que él o ella le dice algo que no quiere hacer, Ud. le va a sugerir que haga algo diferente.

C **En la tintorería.** Ud. tiene una chaqueta que está sucia y arrugada. Hay también una mancha en la chaqueta y le falta un botón. Con un(a) compañero(a) de clase, preparen Uds. un diálogo que tiene lugar en la tintorería.

D **Favores muy grandes.** Dígale a un(a) compañero(a) de clase que haga lo siguiente. Su compañero(a) le dirá si puede hacerlo o no.

> quitarme la mancha de…
> Estudiante 1: Deseo que me quites la mancha de la camisa.
> Estudiante 2: Lo intentaré. No creo que sea posible.

1. quitarme la mancha de…
2. plancharme los pantalones
3. lavarme los calcetines
4. llevar mi chaqueta a la tintorería
5. poner mi traje de baño en la secadora
6. lavarme la ropa sucia

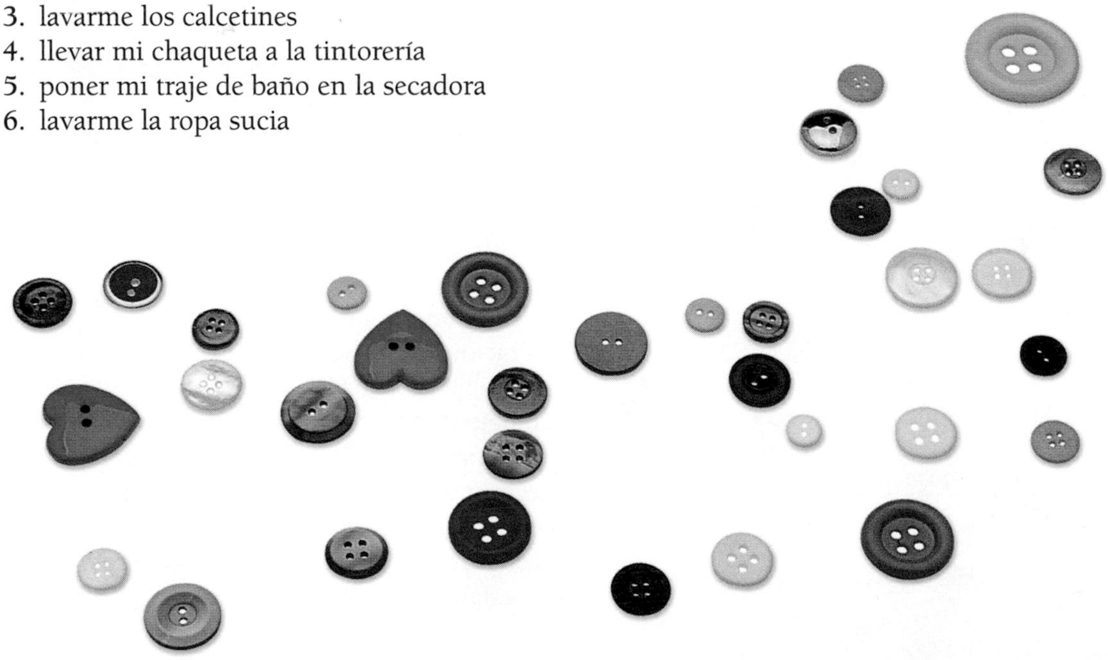

ISABEL LA NATURALISTA

A Isabel Dávila le encanta la naturaleza. Le interesan mucho la ecología y la protección ambiental.

Recientemente Isabel y algunos amigos fueron de camping en el sur de España. Dieron una caminata por el Coto Doñana. Es una gran extensión de tierra donde desemboca[1] el río Guadalquivir en el océano Atlántico. ¿Por qué le interesó tanto a Isabel esta región? Le interesó porque es un tesoro ecológico. La Reserva del Coto Doñana se divide en tres partes y cada parte es un ecosistema. Primero hay dunas. Los vientos del Atlántico soplan[2] sobre las arenas y forman dunas. El segundo ecosistema es un área baja y pantanosa[3] donde entran frecuentemente las aguas del mar. El tercer ecosistema es el de los matorrales[4] o cotos.

El Coto Doñana

El río Guadalquivir, España

En estos tres ecosistemas viven una gran variedad de aves[5], mamíferos y reptiles. Y aquí descansan las aves durante su migración del norte de Europa a África. La posible destrucción de este tesoro ecológico afectaría la ecología de Europa y gran parte de África. Hace poco un fuego[6] destruyó una parte de esta reserva biológica. ¿Cuál fue la causa del fuego o incendio? El descuido de algunos turistas que estaban de excursión en la región.

[1] desemboca *empties*
[2] soplan *blow*
[3] pantanosa *swampy, marshy*
[4] matorrales *underbrush, thicket*
[5] aves *birds*
[6] fuego *fire*

Estudio de palabras

La naturaleza. ¿Cuál es la palabra?

1. no hace mucho tiempo
2. del ambiente
3. de la ecología
4. un monte de arena en los desiertos o en las playas
5. animales vertebrados, las hembras producen leche
6. cocodrilos, iguanas, víboras, cobras, boas, etc.
7. animal de sangre caliente que tiene pico, plumas y alas y puede volar
8. un incendio

B Palabras relacionadas. Pareen.

1. la protección	a. extender
2. la caminata	b. interesar
3. la extensión	c. descansar
4. la desembocadura	d. proteger
5. el interés	e. destruir
6. la migración	f. desembocar
7. el descanso	g. caminar
8. la destrucción	h. migrar

Un incendio forestal en Honduras

Comprensión

A El Coto Doñana. Contesten.

1. ¿Cuáles son algunas cosas que le interesan a Isabel Dávila?
2. ¿Dónde fueron de camping Isabel y sus amigos?
3. ¿Por qué le interesó a Isabel el Coto Doñana?
4. ¿Qué viven en los tres ecosistemas del Coto Doñana?
5. ¿Cuándo descansan las aves en la reserva?
6. ¿Qué destruyó una parte de la reserva?
7. ¿Quiénes causaron el fuego?

B Informes. Busquen dónde dice lo siguiente.

1. lo que es el Coto Doñana y dónde está
2. el número de ecosistemas en el Coto Doñana
3. lo que hay en cada uno de los ecosistemas
4. un río en el sur de España
5. el mar en que desemboca este río

DESCUBRIMIENTO CULTURAL

Una calle en Cuzco

¿*A* ti te gustan las caminatas? Pues, debes dar una caminata por el camino de los incas, una de las más interesantes caminatas del mundo. Es el camino que usaban los incas para llegar a Machu Picchu. El camino se encuentra por encima del fondo de un valle andino. Para llegar al camino puedes tomar el tren de Cuzco. En vez de continuar hasta Machu Picchu, bajas en el kilómetro 88 y allí empiezas tu caminata por el camino. ¿En cuántas horas vas a llegar a Machu Picchu? No es cuestión de horas. Es cuestión de días. Te tomará entre tres y seis días. Depende de tu manera de caminar. No olvides de llevar una carpa y un hornillo. Pero si decides dar una caminata por este camino famoso, tienes que ser aventurero. Hoy en día hay que tener mucho cuidado por dos motivos o razones. Si sales de los senderos y circulas por los matorrales, debes tener cuidado con las víboras[1]. También hay que preocuparse de los guerrilleros—que son miembros de un grupo revolucionario radical que quieren derrocar[2] al gobierno peruano. Estos guerrilleros han cometido muchos actos terroristas.

Si te interesan los animales debes ir a la península Valdés en la Argentina. Aquí es donde pasan el verano los famosos pingüinos magallánicos. En marzo salen de la península Valdés a pasar el invierno en la Antártida. Aquí hay también adorables lobos del mar y elefantes marinos. Por lo general, estos animales grandes no son peligrosos. ¡Pero cuidado! No bloquees su camino al mar.

En todos los idiomas hay palabras o sonidos para imitar los sonidos que hacen los animales. En inglés los perros dicen "bow-wow" o "woof-woof", los gallos dicen "cockadoodledoo", las gallinas, "cluck-cluck" y los pajaritos, "tweet-tweet". "Baa-baa" dice la oveja. Pero los animales españoles y latino-americanos no van a "hablar inglés", ¿verdad? ¿Qué dicen ellos, pues?

El camino inca

Nuestro mejor amigo, el señor perro, dice "jau-jau" o "guau-guau". El gallo, cuando nos despierta por la mañana canta "quiquiriquí", y la señora gallina, "clo-clo". El pajarito hispano, canta dulcemente "pío-pío", y la oveja castellana dice "bé".

Curiosos son dos animales que hablan un idioma multinacional. El pato inglés puede decir "quack-quack", pero su primo chileno le entiende perfectamente porque él dice "cuá-cuá". Y la elegante felina, doña gata se entiende en Londres, Nueva York, París y Buenos Aires, cuando dice "miau".

¹ víboras   *snakes*
² derrocar   *overthrow*

Un glaciar en la Antártida

Lobos del mar en la península Valdés, Argentina

Las orillas del río Guadalquivir cerca de la Torre del oro en la maravillosa ciudad andaluza, Sevilla **1**.

¿Qué te parece dar una caminata por el Camino Inca **2**?

¿O prefieres ver las vistas preciosas mientras cruzas el estrecho de Magallanes en barco **3**?

¿O te interesaría más explorar las famosas cuevas de Camuy cerca de la costa norte de Puerto Rico **4**?

¿Qué llevas cuando vas de camping **5**?

2

Camino Inka
Machupicchu

FONDO DE PROMOCION TURISTICA
OFICINA DESCENTRALIZADA CUSCO

FOPTUR

1

CULMINACIÓN

Comunicación oral

A ¿Quieres que…? Ud. llama a un amigo(a) (un[a] compañero[a] de clase) y le pregunta si quiere hacer las cosas o ir a los lugares indicados. Su amigo(a) le dice que no, que prefiere que Uds. vayan a otro lugar o que hagan algo diferente. Ud. le contesta diciendo que Ud. no quiere hacer eso, y ofrece otra opción.

1. ir al cine
2. jugar al tenis
3. visitar a (name a friend)
4. escuchar mi nuevo disco de (name an album)
5. ir al supermercado
6. jugar a las cartas

B Una encuesta. Con un(a) compañero(a) de clase escriban diez preguntas para una encuesta sobre la opinión de los estudiantes sobre el camping. Hágales las preguntas a cuatro estudiantes, y luego déle los resultados a la clase.

Estudiante 1: ¿Te gusta ir de camping?
Estudiante 2: Mucho / De vez en cuando / Nunca

Comunicación escrita

A Lo que necesito. Ud. va de camping por dos semanas en una región montañosa, donde también hay un lago. Escriba una lista de la ropa, cosas personales y equipo de camping que necesita llevar. Luego compare su lista con la de su compañero(a) de clase.

Ropa   Cosas Personales   Equipo De Camping

B Mis vacaciones de primavera. Imagínese que Ud. acaba de regresar a la escuela después de pasar sus vacaciones de primavera en un campamento de jóvenes que está en la orilla del mar. Escriba una lista de diez cosas interesantes que Ud. hizo mientras estuvo en el campamento.

Reintegración

A **Lo que yo quiero.** Comiencen la oración con *Yo quiero que…*

1. Sacas tu ropa sucia de la mochila.
2. Vas a la lavandería.
3. Lavas tu ropa sucia.
4. La lavas en agua caliente.
5. Pones el lavado en la máquina de lavar.
6. Echas dos tazas de jabón en polvo.
7. Pones también una tapa de blanqueador.
8. Sacas el lavado de la secadora.

B **¿Dónde lo puedes lavar?** Escojan.

En la lavandería　　**En la tintorería**

1. una camisa
2. un suéter de lana
3. un traje de baño
4. los calcetines
5. una chaqueta
6. un pantalón de lana
7. un pantalón de denim
8. la ropa interior

Vocabulario

SUSTANTIVOS

el camping
la caravana
la casa-remolque
la tienda de campaña
la carpa
el saco para dormir
la hamaca
el hornillo
la caminata
la senda
el sendero

la lavandería
la ropa
el lavado
la máquina de lavar
la secadora
el jabón en polvo
el blanqueador
el almidón
la tintorería
la limpieza en seco
la plancha
el suéter

ADJETIVOS

sucio(a)
arrugado(a)
manchado(a)

VERBOS

planchar
encoger

OTRAS PALABRAS Y EXPRESIONES

limpiar en seco

CAPÍTULO

14

EL DINERO
Y EL BANCO

OBJETIVOS

In this chapter you will learn to do the following:

1. exchange money in the Hispanic World
2. conduct banking transactions
3. discuss practical financial matters
4. express emotions, wishes, and preferences in the past
5. talk about conditions
6. contrast the cost of education in the U.S. and the Hispanic countries

365

PALABRAS 1

¿NECESITAS DINERO?

el banco

el cajero

la ventanilla

la caja

el empleado
del banco

el dinero

las monedas

los billetes
el dinero en efectivo

el cheque

CHEQUE DE VIAJERO

el cheque de viajero

BANCO NACIONAL

una oficina de cambio

el cambista

el tipo de cambio,
la tasa de cambio

cambiar dinero

Quisiera que Ud. me cambiara este cheque de viajero.
Preferiría que Ud. me diera billetes pequeños.

¿Cuál es el tipo de cambio?

El cambio está a 130 pesos el dólar.

El tipo (la tasa) de cambio fluctúa.

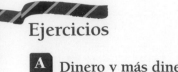

Ejercicios

A **Dinero y más dinero.** Contesten según las fotos.

1. ¿Es un cheque de un banco mexicano?
2. ¿Son pesetas españolas o pesos mexicanos?
3. ¿Cuántos billetes hay?
4. ¿Hay billetes de 1000 pesetas?
5. ¿Cuál es el tipo de cambio?

B **La moneda estadounidense.** Completen.

La moneda de los Estados Unidos es el dólar. Hay ——— de 1, 5, 10, 20, 50 y 100
$_1$

dólares. Hay algunos ——— de 2 dólares, pero no muchos. El ——— estadounidense
$_2$ $_3$

se divide en 100 centavos. Hay ——— de 1, 5, 10, 25 y 50 centavos.
$_4$

C **Asuntos financieros.** Contesten según se indica.

1. ¿Quién está haciendo un viaje? (Sarita)
2. ¿Dónde está? (en España)
3. ¿Cuál es la moneda española? (la peseta)
4. ¿Tiene Sarita pesetas? (no)
5. ¿Qué tiene? (dólares)
6. ¿Qué tiene que hacer? (cambiar dinero)
7. ¿Cuánto va a cambiar? (cincuenta dólares)
8. ¿Adónde va? (al banco)
9. ¿Cuál es el tipo de cambio? (cien pesetas al dólar)
10. ¿Cuántas pesetas va a recibir Sarita? (cinco mil)

PALABRAS 2

¿TIENE UD. UNA CUENTA EN ESTE BANCO?

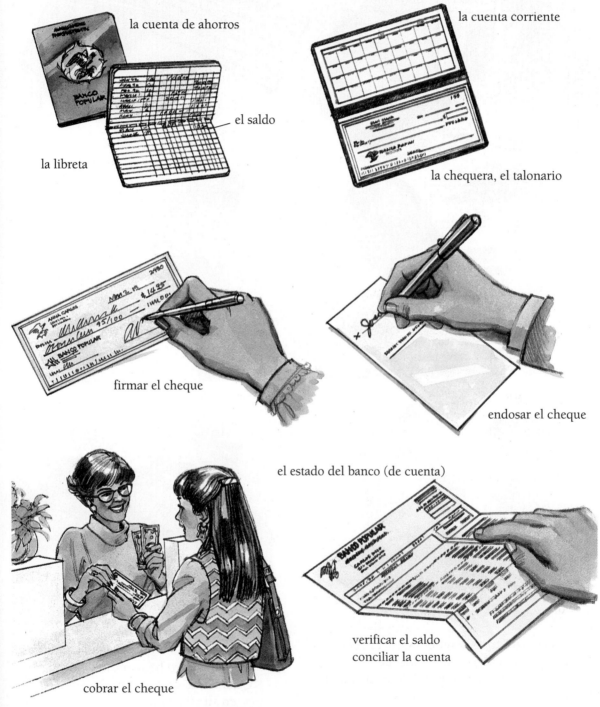

la cuenta de ahorros

la cuenta corriente

el saldo

la libreta

la chequera, el talonario

firmar el cheque

endosar el cheque

el estado del banco (de cuenta)

cobrar el cheque

verificar el saldo
conciliar la cuenta

hacer un depósito
depositar (ingresar) dinero

llenar un formulario de retiro

sacar (retirar) dinero de la cuenta

Era necesario que la señora firmara el cheque.
La señora quería cobrar el cheque.
El cajero quería que ella endosara el cheque.

Mamá me pidió que fuera al banco.
Quería que yo hiciera un depósito.
Quería que yo ingresara 100 dólares
en su cuenta de ahorros.

Ejercicios

A El banco. Preguntas personales.

1. ¿Te gusta ahorrar dinero?
2. ¿Tienes una cuenta de ahorros?
3. ¿Haces muchos depósitos en tu cuenta de ahorros?
4. ¿Cuál es el saldo de tu cuenta?
5. ¿Cuál es el tipo (la tasa) de interés? ¿Sabes?
6. ¿Tienes una libreta o un certificado de depósito?
7. ¿Tienes una cuenta corriente?
8. ¿Tienen tus padres una cuenta corriente?
9. ¿Pagan ellos sus cuentas o facturas con cheque?
10. ¿Prefieren pagar sus facturas con cheque o en efectivo?

B Finanzas. Completen.

1. Una ____ o un ____ tiene una cantidad de cheques.
2. Un cheque no es válido si la persona que escribe el cheque no lo ____ .
3. Es necesario tener una cuenta ____ en el banco si uno quiere escribir cheques.
4. El banco manda (envía) un ____ a sus clientes cada mes (mensualmente).
5. El cliente tiene que verificar el ____ en el estado del banco y el ____ que tiene en su chequera.

C Ahorros para el futuro. Escojan.

1. Roberto quiere tener dinero para el futuro. Debe abrir ____ .
   a. una cuenta corriente   b. una cuenta de ahorros   c. un banco

2. Si Roberto quiere ahorrar mucho dinero, tendrá que ____ .
   a. retirar mucho dinero   b. ingresar muchos fondos
   c. cobrar muchos cheques

3. Roberto no paga siempre con dinero en efectivo o tarjeta de crédito. Él paga con ____ .
   a. billetes   b. libretas   c. cheques

4. Roberto no tiene más cheques. Necesita ____ .
   a. otra cuenta   b. otro talonario   c. otro estado

5. No se puede escribir otro cheque si no hay ____ en la cuenta corriente.
   a. fondos   b. cheques   c. depósitos

PLANES DE AHORRO MEDICO

EN EL FONDO GANA USTED

Comunicación

Palabras 1 y 2

A **Necesito cambiar dinero.** Ud. está viajando por un país hispano y tiene que cambiar dinero. Ud. va al banco y habla con el empleado del banco.

Dígale:
  a. cuánto dinero Ud. quiere cambiar
  b. si va a cambiar dinero en efectivo o cheques de viajero
  c. que Ud. no quiere sólo billetes grandes

Pregúntele:
  a. cuál es el tipo de cambio
  b. si necesita ver su pasaporte
  c. si Ud. tiene que pasar a la caja para cobrar su dinero

B **Vacaciones y gastos pagados.** Ud. acaba de ganarse unas vacaciones a Europa, incluso 500 dólares para sus gastos personales en cada país. Use la tabla de tipos de cambio que se da a continuación para saber a cuánto equivalen los 500 dólares en la moneda de cada país.

1 dólar equivale a 1.7 marcos alemanes
Entonces, en Alemania, tendré 850 marcos alemanes.

UN DOLAR EQUIVALE A...	
1. 130 pesetas españolas	5. 1625 liras italianas
2. 1.7 marcos alemanes	6. 170 escudos portugueses
3. 5.8 francos franceses	7. 1.5 francos suizos
4. .66 libras esterlinas (inglesas)	8. 1300 chelines austríacos

C **Un poco de matemáticas.** Practique un poco de matemáticas con un(a) compañero(a) de clase. Pregúntele cuánto equivale cierta cantidad de dólares (cualquier cantidad) con relación a los tipos de cambio que se dan en la Actividad B. Busque en un periódico los tipos de cambio de las monedas de algunos países latinoamericanos con relación al dólar e inclúyalos en esta actividad.

D **Una cuenta bancaria.** Ud. está interesado en abrir una cuenta en un banco. Hable con el empleado del banco (un[a] compañero[a] de clase) para obtener la información necesaria. Pregúntele qué tipo de cuenta paga más intereses (cuenta corriente o cuenta de ahorros); cuál es la tasa de interés que pagan; si el banco da gratis los talonarios de cheques; y si se puede pagar la cuenta de la electricidad directamente por medio del banco. Finalmente, pregúntele a qué hora se abre y se cierra el banco todos los días.

ESTRUCTURA

El imperfecto de subjuntivo

Speaking about the Past Using the Subjunctive

The imperfect subjunctive of all verbs is formed by dropping the ending *-on* of the *ellos(as)* form of the preterite tense.

PRETERITE	STEM	IMPERFECT SUBJUNCTIVE
hablaron	*hablar-*	hablar*a*
vendieron	*vendier-*	vendier*a*
abrieron	*abrier-*	abrier*a*
estuvieron	*estuvier-*	estuvier*a*
pusieron	*pusier-*	pusier*a*
dijeron	*dijer-*	dijer*a*

El Banco de Bilbao, Madrid, España

To this root the following endings are added.

INFINITIVE	HABLAR	COMER	ABRIR	ENDINGS
STEM	HABLAR-	COMIER-	ABRIER-	
yo	hablara	comiera	abriera	-a
tú	hablaras	comieras	abrieras	-as
él, ella, Ud.	hablara	comiera	abriera	-a
nosotros(as)	habláramos	comiéramos	abriéramos	-amos
vosotros(as)	*hablarais*	*comierais*	*abrierais*	*-ais*
ellos, ellas, Uds.	hablaran	comieran	abrieran	-an

Stem-changing verbs

INFINITIVE	PRETERITE (ELLOS)	STEM	IMPERFECT SUBJUNCTIVE
pedir	pidier*on*	*pidier-*	pidiera
servir	sirvier*on*	*sirvier-*	sirviera
dormir	durmier*on*	*durmier-*	durmiera

Irregular verbs

INFINITIVE	PRETERITE (ELLOS)	STEM	IMPERFECT SUBJUNCTIVE
andar	anduvieron	*anduvier-*	anduviera
estar	estuvieron	*estuvier-*	estuviera
tener	tuvieron	*tuvier-*	tuviera
poder	pudieron	*pudier-*	pudiera
poner	pusieron	*pusier-*	pusiera
saber	supieron	*supier-*	supiera
querer	quisieron	*quisier-*	quisiera
venir	vinieron	*vinier-*	viniera
hacer	hicieron	*hicier-*	hiciera
leer	leyeron	*leyer-*	leyera
oír	oyeron	*oyer-*	oyera
decir	dijeron	*dijer-*	dijera
conducir	condujeron	*condujer-*	condujera
traer	trajeron	*trajer-*	trajera
ir	fueron	*fuer-*	fuera
ser	fueron	*fuer-*	fuera

Usos del imperfecto del subjuntivo
Speaking about the Past Using the Subjunctive

1. The same rules that govern the use of the present subjunctive govern the use of the past subjunctive. The tense of the verb of the main clause determines whether the present or imperfect subjunctive is to be used in the dependent clause. If the verb of the main clause is in the present or the future, the present subjunctive is used in the dependent clause.

> Quiero que él me cobre el cheque.
> Él nos pide que abramos una cuenta en el banco.
> Ellos insistirán en que paguemos la factura en dólares.
> Será necesario que tengas el cambio exacto.

2. When the verb of the main clause is in the preterite, imperfect, or conditional, the verb of the dependent clause must be in the imperfect subjunctive.

> Yo quería que él me cobrara el cheque.
> Él nos pidió que abriéramos una cuenta en el banco.
> Ellos insistirían en que pagáramos la factura en dólares.
> Sería necesario que tuvieras el cambio exacto.

Ejercicios

A En el banco. Contesten.

1. ¿Quería el cliente que el cajero le cobrara el cheque?
2. ¿Quería el cajero que el cliente endosara el cheque?
3. ¿Quería el cajero que el cliente presentara alguna identificación?
4. ¿Quería el cliente que el cajero le diera billetes pequeños?
5. ¿Quería el cajero que el cliente pasara a la caja para cobrar su dinero?

B Los padres de Susana querían que… Sigan el modelo.

estudiar
Los padres de Susana querían que ella estudiara.

1. estudiar mucho
2. tomar cinco cursos
3. trabajar duro
4. aprender mucho
5. leer mucho
6. comer bien
7. vivir con ellos
8. recibir buenas notas
9. asistir a la universidad
10. tener éxito
11. salir bien en sus exámenes
12. decir siempre la verdad
13. ser cortés
14. conducir con cuidado

C ¿Qué preferirías? Sigan el modelo.

Yo preferiría que ——— .
Tú se lo dices.
Yo preferiría que tú se lo dijeras.

1. Tú se lo dices.
2. Tú se lo escribes.
3. Tú se lo das.
4. Se lo envías.
5. Se lo explicas.

D ¿Qué temían ellos? Sigan el modelo.

Ellos temían que ——— .
Yo no estoy.
Ellos temían que yo no estuviera.

1. Yo no estoy.
2. Yo no quiero ir.
3. No voy.
4. Yo no lo hago.
5. Yo no se lo digo a nadie.

La Universidad de Córdoba, Córdoba, Argentina

E **¿En qué insistieron sus padres?** Sigan el modelo.

> Sus padres insistieron en que ____ .
> Ella estudia mucho.
> *Sus padres insistieron en que ella estudiara mucho.*

1. Ella estudia mucho.
2. Ella hace sus tareas.
3. Ella recibe buenas notas.
4. Ella es diligente.

F **Ella sabe mucho de finanzas.** Completen.

1. Ella quiere que yo cambie el dinero.
   Ella quería que yo ____ el dinero.
2. Ella te pide que hables con el empleado del banco.
   Ella te pidió que ____ con el empleado del banco.
3. Ella me aconseja que tenga cheques de viajero.
   Ella me aconsejó que ____ cheques de viajero.
4. Ella insiste en que el banco le haga cambio.
   Ella insistió en que el banco le ____ cambio.
5. Ella les dice que pongan su dinero en el banco.
   Ella les dijo que ____ su dinero en el banco.

G **¿Qué íbamos a hacer anoche?** Completen.

Yo no sabía lo que íbamos a hacer anoche. Antonio quería que nosotros ____ (ir) al cine. No sé por qué. Pero él insistió en que nosotros ____ (ver) la película que estaban poniendo en el Metropol. Antonio temía que ayer ____ (ser) el último día. Tenía miedo de que ellos ____ (cambiar) las
películas los sábados. Y tú, ¿qué querías que nosotros ____ (hacer)? ¿Preferías que ____ (ir) al cine o que ____ (hacer) otra cosa? Felipe quería que nosotros ____ (quedarse) en casa. ¿Por qué? Ah, él no quería que ____ (salir). El prefería que todos ____ (mirar) la televisión para que ____ (ver) el campeonato entre Barcelona y Valencia.

Cláusulas con *si*   *Expressing Conditions*

1. *Si* clauses (if clauses) have a fixed sequence of tenses. Observe the following
   sentences.

   > **Si yo tengo bastante dinero, iré a Puerto Rico.**
   > **Si voy a Puerto Rico, visitaré el Morro.**
   > **Si yo tuviera bastante dinero, iría a Puerto Rico.**
   > **Si fuera a Puerto Rico, visitaría el Morro.**

2. Note the sequence of tenses for *si* clauses:

SI CLAUSE	MAIN CLAUSE
Present Indicative **Imperfect Subjunctive**	**Future** **Conditional**

Ejercicios

A **Si tengo dinero, iré a España.** Contesten.

1. Si recibes mucho dinero, ¿lo pondrás en el
   banco o no?
2. Si alguien te da mil dólares, ¿harás un viaje
   a España?
3. Si vas a España, ¿tendrás que cambiar tus dólares
   en pesetas?
4. Si estás en España, ¿cambiarás tu dinero en el
   banco o en el hotel?
5. Si vas a España, ¿irás a Sevilla?
6. Si vas a Sevilla, ¿visitarás el famoso Alcázar de Sevilla?
7. Si haces el viaje a España, ¿irás en avión?

B **Lo que haría si pudiera.** Contesten.

1. Si recibieras mucho dinero, ¿lo pondrías en el banco o
   lo gastarías?
2. Si alguien te diera mil dólares, ¿harías un viaje a España?
3. Si fueras a España, ¿tendrías que cambiar tus dólares en
   pesetas?
4. Si estuvieras en España, ¿cambiarías tu dinero en el
   banco o en el hotel?
5. Si fueras a España, ¿irías a Sevilla?
6. Si fueras a Sevilla, ¿visitarías el famoso Alcázar de Sevilla?
7. Si hicieras un viaje a España, ¿irías en avión?

El Alcázar de Sevilla, España

CONVERSACIÓN

Escenas de la vida   *En el banco*

SEÑORITA: Quisiera cambiar veinte dólares, por favor.
EMPLEADA: Sí, señorita.
SEÑORITA: ¿Cuál es el tipo de cambio hoy?
EMPLEADA: ¿Tiene Ud. dinero en efectivo o un cheque de viajero?
SEÑORITA: Un cheque de viajero.
EMPLEADA: Está a quinientos pesos el dólar.
SEÑORITA: De acuerdo.
EMPLEADA: Favor de firmar el cheque aquí. Y su pasaporte, por favor.
SEÑORITA: Aquí lo tiene Ud. Quisiera que Ud. me diera billetes pequeños, por favor.

El banco. Completen según la conversación.

1. La señorita quiere cambiar —— .
2. Va a cambiar el dinero en —— .
3. Quiere saber —— .
4. Ella tiene —— .
5. El cambio está —— .
6. La señorita tiene que —— .
7. Ella insiste en que la empleada del banco —— .

Comunicación

A **En el banco.** Trabaje con un(a) compañero(a) de clase. Ud. es el/la cliente, y su compañero(a) de clase es el/la empleado(a) del banco. Ud. quiere cambiar cien dólares. Preparen una conversación en el banco.

B **Cuando era joven.** Prepare Ud. una lista de las cosas que sus padres siempre querían que Ud. hiciera cuando era niño(a). Decida lo que Ud. creía que era importante que hiciera y lo que francamente no era tan necesario que hiciera.

C **El profesor exigente.** Ud. y un(a) compañero(a) de clase van a escoger a un(a) profesor(a) con quien Uds. estudiaron el año pasado (profesores distintos). Cada uno de Uds. va a decir lo que su profesor(a) insistió en que Uds. hicieran. Luego comparen sus listas y decidan cuáles son las cosas que los dos profesores exigían que Uds. hicieran. Decidan cuál era el profesor más exigente y por qué.

D **¿Qué harías si…?** Trabaje con un(a) compañero(a) de clase. Pregúntele lo que haría en cada una de las siguientes circunstancias. Luego cambien de papel. ¡Sean originales e imaginativos!

1. si ganaras un viaje a cualquier parte del mundo
2. si te olvidaras de llevar tu boleto en el tren
3. si pudieras pasar un mes de vacaciones en tu lugar favorito
4. si perdieras todas las cosas de tu casa
5. si recibieras un millón de dólares

LECTURA Y CULTURA

EL DINERO ES ORO[1]

*H*ay un refrán español que dice que "el dinero vaya y venga y con sus frutos nos mantenga". Y es verdad. El dinero es algo que necesitamos para vivir. En los Estados Unidos, los padres se preocupan[2] del dinero que necesitan para darles una buena educación a sus hijos. Siempre están tratando de ahorrar dinero para poder pagar los gastos[3] universitarios que son muy altos. Los padres saben que tendrán que ingresar muchos fondos en su cuenta corriente para pagar la matrícula (la inscripción) y la pensión[4] de sus hijos.

En España y en Latinoamérica los padres se preocupan igualmente del dinero que necesitan para mandar a sus hijos a la escuela. Pero note, hemos dicho a la escuela, no a la universidad. En los países hispanos, las grandes universidades son del estado y son gratis. Pero la gran mayoría de las familias de la clase media envían a sus hijos a escuelas privadas, academias o colegios. Por consiguiente, es la educación preuniversitaria que les cuesta mucho. Por lo general los padres tienen que pagar la matrícula y los otros gastos mensualmente. Y claro que ellos pagan sus gastos en la moneda nacional—la peseta en España, el peso en México y el bolívar en Venezuela.

Sería importante que Ud. supiera algo sobre la economía si Ud. pensara viajar al extranjero. Cada moneda tiene su propio valor con relación a las otras divisas del mundo. Por ejemplo, en un momento dado el dólar estadounidense puede valer[5] 100 pesetas españolas y 400 pesos chilenos. Pero el tipo de cambio no es constante. Cambia cada día. Algunos países latinoamericanos tienen una economía bastante estable y el valor de su moneda no fluctúa mucho. Pero otros países tienen economías menos estables y la gente habla de la hiperinflación. Hasta recientemente, existía la hiperinflación en la Argentina, por ejemplo. Lo que costaba cien australes hoy, costaba doscientos mañana. Hoy el dólar estaba a 2.000 y mañana a 2.200. Cuando existe la hiperinflación nadie quiere ahorrar dinero. El dinero no tiene valor. No es nada más que papel. La gente lo gasta inmediatamente porque saben que lo que cuesta cien hoy costará el doble dentro de poco. Y si no gastan el dinero lo convierten en una moneda firme. Compran dólares, yenes japoneses, francos suizos o libras esterlinas. En la Argentina ha habido muchos cambios económicos y ha bajado la inflación. El gobierno Argentino cambió una vez más el austral en el peso argentino. El nuevo peso empezó a la par con el dólar. Suprimieron cinco ceros al viejo austral.

[1] oro   *gold*
[2] se preocupan   *worry about*
[3] gastos   *expenses*
[4] pensión   *room and board*
[5] valer   *is worth*

Estudio de palabras

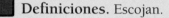

Definiciones. Escojan.

1. el colegio
2. firme
3. mensualmente
4. la mayoría
5. suprimir
6. preocuparse
7. convertir
8. gratis
9. preuniversitario

a. el porcentaje más alto
b. ponerse nervioso
c. una escuela secundaria
d. que no cuesta nada
e. omitir
f. cambiar en
g. cada mes
h. antes de la universidad
i. estable

Comprensión

A Problemas económicos. Contesten.

1. ¿Qué problema financiero preocupa a los padres en los EE.UU.?
2. ¿Qué problema financiero preocupa a los padres en España y en Latinoamérica?
3. ¿Con qué paga la gente sus gastos?
4. ¿Por qué no se ahorra dinero cuando hay hiperinflación?

B La economía. ¿Sí o no?

1. Todos los países latinoamericanos tienen una economía estable.
2. Todos los países latinomericanos tienen la misma moneda nacional.
3. Todas las monedas latinoamericanas tienen el mismo tipo de cambio con el dólar.
4. La hiperinflación existe cuando los precios no cambian mucho y el valor de la moneda no fluctúa radicalmente.

C Informes. ¿Cuál es?

1. la moneda estadounidense
2. la moneda española
3. la moneda mexicana
4. la moneda japonesa
5. la moneda suiza
6. la moneda de Gran Bretaña
7. la moneda venezolana

D Diferencias. Contesten.

¿Cuál es la gran diferencia que hay entre los sistemas de educación en los Estados Unidos y España y Latinoamérica?

DESCUBRIMIENTO CULTURAL

Ya sabemos que la peseta es la moneda nacional de España y que muchos países de Latinoamérica como México, Colombia, Chile y la Argentina tienen el peso como moneda nacional. Pero las monedas de algunos países llevan nombres interesantes.

La moneda de Guatemala es el quetzal. El quetzal es un ave bonita de plumaje suave, de color verde y rojo, con una cola[1] larga. El quetzal se considera un ave sagrada en Guatemala. En la civilización azteca y maya el quetzal era el ave del paraíso.

La tradicional moneda peruana era el sol. Debido a la hiperinflación el gobierno introdujo una nueva moneda el inti. Hace algunos años, la hiperinflación de nuevo obligó al cambio. ¿Qué moneda introdujeron entonces? El sol. El nuevo sol tiene el valor de miles de antiguos intis. Entre los antiguos peruanos, los incas, cuya lengua es el quechua, el inti es el sol.

En Venezuela la gente paga sus deudas con bolívares. El bolívar lleva el nombre de Simón Bolívar. Él nació en Caracas en 1783. Recibió su educación en España y en los Estados Unidos. Volvió a Venezuela en 1810 donde tomó parte en la rebelión de la colonia contra la dominación española. Entró triunfante en Caracas en 1813 y fue recibido con el nombre de El Libertador. Continuó luchando contra los españoles en Colombia, Venezuela, Ecuador y el Perú.

¿Han oído hablar de Balboa—Vasco Núñez de Balboa? Pues, él nació en Badajoz, España, en 1475. Atravesó el

La Santa María, réplica de la carabela de Colón, Barcelona, España

istmo de Panamá en 1513 y descubrió el océano Pacífico. Hizo un viaje de exploración por la costa occidental de la América del Sur hasta el Perú, donde fue decapitado por orden de su suegro (el padre de su esposa) en 1517. Y, ¿en qué país es el balboa la moneda nacional? En Panamá, donde el dólar circula libremente. El "balboa" es un "dólar". Hay monedas panameñas, pero los billetes son billetes de dólar.

En Costa Rica y el Salvador la gente usa el colón. El colón lleva el nombre del famoso descubridor del Nuevo Mundo, el genovés Cristóbal Colón, que en 1492 salió del puerto de Palos en el sur de España con tres carabelas—la Pinta, la Niña y la Santa María—rumbo a[2] las Indias. Pero en vez de llegar a las Indias, llegó a las Américas.

[1] cola *tail*
[2] rumbo a *towards, in direction of*

La estatua de Simón Bolívar en la plaza Bolívar, Caracas, Venezuela

Vasco Núñez de Balboa descubriendo el océano Pacífico

REALIDADES

La gente hace cola para esperar su turno en un elegante banco comercial de la Ciudad de México **1**.

El señor retira dinero en efectivo de una máquina automática en un banco de la capital mexicana **2**.

¿Quieres ingresar fondos en el Banco de Bilbao y Vizcaya en España **3**? Sólo tienes que llenar la hoja de ingresos.

Aquí están negociando acciones en la Bolsa de Valores de Buenos Aires, Argentina **4**.

Una tarjeta bancaria de crédito del Banco Cafetero de Colombia **5**. ¿Por qué se llama "cafetero"?

385

CULMINACIÓN

Comunicación oral

A **¿Pagó más o pagó menos?** Ud. estaba viajando por un país latinoamericano. Ud. fue a un restaurante y pagó su cuenta con una tarjeta de crédito. La comida le costó 1.200 pesos. Ud. fue al restaurante el 10 de agosto y el cambio estaba a 80 pesos el dólar. ¿Cuánto le costó la comida?

Pero Ud. no pagó la factura de su tarjeta de crédito el 10 de agosto. La compañía de crédito registró la transacción el 22 de agosto. Entre el día 10 y el 22, habían revaluado el peso y aquel día el tipo de cambio subió a 55 pesos el dólar. ¿Cuánto le costó la comida en dólares? ¿Cuánto perdió o ganó Ud.?

B **Un hermanito travieso.** Ud. le dice a un(a) compañero(a) de clase que su hermanito acaba de hacer las siguientes cosas. Su compañero(a) de clase demuestra su disgusto y replica que le había dicho que no lo hiciera.

1. romper el estéreo
2. manchar la alfombra con jugo de tomate
3. sacar toda tu ropa del armario
4. escribir en los libros y revistas
5. acostarse muy tarde

C **Las quejas.** Dígale a su compañero(a) las cosas que le gustaría a Ud. que hiciera el presidente por el país. También dé una razón por qué el presidente debe hacerlas. Cambien de papel e informen a la clase.

Comunicación escrita

A **Escritor publicitario.** Escriba un anuncio comercial para un banco. Incluya información sobre la tasa de interés que paga, tipos de cuentas y servicios bancarios que presta. Anuncie que el banco cobra intereses muy bajos por préstamos (*loans*) e hipotecas (*mortgages*). Podría anunciar también que el banco ofrece regalos especiales a los clientes que abren una nueva cuenta con cierta cantidad mínima.

B **Un anuncio comercial.** Trabaje con un(a) compañero(a) de clase. Usen la información de la Actividad A para crear un anuncio comercial para la televisión. Escriban un guión (*script*) y ensayen el anuncio. Luego lo pueden presentar a la clase o a un grupo de compañeros de clase.

C **Hay que ahorrar, pero…** Escriba cinco razones por qué se debe ahorrar dinero. Luego escriba dos circunstancias bajo las que no es razonable o posible ahorrar.

Reintegración

A **En el hotel.** Completen

1. Mucha gente come en el ___ del hotel.
2. Después de comer los clientes piden la ___ . Se la pagan al mesero o la pagan en la ___ .
3. Aun si el servicio está incluido, los clientes le dejan una ___ al mesero, sobre todo si les ha dado buen servicio.
4. Al salir de un hotel, los clientes abandonan el cuarto y luego pasan a la ___ .
5. Ellos le piden su ___ al cajero.
6. La cuenta o ___ contiene una lista de todos los ___ del cliente.
7. El cliente mira la cuenta para verificar el ___ .
8. Muchos clientes pagan con una ___ . Los clientes pueden pagar con ___ o ___ , pero la mayoría de los hoteles no aceptan ___ personales.

B **No en el pasado.** Sigan el modelo.

> **Él preferiría que yo fuera al banco.**
> *Él prefiere que yo vaya al banco.*

1. Él preferiría que yo hablara con el cajero.
2. Él quería que yo hiciera un depósito.
3. Me aconsejó que no retirara dinero de la cuenta.
4. Yo quería que él me cambiara el dinero.
5. Yo le pedí al cambista que me diera billetes pequeños.
6. Él me pidió que llenara un formulario y que firmara el cheque de viajero.

Vocabulario

SUSTANTIVOS

el banco
la caja
la ventanilla
el/la cajero(a)
el/la empleado(a) del banco
el dinero
el dinero en efectivo
el billete
la moneda
el cheque
el cheque de viajero
el cambio
la oficina de cambio

el/la cambista
el tipo de cambio
la tasa de cambio
la cuenta
la cuenta de ahorros
la libreta
el depósito
el ingreso
el retiro
el formulario de retiro
la cuenta corriente
el talonario
la chequera

el estado de banco
(de cuenta)
el saldo

VERBOS

firmar
endosar
cobrar
depositar
ingresar
retirar
sacar
cambiar

verificar
conciliar
llenar

OTRAS PALABRAS Y
EXPRESIONES

¿Cuál es el tipo de
cambio?

CAPÍTULO

15

AMIGOS, NOVIOS Y EL MATRIMONIO

OBJETIVOS

In this chapter you will learn to do the following:

1. discuss dating customs in the Spanish-speaking countries
2. describe a typical wedding ceremony
3. read a wedding announcement
4. continue to talk about actions that may or may not take place

PALABRAS 1

EL COMPROMISO

la pareja

la sortija de compromiso

el anillo de boda

la dueña

los novios

La pareja tiene una cita.
Salen juntos.
Son novios.

Se están enamorando.
Se quieren mucho.

Se comprometen.
Anuncian su compromiso.

Los padres de los novios se conocen antes de que los jóvenes se casen.
Se conocen antes de que tenga lugar el enlace nupcial.

el marido y la mujer

el esposo y la esposa

el matrimonio

Ejercicios

A Una pareja romántica. Contesten.

1. ¿Se conocen José y Elena?
2. ¿Salen juntos cada fin de semana?
3. ¿Se están enamorando los jóvenes?
4. ¿José quiere mucho a Elena?
5. ¿Y Elena quiere a José?
6. ¿Se quiere mucho la pareja?
7. ¿Se van a comprometer?
8. ¿Van a anunciar el compromiso el mes que viene?

B Los enamorados. Escojan.

1. Los novios son ___ .
   a. una pareja   b. una cita

2. El novio le da a la novia ___ cuando se comprometen.
   a. un anillo de boda   b. una sortija

3. La ___ es una chaperona.
   a. esposa   b. dueña

4. El marido y la mujer son ___ .
   a. un matrimonio   b. comprometidos

5. No van a seguir saliendo juntos a menos que ___ .
   a. se conozcan   b. se enamoren

LA POPULARIDAD ETERNA DE LOS DIAMANTES DE COMPROMISO

En la actualidad, más de siete de cada diez anillos de compromiso son de diamantes, lo que significa que el diamante es la piedra preciosa que prefieren las mujeres para esta clase de anillo. El secreto de su popularidad eterna radica en su clara y perpetua brillantez, cualidad que simboliza la imagen de la novia.

Un diseño eterno

El solitario sostenido por dientes es el estilo más popular de anillo de compromiso. De inmediato hace recordar los votos de amor de la pareja y la ceremonia de unión en matrimonio.

Actualmente, ya no es tan común la montadura tradicional de seis dientes de platino que realzan el diamante; ahora se prefiere una montadura más baja, más sutil, para llevar todos los días. Este estilo satisface las necesidades de la mujer moderna, que da igual importancia a la moda que al sentido práctico.

Anillo de compromiso de diamante único

En el pasado, el primer diamante que poseía una mujer era el de su anillo de compromiso, pero en nuestros días

C **El amor y el matrimonio.** ¿Sí o no?

1. Los novios no serán un matrimonio hasta que se casen.
2. En Latinoamérica los jóvenes se casan antes de que sus padres se conozcan.
3. Los jóvenes se casan antes de enamorarse.
4. El enlace matrimonial (nupcial) tiene lugar el día del casamiento.
5. Los enamorados se quieren.

D **Palabras relacionadas.** Escojan.

1. comprometerse   **a.** los casados, el casamiento
2. casarse   **b.** el conocimiento
3. enamorarse   **c.** el enlace
4. conocer   **d.** el anuncio
5. anunciar   **e.** el/la comprometido(a), el compromiso
6. enlazar   **f.** el/la enamorado(a)

PALABRAS 2

LA CEREMONIA

la boda

la iglesia

el altar

el matrimonio

la madrina

el padrino

los pajes de honor

las damas de honor

la recepción

Los novios se casan.
Durante la ceremonia intercambian anillos de boda.

el banquete

Los padres de la novia dan una recepción.
Los novios reciben a los invitados.
Los invitados les dan la enhorabuena. ¡Felicitaciones!

El padrino hace un brindis.
Brindó por los novios.
Les brindó para que tuvieran mucha
felicidad y muy buena suerte.

Los recién casados salen para su viaje de novios.
Van a pasar su luna de miel en Europa.

Ejercicios

A ¿Quién es? Identifiquen según el dibujo.

1.   2.   3.   4.   5.

B ¿Qué es o quién es? Identifiquen.

1. El lugar donde tiene lugar la mayoría de las ceremonias nupciales religiosas.
2. Es de oro. Durante la boda el novio se lo pone en el dedo de la novia y viceversa.
3. Son los amigos del novio. Asisten a la boda y toman parte en la ceremonia.
4. Estas mujeres desfilan con la novia y le sirven durante la ceremonia. Son amigas o parientes.
5. Es de oro y frecuentemente tiene diamantes. El novio se la da a la novia cuando se comprometen.
6. En la boda este señor está siempre al lado del novio. Es su hombre de confianza.
7. Esta señorita o señora es para la novia lo que es el hombre de confianza para el novio.
8. Lo que dan los padres de la novia después de la ceremonia nupcial.
9. Lo que hace el padrino durante la recepción.
10. El viaje que hacen los recién casados.

C Las bodas. Contesten.

1. ¿Dónde tiene lugar la ceremonia nupcial religiosa?
2. En los Estados Unidos, ¿es necesario tener una ceremonia civil y otra religiosa?
3. ¿Quiénes acompañan a los novios durante la ceremonia?
4. ¿Qué intercambian los novios?
5. ¿Qué dan los padres de la novia después de la ceremonia?
6. ¿Qué les dan los invitados a los recién casados?

Cancún
Inolvidable Luna de Miel

FIESTA AMERICANA
CANCÚN
Fiesta Americana Cancún

Comunicación

Palabras 1 y 2

A Mis opiniones. Conteste a las siguientes preguntas personales. Si quiere divertirse, puede dar respuestas falsas.

1. ¿Sales siempre con el/la mismo(a) muchacho(a)?
2. ¿Tienes novio(a)?
3. ¿Van Uds. a la misma escuela?
4. ¿Hace cuánto tiempo que Uds. salen juntos?
5. ¿Conoces a sus padres?
6. ¿Adónde van cuando tienen cita?
7. ¿Quién paga?
8. ¿Cuántos años quieres tener cuando te cases?
9. ¿Cuántos hijos quieres tener?
10. ¿Quieres casarte con una persona menor o mayor que tú?

B El novio o la novia ideal. Prepare una lista de las características que Ud. quiere en un(a) novio(a). Luego compare su lista con la de un(a) compañero(a) de clase. Decidan si Uds. podrían tener el/la mismo(a) novio(a).

C No te cases. Escríbale una carta a un(a) amigo(a) donde le explica por qué no es conveniente casarse muy joven.

D En la agencia de viajes. Ud. es el/la cliente y un(a) compañero(a) de clase es un(a) agente de viajes. Ud. está en su oficina para hacer reservaciones para su viaje de novios. Preparen la conversación que Uds. tienen.

E El/la más popular. Ud. está entrevistando al/a la muchacho(a) más popular de su escuela (un[a] compañero[a] de clase). Pregúntele si en este momento tiene novio(a), si ha tenido muchos(as) novios(as), si prefiere salir en pareja o con un grupo de amigos, si sale entre semana o solamente los fines de semana, y por qué cree que es el/la muchacho(a) más popular de la escuela.

El subjuntivo en cláusulas adverbiales

Using the Subjunctive After Certain Conjunctions

1. The subjunctive is used after the following expressions.

para que	*so that*
de manera que	*so that*
de modo que	*so that*
con tal de que	*provided that*
sin que	*without, unless*
a menos que	*unless*

2. Note the logic in the use of the subjunctive. The subjunctive is used because the information in the clause is not definite.

> **El profesor habla claramente para que (de manera que) sus alumnos comprendan.**
> *The teacher speaks clearly so that his students may understand.*

Even though the teacher tries his/her best to explain the lesson clearly so that all students will understand, there still exists the possibility that some do not understand.

3. Note that the tense of the verb in the main clause determines the tense of the subjunctive in the dependent clause.

MAIN	DEPENDENT
Present Future	Present subjunctive
Preterite Imperfect Conditional	Imperfect subjunctive

Él irá con tal de que Ud. vaya.
Él iría con tal de que Ud. fuera.
Él lo hace para que Ud. no tenga que hacerlo.
Él lo hizo para que Ud. no tuviera que hacerlo.

Ejercicios

A **Todo para que yo comprenda.** Contesten.

1. ¿Él te lee la carta en español para que tú la comprendas?
2. ¿Él te habla despacio de manera que tú sepas lo que está diciendo?
3. ¿Él hablará más despacio con tal de que tú le digas que lo haga?

B **Todo para que yo comprendiera.** Contesten.

1. ¿Él te leyó la carta en español para que tú la comprendieras?
2. ¿Él te habló despacio para que supieras lo que estaba diciendo?
3. ¿Tú comprendiste sin que él tradujera?
4. ¿Él hablaría más despacio con tal de que tú le dijeras que lo hiciera?

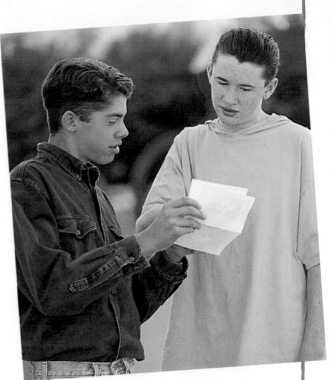

C **No lo haré solo.** Contesten según el modelo.

> ¿Lo harás?
> *Sí, lo haré con tal de que tú lo hagas también.*

1. ¿Harás el viaje?
2. ¿Irás?
3. ¿Tomarás el avión?
4. ¿Te quedarás en un hotel de lujo?
5. ¿Esquiarás en el agua?

D **No lo haría.** Contesten según el modelo.

> ¿Lo harías?
> *No, no lo haría sin que ellos lo hicieran.*

1. ¿Irías al partido?
2. ¿Comprarías las entradas?
3. ¿Te sentarías en la primera fila?
4. ¿Mirarías el partido en la televisión?

Un partido de béisbol en Caracas, Venezuela

El subjuntivo con *aunque*

Using the Subjunctive With Aunque

1. *Aunque* ("although, even though") can be followed by either the subjunctive or the indicative depending upon the meaning.

> **Ellos saldrán aunque llueva.**
> **Ellos saldrán aunque llueve.**

The first sentence uses the subjunctive because they will go out even if it rains and it is not sure that it will rain. The second sentence uses the indicative. The meaning here is that they will go out even though it is raining and it is a fact that it is raining. Since it is a fact, there is no reason to use the subjunctive.

2. Note that the tense of the verb in the main clause determines whether the present or imperfect subjunctive is used.

> **Se casarán aunque no tengan mucho dinero.**
> **Se casarían aunque no tuvieran mucho dinero.**

A **Te gusta mucho la playa.** Contesten con sí.

1. ¿Irías a la playa aunque hiciera muy mal tiempo?
2. ¿Nadarías aunque estuviera fría el agua?
3. ¿Te meterías en el agua aunque no tuvieras traje de baño?
4. ¿Te sentarías en la playa aunque no hubiera sol?

B **¿Estás seguro(a) que irás?** Contesten con sí.

1. ¡Qué mal tiempo está haciendo! ¿Irás a la playa aunque hace tan mal tiempo?
2. Creo que va a llover. ¿Irás a la playa aunque llueva?
3. Es posible que el agua esté fría. ¿Nadarás aunque esté muy fría?
4. Aquí el agua siempre está fría. ¿Nadarás aunque está tan fría?
5. Pero no tienes traje de baño. ¿Nadarás aunque no lo tienes?
6. Está completamente nublado. ¿Te sentarás en la playa aunque no hay sol?

No importa. Escojan.

1. Ayer ellos fueron a la playa aunque ____ muy mal tiempo.
   a. hacía   **b.** hiciera

2. A Carlos no le importa. El nadaría aunque el agua ____ a cinco grados.
   a. estaba   **b.** estuviera

3. Él está loco. Se metió en el agua aunque no ____ traje de baño.
   a. tenía   **b.** tuviera

4. Él me dijo que no sabía la temperatura del agua pero que nadaría aunque ____ muy fría.
   a. estaba   **b.** estuviera

El subjuntivo con cláusulas adverbiales de tiempo

Using the subjunctive with time expressions

1. Study the following adverbial time expressions.

cuando	*when*
en cuanto	*as soon as*
tan pronto como	*as soon as*
hasta que	*until*
después de que	*after*

2. Observe the following sentences.

   Yo lo veré cuando llegue.
   Le hablaré tan pronto como lo vea.

   Yo lo vi cuando llegó.
   Le hablé tan pronto como lo vi.
   Le saludé en cuanto bajó del tren.

Note that in the first set of sentences the subjunctive was used. Since the action of each sentence is in the future, the action in the time clause has not yet occurred and it cannot be assured that it will occur. It may take place and it may not. For this reason the subjunctive must be used.

In the second set of sentences the indicative was used because the action of each sentence is in the past, the event already took place. The indicative is used because the verb states what in reality happened.

3. The adverbial conjunction of time *antes de que* is an exception. It is always followed by the subjunctive, even in the past.

   Él saldrá antes de que los otros vuelvan.
   Él salió antes de que los otros volvieran.

Ejercicios

A **La boda de mi primo.** Contesten.

1. ¿Verás a tu primo una vez más antes de que se case?
2. ¿Felicitarás a los novios en cuanto salgan de la iglesia?
3. ¿Les llevarás un regalo cuando vayas a la recepción?
4. ¿Los verás después de que regresen (vuelvan) de su luna de miel?

Papelería e Impresos Orly, S.A. de C.V.
Homero 1433, Polanco, 11540 México, D.F.
Citas: 395-5045 y 395-6993 Fax. (52-5) 395-6637

Pedro Ruiz Alarcón　　　　　　　*Anastasio Pérez Tomé*
Ester Muñyoz Carrión　　　　　　*Hilda Aparicio Yábar*

Tienen el gusto de participarles el enlace de sus hijos

Mónica　y　Enrique

*é invitarles a la ceremonia religiosa, que se realizará
el día 30 de Junio a las 3 p.m. en la Iglesia de La Merced*

Lima　　　　　　　　　　　　　　　　*Junio de 1994*

B **La boda de mi primo.** Contesten.

1. ¿Viste a tu primo antes de que se casara?
2. ¿Les diste la enhorabuena a los novios en cuanto salieron de la iglesia?
3. ¿Les llevaste un regalo cuando fuiste a la recepción?
4. ¿Los viste cuando regresaron (volvieron) de su luna de miel?

Una boda en Chincheros, Perú

C **¿Cuándo irás?** Completen con el verbo indicado.

Iré tan pronto como ellos me ——.

1. pagar
2. llamar
3. invitar
4. escribir
5. avisar
6. ver

D **¿Cuándo fuiste?** Completen con el verbo indicado.

Yo fui en cuanto ellos me ——.

1. pagar
2. llamar
3. invitar
4. escribir
5. avisar
6. ver

E **Las bodas.** Completen.

1. Los invitados llegarán a la iglesia antes de que —— los novios. (llegar)
2. Ellos entrarán en la iglesia antes de que —— los novios. (entrar)
3. Los invitados se sentaron antes de que —— la marcha nupcial. (empezar)
4. El cura les dio la bendición antes de que —— la ceremonia. (terminar)
5. Los novios no se levantaron para salir antes de que —— el órgano. (sonar)

CONVERSACIÓN

Escenas de la vida   *¿Te estás enamorando?*

MARCOS: ¿Qué haces el viernes, Elena?
ELENA: ¿El viernes? Tengo una cita con Pepe.
MARCOS: Estás saliendo mucho con Pepe, ¿no? ¿Se está poniendo serio esto?
ELENA: No, no es nada serio. Somos muy buenos amigos, nada más.

A **Está enamorada.** Contesten según la conversación.

1. ¿Con quién tiene cita Elena?
2. ¿Cuándo tiene una cita con Pepe?
3. ¿Están saliendo mucho los dos?
4. ¿Quién cree que están saliendo mucho?
5. ¿Se está poniendo seria la cosa?
6. ¿Qué dice Elena?

B **La cita.** ¿A qué se refiere Marcos con la palabra "esto"?

Comunicación

A **Agente de atletas profesionales.** Ud está negociando un contrato para una famosa tenista norteamericana para jugar en Latinoamérica. Dígale al empresario que ella no jugará a menos que…

B **Papá, quiero casarme.** Su amigo(a) quiere casarse. Dígale que sus padres no se opondrían al casamiento con tal que…

C **Quiero que todo salga bien.** Ud. tiene que organizar la recepción para una prima que se casa. Su compañero es el dueño del restaurante. Dígale todo lo que Ud. quiere que ellos hagan.

Arantxa Sánchez-Vicario, tenista española

D **Me quiero casar.** Imagínese que Ud. es una persona famosa que recibió una propuesta de matrimonio de parte de un(a) admirador(a) secreto(a). Escríbale una nota diciéndole que Ud. no se casaría aunque…

E **Te lo hacen muy difícil.** Los gobiernos imponen reglamentos para las personas que van a casarse. Con un grupo, prepare una lista de reglamentos. Por ejemplo: Los novios no pueden casarse sin que tengan un millón de dólares. Preparen tantos reglamentos como puedan. Mientras más raros, ¡mejor!

F **Sí, hazlo, pero antes de que lo hagas…** Dígale a un(a) compañero(a) de clase que Ud. tiene que hacer lo siguiente. Su compañero(a) le dirá que haga otra cosa primero.

Antes de que te acuestes, quiero que estudies.

1. poner la televisión
2. preparar el desayuno
3. llevar el perro de paseo
4. lavar el coche
5. tomar un baño

EL AMOR ES UNA COSA DIVINA

Como dice el refrán español, "el amor es una cosa divina". Pero antes de que haya amor es necesario que los dos individuos se conozcan. Aquí tenemos la historia de Mónica y Ángel. Ellos son de Medellín, Colombia, y se conocieron en la universidad. En cuanto Ángel vio a Mónica supo que esta muchacha le interesaba. Y Mónica encontró a Ángel un buen mozo[1]. Los dos empezaron a salir juntos, y después de salir dos o tres veces, Mónica invitó a Ángel a su casa de manera que sus padres lo conocieran. Y dentro de poco Ángel invitó a Mónica a su casa para que ella y sus padres se conocieran. Los padres hispanos quieren saber con quién están saliendo sus hijos. Hoy en día los jóvenes salen solos. Ya no hay dueñas como en tiempos pasados, pero es de rigor[2] que los padres sepan con quién están saliendo. Los padres les aconsejan a los jóvenes que se conozcan bien antes de que se casen y que esperen hasta que estén seguros que quieren pasar la vida juntos. Mónica y Ángel saben que el matrimonio es una decisión importante y seria. En los países hispanos todavía hay pocos divorcios y en algunos países el divorcio está prohibido.

Ángel y Mónica seguían saliendo juntos y cada mes se querían más. Sabían que querían casarse. Ángel fue a la casa de Mónica y le pidió al padre la mano de su hija. Poco después los padres anunciaron el compromiso de sus hijos. Hubo un cóctel[3] elegante en el que fijaron la fecha para sus bodas, y todos los parientes de las dos familias y los amigos íntimos festejaron a los nuevos comprometidos. Estas fiestas y reuniones familiares son muy importantes porque el matrimonio es el enlace de las dos familias y durante las fiestas antenupciales las dos familias van conociéndose.

Se casaron un año después. El día de la boda hay generalmente dos ceremonias— la civil y la religiosa. Los novios van a la iglesia acompañados del padrino y de la madrina, de sus pajes de honor y de sus damas de honor. Mónica le pidió a su madre que le sirviera de madrina y Ángel le pidió a su padre que fuera su padrino. Después de la ceremonia Ángel y Mónica salieron de la iglesia como esposo y esposa y fueron a una recepción en donde sus familiares y sus amigos íntimos les dieron la enhorabuena.

Al terminar la recepción, Ángel y Mónica salieron para su viaje de novios. Fueron a Europa a pasar su luna de miel.

[1] buen mozo   *nice looking young man*
[2] de rigor   *essential*
[3] cóctel   *party*

Estudio de palabras

■ **Definiciones.** Pareen.

1. el refrán   **a.** (joven) guapo
2. buen mozo   **b.** el esposo
3. la dueña   **c.** el proverbio
4. rogar   **d.** cierto
5. seguro   **e.** miembros de la familia
6. un cóctel   **f.** la chaperona
7. los parientes   **g.** una fiesta
8. el marido   **h.** pedir

Comprensión

A **Los novios.** Contesten.

1. ¿De dónde son Mónica y Ángel?
2. ¿Dónde se conocieron?
3. ¿Qué hizo Ángel cuando supo que él y Mónica iban a comprometerse?
4. ¿Qué hubo para anunciar su compromiso?
5. ¿Para qué sirven las fiestas antenupciales?

B **La pareja.** Completen.

1. Antes de que una pareja se enamore, es necesario que ——— .
2. Los padres hispanos insisten en que sepan ——— .
3. El día de la boda hay ——— .
4. Durante la recepción los invitados les ——— .

C **El matrimonio.** ¿Sí o no?

1. Los padres no conocieron a los novios de sus hijos hasta mucho después de que comenzaron a salir juntos.
2. Los jóvenes no pueden salir sin ser acompañados de una dueña.
3. Les dan fiestas a los novios para que los parientes puedan ir conociéndose antes de las bodas.
4. Las parejas hispanas suelen casarse algunos días después de anunciar su compromiso.
5. Los novios hispanos siempre escogen a un(a) amigo(a) íntimo(a) para su padrino o madrina.

DESCUBRIMIENTO CULTURAL

*L*os términos "novio" y "novia" tienen, y han tenido varios significados a través del tiempo. Según el diccionario, "novio/novia" es:

1. una persona recién casada
2. la persona que está próxima a casarse
3. la persona que mantiene relaciones amorosas en expectativa de futuro matrimonio

Ahora bien, existen otros términos más específicos para estos diferentes estados. Por ejemplo, "el pretendiente" es el hombre que "pretende" o tiene la intención de casarse. No se han formalizado las relaciones, necesariamente, pero todo el mundo sabe que la intención del joven es casarse. La "prometida" o el "prometido" es la persona que con cierta formalidad ha hecho y recibido promesa de casamiento. Y el "desposado" o la "desposada" es la persona recién casada. Los religiosos, algunos oficiales del gobierno, y los capitanes de barcos están autorizados para "desposar" a los que se presentan para casarse.

Antiguamente, cuando una persona tenía novio, se esperaba que los dos se casaran. Por eso, se evitaba que una pareja saliera sola. La legendaria "dueña", casi siempre una tía soltera[1] o viuda[2], acompañaba a los jóvenes a los bailes o los paseos[3]. En los paseos por la plaza del pueblo, los muchachos iban en una dirección y las muchachas en la otra. Cuando pasaban, se miraban, y más de un amor comenzó en el paseo. Más tarde, sin una dueña, se les permitía salir a los jóvenes, pero siempre en grupo, nunca solos.

Hoy, los "novios" son de varias categorías. En muchas partes del mundo hispano, un "novio" o una "novia" es, más o menos como el *boyfriend* o *girlfriend* de Norteamérica. Pero también hay "novios formales". Los "novios formales" son mucho más que un simple *boyfriend* o *girlfriend*. Los novios formales son "prometidos".

Cuando los "prometidos" declaran su intención de casarse, existe el compromiso. El novio le da un anillo a la novia. En las familias tradicionales, el anillo de compromiso y el anillo de matrimonio era el mismo. Antes de la boda, la novia llevaba el anillo en la mano izquierda, y después, en la mano derecha. Algunas familias mantienen esa tradición, otras no. Y en muchos lugares las novias lucen anillos de compromiso con diamantes igual que en los Estados Unidos.

[1] soltera *unmarried older woman*
[2] viuda *widow*
[3] paseos *walks*

NOVIAS VOGUE

Los matrimonios
que duran

Luna de miel:
Caribe romántico

La fantasía
de un bouquet

Sexo: síndrome
prenupcial

REGALOS
con amor

Etiqueta:
el día más feliz
de la vida

Recepción
Todo a punto

110 vestidos
para el gran día

REALIDADES

Una boda muy elegante en Buenos Aires, Argentina **1**. ¿Te gustaría casarte en esta iglesia?

Una boda judía **2**. ¿Dónde están los novios? ¿Qué lleva el novio en la cabeza?

Esta pareja está enamorada **3**. Ellos dan un paseo por el parque. ¿Cuándo se casarán?

Los novios bailan **4**. Son muy felices. Los invitados les han dado la enhorabuena.

La novia tira su ramo de flores **5**. ¿Quién será la próxima en casarse?

410

Comunicación oral

A **Mi novio(a) ideal.** Describa a su novio(a) ideal. ¿Cómo será esta persona? Describa sus características físicas, su personalidad, sus intereses, sus gustos, su condición económica, etc.

B **Una ceremonia nupcial.** Ud. está hablando con un amigo de Chile. Él quiere saber algo sobre las bodas en los Estados Unidos. Descríbale una ceremonia nupcial a la que Ud. ha asistido.

C **¿Te casarías con un millonario?** Haga una lista de personas famosas. Pregúntele a un(a) compañero(a) de clase si se casaría con esa persona.

Comunicación escrita

A **Una invitación.** Prepare Ud. una invitación a una boda.

B **Notas sociales.** Ud. está haciendo planes para su casamiento. Su familia es bien conocida en su comunidad. El periódico local ha pedido información sobre la boda para publicar un artículo en la sección social. Escríbales la información, incluyendo la fecha y la hora del casamiento, dónde va a tener lugar, los nombres del padrino, la madrina y de las damas y pajes de honor, el lugar de la recepción y el número de invitados.

C **El evento social del año.** Escriba un reporte para un periódico sobre la boda más espectacular que Ud. pueda imaginar. Dé la mayor cantidad posible de detalles.

ENLACE BERRÍOS-GARCÍA

Fotos por Carlos Esteva

El pasado 5 de diciembre y en la iglesia de Nuestra Señora de la Merced, de Ponce, quedaron unidos en sagrado matrimonio los jóvenes contrayentes María de los Ángeles Berríos y Emigdio García Collazo. La encantadora novia vistió un traje nupcial creación de Carlota Alfaro, y llevaba como detalle familiar una sortija de

brillantes y unos pendientes de perla y b recuerdo de su querida abuela.
La recepción tuvo lugar en el antiguo Ca
La ambientación floral fue obra de Delia
Colón tuvo a su cargo la coordinación del feliz a
¡Que la felicidad los acompañe siempre!

D **¡Ay, Dios! ¡Qué desastre!** Una recepción de bodas, a la que Ud. asistió recientemente, resultó ser un completo desastre. Escriba una carta a un(a) amigo(a) describiéndole todo lo que pasó. Use mucho humor y creatividad.

Reintegración

 La familia. Identifiquen.

1. el hermano de mi madre
2. la hermana de mi padre
3. el padre de mi padre
4. la madre de mi padre
5. otro hijo de mis padres
6. los hijos de mis tíos

B **Mi casa.** Describa lo que para Ud. sería una casa ideal.

C **Un viaje.** Preguntas personales.

1. Si ganaras la lotería, ¿harías un viaje?
2. ¿Adónde irías?
3. ¿Quién te acompañaría?
4. ¿Cómo viajarían?
5. ¿Qué harían Uds. durante el viaje?
6. ¿Qué verían y qué visitarían?

D **Otro viaje.** En el Ejercicio C, cambien "si ganaras" la lotería en "si ganas" la lotería. Hagan los cambios necesarios en las preguntas y contéstenlas.

Vocabulario

SUSTANTIVOS

los novios
los enamorados
la pareja
la cita
la dueña
el compromiso
el/la comprometido(a)
la sortija de compromiso
el matrimonio
el anillo de boda
el esposo
la esposa
el marido
la mujer
el enlace

la boda
la ceremonia
el altar
la iglesia
el padrino
la madrina
el paje de honor
la dama de honor
la recepción
el cóctel
el banquete
el/la invitado(a)
el brindis
la felicidad
la suerte

el/la recién casado(a)
el viaje de novios
la luna de miel

ADJETIVOS

nupcial

VERBOS

enamorarse
querer a
comprometerse
casarse
anunciar
intercambiar
brindar

OTRAS PALABRAS Y
EXPRESIONES

para que
de manera que
de modo que
con tal que
sin que
a menos que
aunque
cuando
en cuanto
tan pronto como
hasta que
después de que
antes de que

OBJETIVOS

In this chapter you will learn to do the following:

1. talk about professions and occupations
2. interview for a job
3. state work qualifications
4. introduce statements with "perhaps" or "maybe"
5. discuss the advantages of learning a foreign language for future employment

VOCABULARIO

PALABRAS 1

EL TRABAJO O EL OFICIO

la escuela

el profesor

el consejero de orientación
el orientador

la directora

la oficina

el secretario

la contable

el programador de informática

la tienda por departamentos

la fábrica

los obreros
los trabajadores

la tienda

el comerciante
el mercader

la empleada
la dependiente

el hospital

la médica

la enfermera

el técnico

el taller

el artesano

el artista
el pintor

la escultora

la alcaldía,
el ayuntamiento

el funcionario

la corte, el tribunal

la juez

el abogado

Nota: Aquí tiene Ud. más profesiones que ya conoce.

el cajero	el peluquero
el mozo	el recepcionista
el botones	el agente
el piloto	el policía
el controlador	el operador
el revisor	el mecánico
el cartero	

Ejercicios

A **Los lugares de trabajo.** Contesten según el dibujo.

1. ¿Es una escuela o una oficina?

2. ¿Es un hospital o una farmacia?

3. ¿Es una oficina o una fábrica?

4. ¿Es la corte o la consulta del médico?

5. ¿Es la alcaldía o la iglesia?

6. ¿Es el garaje o el bufete del abogado?

B **¿Quién trabaja dónde?** Contesten.

1. ¿Quién trabaja en la fábrica?
2. ¿Quién trabaja en la alcaldía?
3. ¿Quién trabaja en el hospital?
4. ¿Quién trabaja en un hotel?
5. ¿Quién trabaja a bordo del avión?
6. ¿Quién trabaja en la escuela?
7. ¿Quién trabaja en la farmacia?
8. ¿Quién trabaja en el banco?
9. ¿Quién trabaja en el correo?
10. ¿Quién trabaja en la consulta del médico?

C ¿Quién hace este trabajo? Identifiquen.

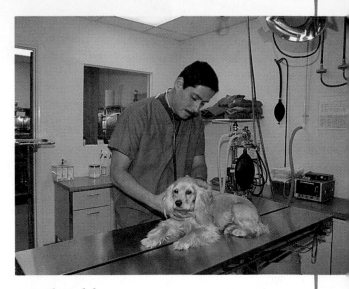

1. Ayuda al médico en el hospital.
2. Trabaja en el laboratorio anatómico.
3. Prepara las recetas que escribe el médico.
4. Ayuda a las personas a defenderse en la corte.
5. Vende mercancías.
6. Prepara cuentas y estados financieros.
7. Da cortes de pelo.
8. Dirige la circulación (el tránsito, el tráfico).
9. Reparte el correo.
10. Registra a los clientes (huéspedes) cuando llegan al hotel.

D Una carrera que me interesaría. Contesten según el modelo.

agente de policía
Sí, me gustaría ser agente de policía. Me interesaría.
No, no me gustaría ser agente de policía. No me interesaría.

1. médico
2. director de una gran empresa (compañía)
3. industrial
4. abogado
5. farmacéutico
6. dentista
7. piloto
8. contable
9. funcionario en una agencia del gobierno
10. veterinario

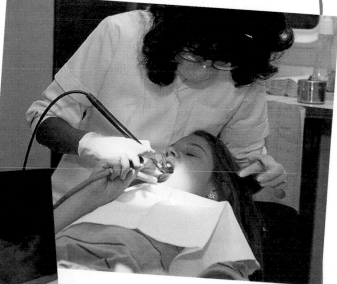

PALABRAS 2

EN BUSCA DE EMPLEO

el aspirante
el candidato

una solicitud de empleo
un historial (currículo) profesional

el departamento (servicio) de personal,
el servicio de recursos humanos

La señorita está libre.
No tiene trabajo. Está desempleada
   (desocupada).
Puede comenzar a trabajar en seguida.
Quizá empiece a trabajar mañana. Puede ser.

Él no trabaja a tiempo completo. (40 horas
   por semana)
Él trabaja a tiempo parcial. (unas veinte
   horas por semana)

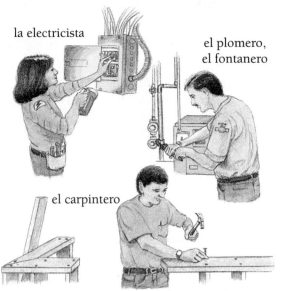

la electricista

el plomero,
el fontanero

el carpintero

Las profesiones son los trabajos que
requieren un título universitario en
campos como la medicina, arquitectura,
farmacia, economía, pedagogía, etc.

Los oficios son los trabajos de especialistas
como electricistas, fontaneros (plomeros),
carpinteros, etc.

Los que trabajan en la agricultura y labran la tierra son labradores.

Los que se dedican a la compra y venta son
comerciantes.

Y hay técnicos especialistas que trabajan en
laboratorios y en campos como la energía
nuclear, la informática, etc.

Nota:
la población activa   la gente que trabaja o que ejerce una profesión
el desempleado   una persona que no tiene trabajo y lo busca

Ejercicios

A Ella solicita trabajo. Contesten según se indica.

1. ¿Juana busca trabajo? (sí)
2. ¿Qué lee? (un anuncio en el periódico)
3. ¿Qué compañía está buscando (reclutando) candidatos? (Austral)
4. ¿Adónde va Juana? (al servicio o departamento de personal)
5. ¿Qué llena ella? (una solicitud de empleo)
6. ¿Qué le da a la recepcionista en el servicio de personal? (su historial profesional)
7. ¿Ella tiene referencias en su historial? (sí)
8. ¿En qué tiene su título universitario Juana? (en informática)
9. ¿Ella va a tener una entrevista? (sí)
10. ¿Cuándo puede empezar a trabajar? (inmediatamente)

B Mi trabajo. Preguntas personales.

1. ¿Trabajas?
2. ¿Dónde?
3. ¿Trabajas a tiempo completo o a tiempo parcial?
4. ¿Estás desempleado(a)?
5. ¿Tienes un salario?
6. ¿Es un salario bueno o módico?

C ¿Qué campo te interesa?
Contesten con sí o no.

1. la arquitectura
2. las ciencias naturales
3. la ciencia política
4. la medicina
5. la pedagogía
6. la criminología
7. las finanzas y la contabilidad
8. la informática
9. la publicidad
10. el marketing, el mercadeo
11. la sociología
12. el turismo

Comunicación

Palabras 1 y 2

A **Te recomiendo que…** Imagínese que Ud. es consejero(a) de orientación en su escuela. Ud. está dándoles entrevistas a sus alumnos. ¿Qué profesiones u oficios recomendaría Ud. a los alumnos a quienes les interesan los siguientes campos?

las matemáticas	el comercio
la biología	los deportes
la literatura	las artes
los idiomas	

B **Adivina lo que hago en mi trabajo.** Piense en un trabajo o profesión y dígale a su compañero(a) de clase dónde trabaja Ud. Su compañero(a) tiene que adivinar lo que Ud. hace. Si no acierta la primera vez, continúe dándole más pistas hasta que su compañero(a) adivine correctamente. Luego cambien de papel, alternándose hasta que adivinen tres veces cada uno.

C **La entrevista.** Imagínese que Ud. es un(a) consejero(a) en una agencia de empleos. Un(a) compañero(a) de clase es un(a) aspirante. Entreviste al/a la aspirante. Pregúntele acerca de sus estudios, experiencia, aptitudes personales, talentos artísticos y buen sentido para los negocios *(business)*. Después de la entrevista recomiéndele un puesto al/a la aspirante.

Tengo un trabajo…

D **Lo positivo y lo negativo.** Con su compañero(a) de clase discutan las siguientes carreras y ocupaciones. Uno de Uds. hace el papel de optimista y el otro, de pesimista (y viceversa). Si Ud. dice algo positivo sobre cada trabajo, su compañero(a) dice algo negativo. Cambien de papel.

1. mecánico
2. agente de viajes
3. abogado
4. profesor
5. músico
6. técnico de computadoras
7. artista
8. cocinero

ESTRUCTURA

El subjuntivo en cláusulas relativas

Describing Indefinite Persons or Things

A grouping of words that modifies a noun is called a relative clause. A relative clause can modify or describe a noun that refers to a specific, definite person or thing, or an indefinite person or thing. When the clause describes a definite person or thing, the verb in the clause is in the indicative. If, however, it modifies an indefinite person or thing, the verb is in the subjunctive. Note too that the *a personal* is omitted when the object is indefinite.

Conocemos a una secretaria que habla bien el español.
Buscamos una secretaria que hable bien el español.

Ejercicios

A **Hay que tener ciertas cualificaciones.** Completen.

1. La compañía Vensa está buscando alguien que ____ (tener) experiencia, que ____ (conocer) bien el español y el inglés y que ____ (poder) viajar.
2. El director del servicio de personal me dijo que necesitan alguien que ____ (estar) libre inmediatamente.
3. Han entrevistado a dos candidatos. Hay un candidato que ____ (tener) experiencia, que ____ (querer) y ____ (poder) trabajar en seguida.
4. Desgraciadamente él no habla inglés y la compañía sigue buscando alguien que ____ (hablar) inglés y que ____ (conocer) el mercado norteamericano.

B **Están buscando empleados.** Contesten.

1. ¿Está buscando un representante la compañía Vensa?
2. ¿Están ofreciendo un puesto que paga bien?
3. ¿Buscan alguien que tenga experiencia en ventas?
4. ¿Quieren alguien que pueda viajar?
5. ¿Necesitan una persona que conozca más de un idioma?
6. ¿Están buscando un candidato que esté libre inmediatamente?

El subjuntivo con *ojalá, tal vez, quizá(s)*

Introducing Statements With Perhaps or Maybe

1. The expressions *ojalá (que)*, "would that, I wish," and *quizá(s)*, "perhaps," are always followed by the subjunctive.

> ¡Ojalá que encontrara trabajo!
> ¡Ojalá que le den una entrevista!
> ¡Quizás lo llamen mañana!

2. The expression *tal vez*, "perhaps, maybe," can be followed by either the subjunctive or the future of the indicative.

> ¡Tal vez venga!
> ¡Tal vez vendrá!

Ejercicios

A ¡Ojalá que tenga trabajo! Contesten según el modelo.

> ¿Va a buscar trabajo Eduardo?
> *¡Ojalá que busque trabajo!*

1. ¿Va a buscar trabajo Eduardo?
2. ¿Va a leer los anuncios en el periódico?
3. ¿Va a preparar su historial profesional?
4. ¿Va a mandar su historial profesional a varias compañías?
5. ¿Va a tener una entrevista?
6. ¿Va a encontrar un puesto?

B No sé. ¡Quizá! Contesten según el modelo.

> ¿Va a venir Sandra?
> *No sé. ¡Quizá venga!*

1. ¿Va a venir Sandra?
2. ¿Va a llegar mañana?
3. ¿Va a pasar algunos días aquí?
4. ¿Va a volver a vivir aquí?
5. ¿Va a buscar trabajo aquí?

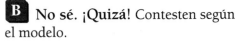

SOLICITUD DE EMPLEO

Escenas de la vida *Me interesa el mercadeo*

SEÑORA: ¿Es Ud. alumna?

CAROLINA: Sí, soy alumna.

SEÑORA: ¿Ud. piensa asistir a la universidad?

CAROLINA: Sí.

SEÑORA: ¿Qué va a estudiar? ¿Qué campos le interesan?

CAROLINA: Quizás me especialice en marketing. Y después, quisiera trabajar en una empresa multinacional.

SEÑORA: ¿Le gustaría viajar?

CAROLINA: Mucho. ¡Ojalá que pudiera ver el mundo!

SEÑORA: Entonces, debe seguir con sus estudios de español.

El mercadeo. Contesten según la conversación.

1. ¿Carolina es alumna?
2. ¿Ella va a continuar con sus estudios?
3. ¿Ella asistirá a la universidad?
4. ¿Recibirá su título?
5. ¿En qué piensa especializarse?
6. ¿Con qué tipo de compañía le gustaría trabajar?
7. ¿Por qué?
8. ¿Por qué debe seguir con sus estudios del español?

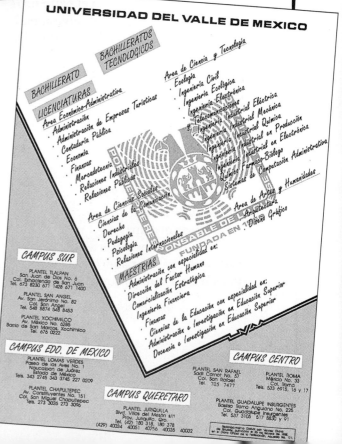

Comunicación

A **El trabajo ideal.** Piense en lo que Ud. consideraría un trabajo ideal—algo que a Ud. le gustaría hacer, que le interesaría mucho. Mencione todos sus deseos usando ¡Ojalá!

B **Posibles carreras.** Trabaje Ud. con un(a) compañero(a) de clase. Cada uno(a) de Uds. preparará una lista de las cosas que le interesan y de las materias o asignaturas que prefieren en la escuela. Luego miren sus listas. Determinen los intereses que tienen en común y los que son muy diferentes. Sugiérale a su compañero(a) algunas profesiones que posiblemente le interesarían. Su compañero(a) le hará a Ud. algunas sugerencias también.

C **Entrevista de candidatos.** Imagínese que Ud. es un oficial de recursos humanos que tiene que entrevistar a varios alumnos de nivel secundario para el puesto de consejero orientador en un campamento de niños. Prepare una lista de las preguntas que hará durante las entrevistas. Después, use estas preguntas entrevistando al primer candidato (su compañero[a] de clase). Luego cambien de papel.

Franklin Chang Díaz, astronauta

Roberto C. Goizueta, presidente de Coca-Cola

Isabel Allende, escritora chilena

EL ESPAÑOL Y SU CARRERA

¿Cree Ud. que el español le será útil en su carrera? Quizá diga que Ud. no sabe. Tal vez tenga Ud. razón por no saber precisamente lo que Ud. hará ni dónde trabajará cuando tenga su título universitario. Pero no hay duda que el conocimiento de un idioma extranjero como el español será un gran beneficio.

Hoy en día el comercio internacional es de suma importancia. No es suficiente exportar nuestros productos al extranjero. Hay que tener una presencia real en muchos países. Así, muchas grandes empresas norteamericanas han llegado a ser multinacionales. Quiere decir que tienen instalaciones o sucursales[1] y filiales en el extranjero. Por esta razón es posible que Ud. trabaje con una compañía norteamericana pero que su oficina esté en un país hispanohablante. Una gran parte de los ingresos[2] de las empresas multinacionales vienen de sus inversiones[3] en el extranjero.

Acuérdese[4] que el español en sí no es una carrera. Pero, el español con otra especialización le da a uno una ventaja de valor incalculable. Si Ud. conoce la contabilidad, la medicina o el marketing, por ejemplo, y además tiene un buen conocimiento del español, podrá trabajar con una empresa multinacional. Con el español y su otra especialización, Ud. podrá encontrar un trabajo que le pague bien, le sea interesante y le permita viajar y conocer el mundo. ¡Ojalá! ¿No?

[1] sucursales *branches*
[2] ingresos *income*
[3] inversiones *investments*
[4] acuérdese *remember*

Estudio de palabras

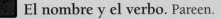

El nombre y el verbo. Pareen.

1. trabajar	a. el pago
2. invertir	b. el viaje
3. conocer	c. el trabajo
4. pagar	d. la exportación
5. beneficiar	e. la inversión
6. especializarse	f. la especialización
7. viajar	g. el conocimiento
8. exportar	h. el producto
9. producir	i. el beneficio
10. ingresar	j. los ingresos

Una fábrica de Ford, México

Comprensión

A **El español.** Contesten.

1. ¿Cree Ud. que el español le será útil en su carrera?
2. ¿Ha escogido Ud. una carrera que quisiera seguir? Si Ud. contesta que sí, ¿cuál es?
3. Hoy en día, ¿qué es muy importante?
4. ¿Cuál es una ventaja de valor incalculable?

B **El comercio y las lenguas.** ¿Sí o no?

1. El único comercio internacional es la exportación de bienes (productos).
2. Es posible tener un puesto con una empresa norteamericana y trabajar en el extranjero.
3. Muchas empresas multinacionales tienen instalaciones y sucursales en países extranjeros.
4. El español en sí es una carrera excelente.
5. El conocimiento de un idioma como el español le podrá beneficiar en muchas carreras diferentes.

Una fábrica de la empresa Hewlett Packard, Barcelona, España

DESCUBRIMIENTO CULTURAL

*D*esde hace ya mucho tiempo se habla de la presencia de empresas norteamericanas en el extranjero. En todas las grandes ciudades de España y Latinoamérica se veía anuncios para IBM de México, Ford de España o Xerox Venezolano. Tanto que en México había un chiste que decía:—si dice "de México" es porque no lo es.

Hoy, no solamente las empresas o compañías norteamericanas son multinacionales. Cada día vemos más y más empresas japonesas, europeas y latinoamericanas con sucursales y filiales en los Estados Unidos. La famosa casa de porcelanas Lladró tiene una sucursal en la Calle 57 de Nueva York. Las cadenas españolas HUSA y Meliá tienen hoteles en ciudades norteamericanas. La línea aérea Iberia pensaba utilizar Miami como centro para vuelos a Latinoamérica. Importantes periódicos y revistas de Nueva York tienen dueños británicos. Los japoneses fabrican automóviles en

Una sucursal de la empresa Xerox, Caracas, Venezuela

Tennessee y Kentucky. Las acciones de las compañías telefónicas de México y España se negocian[1] en Wall Street.

Así es posible que algún día Ud. trabaje con una empresa española o latinoamericana sin tener que salir de los Estados Unidos.

[1] se negocian   *are traded*

Una fábrica en Córdoba, Argentina

Interpretación fotográfica de «Puesto de Flores»
por Francisco Arnó

Sentir la

Sólo cuando
de crear, siente,
se hace vida en
Lladró siente
y la textura.
Lladró conv
sentimiento y
porcelana.

LLADRÓ

NEW YORK STOCK EXCHANGE

-T-T-T-

	27½	5¼	T2 Medical	TSQ	.10	1.8	4	2969	5⅞	5⅝	5⅝	
	9⅝	4	TCBY Ent.	TBY	.20	3.6	23	278	5¾	5⅝	5⅝	–
▲	37	24⅛	TCF Fnl	TCB	.75	2.0	11	78	37⅛	36½	37⅛	+
	10¾	8½	TCW Fd.	CVT	.84	8.2	…	326	10¼	10	10¼	+
n	10½	9⅞	TCW DW Term	TRM	.79	7.9	…	1028	10⅛	10	10	–
n	10⅜	9¼	TCW DW 2003	TMT	.72	7.6	…	1047	9¾	9½	9½	–
x	39	25⅛	TDK Cp	TDK	.44e	1.2	…	180	36⅛	36⅛	36⅛	+
s	25⅞	19⅜	TECO Engy	TE	.96	3.8	19	553	25½	25	25¼	
n	26⅞	22⅞	TIG Hldgs.	TIG	.05p	.2	…	2231	26	25⅝	25¾	
	4⅜	2	TIS Mtginv	TIS	.20	8.9	dd	59	2¼	2⅛	2¼	+
	34¼	20⅛	TJX Cos	TJX	.50	1.7	20	7818	30¼	28⅜	30¼	+ 2
	73½	52	TJX Cos pfC		3.13	4.5	…	569	69	65¾	69	+ 3
	21½	14⅝	TNP Ent	TNP	1.63	9.7	22	414	16¾	16½	16¾	+ ¼
	14¾	6	TRC Cos	TRR		…	76	80	7⅜	7¼	7⅝	+ ⅜
	69⅝	47¾	TRW	TRW	1.88	2.9	20	1238	66	65¼	65½	– ⅜
	36¾	18	Tadiran	TAD	.26	.7	18	788	35¼	34⅜	34¾	– ⅝
	24¼	16¾	TaiwanFd	TWN	.12e	.6	…	68	21⅜	21⅛	21⅜	+ ¼
	7¾	2⅜	TalleyInd	TAL	.30j	…	dd	198	7¾	7½	7¾	+ ⅛
	13	5½	TalleyInd pf			…	…	44	12⅞	12¾	12⅞	…
	69⅞	39½	Tambrands	TMB	1.68f	3.9	18	1921	43¼	42⅛	42¾	+ ½
	16⅞	8½	Tandem	TDM		…	dd	11759	11¾	11	11⅝	+ ½
	36⅞	24⅝	TandyCp	TAN	.60	1.7	17	2293	36⅛	35¾	35⅞	– ¼
	34½	26¾	TandyCp dep pf		2.14	6.3	…	280	34	33¾	34	+ ⅛
s	27⅝	7⅛	Tandycrfts	TAC		…	18	62	12½	12¼	12¼	– ⅛
n	29¾	23½	TangerOtit	SKT	.12p	.4	…	324	28½	28	28	– ⅞
n	15½	11¼	Taubman Ctr	TCO	.88	5.7	…	446	15⅜	14⅝	15⅜	+ ⅝
	13⅝	11⅞	TaurusCalif	MCF	.97e	7.5	…	77	12⅞	12⅝	12⅞	+ ¼
	15⅞	12¼	TaurusNY	MNY	.89e	6.5	…	48	13⅞	13⅝	13⅝	– ⅛
	21½	10¼	TechSym	TSY		…	14	18	19⅛	19	19⅛	+ ⅛
s	61	20¾	TejasGas	TEJ		…	39	45	54¾	54	54	– ¾
n	29	24⅞	TejasGas pf		2.49	8.7	…	2	28½	28½	28½	…
	27⅞	17⅝	Tektronix	TEK	.60	2.5	dd	52	24⅜	24¼	24⅜	…
	5	1	TelCom	TEL		…	7	22	3¼	3⅛	3⅛	…
	46¾	23⅛	TelecomNZ	NZT	1.64e	3.8	…	920	43⅝	43¼	43⅝	+ ¼
▲	26⅛	17	Teledyne	TDY	.80	3.1	21	535	26¼	26	26	– ⅛
	37¼	25¾	TeleEspana	TEF	1.47e	4.2	…	1598	34⅞	34⅜	34⅝	– ⅝
	59⅜	41¼	TelefMex	TMX	.96e	1.9	…	19116	50¾	49⅞	50⅝	+ ⅞
	54¼	41	TempInland	TIN	1.00	2.4	21	1174	43¼	42¼	42⅜	– ¾

ÍNDICES ESPAÑOLES

Total admitido a cotiz. (mill. de pta)	Dividendos líquidos A cuenta	Dividendos líquidos Comple.	Última ampliación Fecha	Última ampliación Condic.	Título	Camb. último vier.	Variac. sem. %
BANCOS COMERCIALES							
78.400,0					**Bilbao Vizcaya**	840	7,18
42.075,1	64,00	80,00	2-8-88	1×15 Par Lib.	**Central**	1.009	–0,59
36.716,0	108,00	12,00	31-7-88	1×10 Lib.	**Banesto**	1.085	–0,46
20.823,3		40,00	15-6-88	2×7 315%	**Exterior**	495	1,02
40.876,8	56,00	44,00	1-9-82	1×10 Lib.	**Hispano**	831	1,47
7.509,3	60,00	58,40	18-11-88	1×10 300%	**Pastor**	460	1,32
14.450,0	72,00	136,00	1-3-82	1×10 Lib.	**Popular**	1.810	–1,25
78.045,0	60,00	52,00	4-7-87	A val. nom.	**Santander**	830	0,36
ELÉCTRICAS							
92.723,0			15-7-88	3×32 Lib. 30%	**FECSA**	44¼	2,61
50.854,1			21-4-88	1×6 Par	**Hidro Cataluña**	63½	0,79
207.029,3	20,00	12,50	20-12-85	1×9 Lib. 35%	**Hidrola**	451	2,97
213.604,4	25,00	17,50	5-10-87	1×10 Par	**Iberduero**	119¾	–0,10
94.339,6		12,50	1-10-87	1×8 Par	**Sevillana**	117½	–3,69
120.754,5		12,50	1-10-87	1×8 PL 20%	**Unión-Fenosa**	81⅞	1,39
ALIMENTACIÓN / TABACOS							
6.296,4			11-8-86	1×3 250%	**Águila**	539½	4,76
2.850,9			15-12-88	1×10 Par Lib	**Azucarera**	6.850	6,04
16.737,9	25,00	35,00	1-10-88	1×10 Par. Lib.	**Tabacalera**	886	4,60
CONSTRUCCIÓN							
10.000,0	32,00	28,00	1-6-88	1×10 Par Lib.	**Dragados**	639½	5,01
8.619,6		26,36	13-12-80	1×5 Lib. 45%	**Vallehermoso**	3.470	–3,21
7.144,9			5-4-88	1×5 P. 275%	**Urbis**	583½	0,95
SIDERÚRGICAS							
9.728,4			1-1-79	6×29 Lib. 40%	**Altos Hornos**	524	8,26
5.513,6	40,00	40,00	1-9-88	1×7 Par Lib.	**Duro Felguera**	1.810	–1,63
1.482,2			10-9-87	1×4 400%	**Auxiliar FF CC**	* P 500	–2,91
22.781,2	50,00		1-7-83	1×1 Lib.	**FASA**	478	0,21
QUÍMICAS							
2.338,8		20,00	1-12-88	1×10 Par Lib.	**Esp. Oxigeno**	* 1.300	0,00
16.260,4			20-11-76	1×7 Lib. 30%	**Ercros**	401	2,04
24.108,5	40,00		20-6-88	1×10 Par Lib.	**CEPSA**	503	1,00
COMUNICACIONES							
430.625,3	20,00	24,00	15-12-85	1×9 Lib. 10%	**Telefónica**	199⅝	5,69
VARIOS							
5.040,0		74,40	30-6-87	1×5 Lib.	**Fénix**	12.350	19,32

La fotógrafa está tomando fotografías de un arroyo en las montañas del centro de Puerto Rico **1**.

Un carpintero construyendo una casa en el norte de México **2**.

Un anuncio clasificado que apareció en un periódico mexicano **3**.

Un camarógrafo en una estación de televisión en la Ciudad de México **4**.

Una señora de ascendencia hispana que trabaja de bombera en Arizona **5**.

433

Comunicación oral

A **¿Qué te interesa?** Hable Ud. con un(a) compañero(a). Discutan las cosas que les interesan y las cosas que les aburren. Después de la conversación, decidan cuáles son algunas profesiones que les interesarían y cuáles no les interesarían, y diga por qué.

B **Puestos deseables.** Ud. está hablando con un amigo latinoamericano. Él quiere saber cuáles son las profesiones u oficios más populares en los EE.UU. Contéstele.

C **La importancia del español.** A Ud. se le ha encargado la tarea de animar a los estudiantes de primer año de español a que continúen aprendiendo español hasta su último año en la escuela. Con un(a) compañero(a) de clase preparen una lista de razones importantes, personales y profesionales, para que los estudiantes norteamericanos aprendan español. Luego, preparen y presenten una conversación para animar a los estudiantes de su clase a que continúen estudiando español. Traten de ser creativos y utilicen su sentido de humor, si así lo desean, de modo que el mensaje se presente con claridad.

Comunicación escrita

A **Mi currículo profesional.** Prepare Ud. su historial profesional en español.

B **Quisiera estudiar para…** Escriba uno o dos párrafos en los que Ud. indica lo que Ud. quisiera hacer, es decir, la carrera que a Ud. le gustaría tener. Indique por qué.

C **¿Necesita trabajo?** Imagínese que Ud. trabaja para una agencia de empleos. Escriba varios anuncios breves para los siguientes puestos. Indique los requisitos y cualidades que los patrones buscan en los solicitantes.

1. mecánico de coches
2. camarero(a) para un restaurante español
3. enfermero(a)
4. dependiente de una tienda de modas

D **¡Muchas gracias por todo!** Imagínese que Ud. acaba de obtener un puesto maravilloso. Escríbale una carta a su maestro(a) favorito(a) dándole las gracias por todo el apoyo (*support*) que le dio. Cuéntele de su nuevo puesto, lo que va a hacer, cuánto paga, las tareas que tiene que hacer, etc.

Reintegración

■ **Todos los tiempos.** Completen con *hacer*, *ir* o *decir*.

1. Ellos ____ un viaje hoy (hacer)
2. Ellos ____ un viaje ayer. (hacer)
3. Ellos ____ muchos viajes cuando eran jóvenes. (hacer)
4. Ellos ____ un viaje mañana. (hacer)
5. Nosotros ____ a España cada año. (ir)
6. Nosotros ____ a España el año pasado. (ir)
7. Nosotros siempre ____ a España cuando nuestros primos vivían allí. (ir)
8. Nosotros ____ a España el año que viene. (ir)
9. Yo se lo ____ a él ahora. (decir)
10. Yo se lo ____ a él ayer. (decir)
11. Yo siempre le ____ la misma cosa. (decir)
12. Yo se lo ____ mil veces si fuera necesario. (decir)

Un edificio de apartamentos diseñado por el arquitecto español Antonio Gaudí, Barcelona, España

Vocabulario

SUSTANTIVOS

el trabajo
la profesión
el oficio
el/la director(a)
el/la secretario(a)
el/la contable
el/la programador(a)
el/la consejero(a) de orientación
el/la orientador(a)
el/la comerciante
el/la mercader
el/la empleado(a)
el/la dependiente
el/la médico(a)
el/la enfermero(a)
el/la técnico(a)
el/la artesano(a)
el/la artista
el/la pintor(a)
el/la escultor(a)

el/la funcionario(a)
el/la juez
el/la abogado(a)
el/la electricista
el/la plomero(a)
el/la fontanero(a)
el/la carpintero(a)
el/la desempleado(a)
el desempleo

la oficina
la fábrica
el taller
el laboratorio
la alcaldía
el ayuntamiento
la corte
el tribunal
el campo
la agricultura
la compra y venta

la informática
la energía nuclear
la arquitectura
la pedagogía

el departamento (servicio) de personal
el departamento de recursos humanos
el/la candidato(a)
el/la aspirante
la solicitud de empleo
el historial profesional
el currículo profesional
el título

ADJETIVOS

libre
desocupado(a)
desempleado(a)

universitario(a)
especialista
nuclear

VERBOS

ejercer (una profesión)
requerir
labrar (la tierra)
solicitar (trabajo)

OTRAS PALABRAS Y EXPRESIONES

en seguida
a tiempo completo
a tiempo parcial
la población activa
ojalá (que)
tal vez
quizá(s)

Here are labels for two medications.

This one is from Mexico.

NAXEN

DOSIS: La que el médico señale.

VÍA DE ADMINISTRACIÓN: Oral

Su venta requiere receta médica.

Consérvese en lugar fresco y seco.

Protéjase de la luz.

No se deje al alcance de los niños.

No se administre en el embarazo y lactancia, ni en niños menores de 12 años.

FÓRMULA: Cada tableta contiene: Naproxén** 500 mg

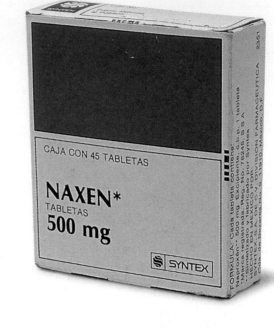

This one is from Spain.

CORTAL

Alivia los dolores de cabeza, dolores musculares, neuralgia, los malestares de resfriados y baja la fiebre.

DOSIS: Adultos de 1 a 2 tabletas con agua. Repítase 1 tableta cada 3 o 4 horas si fuera necesario. Niños de 6 a 12 años, la mitad de las dosis para adultos. Para niños menores de 6 años, consúltese al médico.

FÓRMULA: cada tableta contiene: aspirina, 500 mg.; cafeína, 30 mg.

ADVERTENCIA: MANTENGA ÉSTE Y TODO MEDICAMENTO FUERA DEL ALCANCE DE LOS NIÑOS. EN CASO DE DOSIS EXCESIVA ACCIDENTAL, LLÁMESE AL MÉDICO INMEDIATAMENTE.

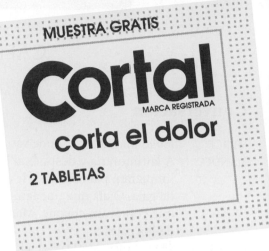

**Los medicamentos.** Now answer the following questions based on the information on the two labels.

1. Which of the medications would you probably take for a headache?
2. Which of the two medications always requires a doctor's prescription?
3. Both medications give the same warning. What is it?
4. Both medications are administered the same way. How?
5. Both contain the same amount of medication. How much is it?
6. Who should NOT take the medication *Naxen*?
7. With regard to *Cortal*, when should a doctor be notified?
8. What are the two ingredients of *Cortal*?
9. What is the price given for *Cortal*?
10. Which of the two medications probably has more serious side effects?

CAPÍTULOS 13–16

Conversación

MERCE: Hola, Manuel. ¿Adónde vas tan de prisa?

MANUEL: A la tintorería y después al banco antes de que cierren. Les pedí que limpiaran, plancharan y le quitaran unas manchas a mi uniforme de gala. Ojalá que puedan. Espero llegar a tiempo al banco. Tengo que cobrar un cheque. Mañana se casa mi hermana, y yo soy uno de los pajes.

MERCE: Ella se casa con Daniel, el hijo del abogado Ferraz, ¿verdad? El hombre tiene cuentas en todos los bancos. Tan pronto como se muera el viejo, se hará rico Danielito.

MANUEL: ¡Qué cosas dices, mujer! Y si no tuviera un céntimo, Sara todavía se casaría con él. Están enamorados, ¿no comprendes?

MERCE: Me callaré entonces, para que no te enfades, capitán. Oye, ¿te dije que tengo un puesto nuevo? Soy administradora con Teleuropa S.A.

MANUEL: ¿La multinacional? ¡Enhorabuena, Merce! Quizás te hagas millonaria igual que el viejo Ferraz.

MERCE: Si me hiciera millonaria, ¿te casarías conmigo?

MANUEL: Merce, contigo me casaría aunque fueras la mujer más pobre del mundo.

MERCE: Anda, guapo. Muchas gracias, pero busco un hombre que siempre diga la verdad. Hasta luego.

■ **Los mandados.** Contesten.

1. ¿Qué quiere Manuel que le hagan en la tintorería?
2. ¿Por qué tiene tanta prisa?
3. ¿Qué va a pasar mañana?
4. ¿Cuál será la profesión de Manuel?
5. ¿Por qué tiene que ir al banco?
6. ¿Con quién se casa Sara?
7. ¿Cuál es la profesión del padre del novio de Sara?
8. Según Merce, ¿que pasaría si se muriera el Sr. Ferraz?
9. ¿Por qué se casarían los novios aunque fuera pobre Daniel?
10. ¿Por qué no dice más Merce?
11. ¿Cuál es la nueva profesión de Merce?
12. ¿Qué le dice Manuel?
13. ¿Qué le pregunta Merce?
14. ¿Por qué no se casaría Merce con Manuel?

Estructura

El subjuntivo y el infinitivo

Remember, the subjunctive is used when there is a change of subject from the main clause to the dependent clause. If the subject of both clauses is the same, then the infinitive is used.

CHANGE OF SUBJECT
Yo quiero que tú comas.

NO CHANGE OF SUBJECT
Yo quiero comer.

 Quieren que... Contesten con *no* según el ejemplo.

Ella quiere que Luis juegue.
Pues, él no quiere jugar.

1. El profesor quiere que tú escribas.
2. Nosotros queremos que Uds. se vayan.
3. El director quiere que Rodríguez trabaje esta noche.
4. Mamá quiere que yo lave los platos.
5. Jorge quiere que Elena conduzca.

El imperfecto del subjuntivo

1. In order to form the imperfect subjunctive of all verbs, the ending of the third person plural of the preterite indicative *-on* is dropped and the appropriate imperfect subjunctive endings are added. Review the forms of the imperfect subjunctive.

hablar	hablara, hablaras, hablara, habláramos, *hablarais*, hablaran
comer	comiera, comieras, comiera, comiéramos, *comierais*, comieran
escribir	escribiera, escribieras, escribiera, escribiéramos, *escribierais*, escribieran

pedir	pidiera, pidieras, pidiera, pidiéramos, *pidierais*, pidieran
saber	supiera, supieras, supiera, supiéramos, *supierais*, supieran
venir	viniera, vinieras, viniera, viniéramos, *vinierais*, vinieran
oír	oyera, oyeras, oyera, oyéramos, *oyerais*, oyeran
decir	dijera, dijeras, dijera, dijéramos, *dijerais*, dijeran
ir/ser	fuera, fueras, fuera, fuéramos, *fuerais*, fueran

2. The past subjunctive functions as does the present subjunctive. If the verb of the main clause is present or future, the present subjunctive is used in the dependent clause. If the verb of the main clause is in the preterite, imperfect, or conditional, the verb of the dependent clause will be in the past subjunctive.

B **¿Quién ganó?** Contesten según el modelo.

> ¿Roberto vino ayer?
> *No, aunque yo quería que viniera.*

1. ¿Los "Osos" ganaron?
2. ¿Uds. recibieron el cheque?
3. ¿Francisco vendió el coche?
4. ¿La maestra estuvo contenta?
5. ¿Ernesto dijo la verdad?
6. ¿Tú lo hiciste bien?

C **El trabajo.** Completen.

1. El jefe quería que nosotros ___ el domingo. (trabajar)
2. Le pedimos que nos ___ trabajar el sábado. (permitir)
3. Yo le dije que ___ confianza en nosotros. (tener)
4. Era importante que ___ un trabajo perfecto. (hacer)
5. Sería bueno si el jefe nos ___ más. (pagar)

El subjuntivo en cláusulas adverbiales

Review the conjunctions that are followed by the subjunctive in the dependent clause:

para que	*so that*
de manera que	*so that*
de modo que	*so that*
con tal que	*provided that*
sin que	*without, unless*
a menos que	*unless*

Remember that *aunque* can be followed by either the subjunctive or the indicative. If there is a doubt expressed in the verb following *aunque,* the subjunctive is used. If there is no doubt, the indicative is used.

D **Vamos a la capital.** Completen.

Yo le dije a Rita que no iría a la capital sin que ella me ___ (acompañar).
1

Ella dijo que sí, con tal que sus padres le ___ (dar) el dinero para el viaje.
2

A menos que ellos le ___ (pagar) el viaje, ella no podrá ir. Papá me dio unos
3

10.000 pesos para que nosotros ___ (poder) alquilar un carro. Pero, a menos
4

que ___ (viajar) Rita conmigo, yo no iré.
5

El subjuntivo en cláusulas adverbiales de tiempo

1. Review the following adverbial expressions of time:

cuando	*when*
en cuanto	*as soon as*
tan pronto como	*as soon as*
hasta que	*until*
después de que	*after*

2. Remember, the subjunctive is used with these expressions when the action is to occur in the future. If the action has already occurred, then the indicative is used.

> Yo le hablaré tan pronto como llegue.
> Yo le hablé tan pronto como llegó.

3. The expression *antes de que* always takes the subjunctive, whether in past, present, or future.

E **El baile.** Completen.

1. Nosotros saldremos en cuanto nos ____ (servir) el café.
2. Pero tan pronto como ____ (sonar) la música, todos nos pusimos de pie.
3. Ya te dije, cuando tú y yo ____ (tener) una oportunidad, nos escaparemos.
4. Podremos salir después de que ____ (terminar) este baile.
5. Pero hasta que no se ____ (acabar) estaremos aquí.
6. Me mataré antes de que ____ (ir) a otra boda.
7. Te digo que no asistiré a otra boda hasta que ____ (casarse) nuestra hija.

Comunicación

A **Su amigo.** Su amigo mexicano se va a casar. Llame al periódico Excélsior y déles los detalles de la boda: nombres, fecha, lugar, hora, padrino, madrina, etc.

B **Una doctora muy famosa.** El periódico de su escuela le ha encargado a Ud. para que entreviste a una famosa doctora venezolana. Pregúntele sobre sus estudios, dónde trabaja, qué es lo que más le gusta de su trabajo, etc. Un(a) compañero(a) de clase hará el papel de la doctora.

EXCELSIOR
EL PERIODICO DE LA VIDA NACIONAL

Registrado Como Artículo de Segunda Clase en la Administración de Correos, el 18 de Marzo de 1917

LAS CIENCIAS

*El emblema
de Madrid*

Antes de Leer

Recent years have witnessed a growing concern for the ecology. The very word is of relatively recent origin. In 1878 the German biologist Ernest Heinrich Haeckel coined the term to describe the relationship between animals and their organic and inorganic environments. In the following selection look for responses to these questions: What causes deserts?; Why have some species of animals disappeared?; What are some effects of overpopulation?; How do predators help humankind?

Lectura

EL HOMBRE, ¿ENEMIGO DE LA NATURALEZA?

El emblema de Madrid es el oso[1] y el madroño. Todavía se ven algunos madroños, un tipo de árbol, en Madrid. Pero los únicos osos están en el zoológico. No es solamente que el hombre los matara, sino que también destruyó su habitat. Para construir sus casas y plantar[2] sus cosechas[3] el hombre limpió la tierra de vegetación. Los bosques desaparecieron. Sin árboles, las lluvias y los vientos erosionaban la tierra y en poco tiempo la tierra misma estaba tan seca y gastada[4] que ya no era productiva. Las plantas evitan la erosión. Las plantas conservan el agua de la lluvia, proveen nutrimentos a la tierra, y ayudan a conservar la humedad. Sin vegetación la tierra se convierte en desierto.

Existe un equilibrio[5] precario entre todos los seres vivientes[6], plantas y animales. Un ejemplo. En los EE.UU. muchos rancheros consideran enemigos a los coyotes porque de vez en cuando se comen una vaca o una oveja. Pero los coyotes se alimentan mayormente de ratones[7] y conejos[8]. Sin los coyotes, los conejos y ratones se multiplicarían rápidamente y se comerían grandes cantidades de la hierba[9] que necesita el ganado. Así, perderían los rancheros.

El aire, la tierra y el agua son tres elementos necesarios para la vida, pero los seguimos contaminando. Algunas sustancias químicas que llegan a los ríos desde las fábricas directamente o por lluvia ácida matan las plantas y los peces[10]. Los detergentes y las aguas negras[11] hacen multiplicar microorganismos que acaban con el oxígeno del agua. Sin oxígeno, las plantas, los peces y otros animales acuáticos mueren. Hay ríos "muertos"

donde no vive nada. En algunas zonas la contaminación del aire, causada por las emisiones de vehículos y fábricas, es tan grave que mucha gente se enferma y muere. La Ciudad de México es un ejemplo. La contaminación del aire hizo que el gobierno limitara el uso de automóviles en la ciudad. Y no podemos olvidarnos del desastre de Chernobil (1986), cuando el reactor atómico se destruyó por fusión emitiendo cantidades de material radiactivo al aire; y la tragedia de Bhopal en la India (1984), donde un accidente en una fábrica química contaminó el aire de gases tóxicos que mataron a más de 2.000 e hicieron daño a unos 150.000. La población humana está creciendo aceleradamente. En México unos 34 niños nacen al año por cada 1.000 personas; en España 12, y en los EE.UU. 16. La superpoblación resulta en una demanda excesiva de energía, de tierra, de vivienda[12] y de varios recursos naturales[13]. Perdemos para siempre bosques y acuíferos. Queremos satisfacer las necesidades de la humanidad sin destruir la naturaleza y la calidad de vida. No será fácil.

[1] el oso *bear*
[2] plantar *to plant*
[3] cosechas *crops*
[4] gastada *spent, barren*
[5] equilibrio *balance*
[6] los seres vivientes *living beings*
[7] ratones *mice*
[8] conejos *rabbits*
[9] la hierba *grass*
[10] los peces *fish*
[11] las aguas negras *sewage*
[12] vivienda *housing*
[13] recursos naturales *natural resources*

Después de leer

A **¿Por qué?** Contesten.

1. ¿Cómo ayudan los coyotes a los rancheros?
2. ¿Qué ocurre cuando echan grandes cantidades de detergentes y aguas negras a los ríos?
3. ¿Cómo y por qué "mueren" los ríos?
4. ¿Cuáles son algunos problemas que causa la superpoblación?
5. ¿Por qué quieren algunos rancheros eliminar a los coyotes?

B **Seguimiento.** Contesten.

1. Explique por qué desaparecen algunas especies de animales.
2. Explique como se forman los desiertos.
3. ¿Qué es la "lluvia ácida"?
4. El acidente nuclear afectó plantas y animales en otras partes de Europa lejos de Chernobil. Explique por qué.
5. Infórmese sobre el desastre de Bhopal y escriba un breve informe en español.

LAS CIENCIAS SOCIALES: LA ECONOMÍA

Antes de leer

The British economist Robert Malthus (1766-1834) called economics "the dismal science." Dismal or not, a knowledge of economic principles is essential to survival in the modern world. The following selection provides a brief explanation of economics. Please review the following terms in preparation: capital, natural resources, human resources, raw material, real property, opportunity costs.

Lectura

LA ECONOMÍA

Hay varias definiciones de economía. Es el estudio de las decisiones que se toman en la producción, distribución y consumo[1] de bienes[2] y servicios. Es el estudio de las maneras en que las sociedades deciden lo que se va a producir, cómo se va a producir, y para quién. Y es el estudio del uso y control de recursos limitados para satisfacer las necesidades y los deseos humanos.

Las necesidades materiales de individuos e instituciones no tienen límite. Hay artículos de primera necesidad como la comida y la ropa. Hay bienes y servicios que no son de primera necesidad, pero son importantes para algunas personas: los diamantes, los perfumes, los viajes de turismo. Los recursos económicos sí tienen límite. Los recursos son escasos[3]. Los recursos económicos son el total de recursos naturales, humanos y fabricados que se usan en la producción de bienes y la provisión de servicios.

Los recursos se dividen en dos categorías: los recursos de propiedad[4] —bienes raíces[5], materia prima[6] y capital— y los recursos humanos. Debido a que los recursos productivos son escasos, es imposible dar a la sociedad todos los bienes y servicios que desea. La escasez de recursos nos obliga a escoger entre los diferentes bienes y servicios.

Si usamos los recursos para una cosa, perdemos la oportunidad de usar esos recursos para otra cosa. Este sacrificio se llama "el costo de oportunidad". Si decides ir al cine en lugar de estudiar para un examen, estás sacrificando la oportunidad de estudiar. Es el costo de oportunidad de ir al cine.

Los economistas tratan de contestar preguntas como: ¿Por qué sufrimos períodos de desempleo? ¿Cuál es el efecto del déficit público en la inflación y en el desempleo? ¿Cómo afecta el valor del dólar a la economía de los EE.UU.?

¹ consumo *consumption*
² bienes *goods*
³ escasos *scarce*
⁴ propiedad *property*
⁵ bienes raíces *real estate*
⁶ materia prima *raw material*

La Bolsa de Valores, Argentina

Después de leer

A **¿Qué es?** Escojan.

> **recurso de propiedad**
> **recurso humano**

1. una fábrica
2. el carbón
3. una ingeniera
4. el dinero
5. los obreros
6. una máquina

B **La economía.** Contesten.

1. ¿Cuáles son algunos bienes de primera necesidad?
2. ¿Cuáles son dos bienes que no son de primera necesidad?
3. ¿Qué son escasos?
4. ¿Cuáles son las dos categorías de recursos?
5. ¿Por qué hay que escoger entre diferentes bienes y servicios?

C **Seguimiento.** Contesten.

1. Malthus tenía una teoría económica muy famosa. Busque la teoría y escriba un resumen breve de la teoría en español.
2. Dé un ejemplo original de un "costo de oportunidad".
3. Dé las tres definiciones de "economía".
4. Diga cuál de los dos tipos de recursos — recursos de propiedad y recursos humanos— Ud. considera más importantes y explique por qué.

LAS HUMANIDADES: LAS BELLAS ARTES

Antes de leer

The work people do has often been a source of artistic expression. In the work of the Spanish artist, Pablo Picasso, for example, bullfighters and circus performers appear again and again. Picasso began painting in the 19th century and continued until his death in 1973. He went through various styles, from realism, to cubism. Here are four paintings by Picasso that depict members of different professions or callings. Please study the pictures.

Las profesiones en cuatro obras de Picasso.

*Pablo Picasso
(1881-1973)*

b.

a.

c.

d.

Después de Leer

A **Las obras.** Contesten.

1. ¿Cuál de las obras es cubista?
2. ¿Qué oficios o profesiones representan?
3. ¿Cuál de los cuadros es de un actor?
4. ¿En qué cuadro aparecen artistas del circo?
5. Picasso pintó tres de los cuadros durante un período de dos o tres años. ¿Cuál de los cuadros pintó Picasso quince años más tarde? ¿Qué lo indica?

B **El título.** Pareen el título con el cuadro.

1. ＿＿ La familia de saltimbanques (acróbatas)
2. ＿＿ El peinado
3. ＿＿ Tres músicos
4. ＿＿ El actor

C **Seguimiento.** Contesten

1. Indique cuál de las obras Ud. considera la menos realista y por qué.
2. Tres de los oficios o profesiones que se representan en los cuadros tienen algo en común. ¿Qué? Comenten.
3. Los historiadores del arte hablan del "período rosa" y del "período azul" en la obra de Picasso. ¿Cuál de los cuadros es de cada uno de los dos períodos?

APÉNDICES

449

MAPAS

ESPAÑA

FRANCIA

ANDORRA

PIRINEOS

Barcelona

Mar Mediterráneo

ISLAS BALEARES

Menorca

Mallorca

Palma
de Mallorca

Formentera

Ibiza

ARGELIA

Golfo
de Vizcaya

San Sebastián

Pamplona

Zaragoza

Ebro

Río

Valencia

Alicante

Murcia

ÁFRICA

Mar Cantábrico

Santander

Bilbao

Burgos

Duero

Río

SIERRA DE GUADARRAMA

Madrid

Toledo

Guadiana

SIERRA MORENA

SIERRA NEVADA

Islas Chafarinas (Esp.)

Melilla (Esp.)

MARRUECOS

Oviedo

León

CORDILLERA CANTÁBRICA

Valladolid

Río

Segovia

Ávila

SIERRA

ESPAÑA

Granada

Málaga

Peñón de
Alhucemas
(Esp.)

Santiago de
Compostela

Salamanca

Río

Tajo

Córdoba

Río

Sevilla

Río
Guadalquivir

Gibraltar (R.U.)

Ceuta (Esp.)

Peñón de Vélez
de la Gomera (Esp.)

N

O   E

Tánger

PORTUGAL

Río

Jerez de la Frontera

Cádiz

Océano
Atlántico

Lisboa

40°

40°

10°

0°

0°

0°

ISLAS CANARIAS

Lanzarote

Fuerteventura

Santa Cruz
de Tenerife

La
Palma

Tenerife

Gomera

Las Palmas

Gran
Canaria

Hierro

ÁFRICA

0   100   200

452

LA AMÉRICA DEL SUR

90°   80°   20°   30°

Mar Caribe

Océano Atlántico

Maracaibo   Caracas

VENEZUELA   GUYANA

Medellín   Georgetown   SURINAM

Bogotá   Paramaribo   Cayena

COLOMBIA   GUAYANA FRANCESA

Islas Galápagos (Ecuador)

Quito

ECUADOR

Guayaquil   *Río Amazonas*

Iquitos

PERÚ   BRASIL

Lima   Cuzco   Brasilia

CORDILLERA DE LOS ANDES

BOLIVIA

La Paz   Sucre

PARAGUAY   São Paulo   Río de Janeiro

Asunción

Océano Pacífico

Córdoba

Rosario   URUGUAY

Valparaíso   Buenos Aires   Montevideo

Santiago

ARGENTINA   Mar del Plata

CHILE

CORDILLERA DE LOS ANDES

Puerto Montt   Bariloche

Islas Malvinas (R.U.)

N

O   E

S

0   500   1000
Kilómetros

Punta Arenas

453

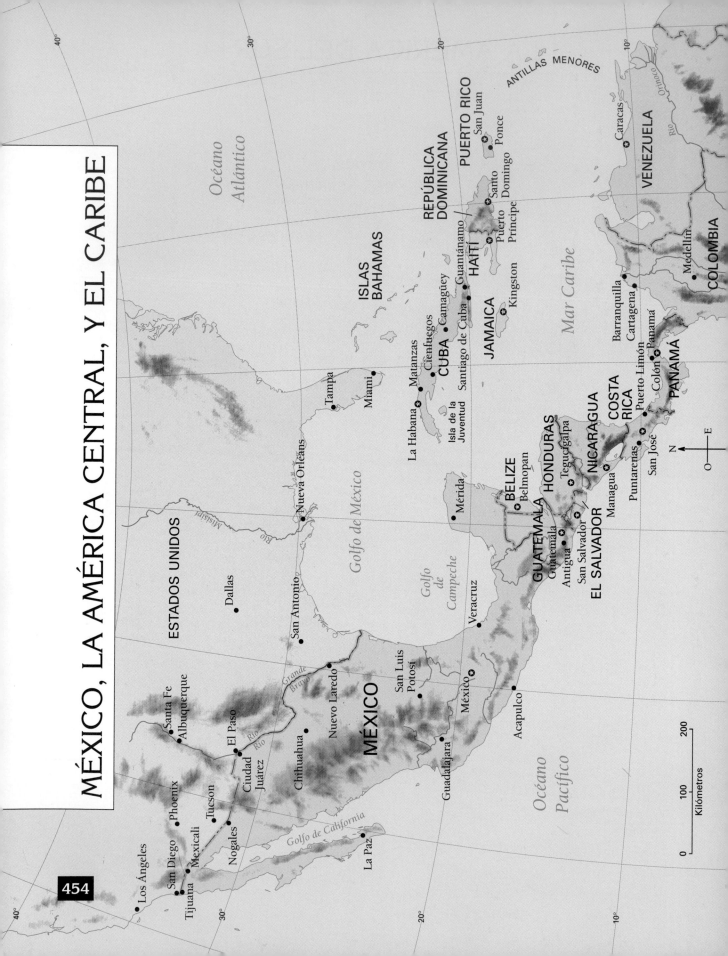

MÉXICO, LA AMÉRICA CENTRAL, Y EL CARIBE

454

ESTADOS UNIDOS

Los Ángeles
San Diego
Tijuana
Mexicali
Phoenix
Nogales
Tucson
Santa Fe
Albuquerque
El Paso
Ciudad Juárez
Chihuahua
Nuevo Laredo
San Antonio
Dallas
Nueva Orléans
Tampa
Miami

Río Grande / Río Bravo
Río Río
Misisipí

MÉXICO
San Luis Potosí
México
Guadalajara
Acapulco
Mérida
Veracruz
La Paz

Golfo de California
Océano Pacífico
Océano Atlántico
Golfo de México
Golfo de Campeche

ISLAS BAHAMAS

La Habana
Matanzas
Cienfuegos
CUBA
Camagüey
Santiago de Cuba
Isla de la Juventud

JAMAICA
Kingston

HAITÍ
Puerto Príncipe
Guantánamo
REPÚBLICA DOMINICANA
Santo Domingo
PUERTO RICO
San Juan
Ponce

Mar Caribe
ANTILLAS MENORES

BELIZE
Belmopán
GUATEMALA
Guatemala
Antigua
San Salvador
EL SALVADOR
HONDURAS
Tegucigalpa
NICARAGUA
Managua
COSTA RICA
Puntarenas
San José
Puerto Limón
PANAMÁ
Colón
Panamá

COLOMBIA
Barranquilla
Cartagena
Medellín

VENEZUELA
Caracas

Río Orinoco

N
O — E

0   100   200
Kilómetros

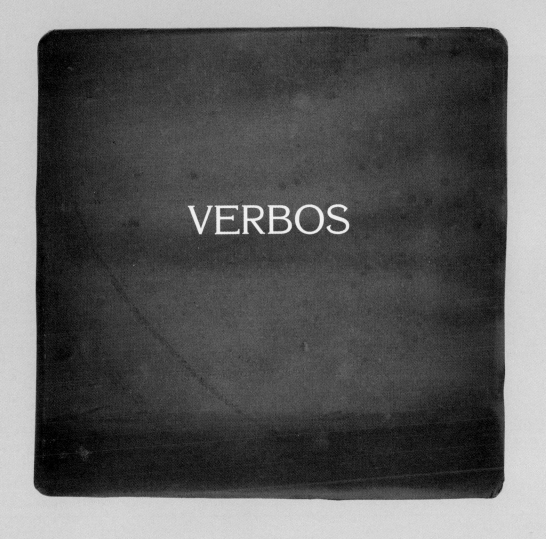

VERBOS

A. Verbos regulares

INFINITIVO	hablar *to speak*	comer *to eat*	vivir *to live*
PRESENTE PROGRESIVO[1]	estar hablando	estar comiendo	estar viviendo
PRESENTE	yo hablo tú hablas él, ella, Ud. habla nosotros(as) hablamos *vosotros(as) habláis* ellos, ellas, Uds. hablan	yo como tú comes él, ella, Ud. come nosotros(as) comemos *vosotros(as) coméis* ellos, ellas, Uds. comen	yo vivo tú vives él, ella, Ud. vive nosotros(as) vivimos *vosotros(as) vivís* ellos, ellas, Uds. viven
PRETÉRITO	yo hablé tú hablaste él, ella, Ud. habló nosotros(as) hablamos *vosotros(as) hablasteis* ellos, ellas, Uds. hablaron	yo comí tú comiste él, ella, Ud. comió nosotros(as) comimos *vosotros(as) comisteis* ellos, ellas, Uds. comieron	yo viví tú viviste él, ella, Ud. vivió nosotros(as) vivimos *vosotros(as) vivisteis* ellos, ellas, Uds. vivieron
IMPERFECTO	yo hablaba tú hablabas él, ella, Ud. hablaba nosotros(as) hablábamos *vosotros(as) hablabais* ellos, ellas, Uds. hablaban	yo comía tú comías él, ella, Ud. comía nosotros(as) comíamos *vosotros(as) comíais* ellos, ellas, Uds. comían	yo vivía tú vivías él, ella, Ud. vivía nosotros(as) vivíamos *vosotros(as) vivíais* ellos, ellas, Uds. vivían
FUTURO	yo hablaré tú hablarás él, ella, Ud. hablará nosotros(as) hablaremos *vosotros(as) hablaréis* ellos, ellas, Uds. hablarán	yo comeré tú comerás él, ella, Ud. comerá nosotros(as) comeremos *vosotros(as) comeréis* ellos, ellas, Uds. comerán	yo viviré tú vivirás él, ella, Ud. vivirá nosotros(as) viviremos *vosotros(as) viviréis* ellos, ellas, Uds. vivirán
POTENCIAL	yo hablaría tú hablarías él, ella, Ud. hablaría nosotros(as) hablaríamos *vosotros(as) hablaríais* ellos, ellas, Uds. hablarían	yo comería tú comerías él, ella, Ud. comería nosotros(as) comeríamos *vosotros(as) comeríais* ellos, ellas, Uds. comerían	yo viviría tú vivirías él, ella, Ud. viviría nosotros(as) viviríamos *vosotros(as) viviríais* ellos, ellas, Uds. vivirían

[1]Verbos con gerundio irregular: *caer: cayendo, construir: construyendo, contribuir: contribuyendo, distribuir: distribuyendo*

A. Verbos regulares

INFINITIVO	**hablar** *to speak*	**comer** *to eat*	**vivir** *to live*
PRESENTE PERFECTO[2]	yo he hablado tú has hablado él, ella, Ud. ha hablado nosotros(as) hemos hablado *vosotros(as) habéis hablado* ellos, ellas, Uds. han hablado	yo he comido tú has comido él, ella, Ud. ha comido nosotros(as) hemos comido *vosotros(as) habéis comido* ellos, ellas, Uds. han comido	yo he vivido tú has vivido él, ella, Ud. ha vivido nosotros(as) hemos vivido *vosotros(as) habéis vivido* ellos, ellas, Uds. han vivido
SUBJUNTIVO PRESENTE	yo hable tú hables él, ella, Ud. hable nosotros(as) hablemos *vosotros(as) habléis* ellos, ellas, Uds. hablen	yo coma tú comas él, ella, Ud. coma nosotros(as) comamos *vosotros(as) comáis* ellos, ellas, Uds. coman	yo viva tú vivas él, ella, Ud. viva nosotros(as) vivamos *vosotros(as) viváis* ellos, ellas, Uds. vivan
SUBJUNTIVO IMPERFECTO	yo hablara tú hablaras él, ella, Ud. hablara nosotros(as) habláramos *vosotros(as) hablarais* ellos, ellas, Uds. hablaran	yo comiera tú comieras él, ella, Ud. comiera nosotros(as) comiéramos *vosotros(as) comierais* ellos, ellas, Uds. comieran	yo viviera tú vivieras él, ella, Ud. viviera nosotros(as) viviéramos *vosotros(as) vivierais* ellos, ellas, Uds. vivieran
IMPERATIVO FORMAL	hable (Ud.) hablen (Uds.)	coma (Ud.) coman (Uds.)	viva (Ud.) vivan (Uds.)
IMPERATIVO FAMILIAR	habla (tú)	come (tú)	vive (tú)

[2]Verbos con participio pasado irregular: *abrir: abierto, cubrir: cubierto, devolver: devuelto, escribir: escrito, freír: frito, morir: muerto, ver: visto*

B. Verbos con cambio radical

INFINITIVO	preferir[3] (e>ie) *to prefer*	volver[4] (o>ue) *to return*	pedir[5] (e>i) *to ask for*
PRESENTE PROGRESIVO	estar prefiriendo	estar volviendo	estar pidiendo
PRESENTE	yo prefiero tú prefieres él, ella, Ud. prefiere nosotros(as) preferimos *vosotros(as) preferís* ellos, ellas, Uds. prefieren	yo vuelvo tú vuelves él, ella, Ud. vuelve nosotros(as) volvemos *vosotros(as) volvéis* ellos, ellas, Uds. vuelven	yo pido tú pides él, ella, Ud. pide nosotros(as) pedimos *vosotros(as) pedís* ellos, ellas, Uds. piden
PRETÉRITO	yo preferí tú preferiste él, ella, Ud. prefirió nosotros(as) preferimos *vosotros(as) preferisteis* ellos, ellas, Uds. prefirieron	yo volví tú volviste él, ella, Ud. volvió nosotros(as) volvimos *vosotros(as) volvisteis* ellos, ellas, Uds. volvieron	yo pedí tú pediste él, ella, Ud. pidió nosotros(as) pedimos *vosotros(as) pedisteis* ellos, ellas, Uds. pidieron
IMPERFECTO	yo prefería tú preferías él, ella, Ud. prefería nosotros(as) preferíamos *vosotros(as) preferíais* ellos, ellas, Uds. preferían	yo volvía tú volvías él, ella, Ud. volvía nosotros(as) volvíamos *vosotros(as) volvíais* ellos, ellas, Uds. volvían	yo pedía tú pedías él, ella, Ud. pedía nosotros(as) pedíamos *vosotros(as) pedíais* ellos, ellas, Uds. pedían
FUTURO	yo preferiré tú preferirás él, ella, Ud. preferirá nosotros(as) preferiremos *vosotros(as) preferiréis* ellos, ellas, Uds. preferirán	yo volveré tú volverás él, ella, Ud. volverá nosotros(as) volveremos *vosotros(as) volveréis* ellos, ellas, Uds. volverán	yo pediré tú pedirás él, ella, Ud. pedirá nosotros(as) pediremos *vosotros(as) pediréis* ellos, ellas, Uds. pedirán
POTENCIAL	yo preferiría tú preferirías él, ella, Ud. preferiría nosotros(as) preferiríamos *vosotros(as) preferiríais* ellos, ellas, Uds. preferirían	yo volvería tú volverías él, ella, Ud. volvería nosotros(as) volveríamos *vosotros(as) volveríais* ellos, ellas, Uds. volverían	yo pediría tú pedirías él, ella, Ud. pediría nosotros(as) pediríamos *vosotros(as) pediríais* ellos, ellas, Uds. pedirían

[3]Verbos similares: *sugerir: sugiriendo*

[4]Verbos similares: *morir: muriendo, jugar*

[5]Verbos similares: *freír: friendo, pedir: pidiendo, repetir: repitiendo, seguir: siguiendo, sentir: sintiendo, servir: sirviendo*

B. Verbos con cambio radical

INFINITIVO	preferir[3] (e>ie) *to prefer*	volver[4] (o>ue) *to return*	pedir[5] (e>i) *to ask for*
PRESENTE PERFECTO	yo he preferido tú has preferido él, ella, Ud. ha preferido nosotros(as) hemos preferido *vosotros(as) habéis preferido* ellos, ellas, Uds. han preferido	yo he vuelto tú has vuelto él, ella, Ud. ha vuelto nosotros(as) hemos vuelto *vosotros(as) habéis vuelto* ellos, ellas, Uds. han vuelto	yo he pedido tú has pedido él, ella, Ud. ha pedido nosotros(as) hemos pedido *vosotros(as) habéis pedido* ellos, ellas, Uds. han pedido
SUBJUNTIVO PRESENTE	yo prefiera tú prefieras él, ella, Ud. prefiera nosotros(as) preferamos *vosotros(as) preferáis* ellos, ellas, Uds. prefieran	yo vuelva tú vuelvas él, ella, Ud. vuelva nosotros(as) volvamos *vosotros(as) volváis* ellos, ellas, Uds. vuelvan	yo pida tú pidas él, ella, Ud. pida nosotros(as) pidamos *vosotros(as) pedáis* ellos, ellas, Uds. piden
SUBJUNTIVO IMPERFECTO	yo prefiriera tú prefirieras él, ella, Ud. prefiriera nosotros(as) prefiriéramos *vosotros(as) prefirierais* ellos, ellas, Uds. prefirieran	yo volviera tú volvieras él, ella, Ud. volviera nosotros(as) volviéramos *vosotros(as) volvierais* ellos, ellas, Uds. volvieran	yo pidiera tú pidieras él, ella, Ud. pidiera nosotros(as) pidiéramos *vosotros(as) pidierais* ellos, ellas, Uds. pidieran
IMPERATIVO FORMAL	prefiera (Ud.) prefieran (Uds.)	vuelva (Ud.) vuelvan (Uds.)	pida (Ud.) pidan (Uds.)
IMPERATIVO FAMILIAR	prefiere (tú)	vuelve (tú)	pide (tú)

[3]Verbos similares: *sugerir: sugiriendo*

[4]Verbos similares: *morir: muriendo, jugar*

[5]Verbos similares: *freír: friendo, pedir: pidiendo, repetir: repitiendo, seguir: siguiendo, sentir: sintiendo, servir: sirviendo*

C. Verbos irregulares

INFINITIVO	**andar** *to walk*	**conocer** *to know*	**dar** *to give*
PRESENTE PROGRESIVO	estar andando	estar conociendo	estar dando
PRESENTE	yo ando tú andas él, ella, Ud. anda nosotros(as) andamos *vosotros(as) andáis* ellos, ellas, Uds. andan	yo conozco tú conoces él, ella, Ud. conoce nosotros(as) conocemos *vosotros(as) conocéis* ellos, ellas, Uds. conocen	yo doy tú das él, ella, Ud. da nosotros(as) damos *vosotros(as) dais* ellos, ellas, Uds. dan
PRETÉRITO	yo anduve tú anduviste él, ella, Ud. anduvo nosotros(as) anduvimos *vosotros(as) anduvisteis* ellos, ellas, Uds. anduvieron	yo conocí tú conociste él, ella, Ud. conoció nosotros(as) conocimos *vosotros(as) conocisteis* ellos, ellas, Uds. conocieron	yo di tú diste él, ella, Ud. dio nosotros(as) dimos *vosotros(as) disteis* ellos, ellas, Uds. dieron
IMPERFECTO	yo andaba tú andabas él, ella, Ud. andaba nosotros(as) andábamos *vosotros(as) andabais* ellos, ellas, Uds. andaban	yo conocía tú conocías él, ella, Ud. conocía nosotros(as) conocíamos *vosotros(as) conocíais* ellos, ellas, Uds. conocían	yo daba tú dabas él, ella, Ud. daba nosotros(as) dábamos *vosotros(as) dabais* ellos, ellas, Uds. daban
FUTURO	yo andaré tú andarás él, ella, Ud. andará nosotros(as) andaremos *vosotros(as) andaréis* ellos, ellas, Uds. andarán	yo conoceré tú conocerás él, ella, Ud. conocerá nosotros(as) conoceremos *vosotros(as) conoceréis* ellos, ellas, Uds. conocerán	yo daré tú darás él, ella, Ud. dará nosotros(as) daremos *vosotros(as) daréis* ellos, ellas, Uds. darán
POTENCIAL	yo andaría tú andarías él, ella, Ud. andaría nosotros(as) andaríamos *vosotros(as) andaríais* ellos, ellas, Uds. andarían	yo conocería tú conocerías él, ella, Ud. conocería nosotros(as) conoceríamos *vosotros(as) conoceríais* ellos, ellas, Uds. conocerían	yo daría tú darías él, ella, Ud. daría nosotros(as) daríamos *vosotros(as) daríais* ellos, ellas, Uds. darían

C. Verbos irregulares

INFINITIVO	**andar** *to walk*	**conocer** *to know*	**dar** *to give*
PRESENTE PERFECTO	yo he andado tú has andado él, ella, Ud. ha andado nosotros(as) hemos andado *vosotros(as) habéis andado* ellos, ellas, Uds. han andado	yo he conocido tú has conocido él, ella, Ud. ha conocido nosotros(as) hemos conocido *vosotros(as) habéis conocido* ellos, ellas, Uds. han conocido	yo he dado tú has dado él, ella, Ud. ha dado nosotros(as) hemos dado *vosotros(as) habéis dado* ellos, ellas, Uds. han dado
SUBJUNTIVO PRESENTE	yo ande tú andes él, ella, Ud. ande nosotros(as) andemos *vosotros(as) andéis* ellos, ellas, Uds. anden	yo conozca tú conozcas él, ella, Ud. conozca nosotros(as) conozcamos *vosotros(as) conozcáis* ellos, ellas, Uds. conozcan	yo dé tú des él, ella, Ud. dé nosotros(as) demos *vosotros(as) deis* ellos, ellas, Uds. den
SUBJUNTIVO IMPERFECTO	yo anduviera tú anduvieras él, ella, Ud. anduviera nosotros(as) anduviéramos *vosotros(as) anduvierais* ellos, ellas, Uds. anduvieran	yo conociera tú conocieras él, ella, Ud. conociera nosotros(as) conociéramos *vosotros(as) conocierais* ellos, ellas, Uds. conocieran	yo diera tú dieras él, ella, Ud. diera nosotros(as) diéramos *vosotros(as) dierais* ellos, ellas, Uds. dieran
IMPERATIVO FORMAL	ande (Ud.) anden (Uds.)	conozca (Ud.) conozcan (Uds.)	dé (Ud.) den (Uds.)
IMPERATIVO FAMILIAR	anda (tú)	conoce (tú)	da (tú)

C. Verbos irregulares

INFINITIVO	decir *to tell*	empezar *to begin*	estar *to be*
PRESENTE PROGRESIVO	estar diciendo	estar empezando	
PRESENTE	yo digo tú dices él, ella, Ud. dice nosotros(as) decimos *vosotros(as) decís* ellos, ellas, Uds. dicen	yo empiezo tú empiezas él, ella, Ud. empieza nosotros(as) empezamos *vosotros(as) empezáis* ellos, ellas, Uds. empiezan	yo estoy tú estás él, ella, Ud. está nosotros(as) estamos *vosotros(as) estáis* ellos, ellas, Uds. están
PRETÉRITO	yo dije tú dijiste él, ella, Ud. dijo nosotros(as) dijimos *vosotros(as) dijisteis* ellos, ellas, Uds. dijeron	yo empecé tú empezaste él, ella, Ud. empezó nosotros(as) empezamos *vosotros(as) empezasteis* ellos, ellas, Uds. empezaron	yo estuve tú estuviste él, ella, Ud. estuvo nosotros(as) estuvimos *vosotros(as) estuvisteis* ellos, ellas, Uds. estuvieron
IMPERFECTO	yo decía tú decías él, ella, Ud. decía nosotros(as) decíamos *vosotros(as) decíais* ellos, ellas, Uds. decían	yo empezaba tú empezabas él, ella, Ud. empezaba nosotros(as) empezábamos *vosotros(as) empezabais* ellos, ellas, Uds. empezaban	yo estaba tú estabas él, ella, Ud. estaba nosotros(as) estábamos *vosotros(as) estabais* ellos, ellas, Uds. estaban
FUTURO	yo diré tú dirás él, ella, Ud. dirá nosotros(as) diremos *vosotros(as) diréis* ellos, ellas, Uds. dirán	yo empezaré tú empezarás él, ella, Ud. empezará nosotros(as) empezaremos *vosotros(as) empezaréis* ellos, ellas, Uds. empezarán	yo estaré tú estarás él, ella, Ud. estará nosotros(as) estaremos *vosotros(as) estaréis* ellos, ellas, Uds. estarán
POTENCIAL	yo diría tú dirías él, ella, Ud. diría nosotros(as) diríamos *vosotros(as) diríais* ellos, ellas, Uds. dirían	yo empezaría tú empezarías él, ella, Ud. empezaría nosotros(as) empezaríamos *vosotros(as) empezaríais* ellos, ellas, Uds. empezarían	yo estaría tú estarías él, ella, Ud. estaría nosotros(as) estaríamos *vosotros(as) estaríais* ellos, ellas, Uds. estaría

C. Verbos irregulares

INFINITIVO	**decir** *to tell*	**empezar** *to begin*	**estar** *to be*
PRESENTE PERFECTO	yo he dicho tú has dicho él, ella, Ud. ha dicho nosotros(as) hemos dicho *vosotros(as) habéis dicho* ellos, ellas, Uds. han dicho	yo he empezado tú has empezado él, ella, Ud. ha empezado nosotros(as) hemos empezado *vosotros(as) habéis empezado* ellos, ellas, Uds. han empezado	yo he estado tú has estado él, ella, Ud. ha estado nosotros(as) hemos estado *vosotros(as) habéis estado* ellos, ellas, Uds. han estado
SUBJUNTIVO PRESENTE	yo diga tú digas él, ella, Ud. diga nosotros(as) digamos *vosotros(as) digáis* ellos, ellas, Uds. digan	yo empiece tú empieces él, ella, Ud. empiece nosotros(as) empecemos *vosotros(as) empecéis* ellos, ellas, Uds. empiecen	yo esté tú estés él, ella, Ud. esté nosotros(as) estemos *vosotros(as) estéis* ellos, ellas, Uds. estén
SUBJUNTIVO IMPERFECTO	yo dijera tú dijeras él, ella, Ud. dijera nosotros(as) dijéramos *vosotros(as) dijerais* ellos, ellas, Uds. dijeran	yo empezara tú empezaras él, ella, Ud. empezara nosotros(as) empezáramos *vosotros(as) empezarais* ellos, ellas, Uds. empezaran	yo estuviera tú estuvieras él, ella, Ud. estuviera nosotros(as) estuviéramos *vosotros(as) estuvierais* ellos, ellas, Uds. estuvieran
IMPERATIVO FORMAL	diga (Ud.) digan (Uds.)	empiece (Ud.) empiecen (Uds.)	esté (Ud.) estén (Uds.)
IMPERATIVO FAMILIAR	di (tú)	empieza (tú)	está (tú)

C. Verbos irregulares

INFINITIVO	**hacer** *to do*	**ir** *to go*	**leer** *to read*
PRESENTE PROGRESIVO	estar haciendo	estar yendo	estar leyendo
PRESENTE	yo hago tú haces él, ella, Ud. hace nosotros(as) hacemos *vosotros(as) hacéis* ellos, ellas, Uds. hacen	yo voy tú vas él, ella, Ud. va nosotros(as) vamos *vosotros(as) vais* ellos, ellas, Uds. van	yo leo tú lees él, ella, Ud. lee nosotros(as) leemos *vosotros(as) leéis* ellos, ellas, Uds. leen
PRETÉRITO	yo hice tú hiciste él, ella, Ud. hizo nosotros(as) hicimos *vosotros(as) hicisteis* ellos, ellas, Uds. hicieron	yo fui tú fuiste él, ella, Ud. fue nosotros(as) fuimos *vosotros(as) fuisteis* ellos, ellas, Uds. fueron	yo leí tú leíste él, ella, Ud. leyó nosotros(as) leímos *vosotros(as) leísteis* ellos, ellas, Uds. leyeron
IMPERFECTO	yo hacía tú hacías él, ella, Ud. hacía nosotros(as) hacíamos *vosotros(as) hacíais* ellos, ellas, Uds. hacían	yo iba tú ibas él, ella, Ud. iba nosotros(as) íbamos *vosotros(as) ibais* ellos, ellas, Uds. iban	yo leía tú leías él, ella, Ud. leía nosotros(as) leíamos *vosotros(as) leíais* ellos, ellas, Uds. leían
FUTURO	yo haré tú harás él, ella, Ud. hará nosotros(as) haremos *vosotros(as) haréis* ellos, ellas, Uds. harán	yo iré tú irás él, ella, Ud. irá nosotros(as) iremos *vosotros(as) iréis* ellos, ellas, Uds. irán	yo leeré tú leerás él, ella, Ud. leerá nosotros(as) leeremos *vosotros(as) leeréis* ellos, ellas, Uds. leerán
POTENCIAL	yo haría tú harías él, ella, Ud. haría nosotros(as) haríamos *vosotros(as) haríais* ellos, ellas, Uds. harían	yo iría tú irías él, ella, Ud. iría nosotros(as) iríamos *vosotros(as) iríais* ellos, ellas, Uds. irían	yo leería tú leerías él, ella, Ud. leería nosotros(as) leeríamos *vosotros(as) leeríais* ellos, ellas, Uds. leerían

C. Verbos irregulares

INFINITIVO	**hacer** *to do*	**ir** *to go*	**leer** *to read*
PRESENTE PERFECTO	yo he hecho tú has hecho él, ella, Ud. ha hecho nosotros(as) hemos hecho *vosotros(as) habéis hecho* ellos, ellas, Uds. han hecho	yo he ido tú has ido él, ella, Ud. ha ido nosotros(as) hemos ido *vosotros(as) habéis ido* ellos, ellas, Uds. han ido	yo he leído tú has leído él, ella, Ud. ha leído nosotros(as) hemos leído *vosotros(as) habéis leído* ellos, ellas, Uds. han leído
SUBJUNTIVO PRESENTE	yo haga tú hagas él, ella, Ud. haga nosotros(as) hagamos *vosotros(as) hagáis* ellos, ellas, Uds. hagan	yo vaya tú vayas él, ella, Ud. vaya nosotros(as) vayamos *vosotros(as) vayáis* ellos, ellas, Uds. vayan	yo lea tú leas él, ella, Ud. lea nosotros(as) leamos *vosotros(as) leáis* ellos, ellas, Uds. lean
SUBJUNTIVO IMPERFECTO	yo hiciera tú hicieras él, ella, Ud. hiciera nosotros(as) hiciéramos *vosotros(as) hicierais* ellos, ellas, Uds. hicieran	yo fuera tú fueras él, ella, Ud. fuera nosotros(as) fuéramos *vosotros(as) fuerais* ellos, ellas, Uds. fueran	yo leyera tú leyeras él, ella, Ud. leyera nosotros(as) leyéramos *vosotros(as) leyerais* ellos, ellas, Uds. leyeran
IMPERATIVO FORMAL	haga (Ud.) hagan (Uds.)	vaya (Ud.) vayan (Uds.)	lea (Ud.) lean (Uds.)
IMPERATIVO FAMILIAR	haz (tú)	ve (tú)	lee (tú)

C. Verbos irregulares

INFINITIVO	oír *to hear*	poder *to be able*	poner *to put*
PRESENTE PROGRESIVO	estar oyendo		estar poniendo
PRESENTE	yo oigo tú oyes él, ella, Ud. oye nosotros(as) oímos *vosotros(as) oís* ellos, ellas, Uds. oyen	yo puedo tú puedes él, ella, Ud. puede nosotros(as) podemos *vosotros(as) podéis* ellos, ellas, Uds. pueden	yo pongo tú pones él, ella, Ud. pone nosotros(as) ponemos *vosotros(as) ponéis* ellos, ellas, Uds. ponen
PRETÉRITO	yo oí tú oíste él, ella, Ud. oyó nosotros(as) oímos *vosotros(as) oísteis* ellos, ellas, Uds. oyeron	yo pude tú pudiste él, ella, Ud. pudo nosotros(as) pudimos *vosotros(as) pudisteis* ellos, ellas, Uds. pudieron	yo puse tú pusiste él, ella, Ud. puso nosotros(as) pusimos *vosotros(as) pusisteis* ellos, ellas, Uds. pusieron
IMPERFECTO	yo oía tú oías él, ella, Ud. oía nosotros(as) oíamos *vosotros(as) oíais* ellos, ellas, Uds. oían	yo podía tú podías él, ella, Ud. podía nosotros(as) podíamos *vosotros(as) podíais* ellos, ellas, Uds. podían	yo ponía tú ponías él, ella, Ud. ponía nosotros(as) poníamos *vosotros(as) poníais* ellos, ellas, Uds. ponían
FUTURO	yo oiré tú oirás él, ella, Ud. oirá nosotros(as) oiremos *vosotros(as) oiréis* ellos, ellas, Uds. oirán	yo podré tú podrás él, ella, Ud. podrá nosotros(as) podremos *vosotros(as) podréis* ellos, ellas, Uds. podrán	yo pondré tú pondrás él, ella, Ud. pondrá nosotros(as) pondremos *vosotros(as) pondréis* ellos, ellas, Uds. pondrán
POTENCIAL	yo oiría tú oirías él, ella, Ud. oiría nosotros(as) oiríamos *vosotros(as) oiríais* ellos, ellas, Uds. oirían	yo podría tú podrías él, ella, Ud. podría nosotros(as) podríamos *vosotros(as) podríais* ellos, ellas, Uds. podrían	yo pondría tú pondrías él, ella, Ud. pondría nosotros(as) pondríamos *vosotros(as) pondríais* ellos, ellas, Uds. pondrían

C. Verbos irregulares

INFINITIVO	**oír** *to hear*	**poder** *to be able*	**poner** *to put*
PRESENTE PERFECTO	yo he oído tú has oído él, ella, Ud. ha oído nosotros(as) hemos oído *vosotros(as) habéis oído* ellos, ellas, Uds. han oído	yo he podido tú has podido él, ella, Ud. ha podido nosotros(as) hemos podido *vosotros(as) habéis podido* ellos, ellas, Uds. han podido	yo he puesto tú has puesto él, ella, Ud. ha puesto nosotros(as) hemos puesto *vosotros(as) habéis puesto* ellos, ellas, Uds. han puesto
SUBJUNTIVO PRESENTE	yo oiga tú oigas él, ella, Ud. oiga nosotros(as) oigamos *vosotros(as) oigáis* ellos, ellas, Uds. oigan	yo pueda tú puedas él, ella, Ud. pueda nosotros(as) podamos *vosotros(as) podáis* ellos, ellas, Uds. puedan	yo ponga tú pongas él, ella, Ud. ponga nosotros(as) pongamos *vosotros(as) pongáis* ellos, ellas, Uds. pongan
SUBJUNTIVO IMPERFECTO	yo oyera tú oyeras él, ella, Ud. oyera nosotros(as) oyéramos *vosotros(as) oyerais* ellos, ellas, Uds. oyeran	yo pudiera tú pudieras él, ella, Ud. pudiera nosotros(as) pudiéramos *vosotros(as) pudierais* ellos, ellas, Uds. pudieran	yo pusiera tú pusieras él, ella, Ud. pusiera nosotros(as) pusiéramos *vosotros(as) pusierais* ellos, ellas, Uds. pusieran
IMPERATIVO FORMAL	oiga (Ud.) oigan (Uds.)	pueda (Ud.) puedan (Uds.)	ponga (Ud.) pongan (Uds.)
IMPERATIVO FAMILIAR	oye (tú)	puede (tú)	pon (tú)

C. Verbos irregulares

INFINITIVO	querer *to want*	saber *to know*	salir *to leave*
PRESENTE PROGRESIVO	estar queriendo	estar sabiendo	estar saliendo
PRESENTE	yo quiero tú quieres él, ella, Ud. quiere nosotros(as) queremos *vosotros(as) queréis* ellos, ellas, Uds. quieren	yo sé tú sabes él, ella, Ud. sabe nosotros(as) sabemos *vosotros(as) sabéis* ellos, ellas, Uds. saben	yo salgo tú sales él, ella, Ud. sale nosotros(as) salimos *vosotros(as) salís* ellos, ellas, Uds. salen
PRETÉRITO	yo quise tú quisiste él, ella, Ud. quiso nosotros(as) quisimos *vosotros(as) quisisteis* ellos, ellas, Uds. quisieron	yo supe tú supiste él, ella, Ud. supo nosotros(as) supimos *vosotros(as) supisteis* ellos, ellas, Uds. supieron	yo salí tú saliste él, ella, Ud. salió nosotros(as) salimos *vosotros(as) salisteis* ellos, ellas, Uds. salieron
IMPERFECTO	yo quería tú querías él, ella, Ud. quería nosotros(as) queríamos *vosotros(as) queríais* ellos, ellas, Uds. querían	yo sabía tú sabías él, ella, Ud. sabía nosotros(as) sabíamos *vosotros(as) sabíais* ellos, ellas, Uds. sabían	yo salía tú salías él, ella, Ud. salía nosotros(as) salíamos *vosotros(as) salíais* ellos, ellas, Uds. salían
FUTURO	yo querré tú querrás él, ella, Ud. querrá nosotros(as) querremos *vosotros(as) querréis* ellos, ellas, Uds. querrán	yo sabré tú sabrás él, ella, Ud. sabrá nosotros(as) sabremos *vosotros(as) sabréis* ellos, ellas, Uds. sabrán	yo saldré tú saldrás él, ella, Ud. saldrá nosotros(as) saldremos *vosotros(as) saldréis* ellos, ellas, Uds. saldrán
POTENCIAL	yo querría tú querrías él, ella, Ud. querría nosotros(as) querríamos *vosotros(as) querríais* ellos, ellas, Uds. querrían	yo sabría tú sabrías él, ella, Ud. sabría nosotros(as) sabríamos *vosotros(as) sabríais* ellos, ellas, Uds. sabrían	yo saldría tú saldrías él, ella, Ud. saldría nosotros(as) saldríamos *vosotros(as) saldríais* ellos, ellas, Uds. saldrían

C. Verbos irregulares

INFINITIVO	**querer** *to want*	**saber** *to know*	**salir** *to leave*
PRESENTE PERFECTO	yo he querido tú has querido él, ella, Ud. ha querido nosotros(as) hemos querido *vosotros(as) habéis querido* ellos, ellas, Uds. han querido	yo he sabido tú has sabido él, ella, Ud. ha sabido nosotros(as) hemos sabido *vosotros(as) habéis sabido* ellos, ellas, Uds. han sabido	yo he salido tú has salido él, ella, Ud. ha salido nosotros(as) hemos salido *vosotros(as) habéis salido* ellos, ellas, Uds. han salido
SUBJUNTIVO PRESENTE	yo quiera tú quieras él, ella, Ud. quiera nosotros(as) queramos *vosotros(as) queráis* ellos, ellas, Uds. quieran	yo sepa tú sepas él, ella, Ud. sepa nosotros(as) sepamos *vosotros(as) sepáis* ellos, ellas, Uds. sepan	yo salga tú salgas él, ella, Ud. salga nosotros(as) salgamos *vosotros(as) salgáis* ellos, ellas, Uds. salgan
SUBJUNTIVO IMPERFECTO	yo quisiera tú quisieras él, ella, Ud. quisiera nosotros(as) quisiéramos *vosotros(as) quisierais* ellos, ellas, Uds. quisieran	yo supiera tú supieras él, ella, Ud. supiera nosotros(as) supiéramos *vosotros(as) supierais* ellos, ellas, Uds. supieran	yo saliera tú salieras él, ella, Ud. saliera nosotros(as) saliéramos *vosotros(as) salierais* ellos, ellas, Uds. salieran
IMPERATIVO FORMAL	quiera (Ud.) quieran (Uds.)	sepa (Ud.) sepan (Uds.)	salga (Ud.) salgan (Uds.)
IMPERATIVO FAMILIAR	quiere (tú)	sabe (tú)	sal (tú)

C. Verbos irregulares

INFINITIVO	ser *to be*	tener *to have*	traer *to bring*
PRESENTE PROGRESIVO	estar siendo	estar teniendo	estar trayendo
PRESENTE	yo soy tú eres él, ella, Ud. es nosotros(as) somos *vosotros(as) sois* ellos, ellas, Uds. son	yo tengo tú tienes él, ella, Ud. tiene nosotros(as) tenemos *vosotros(as) tenéis* ellos, ellas, Uds. tienen	yo traigo tú traes él, ella, Ud. trae nosotros(as) traemos *vosotros(as) traéis* ellos, ellas, Uds. traen
PRETÉRITO	yo fui tú fuiste él, ella, Ud. fue nosotros(as) fuimos *vosotros(as) fuisteis* ellos, ellas, Uds. fueron	yo tuve tú tuviste él, ella, Ud. tuvo nosotros(as) tuvimos *vosotros(as) tuvisteis* ellos, ellas, Uds. tuvieron	yo traje tú trajiste él, ella, Ud. trajo nosotros(as) trajimos *vosotros(as) trajisteis* ellos, ellas, Uds. trajeron
IMPERFECTO	yo era tú eras él, ella, Ud. era nosotros(as) éramos *vosotros(as) erais* ellos, ellas, Uds. eran	yo tenía tú tenías él, ella, Ud. tenía nosotros(as) teníamos *vosotros(as) teníais* ellos, ellas, Uds. tenían	yo traía tú traías él, ella, Ud. traía nosotros(as) traíamos *vosotros(as) traíais* ellos, ellas, Uds. traían
FUTURO	yo seré tú serás él, ella, Ud. será nosotros(as) seremos *vosotros(as) seréis* ellos, ellas, Uds. serán	yo tendré tú tendrás él, ella, Ud. tendrá nosotros(as) tendremos *vosotros(as) tendréis* ellos, ellas, Uds. tendrán	yo traeré tú traerás él, ella, Ud. traerá nosotros(as) traeremos *vosotros(as) traeréis* ellos, ellas, Uds. traerán
POTENCIAL	yo sería tú serías él, ella, Ud. sería nosotros(as) seríamos *vosotros(as) seríais* ellos, ellas, Uds. serían	yo tendría tú tendrías él, ella, Ud. tendría nosotros(as) tendríamos *vosotros(as) tendríais* ellos, ellas, Uds. tendrían	yo traería tú traerías él, ella, Ud. traería nosotros(as) traeríamos *vosotros(as) traeríais* ellos, ellas, Uds. traerían

C. Verbos irregulares

INFINITIVO	ser *to be*	tener *to have*	traer *to bring*
PRESENTE PERFECTO	yo he sido tú has sido él, ella, Ud. ha sido nosotros(as) hemos sido *vosotros(as) habéis sido* ellos, ellas, Uds. han sido	yo he tenido tú has tenido él, ella, Ud. ha tenido nosotros(as) hemos tenido *vosotros(as) habéis tenido* ellos, ellas, Uds. han tenido	yo he traído tú has traído él, ella, Ud. ha traído nosotros(as) hemos traído *vosotros(as) habéis traído* ellos, ellas, Uds. han traído
SUBJUNTIVO PRESENTE	yo sea tú seas él, ella, Ud. sea nosotros(as) seamos *vosotros(as) seáis* ellos, ellas, Uds. sean	yo tenga tú tengas él, ella, Ud. tenga nosotros(as) tengamos *vosotros(as) tengáis* ellos, ellas, Uds. tengan	yo traiga tú traigas él, ella, Ud. traiga nosotros(as) traigamos *vosotros(as) traigáis* ellos, ellas, Uds. traigan
SUBJUNTIVO IMPERFECTO	yo fuera tú fueras él, ella, Ud. fuera nosotros(as) fuéramos *vosotros(as) fuerais* ellos, ellas, Uds. fueran	yo tuviera tú tuvieras él, ella, Ud. tuviera nosotros(as) tuviéramos *vosotros(as) tuvierais* ellos, ellas, Uds. tuvieran	yo trajera tú trajeras él, ella, Ud. trajera nosotros(as) trajéramos *vosotros(as) trajerais* ellos, ellas, Uds. trajeran
IMPERATIVO FORMAL	sea (Ud.) sean (Uds.)	tenga (Ud.) tengan (Uds.)	traiga (Ud.) traigan (Uds.)
IMPERATIVO FAMILIAR	sé (tú)	ten (tú)	trae (tú)

C. Verbos irregulares

INFINITIVO	venir *to come*	ver *to see*	
PRESENTE PROGRESIVO	estar viniendo	estar viendo	
PRESENTE	yo vengo tú vienes él, ella, Ud. viene nosotros(as) venimos *vosotros(as) venís* ellos, ellas, Uds. vienen	yo veo tú ves él, ella, Ud. ve nosotros(as) vemos *vosotros(as) veis* ellos, ellas, Uds. ven	
PRETÉRITO	yo vine tú viniste él, ella, Ud. vino nosotros(as) vinimos *vosotros(as) vinisteis* ellos, ellas, Uds. vinieron	yo vi tú viste él, ella, Ud. vio nosotros(as) vimos *vosotros(as) visteis* ellos, ellas, Uds. vieron	
IMPERFECTO	yo venía tú venías él, ella, Ud. venía nosotros(as) veníamos *vosotros(as) veníais* ellos, ellas, Uds. venían	yo veía tú veías él, ella, Ud. veía nosotros(as) veíamos *vosotros(as) veíais* ellos, ellas, Uds. veían	
FUTURO	yo vendré tú vendrás él, ella, Ud. vendrá nosotros(as) vendremos *vosotros(as) vendréis* ellos, ellas, Uds. vendrán	yo veré tú verás él, ella, Ud. verá nosotros(as) veremos *vosotros(as) veréis* ellos, ellas, Uds. verán	
POTENCIAL	yo vendría tú vendrías él, ella, Ud. vendría nosotros(as) vendríamos *vosotros(as) vendríais* ellos, ellas, Uds. vendrían	yo vería tú verías él, ella, Ud. vería nosotros(as) veríamos *vosotros(as) veríais* ellos, ellas, Uds. verían	

C. Verbos irregulares

INFINITIVO	venir *to come*	ver *to see*	
PRESENTE PERFECTO	yo he venido tú has venido él, ella, Ud. ha venido nosotros(as) hemos venido *vosotros(as) habéis venido* ellos, ellas, Uds. han venido	yo he visto tú has visto él, ella, Ud. ha visto nosotros(as) hemos visto *vosotros(as) habéis visto* ellos, ellas, Uds. han visto	
SUBJUNTIVO PRESENTE	yo venga tú vengas él, ella, Ud. venga nosotros(as) vengamos *vosotros(as) vengáis* ellos, ellas, Uds. vengan	yo vea tú veas él, ella, Ud. vea nosotros(as) veamos *vosotros(as) veáis* ellos, ellas, Uds. vean	
SUBJUNTIVO IMPERFECTO	yo viniera tú vinieras él, ella, Ud. viniera nosotros(as) viniéramos *vosotros(as) vinierais* ellos, ellas, Uds. vinieran	yo viera tú vieras él, ella, Ud. viera nosotros(as) viéramos *vosotros(as) vierais* ellos, ellas, Uds. vieran	
IMPERATIVO FORMAL	venga (Ud.) vengan (Uds.)	vea (Ud.) vean (Uds.)	
IMPERATIVO FAMILIAR	ven (tú)	ve (tú)	

D. Verbos reflexivos

INFINITIVO	**lavarse** *to wash oneself*		
PRESENTE PROGRESIVO	estar lavándose		
PRESENTE	yo me lavo tú te lavas él, ella, Ud. se lava nosotros(as) nos lavamos *vosotros(as) os laváis* ellos, ellas, Uds. se lavan		
PRETÉRITO	yo me lavé tú te lavaste él, ella, Ud. se lavó nosotros(as) nos lavamos *vosotros(as) os lavasteis* ellos, ellas, Uds. se lavaron		
IMPERFECTO	yo me lavaba tú te lavabas él, ella, Ud. se lavaba nosotros(as) nos lavábamos *vosotros(as) os lavabais* ellos, ellas, Uds. se lavaban		
FUTURO	yo me lavaré tú te lavarás él, ella, Ud. se lavará nosotros(as) nos lavaremos *vosotros(as) os lavaréis* ellos, ellas, Uds. se lavarán		
POTENCIAL	yo me lavaría tú te lavarías él, ella, Ud. se lavaría nosotros(as) nos lavaríamos *vosotros(as) os lavaríais* ellos, ellas, Uds. se lavarían		

D. Verbos reflexivos

INFINITIVO	**lavarse** *to wash oneself*		
PRESENTE PERFECTO	yo me he lavado tú te has lavado él, ella, Ud. se ha lavado nosotros(as) nos hemos lavado *vosotros(as) os habéis lavado* ellos, ellas, Uds. se han lavado		
SUBJUNTIVO PRESENTE	yo me lave tú te laves él, ella, Ud. se lave nosotros(as) nos lavemos *vosotros(as) os lavéis* ellos, ellas, Uds. se laven		
SUBJUNTIVO IMPERFECTO	yo me lavara tú te lavaras él, ella, Ud. se lavara nosotros(as) nos laváramos *vosotros(as) os lavarais* ellos, ellas, Uds. se lavaran		
IMPERATIVO FORMAL	lávese (Ud.) lávense (Uds.)		
IMPERATIVO FAMILIAR	lávate (tú)		

E. Verbos reflexivos con cambio radical

INFINITIVO	acostarse (o>ue) *to go to bed*	despertarse (e>ie) *to wake up*	dormirse (o>ue, u) *to fall asleep*
PRESENTE PROGRESIVO	estar acostándose	estar despertándose	estar durmiéndose
PRESENTE	yo me acuesto tú te acuestas él, ella, Ud. se acuesta nosotros(as) nos acostamos *vosotros(as) os acostáis* ellos, ellas, Uds. se acuestan	yo me despierto tú te despiertas él, ella, Ud. se despierta nosotros(as) nos despertamos *vosotros(as) os despertáis* ellos, ellas, Uds. se despiertan	yo me duermo tú te duermes él, ella, Ud. se duerme nosotros(as) nos dormimos *vosotros(as) os dormís* ellos, ellas, Uds. se duermen
PRETÉRITO	yo me acosté tú te acostaste él, ella, Ud. se acostó nosotros(as) nos acostamos *vosotros(as) os acostasteis* ellos, ellas, Uds. se acostaron	yo me desperté tú te despertaste él, ella, Ud. se despertó nosotros(as) nos despertamos *vosotros(as) os despertasteis* ellos, ellas, Uds. se despertaron	yo me dormí tú te dormiste él, ella, Ud. se durmió nosotros(as) nos dormimos *vosotros(as) os dormisteis* ellos, ellas, Uds. se durmieron
IMPERFECTO	yo me acostaba tú te acostabas él, ella, Ud. se acostaba nosotros(as) nos acostábamos *vosotros(as) os acostabais* ellos, ellas, Uds. se acostaban	yo me despertaba tú te despertabas él, ella, Ud. se despertaba nosotros(as) nos despertábamos *vosotros(as) os despertabais* ellos, ellas, Uds. se despertaban	yo me dormía tú te dormías él, ella, Ud. se dormía nosotros(as) nos dormíamos *vosotros(as) os dormíais* ellos, ellas, Uds. se dormían
FUTURO	yo me acostaré tú te acostarás él, ella, Ud. se acostará nosotros(as) nos acostaremos *vosotros(as) os acostaréis* ellos, ellas, Uds. se acostarán	yo me despertaré tú te despertarás él, ella, Ud. se despertará nosotros(as) nos despertaremos *vosotros(as) os despertaréis* ellos, ellas, Uds. se despertarán	yo me dormiré tú te dormirás él, ella, Ud. se dormirá nosotros(as) nos dormiremos *vosotros(as) os dormiréis* ellos, ellas, Uds. se dormirán
POTENCIAL	yo me acostaría tú te acostarías él, ella, Ud. se acostaría nosotros(as) nos acostaríamos *vosotros(as) os acostaríais* ellos, ellas, Uds. se acostarían	yo me despertaría tú te despertarías él, ella, Ud. se despertaría nosotros(as) nos despertaríamos *vosotros(as) os despertaríais* ellos, ellas, Uds. se despertarían	yo me dormiría tú te dormirías él, ella, Ud. se dormiría nosotros(as) nos dormiríamos *vosotros(as) os dormiríais* ellos, ellas, Uds. se dormirían

E. Verbos reflexivos con cambio radical

INFINITIVO	**acostarse (o>ue)** *to go to bed*	**despertarse (e>ie)** *to wake up*	**dormirse (o>ue, u)** *to fall asleep*
PRESENTE PERFECTO	yo me he acostado tú te has acostado él, ella, Ud. se ha acostado nosotros(as) nos hemos acostado *vosotros(as) os habéis acostado* ellos, ellas, Uds. se han acostado	yo me he despertado tú te has despertado él, ella, Ud. se ha despertado nosotros(as) nos hemos despertado *vosotros(as) os habéis despertado* ellos, ellas, Uds. se han despertado	yo me he dormido tú te has dormido él, ella, Ud. se ha dormido nosotros(as) nos hemos dormido *vosotros(as) os habéis dormido* ellos, ellas, Uds. se han dormido
SUBJUNTIVO PRESENTE	yo me acueste tú te acuestes él, ella, Ud. se acueste nosotros(as) nos acostemos *vosotros(as) os acostéis* ellos, ellas, Uds. se acuesten	yo me despierte tú te despiertes él, ella, Ud. se despierte nosotros(as) nos despertemos *vosotros(as) os despertéis* ellos, ellas, Uds. se despierten	yo me duerma tú te duermas él, ella, Ud. se duerma nosotros(as) nos durmamos *vosotros(as) os durmáis* ellos, ellas, Uds. se duerman
SUBJUNTIVO IMPERFECTO	yo me acostara tú te acostaras él, ella, Ud. se acostara nosotros(as) nos acostáramos *vosotros(as) os acostarais* ellos, ellas, Uds. se acostaran	yo me despertara tú te despertaras él, ella, Ud. se despertara nosotros(as) nos despertáramos *vosotros(as) os despertarais* ellos, ellas, Uds. se despertaran	yo me durmiera tú te durmieras él, ella, Ud. se durmiera nosotros(as) nos durmiéramos *vosotros(as) os durmierais* ellos, ellas, Uds. se durmieran
IMPERATIVO FORMAL	acuéstese (Ud.) acuéstense (Uds.)	despiértese (Ud.) despiértense (Uds.)	duérmase (Ud.) duérmanse (Uds.)
IMPERATIVO FAMILIAR	acuéstate (tú)	despiértate (tú)	duérmete (tú)

E. Verbos reflexivos con cambio radical

INFINITIVO	**divertirse** (e>ie, i) *to enjoy oneself*	**sentarse** (e>ie) *to sit down*	**vestirse** (e>i, i) *to dress oneself*
PRESENTE PROGRESIVO	estar divirtiéndose	estar sentándose	estar vistiéndose
PRESENTE	yo me divierto tú te diviertes él, ella, Ud. se divierte nosotros(as) nos divertimos *vosotros(as) os divertís* ellos, ellas, Uds. se divierten	yo me siento tú te sientas él, ella, Ud. se sienta nosotros(as) nos sentamos *vosotros(as) os sentáis* ellos, ellas, Uds. se sientan	yo me visto tú te vistes él, ella, Ud. se viste nosotros(as) nos vestimos *vosotros(as) os vestís* ellos, ellas, Uds. se visten
PRETÉRITO	yo me divertí tú te divertiste él, ella, Ud. se divirtió nosotros(as) nos divertimos *vosotros(as) os divertisteis* ellos, ellas, Uds. se divirtieron	yo me senté tú te sentaste él, ella, Ud. se sentó nosotros(as) nos sentamos *vosotros(as) os sentasteis* ellos, ellas, Uds. se sentaron	yo me vestí tú te vestiste · él, ella, Ud. se vistió nosotros(as) nos vestimos *vosotros(as) os vestistéis* ellos, ellas, Uds. se vistieron
IMPERFECTO	yo me divertía tú te divertías él, ella, Ud. se divertía nosotros(as) nos divertíamos *vosotros(as) os divertíais* ellos, ellas, Uds. se divertían	yo me sentaba tú te sentabas él, ella, Ud. se sentaba nosotros(as) nos sentábamos *vosotros(as) os sentabais* ellos, ellas, Uds. se sentaban	yo me vestía tú te vestías él, ella, Ud. se vestía nosotros(as) nos vestíamos *vosotros(as) os vestíais* ellos, ellas, Uds. se vestían
FUTURO	yo me divertiré tú te divertirás él, ella, Ud. se divertirá nosotros(as) nos divertiremos *vosotros(as) os divertiréis* ellos, ellas, Uds. se divertirán	yo me sentaré tú te sentarás él, ella, Ud. se sentará nosotros(as) nos sentaremos *vosotros(as) os sentaréis* ellos, ellas, Uds. se sentarán	yo me vestiré tú te vestirás él, ella, Ud. se vestirá nosotros(as) nos vestiremos *vosotros(as) os vestiréis* ellos, ellas, Uds. se vestirán
POTENCIAL	yo me divertiría tú te divertirías él, ella, Ud. se divertiría nosotros(as) nos divertiríamos *vosotros(as) os divertiríais* ellos, ellas, Uds. se divertirían	yo me sentaría tú te sentarías él, ella, Ud. se sentaría nosotros(as) nos sentaríamos *vosotros(as) os sentaríais* ellos, ellas, Uds. se sentarían	yo me vestiría tú te vestirías él, ella, Ud. se vestiría nosotros(as) nos vestiríamos *vosotros(as) os vestiríais* ellos, ellas, Uds. se vestirían

E. Verbos reflexivos con cambio radical

INFINITIVO	divertirse (e>ie, i) *to enjoy oneself*	sentarse (e>ie) *to sit down*	vestirse (e>i, i) *to dress oneself*
PRESENTE PERFECTO	yo me he divertido tú te has divertido él, ella, Ud. se ha divertido nosotros(as) nos hemos divertido *vosotros(as) os habéis* divertido ellos, ellas, Uds. se han divertido	yo me he sentado tú te has sentado él, ella, Ud. se ha sentado nosotros(as) nos hemos sentado *vosotros(as) os habéis* sentado ellos, ellas, Uds. se han sentado	yo me he vestido tú te has vestido él, ella, Ud. se ha vestido nosotros(as) nos hemos vestido *vosotros(as) os habéis* vestido ellos, ellas, Uds. se han vestido
SUBJUNTIVO PRESENTE	yo me divierta tú te diviertas él, ella, Ud. se divierta nosotros(as) nos divirtamos *vosotros(as) os divirtáis* ellos, ellas, Uds. se diviertan	yo me siente tú te sientes él, ella, Ud. se siente nosotros(as) nos sentemos *vosotros(as) os sentéis* ellos, ellas, Uds. se sienten	yo me vista tú te vistas él, ella, Ud. se vista nosotros(as) nos vistamos *vosotros(as) os vistáis* ellos, ellas, Uds. se vistan
SUBJUNTIVO IMPERFECTO	yo me divirtiera tú te divirtieras él, ella, Ud. se divirtiera nosotros(as) nos divirtiéramos *vosotros(as) os divirtierais* ellos, ellas, Uds. se divirtieran	yo me sentara tú te sentaras él, ella, Ud. se sentara nosotros(as) nos sentáramos *vosotros(as) os sentarais* ellos, ellas, Uds. se sentaran	yo me vistiera tú te vistieras él, ella, Ud. se vistiera nosotros(as) nos vistiéramos *vosotros(as) os vistierais* ellos, ellas, Uds. se vistieran
IMPERATIVO FORMAL	diviértase (Ud.) diviértanse (Uds.)	siéntese (Ud.) siéntense (Uds.)	vístase (Ud.) vístanse (Uds.)
IMPERATIVO FAMILIAR	diviértete (tú)	siéntate (tú)	vístete (tú)

VOCABULARIO
ESPAÑOL-INGLÉS

The *Vocabulario español-inglés* contains all productive and receptive vocabulary from Levels 1 and 2.

The numbers following each entry indicate the chapter and vocabulary section in which the word is introduced. For example, **3.2** means that the word first appeared in Level 2, *Capítulo 3, Palabras* 2. Numbers preceded by I indicate vocabulary introduced in Level I; I-BV refers to the introductory *Bienvenido* lesson.

Words without chapter references indicate receptive vocabulary (not taught in the *Palabras* sections) in *A bordo*.

The following abbreviations are used in this glossary.

adj.	adjective
adv.	adverb
conj.	conjunction
dem. adj.	demonstrative adjective
dem. pron.	demonstrative pronoun
dir. obj.	direct object
f.	feminine
fam.	familiar
form.	formal
ind. obj.	indirect object
inf.	infinitive
inform.	informal
interr.	interrogative
interr. adj.	interrogative adjective
interr. pron.	interrogative pronoun
inv.	invariable
irreg.	irregular
m.	masculine
n.	noun
past. part.	past participle
pl.	plural
poss. adj.	possessive adjective
prep.	preposition
pron.	pronoun
sing.	singular
subj.	subject
subjunc.	subjunctive

A

a bordo on board, 7.1
a eso de about, around
a menudo often, 1
abajo down; below
abandonar to leave, 6.1
el/la abogado(a) lawyer, 16.1
el/la abonado(a) subscriber
abordar to get on, board, I-8.1
el pase de abordar boarding pass, I-8.1
abotonar to button
abrazar to embrace, hug, 11.2
el abrazo hug, 11.2
la abreviatura abbreviation
el abrigo overcoat, I-13.1
abril April, I-BV
abrir to open, I-8.2
abrocharse to fasten, 7.1
absorber to absorb
la abuela grandmother, I-6.1
el abuelo grandfather, I-6.1
los abuelos grandparents, I-6.1
abundante abundant
aburrido(a) boring, I-1.1
aburrir to bore, I-13
el abuso abuse
acabar de to have just (done something), 8.2
la academia academy
académico(a) academic
acampar to camp, I-16.2
el accidente accident, 4.1
las acciones stock
el aceite oil, I-15.2
aceleradamente quickly
acelerar to accelerate, 5.1
aceptar accept
la acera sidewalk, 10.1
acercarse to approach, 11.2
acomodar to accommodate
acompañado(a) accompanied
acompañar to accompany
aconsejable advisable
aconsejar to advise, 12.2
acordarse (ue) to remember
acostarse (ue) to go to bed, I-16.1
la actividad activity
activo(a) active, 16.2
el acto act
el actor actor, I-12.2
la actriz actress, I-12.2
actual present, current

la actualidad present time
actualmente at the present time
acuático(a) aquatic, I-11.1
acudir to go; to attend
el acueducto aqueduct
acuerdo: de acuerdo according to
acuífero(a) aquiferous, water-bearing
acusar to accuse; to acknowledge (receipt of a letter)
adaptar to adapt
adecuado(a) adequate
adelantar to overtake, 5.1
además (de) besides
el/la adherente adherent
la adicción addiction
adiós good-bye, I-BV
la adivinanza riddle, puzzle
adivinar to guess
el/la adolescente adolescent
¿adónde? (to) where?, I-4
adoptar to adopt
adorable adorable
adorar to adore, 1.2
adornar to adorn
el adorno ornament
la aduana customs, I-8.2
la advertencia warning
aérea: la línea aérea airline
aeróbico aerobic, I-10.2
el aerodeslizador hydrofoil
el aerograma aerogram, 3.1
el aeropuerto airport, I-8.1
afectar to affect
el afecto affection, fondness
afectuoso(a) affectionate
afeitarse to shave, I-16.1
la crema de afeitar shaving cream, I-16.2
las afueras outskirts, I-5.1
agasajar to entertain splendidly
la agencia de viajes travel agency
el/la agente agent, I-8.1
ágil agile
la aglomeración agglomeration
agonizante dying
agosto August (m.), I-BV
agotador(a) exhausting
agradable pleasant
agregar to add, 9.2

el/la agricultor(a) farmer
la agricultura agriculture, 16.2
el agua (f.) water
el agua de colonia cologne
el agua mineral mineral water
las aguas negras sewage
el aguacate avocado, 9.2
agudo(a) sharp
el águila eagle
el aguinaldo Christmas present, 12.2
el/la ahijado(a) godchild
ahora now
ahorrar to save
los ahorros savings
el aire air, 5.2
al aire libre outdoors, I-9.2
el aire acondicionado air conditioning, 6.2
aislado(a) isolated
el ajo garlic, 9.2
al (a + el) to the
el ala (las alas) wing, 7.2
el alambre wire
el/la albañil mason
la alberca swimming pool, I-11.2
el albergue juvenil youth hostel, I-16.2
la alcaldía city hall, 16.1
el alcance reach
alcanzar (c) reach
el alcohol alcohol
la alcoholemia blood alcohol level
el alcoholismo alchoholism
alegrarse de to be glad about, 12
alegre happy, 12
alemán (alemana) German
la alergia allergy, I-10.2
el alga seaweed
el álgebra algebra, I-2.2
algo something, I-9.1
¿Algo más? Something more?, 2.2
alguien somebody, I-13
algún, alguno(a) some, any
la alimentación food
alimentar to feed
alimentario nourishing
el alimento food
aliviar to alleviate
el alma soul

el **almacén** department store
la **almeja** clam, **9.2**
el **almidón** starch, **13.2**
la **almohada** pillow, **6.2**
el **almuerzo** lunch, I-5.2
alojar to lodge, stay
alquilar to rent, I-11.1
el **alquiler** rent
alrededor (de) around, I-6.2
los **alrededores** outskirts
el **altar** altar, **15.2**
la **alteración** alteration
alternativo(a) alternate
el **altiplano** plateau, **7.2**
la **altitud** altitude, **7.2**
alto(a) tall, I-1.1; high
la **altura** height; altitude, **7.2**
el/la **alumno(a)** student, I-1.1
allá there
allí there
amable kind, I-2.1
amarillo(a) yellow, I-13.2
amazónico(a) Amazon, Amazonian
ambiental environmental
el **ambiente** environment
ambos(as) both
la **ambulancia** ambulance, **4.1**
la **ameba** amoeba
la **América del Sur** South America, I-8.1
americano(a) American, I-1.2
el/la **amigo(a)** friend, I-1.1
el **aminoácido** amino acid
el **amor** love
amoroso(a) amorous
amplio(a) large, roomy
analizar to analyze
anaranjado(a) orange, I-13.2
el/la **anarquista** anarchist
el/la **anatomista** anatomist
el **análisis** analysis
ancho(a) wide, I-13.2
la **anchura** width
andar to walk
el **andén** railway platform, I-14.1
andino(a) Andean
la **anestesia** anesthesia
la **anestesia local** local anesthesia
el/la **anestesista** anesthetist, **4.2**
el **ángulo** angle
el **anillo** ring, **15.1**
el **anillo de boda** wedding ring, **15.1**

el **animal** animal
el **aniversario** anniversary
anoche last night, I-11.2
anónimo(a) anonymous
el **anorak** anorak, I-9.1
antártico(a) antarctic
la **Antártida** Antarctic
anteayer the day before yesterday, I-11.2
antenupcial prenuptial
los **anteojos de (para el) sol** sunglasses, I-11.1
antes de que before, **15.1**
anticipar to anticipate
antiguo(a) ancient, old
antipático(a) unpleasant (person), I-1.1
la **antropología** anthropology
el/la **antropólogo(a)** anthropologist
anunciar to announce, **15.1**
el **anuncio** advertisement, announcement, **7.1**
el **año** year, I-11.2
el **año pasado** last year, I-11.2
este año this year, I-11.2
hace muchos años it's been many years
¡Próspero año nuevo! Happy New Year!, **12.2**
apagar (gu) to turn off, **9.2**
el **aparato** apparatus
aparcar (qu) to park, **5.1**
aparecer (zc) to appear
el **apartado postal** post office box, **3.2**
el **apartamento** apartment, I-5.1
aparte apart
el **apellido** last name
el **apetito** appetite
el **apio** celery, **2.1**
aplaudir to applaude, I-12.2
el **aplauso** applause
el **apodo** nickname
el **apoyo** support
aprender to learn, I-5.2
el **aprendizaje** learning
apretar (ie) to pinch, I-13.2
Me aprieta. It pinches me. I-13.2; It's tight on me.
aprobado(a) passing
aproximadamente approximately
los **apuntes** notes, I-3.2
aquel, aquella that, I-9.2

aquí here
el/la **árabe** Arab
el/la **árbitro(a)** referee, I-7.1
el **árbol** tree, I-6.2
el **árbol de Navidad** Christmas tree, **12.2**
el **árbol genealógico** family tree
el **área (f.)** area
la **arena** sand, I-11.1
argentino(a) Argentinian, I-2.1
la **aritmética** arithmetic, I-2.2
armar una tienda to put up a tent, I-16.2
el **armario** closet, **6.2**
el **aro** hoop, I-7.2
la **arquitectura** architecture, **16.2**
las **arras** thirteen coins given by bridegroom to bride at a wedding ceremony
arreglar to fix
arriba above, **8.2**
arrimar to put or place near
el **arroz** rice, I-15.2
arrugado(a) wrinkled, **13.2**
el **arte (f.)** art, I-2.2
las **bellas artes** fine arts
el **artefacto** artifact
arterial arterial, **4.2**
la **artesanía** handicraft
el/la **artesano(a)** artisan, **16.1**
el **artículo** article
el **artículo de tocador** toiletry
el/la **artista** artist, I-12.2
artístico(a) artistic, I-12
asar to broil, **9.1**
la **ascendencia** ancestry
el **ascensor** elevator, I-5.1
asegurar to insure, **3.2**
el **aseo** lavatory, **7.1**
así thus
el **asiento** seat, I-8.1
el **número del asiento** seat number, I-8.1
la **asignatura** subject, I-2.2
la **asistencia** assistance; attendance
el/la **asistente(a) de vuelo** flight attendant, I-8.2
asistir to attend, to assist, I-5.2
el **asombro** amazement
el/la **aspirante** candidate, **16.2**
asumir to assume

el **asunto** subject
atacar to attack
el **ataque** attack
la **atención** attention, kindness
atender (ie) to attend to, take care of
atento(a) polite, courteous
el **aterrizaje** landing, 7.2
aterrizar to land, I-8.2
Atlántico: Océano Atlántico Atlantic Ocean
el/la **atleta** athelete
la **atmósfera** atmosphere
atómico(a) atomic
atractivo(a) attractive, I-1.2
atrapar to catch, I-7.2
atrás behind, 8.2
atravesar to cross; to go through
el **atún** tuna, 2
los **audífonos** earphones, 7.1
auditivo(a) auditive
el **aumento** increase
en aumento on the increase
aun even
aunque although, 15
el **auricular** receiver (of telephone), 1.1
austral southern
el **autobús** bus, I-3.1
perder el autobús to miss the bus, I-12.1
automáticamente automatically
automático(a) automatic, 1.1
el **automóvil** car
la **autopista** super highway, 10.2
el/la **autor(a)** author, I-12.2
autorizado(a) authorized
la **autovía** super highway, 10.2
avanzado(a) advanced
el **ave** bird
la **avenida** avenue, I-5.1
el/la **aventurero(a)** adventurer
el/la **aviador(a)** aviator
el **avión** airplane, I-8.1
en avión by plane, I-8
el **avión reactor** jet, 7.2
la **avioneta** small airplane
el **aviso** warning
ayer yesterday, I-11.1
ayer por la mañana yesterday morning, I-11.2
ayer por la tarde yesterday afternoon, I-11.2

la **ayuda** help
ayudar to help
el **ayuntamiento** city hall, 16.1
el **azafrán** saffron
el **azúcar** sugar, 9.1
azul blue, I-13.2
azul marino navy blue

B

la **bacteria** bacterium
bailar to dance, I-4.2
el **baile** dance
bajar to go down, I-9.1
bajar(se) del tren to get off the train, I-14.2
bajo below (prep.), I-9.1
bajo cero below zero, I-9.1
bajo(a) short (person), I-1.1; low
el **balcón** balcony, I-6.2
el **balneario** beach resort, I-11.1
el **balón** ball, I-7.1
el **baloncesto** basketball, I-7.2
la **ballena** whale
la **banana** banana, 9.2
bancario(a) banking
el **banco** bank, I-BV; bench
el estado de banco (de cuenta) bank statement, 14.2
la **banda** (music) band
el **banquete** banquet, 15.2
el/la **bañador(a)** bather, I-11.1
bañarse to go for a swim, I-16.2; to take a bath
la **bañera** bathtub, 6.2
el **baño** bathroom, 6.2
baño: el traje de baño bathing suit, I-11.1
barato(a) cheap, I-13.1
la **barba** beard
el/la **barbero(a)** barber, 8.2
el **barco** boat
el **barquito** small boat, I-11.1
la **barra** bar (of soap), I-16.2
el **barrio** neighborhood
basar to base
basarse to be based
la **báscula** scale, I-8.1
la **base** base, I-7.2
básico(a) basic
el **básquetbol** basketball, I-7.2
bastante enough, I-1.1

el **bastón** pole, I-9.1; driver (golf), I-11.2
la **batalla** battle
el **bate** bat, I-7.2
el/la **bateador(a)** batter, I-7.2
batear to hit (sports), I-7.2
la **batería** battery, 5.2
bautizar to baptize, 12.1
el **bautizo** baptism, 12.1
el/la **bebé** baby
beber to drink, I-5.2
la **bebida** drink, 7.1
el **béisbol** baseball, I-7.2
belga Belgian
la **belleza** beauty
bello(a) beautiful
las bellas artes fine arts
bendito: ¡Ay, bendito! Dear Lord!
el **beneficio** benefit
el **beso, besito** kiss, 11.2
la **biblioteca** library, I-4.1
la **bicicleta** bicycle, I-6.2
bien fine, well, I-BV
bien cocido (hecho) well done (cooked), I-15.2
los **bienes** goods
los **bienes raíces** real estate
la **bienvenida** welcome, 7.1
el **biftec** beefsteak, I-15.2
el **bigote** mustache, 8.1
bilingüe bilingual
la **bilis** bile
el **billete** ticket, I-8.1; bill (money), 14.1
el billete de ida y vuelta round trip ticket, I-14.1
el billete sencillo one-way ticket, I-14.1
biográfico(a) biographical
la **biología** biology, I-2.2
biológico(a) biological
el/la **biólogo(a)** biologist
el **bizcocho** cookie, 12.1
blanco(a) white, I-13.2
el **blanqueador** bleach, 13.2
el **bloc** writing pad, I-3.2
bloquear to block, I-7.1
el **blue jean** blue jeans, I-13.1
la **blusa** blouse, I-13.1
la blusa de cuello sin espalda halter, 13
el **blusón** smock, I-13.1
la **boca** mouth, I-10.2
la **bocacalle** intersection, 10.1

el **bocadillo** sandwich, I-5.2

la **bocina** receiver (of telephone), **1.1**; horn, **5.1**

la **boda** wedding, **15.2**

    el anillo de boda wedding ring, **15.1**

la **bola** ball, I-11.2

la **boletería** ticket office, I-9.1

el **boleto** ticket, I-8.1

el **bolígrafo** ballpoint pen, I-BV

la **bolsa** bag, **2.2**

    la bolsa de plástico plastic bag, **2.2**

  bonito(a) pretty, I-6.2

  borde: al borde de on the brink of

el **bosque** forest, I-16.2

la **bota** boot, I-9.1

la **botánica** botany

el **bote** can, **2.2**

la **botella** bottle, **2.2**

el **botiquín** medical kit, first aid kit, I-16.2

el **botón** button, I-13.2

    de (a) botones push button, **1.1**

el **botones** bellhop, **6.1**

  brasileño(a) Brazilian

el **brazo** arm, **4.1**; branch (of candalabra), **12.2**

  brillar to shine, I-11.1

  brincar to jump

  brindar to toast (one's health), **15.2**

el **brindis** toast (to one's health), **15.2**

  brillante bright, shining

  británico(a) British

  bronceador(a) tanning, I-11.1

  broncearse to get a tan

  bucear to skindive, I-11.1

el **buceo** skindiving, I-11.1

el **bucle** curl, **8.1**

la **buenaventura** fortune (as told by a fortune teller)

  bueno(a) good, I-1.2

    Buenas noches. Good evening., Good night., I-BV

    Buenas tardes. Good afternoon., I-BV

    Buenos días. Good morning., I-BV

el **burro** donkey

el **bus** bus, I-3.1

la **busca** search

  buscar to look forz

la **butaca** orchestra seat, I-12.1

el **buzón** mailbox, **3.1**

C

el **caballo** horse

el **cabello** hair, **8.1**

la **cabeza** head, I-7.1

    el dolor de cabeza headache, I-10.1

la **cabina** booth

    la cabina telefónica telephone booth, **1.1**

la **cabina de mando (vuelo)** cockpit, **7.1**

  cabotaje: de cabotaje domestic, I-8

el **cacahuete** peanut

el **cacique** chief

  cada each

la **cadena** chain

  caerse (irreg.) to fall, **4.1**

el **café** coffee, I-5.2; café

la **cafetería** cafeteria

la **caja** cashbox, I-13.1; box, checkstand, **2.2**; cashier desk, **6.1**

el/la **cajero(a)** cashier, **6.1**; teller, **14.1**

el **calamar** squid, **9.2**

los **calcetines** socks, I-13.1

el **calcio** calcium

la **calculadora** calculator, I-BV

el **calendario** calendar

  calentarse (ie) to warm, become warm

la **calidad** quality

  caliente warm

la **calificación** grading, I-3.2

la **calistenia** calisthenics

el **calmante** sedative

el **calor** heat, I-11.1

    Hace calor. It's hot., I-11.1

la **caloría** calorie, I-10.2

la **calle** street, I-5.1

la **callejuela** side street; alley

la **cama** bed, I-10.1

la **cámara: de cámara** court, royal

la **camarera** maid, **6.2**

el **camarón** shrimp, prawn, **2.1**

  cambiar to change, exchange, **6.2**

  cambiar de velocidad to shift gears, **5.1**

el **cambio** change; exchange rate, **14.1**

el/la **cambista** broker, **14.1**

el **camello** camel, **12.2**

la **camilla** stretcher, **4.1**

  caminar to walk, **4.2**

la **caminata** hike, I-16.2

    dar una caminata to take a hike, I-16.2

el **camino** road

el **camión** truck

la **camisa** shirt, I-13.1

    la camisa de deporte sports shirt

la **camiseta** undershirt, I-13.1

el **campamento** camp, I-16.2

la **campaña** campaign

el **campeonato** championship

el **camping** camping, I-16.2

    ir de camping to go camping, I-16.2

el **campo** country, I-5.1; field, I-7.1

    el campo de fútbol football field, I-7.1

el **camposanto** cemetery, **12.1**

el **canal** channel, **7.1**

el **canario** canary

la **canasta** basket, **2.2**

el **canasto** basket, I-7.2

el **cáncer** cancer

la **canción** song

la **cancha** court (sports), I-7.2

    la cancha de esquí ski course, I-9

    la cancha de tenis tennis court, I-11.2

el **candelabro** candalabra, **12.2**

el/la **candidato(a)** candidate, **16.2**

  cansado(a) tired, I-10.1

el/la **cantante** singer

  cantar to sing, I-4.2

la **cantidad** quantity

la **cantimplora** canteen, I-16.2

la **cantina** lunchroom

el **cañón** canyon

el **capacho** basket

la **capa** layer

    en capas layered

la **capital** capital

el **capó** hood, **5.1**

  capturar to capture

la **cara** face, I-16.1

la **carabela** caravel
el **caracol** cochlea (internal ear)
el **carácter** character
la **característica** characteristic
la **caravana** trailer, 13.1; caravan
el **carbohidrato** carbohydrate,
   I-10.2
   cardíaco(a) heart
el **Caribe** Caribbean
la **caridad** charity
   cariñosamente affectionately
   cariñoso(a) affectionate
la **carne** meat, I-5.2
   la carne de res beef, 2.1
la **carnicería** butcher shop, 2.1
el/la **carnicero(a)** butcher
   carnívoro(a) carnivorous
   caro(a) expensive, I-13.1
la **carpa** tent, I-16.2
el/la **carpintero(a)** carpenter, 16.2
la **carrera** career
la **carretera** highway, 10.2
el **carril** lane (of highway), 10.2
el **carrito** cart, 2.1
el **carro** car, I-3.1
la **carta** letter, I-5.2
   la carta de memoria
      memory chart
el/la **cartero(a)** mail carrier, 3.2
la **casa** house, I-4.1
   a casa home, I-4.2
   la casa de huéspedes guest
      house
   la casa particular private
      house
la **casa-remolque** trailer, 13.1
el **casamiento** marriage,
   wedding
   casarse to get married, 15.1
   casi almost
   casi crudo rare (cooked),
      I-15.2
la **casilla** post office box, 3.2
el **casino** casino
el **caso** case
   castaño(a) brown, 8.1
el **castigo** punishment
   castizo(a) real, legitimate,
      genuine
el **catálogo** catalogue
el **catarro** cold (medical), I-10.1
el/la **cátcher** catcher, I-7.2
la **catedral** cathedral
la **categoría** category
el **catolicismo** Catholicism

   católico(a) Catholic
la **causa** cause
   a causa de because of
   causar to cause
el **cautiverio** captivity
   cautivo(a) captured
la **caza** (wild) game
   cazar to hunt
la **cazuela** pot, 9.1
la **cebolla** onion, 9.1
la **celebración** celebration
   celebrar to celebrate, 12.1
la **célula** cell
   celular cellular, 1.1
el **cementerio** cemetery, 12.1
la **cena** dinner, I-5.2
   cenar to dine
el **centígrado** centigrade, I-9.1
el **centro** center
   el centro comercial
      shopping center, I-4.1
   Centroamérica Central
      America
   cepillarse to brush, I-16.1
el **cepillo** brush, I-16.2
la **cera** wax
   cerca de near
las **cercanías** outskirts
el **cerdo** pig, 2.1
el **cereal** cereal
la **ceremonia** ceremony, 15.2
la **cereza** cherry, 9.2
   cero zero
el **cesto** basket, I-7.2
la **cicatriz** scar, 4.1
el **ciclomotor** motorbike, I-6.2
el **cielo** sky, I-11.1
   cien(to) one hundred, I-BV
la **ciencia** science, I-2.2
   la ciencia política political
      science
   las ciencias naturales
      natural sciences
   las ciencias sociales social
      sciences, I-2.2
el/la **científico** scientist
   científico(a) scientific (adj.)
   cierto(a) certain
la **cigüeña** stork
   cinco five, I-BV
   cincuenta fifty, I-BV
el **cine** movie theater, I-12.1
   cinematográfico(a)
      cinematographic
la **cinta** tape, I-4.1; ribbon

el **cinturón** belt, I-13.1
   el cinturón de seguridad
      seat belt, 5.1
la **circulación** circulation; traffic,
   5.1
   circular to circulate, travel
   circular circular (adj.)
el **círculo** circle
el/la **cirujano(a)** surgeon, 4.2
la **cirugía** surgery
la **cita** date, 15.1
la **ciudad** city, I-5.1
el/la **ciudadano(a)** citizen
   civil civil
la **civilización** civilization
el **clarinete** clarinet
   claro of course (adv.)
   claro(a) clear (adj.)
la **clase** class, I-2.1
   la clase alta upper class
   la clase media middle class
   clásico(a) classic, I-4
la **clasificación** classification
   clasificar to classify
   clavar to nail, stick
la **clave de área** area code, 1.1
el **claxon** horn, 5.1
el/la **cliente** client, customer, I-5.2
el **clima** climate
   climático(a) climatic
la **clínica** clinic, I-10.2; private
      hospital
   cobijar to cover
   cobrar to cash, 14.2
la **cocción** cooking
   cocido(a) cooked, I-15.2
   bien cocido (hecho) well
      done (cooked), I-15.2
la **cocina** cooking; kitchen, I-4.1
   cocinar to cook, 9.1
el/la **cocinero(a)** cook, I-15.1
el **coco** coconut, 9.2
el **cóctel** cocktail, 15
el **coche** car, I-3.1; train car,
   I-14.2
   el coche deportivo sports
      car, 5
el **coche-cama** sleeping car,
   I-14.2
el **coche-comedor** dining car,
   I-14.2
el **código de área** area code, 1.1
el **código postal** zip code, 3.1
el **codo** elbow, 4.1
   coeducacional coeducational

coincidir to coincide

la cola line (of people), I-12.1; tail

la cola de caballo pony tail, 8.1

la colección collection

la colecta collection

el colegio school, I-1.1

la coleta pigtail, queue

el colgador clothes hanger, 6.2

colgar (ue) to hang up, 1

la coliflor cauliflower, 9.1

la colina hill, I-16.2

colmar to lavish, heap

colombiano(a) Colombian, 1

el colon colon

la colonia colony

el/la colonizador(a) colonist

el/la colono colonist

el color color, I-13.2

de color crema, vino, café, oliva, marrón, turquesa cream, wine, coffee, olive, brown, turquoise colored, I-13.2

la comadrona midwife

el/la comandante captain, I-8.2

la combinación combination

combinar to combine

la comedia comedy

el comedor dining room, I-5.1

el comentario commentary

comenzar (ie) to begin, 7

comer to eat, I-5.2

comercial of or pertaining to business

el/la comerciante businessman(woman); merchant, 16.1

el comercio business

el comestible food, 2.1

cometer to commit

la comida meal, I-5.2

la comida rápida fast food

como as, like

¿cómo? what?; how?, I-1.1

¿Cómo estás? How are you?

cómodo(a) comfortable

la compañía company

la comparación comparison

comparar to compare

el compartamiento compartment, I-14.2

compartir to share

la competencia competition

competir to compete

completamente completely

completar to complete

completo: a tiempo completo full time, 16.2

complicado(a) complicated, 4.1

el comportamiento behavior, 11.1

comportarse to behave, 11.1

la compra y venta trade, 16.2

el/la comprador(a) buyer

comprar to buy, I-5.2

compras: de compras shopping, I-13.1

comprender to understand, I-5.2

el comprimido pill, I-10.2

comprometerse to get engaged, 15.1

el/la comprometido(a) fiancé(e), 15

el compromiso engagement, 15.1

la sortija de compromiso engagement ring, 15.1

el compuesto compound

la computadora computer, I-BV

común common

la comunicación communication

comunicar to communicate

la comunidad community

la comunión communion

con with

con frecuencia frequently, 1

con retraso late, I-14.2

con una demora late, I-14.2

con tal que provided that, 15

el concepto concept

el concierto concert, I-12.2

conciliar to reconcile, 14.2

el concurso contest

condensar to condense

el condominio condominium

la conducción driving

conducir (zc) to drive, 5.1

la conducta conduct

el/la conductor(a) driver, 5.1

conectar to connect

el conejo rabbit

la conexión connection

la conferencia conference

la confianza confidence, trust

confiar to confide, 11.1

la confirmación confirmation

confrontar to confront

congelado(a) frozen, 2.2

el congelador freezer, 9.1

conmemorar to commorate

conocer (zc) to know (a person), I-9.1

el/la conocido(a) acquaintance

el conocimiento knowledge

la conquista conquest

conquistar to conquer

el/la consejero(a) de orientación counselor, 16.1

el consejo advice

conservar to conserve, preserve

el consomé consommé

considerar to consider

constante constant

la construcción construction

construir to build, construct

la consulta del médico doctor's office, I-10.2

el consultorio del médico doctor's office, I-10.2

el/la consumidor(a) consumer

consumir to consume

el consumo consumption

la contabilidad accounting

el/la contable accountant, 16.1

la contaminación contamination

el contaminante contaminant

contaminar to contaminate

contemporáneo(a) contemporary

contener to contain

contento(a) happy, I-10.1

la contestación answer

el contestador automático answering machine, 1.1

contestar to answer

el continente continent

continuar to continue

contra against

el/la contralor comptroller

la contraloría comptrollership

contraer to contract

contrario(a) opposite, I-7

lo contrario the opposite

la contribución contribution

el control inspection, I-8.1

el control de seguridad security inspection, I-8.1

el **control de pasaportes**
passport inspection, I-8.1
controlado(a) controlled
el/la **controlador(a)** controller,
16.1
controlar to control
la **convención** convention;
agreement
el **convento** convent
la **conversación** conversation
convertir (ie) to convert
la **copa** cup
la **Copa mundial** World
Cup
el/la **copiloto** copilot, I-8.2
el **Corán** Koran
el **corazón** heart
el **latido del corazón**
heartbeat
la **corbata** necktie, I-13.1
el **cordero** lamb, **9.1**
la **cordillera** mountain range,
7.2
corregir to correct
el **correo** mail, **3.2**
por correo aéreo air mail,
3.2
por correo certificado
certified mail, **3.2**
por correo ordinario
regular mail, **3.2**
por correo recomendado
certified mail, **3.2**
correr to run, I-7.2
la **correspondencia**
correspondence, **3**
corresponder to correspond,
3
la **corrida de toros** bullfight
cortar to cut, **4.1**
la **corte** court, **16.1**
el **corte de pelo** haircut, **8.2**
cortés courteous, **11.1**
la **cortesía** courtesy, **11**
corto(a) short, I-13.2
la **cosa** thing
la **cosecha** crop
los **cosméticos** cosmetics
la **costa** coast
costal coastal
costar (ue) to cost, I-13.1
la **costilla** rib, **9.1**
la **costumbre** custom
el **cráter** crater
la **creación** creation

creer to believe, **12**
la **crema** cream, I-11.1
la **crema bronceadora**
suntan cream, I-11.1
la **crema de afeitar** shaving
cream, I-16.2
la **crema protectora**
sunblock, I-11.1
la **cremallera** zipper, I-13.2
crespo(a) curly, **8.1**
criar to raise
el **crimen** crime
cristalino(a) crystalline
cristiano(a) Christian
el **cruce** intersection, **5.1**
crudo(a) raw, I-15.2
casi crudo rare (cooked),
I-15.2
cruel cruel
cruzar to cross, **10.1**
el **cuaderno** notebook, I-BV
la **cuadra** (city) block, **10.1**
cuadrado(a) square
el **cuadrante** quadrant
el **cuadro** painting, picture,
I-12.2
cuadros: a cuadros plaid,
I-13.2
¿cuál? what?, which?, I-BV
¿Cuál es la fecha de hoy?
What is today's date?, I-BV
la **cualidad** quality
la **cualificación** qualification
cualquier any
cuando when, **15**
¿cuándo? when?, I-3.1
cuanto as
en cuanto as soon as, **1.2**
en cuanto a as to
¿cuánto(a)? how much?, I-BV
¿A cuánto está(n)? How
much is it?, **2.2**
¿Cuánto cuesta? How
much does it cost?, I-13.1
¿Cuánto es? How much is
it?, I-BV
¿Cuánto le debo? How
much do I owe you?, **2.2**
cuarenta forty, I-BV
cuarto(a) fourth, I-5.1
el **cuarto** room, I-5.1; quart
el **cuarto de baño**
bathroom, I-5.1
el **cuarto de dormir**
bedroom, I-5.1

el **cuarto doble** double
room, **6.1**
el **cuarto sencillo** single
room, **6.1**
cuatro four, I-BV
cubano(a) Cuban
cubierto(a) covered, I-9.2
cubrir to cover
la **cuchara** spoon, I-15.1
la **cucharita** teaspoon, I-15.1
la **cuchilla** blade, I-9.2
el **cuchillo** knife, I-15.1
el **cuello** neck, **8.2**
la **cuenta** bill, I-12.2; account,
14.2
la **cuenta corriente**
checking account, **14.2**
la **cuenta de ahorros**
savings account, **14.2**
el **cuento** story
el **cuentagotas** eyedropper
el **cuerpo** body
la **cuesta** slope, I-9.1
la **cuestión** question
el **cuidado** care
con cuidado carefully, **5.1**
¡cuidado! be careful!
cuidar to take care of
cultivar to grow
la **cultura** culture
el **cumpleaños** birthday, I-6.2
cumplir to be (so many years)
old
cumplir años to have one's
birthday, **12.1**
el **cupé** coupe, **5.1**
la **cura** cure, treatment
el **cura** priest, **12.1**
el/la **curandero(a)** faith healer
curar to cure
curioso(a) curious
el **currículo profesional**
curriculum vitae, **16.2**
el **curso** course, I-2.1
curvo(a) curved

CH

la **chabola** shack
el **chaleco salvavidas** life vest,
7.1
el **chaman** shaman
el **champú** shampoo, I-16.2
chao good-bye, I-BV

la **chaqueta** jacket, I-13.1
charlar to chat
el **cheque** check, 14.1
   el **cheque de viajero** traveler's check, 14.1
la **chequera** check book, 14.2
el/la **chico(a)** boy (girl)
el **chimpancé** chimpanzee
chino(a) Chinese
el **chiste** joke
el **chocolate** chocolate
el **chorizo** pork and garlic sausage
la **choza** shack
la **chuleta** chop, 2.1
el **churro** a type of doughnut

D

la **dama de honor** bridesmaid, 15.2
dar to give, I-4.2
   dar a luz to deliver, give birth
   dar la bienvenida to welcome, 7.1
   dar(se) la mano to offer one's hand, 11.2; to shake hands
   dar la vuelta to turn around, 10.1
   dar palmaditas to slap gently, 11.2
   dar(se) prisa to rush, hurry
   dar (presentar) una película to show a movie, I-12
   dar una caminata to take a hike, I-16.2
   dar vuelta to go around
   darse cuenta to realize
el **dátil** date (fruit)
el **dato** fact
de of, from, for, I-1.1
   de equipo team, I-7
   de jazz jazz, I-4
   de nada you're welcome, I-BV
   de nuevo again
   de rock rock, I-4
   de vez en cuando now and then
debajo de under, 7.1
deber to owe; + infinitive should, ought

debido a due to
débil weak
decapitar to decapitate
decidir to decide
decimal decimal
décimo(a) tenth, I-5.1
decir to say, I-9
la **decisión** decision
declarar to declare
dedicado(a) dedicated
el **dedo** finger, 4.1
   el dedo pequeño little finger
el **déficit** deficit
la **definición** definition
dejar to leave (something behind), I-12.2; to allow
del (de + el) from the, of the
delante de in front of, 10.1
delantero(a) front
delicioso(a) delicious, I-15.2
la **demanda** demand
demasiado too, too much, I-13.2
la **demografía** demography
la **demora** delay, I-14.2
   con una demora late, I-14.2
la **densidad** density
denso(a) thick
dentro de in; inside (adv.)
   dentro de poco soon
el **departamento (servicio) de personal** personnel department, 16.2
el **departamento de recursos humanos** personnel department, 16.2
depender (ie) to depend
el/la **dependiente** salesperson, I-13.1; clerk, 16.1
el **deporte** sport, I-2.2
deportivo(a) related to sports
depositar to deposit, 14.2
el **depósito** deposit, 14.2
depredador(a) plunderer
la **derecha** right, I-5.1
   a la derecha to the right, I-5.1
   derecho(a) straight, 10.1; right, right-hand
derretir to melt
derrocar to overthrow
derrotar to defeat
derrumbar to fail
desaparecer (zc) to disappear

desaprobado(a) failing
el **desastre** disaster
desayunarse to eat breakfast, I-16.1
el **desayuno** breakfast, I-5.2
el **descampado** open country
el **descapotable** convertible, 5.1
descender (ie) to descend
el/la **descendiente** descendent
descolgar (ue) to pick up (the telephone), 1.1
descomponer to decompose
descortés discourteous, 11
describir to describe
la **descripción** description
el **descubridor** discoverer
el **descubrimiento** discovery
descubrir to discover
el **descuido** carelessness
desde from, since
desear to wish, want, 11
desembarcar to disembark, I-8
desembocar to empty
desempleado(a) unemployed (adj.), 16.2
el/la **desempleado(a)** unemployed person, 16.2
el **desempleo** unemployment, 16.2
desgraciadamente unfortunately
el **desierto** desert
desocupado(a) unemployed, 16.2
el **desodorante** deodorant, I-16.2
despachar to wait on or help customers, I-10.2
despedirse (i, i) to say good-bye, 11.1
despegar to take off (airplane), I-8.2
el **despegue** the take off, 7.2
despertarse (ie) to wake up, I-16.1
desplazar to displace
el/la **desposado(a)** newlywed
desposar to wed, marry
después de (que) after, I-4.1
el/la **destinatario(a)** receiver, 3.1
el **destino** destination, I-8.1
la **destrucción** destruction
desviarse to get lost, go astray
el **detalle** detail

detener to stop

el **detergente** detergent, **2.2**

determinar to determine

detrás de behind, **10.1**

la **deuda** debt

devolver (ue) to return, I-7.2

el **día** day

  el **Día de los Reyes** Day of the Three Kings

  el **día de los difuntos** Day of the Dead

la **diagnosis** diagnosis, I-10.2

el **diálogo** dialogue

el **diamante** diamond

diariamente daily

diario(a) daily; diary

dibujar to sketch

el **dibujo** drawing

el **diccionario** dictionary

diciembre December, I-BV

el **diente** tooth, I-16.1; clove

la **dieta** diet, I-10.2

diez ten, I-BV

la **diferencia** difference

diferente different

difícil difficult, I-2.1

el/la **difunto(a)** dead person, **12.1**

  el **día de los difuntos** Day of the Dead

dinámico(a) dynamic

el **dinero** money, **14.1**

  el **dinero en efectivo** cash, **14.1**

el/la **dios(a)** god (goddess)

el/la **diplomado(a)** graduate

la **dirección** address, **3.1**; direction

la **direccional** turning signal, **5**

directamente directly

el **directivo** board of directors, management

directo(a) direct

el/la **director(a)** conductor, I-12.2; director; principal, **16.1**

dirigir to direct

discar to dial, **1**

la **disciplina** instruction, I-2.2

el **disco** record, I-4.1; dial (of telephone), **1.1**

la **discoteca** discotheque

la **disección** dissection

el/la **diseñador(a)** designer

diseñar to design

disfrutar to enjoy

el **dispensario** dispensary

la **distancia** distance

distinguido(a) distinguished

distinguir to identify

distinto(a) distinct

la **distribución** distribution

distribuir to distribute, **7.1**

el **distrito** district

la **diversión** amusement

divertido(a) fun, I-1.1

divertirse (ie, i) to enjoy oneself, I-16.2

dividir to divide

divino(a) divine

la **divisa** foreign currency

el **divorcio** divorce

doblado(a) dubbed

doblar to turn, **5.1**

doble double, **6.1**

la **documentación** documentation

el **dólar** dollar

doler (ue) to hurt, ache, I-10.2

  me duele it hurts, aches, I-10

el **dolor** ache, pain, I-10.1

  el **dolor de cabeza** headache, I-10.1

  el **dolor de garganta** sore throat, I-10.1

la **dominación** domination

dominante dominant

dominar to dominate

el **domingo** Sunday, I-BV

dominicano(a) Dominican

el **dominio** power

¿dónde? where?, I-1.2

dormir (ue, u) to sleep, I-7

dormirse (ue, u) to fall asleep, I-16.1

el **dormitorio** bedroom, I-5.1

dos two, I-BV

la **dosis** dose, I-10.2

dramáticamente dramatically

dramático(a) dramatic

driblar con to dribble (sports), I-7.2

la **droga** drug, I-10.2

la **drogadicción** drug addiction

la **droguería** drug store

la **ducha** shower, I-16.2

  tomar una ducha to take a shower, I-16.2

la **duda** doubt

  no hay duda there is no doubt

dudar to doubt, **12**

la **dueña** chaperone, **15.1**

el/la **dueño(a)** owner

la **duna** dune

durante during, I-4.2

durar to last, **12.2**

E

e and (used instead of **y** before words beginning with **i** or **hi**)

la **ebullición** boiling

  a la ebullición to a boil

echar to throw, **3.1**

  echar una siesta to take a nap, I-11.1

la **ecología** ecology

ecológico(a) ecologic

la **economía** economy; economics, **16.2**

  la **economía doméstica** domestic economy, I-2.2

económico(a) economical

el **ecosistema** ecosystem

el **ecuador** equator

ecuatorial equatorial

ecuatoriano(a) Ecuadorean

la **edad** age

  la **Edad Media** Middle Ages

el **edificio** building, I-5.1

la **educación** education

  la **educación cívica** civic education, I-2.2

  la **educación física** physical education, I-2.2

educacional educational

educado(a) well-mannered, polite, **11.1**

educar to educate

el **efecto** effect

el **eje** axis

el **ejemplo** example

  por ejemplo for example

ejercer (una profesión) to practice (a profession), **16.2**

el **ejercicio** exercise, I-10.2

  el **ejercicio aeróbico** aerobic exercise, I-10.2

  el **ejercicio físico** physical exercise, I-10.2

el the (m. sing.), I-1.1

él he, I-1.1
elaborado(a) elaborate
elástico(a) elastic, 4.2
el/la electricista electrician, 16.2
el electrodoméstico domestic appliance
el elefante elephant
el elefante marino walrus
elegante elegant
el elemento element
la elevación elevation
eliminar to eliminate
ella she, her, I-1.2
ellos(as) they, them
el embarazo pregnancy
el emblema emblem
el embotellamiento traffic jam, bottleneck
el/la emigrante emigrant
emigrar to emigrate
la emisión emission
la emisión deportiva sports broadcast, I-5.2
emitir to emit
la emoción emotion; excitement
empatado(a) tied, 7
empezar (ie) to begin, I-7.1
el/la empleado(a) employee, attendant, 5.2
el/la empleado(a) de correo postal employee, 3.2
el/la empleado(a) del banco bank clerk, 14.1
emplear to employ; to use
el empleo job, 16.2
la solicitud de empleo job application, 16.2
la empresa business; company
empujar to push, 2.1
en in, I-1.1
en avión by plane, I-8
en cuanto as soon as, 1.2
en cuanto a as to
en este momento at this moment, I-8.1
en seguida right away, 1.2
en todas partes everywhere
el/la enamorado(a) sweetheart, 15
enamorarse to fall in love, 15.1
el encabezamiento heading
encantar to delight, I-13
encargarse to take charge of
encender (ie) to light, 12.2

encestar to put in a basket, I-7.2
encima above; overhead
por encima de above, over
encoger to shrink, 13.2
encontrar (ue) to find
encontrarse (ue) to meet
endosar to endorse, 14.2
el/la enemigo(a) enemy
energético(a) energetic
la energía energy
la energía nuclear nuclear energy, 16.2
enero January, I-BV
enfadar to annoy, anger, I-13
la enfermedad sickness
el/la enfermero(a) nurse, I-10.2
el/la enfermo(a) sick person, I-10.1
enfermo(a) sick, I-10.1
enfrente de in front of, 8.2; opposite, 10.1
enfriarse to become cold
la enhorabuena congratulations, 15.2
el enlace union
el enlace nupcial wedding, 15.1
enlatado(a) canned
enlazar to join, connect
enojar to annoy, anger, I-13
enorme enormous
enrarecido(a) thin (air)
el enrarecimiento thinning (of the air)
la ensalada salad, I-5.2
enseguida at once, immediately, I-16
la enseñanza teaching
enseñar to teach, I-3.2
entero(a) whole
enterrar (ie) to bury, 12.1
la entidad entity
el entierro burial
la entrada entrance, I-6.2; admission ticket, I-7.2
entrar to enter, I-3.1
entrar en escena to come on the stage, I-12.2
entre between, among
la entrega delivery, 3.2
entregar to deliver, 3.2
el entremés appetizer
la entrevista interview
el envase container, 2.2

enviar to send, 3.1
envidiar to envy
enyesar to put in a plaster cast, 4.2
épico(a) epic
la época epoch
el equilibrio equilibrium, balance
el equipaje baggage, luggage, I-8.1
el equipaje de mano hand baggage, I-8.1
el reclamo de equipaje baggage claim, I-8.2
el equipo team, I-7.1; equipment
equivalente equivalent
equivocado(a) wrong, 1.1
eres you (sing. fam.) are
erosionar to erode
es he/she/it is, I-1.1
la escalera stairway, I-5.1
los escalofríos chills, I-10.1
escandinavo(a) Scandinavian
escapar to escape
el escaparate shop window, I-13.1
escaso(a) scarce
la escena scene; stage, I-12.2
entrar en escena to come on the stage, I-12.2
el escenario stage, scenery
escoger to choose
escolar of or pertaining to school, I-3.1
escondido(a) hidden
escribir to write, I-5.2
escrito(a) written
escuchar to listen, I-4.1
la escuela school, I-1.1
la escuela intermedia intermediate school
la escuela primaria elementary school
la escuela secundaria high school, I-1.1
la escuela superior advanced school
la escuela vocacional vocational school
el/la escultor(a) sculptor, I-12.2
la escultura sculpture
eso that, I-3.1
a eso de about, I-3.1
el espacio space
la espalda back, 11.2

España Spain

español(a) Spanish, I-2.2

el **espagueti** spagetti

la **especia** spice

la **especialidad** specialty

el/la **especialista** specialist

especialista specialist (adj.), **16.2**

la **especialización** specialization

especializado(a) specialized

especialmente especially

específicamente specifically

específico(a) specific

espectacular spectacular

el **espectáculo** show, performance, I-12.2

el/la **espectador(a)** spectator, I-7

el **espejo** mirror, I-16.1

la **esperanza** hope

la **esperanza de vida** life expectancy

esperar to wait for, I-14

la **espinaca** spinach

la **esposa** wife, I-6.1

las **esposas** handcuffs

el **esposo** husband, I-6.1

el **esquí** ski, I-9.1

el **esquí** skiing, I-9.1

el **esquí alpino** Alpine skiing, I-9.1

el **esquí acuático** water skiing, I-11.1

el **esquí de descenso** downhill skiing, I-9.1

el **esquí de fondo** cross-country skiing, I-9.1

el **esquí nórdico** Nordic skiing, I-9.1

el/la **esquiador(a)** skier, I-9.1

esquiar to ski, I-9.1

la **esquina** corner, **5.1**

estable stable

establecer (zc) to establish

la **estación** season, I-9.1; station, I-12.1

la **estación del ferrocarril** train station, I-14.1

la **estación de servicio** service station, **5.2**

estacionar to park, **5.1**

el **estadio** stadium, I-7.1

el **estado** state

el **estado de banco (de cuenta)** bank statement, **14.2**

el **estado libre asociado** commonwealth

los **Estados Unidos** United States

estadounidense from the United States

la **estampilla** stamp, **3.1**

están they/you (pl. form.) are, I-4.1

Están hablando. They are speaking., **1.1**

el **estanco** tobacco store

estar to be, I-4.1

estar enfermo(a) to be sick

estar en onda to be in vogue

¿Está (el nombre de una persona)? May I talk to (name of person)?, **1.1**

estás you (sing. fam.) are

estatal of the state

la **estatua** statue, I-12.2

el **este** east, **10.1**

este(a) this

estereofónico(a) stereophonic, **7.1**

esterlino(a) sterling

el **estilo** style

el **estómago** stomach, I-10.1

el **dolor de estómago** stomachache, I-10.1

estornudar to sneeze, I-10.1

éstos(as) these (ones)

estoy I am

estrechar la mano to shake the hand, **11.2**

estrecho(a) tight, I-13.2

la **estrella** star

el **estrés** stress

la **estructura** structure

el/la **estudiante** student

estudiar to study, I-3.2

el **estudio** study

la **estufa** stove, **9.1**

estupendo(a) terrific

eterno(a) eternal

la **etnicidad** ethnicity

étnico(a) ethnic

el **eucalipto** eucalyptus tree

la **Europa** Europe

europeo(a) European

la **evaluación** evaluation

evangelista Evangelistic

el **evento** event

evitar to avoid

exacto(a) exact

el **examen** examination, I-3.2

examinar to examine, I-10.2

excelente excellent

la **excepción** exception

excesivo(a) excessive

el **exceso** excess

exclusivamente exclusively

la **excursión** excursion

exigente demanding

exigir to demand, **12**

existir to exist

exótico(a) exotic

expandir to expand

la **expectativa** expectation

el **experimento** experiment

experto(a) expert, I-9.1

explicar to explain

la **exploración** exploration

el/la **explorador(a)** explorer

exponer to explain, expound

exportar to export

la **exposición** exhibition, I-12.2

la **expresión** expression

expulsar to expel

extender (ie) to extend

la **extensión** extension

externo(a) external

extranjero(a) foreign

el **extranjero** abroad

extraordinario(a) extraordinary

extremadamente extremely

extremo(a) extreme

F

la **fábrica** factory, **16.1**

fabricar to make

fabuloso(a) fabulous

fácil easy, I-2.1

fácilmente easily

la **factura** bill

facturar to check (luggage), I-8.1

facultativo(a) optional

la **falda** skirt, I-13.1

falso(a) false

la **falta** lack

faltar to lack

la **fama** fame

la **familia** family, I-5.1

familiar of the family (adj.)

famoso(a) famous

fanfarrón(a) boasting, I-9.1

fantástico(a) fantastic, I-1.2

el/la farmacéutico(a) pharmacist, I-10.2

la farmacia pharmacy, I-10.2

el faro headlight, 5.1

fascinante fascinating

fascinar to fascinate

el favor favor

el fax fax

febrero February, I-BV

la fecha date, I-BV

   ¿Cuál es la fecha de hoy?
   What is today's date?,
   I-BV

la felicidad happiness, 15.2

la felicitación congratulations, 15.2

femenino(a) feminine

el fenómeno phenomenum

la feria fair

el ferrocarril railway, railroad

festejar to celebrate

la festividad festivity

la fibra fiber, I-10.2

la ficha token; registration card, 6.1

la fiebre fever, I-10.1

la fiesta party, I-4.2

   la fiesta de las luces
   celebration of lights, 12.2

la figura figure

fijar to fix

fijarse en to take note of

la fila row, I-8

la filial branch office

el film(e) film, I-12.1

el/la filósofo(a) philosopher

el fin end

   el fin de semana weekend

   en fin finally

el final end

financiero(a) financial

la finanza finance

fino(a) fine

el fiordo fiord

firmar to sign, 14.2

firme firm, stable

la física physics, I-2.2

físicamente physically

el/la físico physicist

físico(a) physical, I-10.2

la fisiología physiology

flamenco(a) Flemish

el flequillo bangs, 8.1

la flexibilidad flexibility

la flor flower, I-6.2

fluctuar to fluctuate, 14.1

el fondo bottom; fund

el/la fontanero(a) plumber, 16.2

la formación formation

formal formal

la formalidad formality

formalizar to formalize

formar to form, make

formativo(a) formative

la fórmula method, pattern

la formulación formation, formulation

el formulario form, 4.2

   el formulario de retiro
   withdrawal slip, 14.2

la foto photo

la fractura fracture, 4.1

francamente frankly

francés (francesa) French, I-2.2

el franco Franc

el franqueo postage, 3.2

el frasco jar, 2.2

la frase sentence; phrase

la frecuencia frecuence

   con frecuencia frequently

frecuentar to frequent

frecuentemente frequently

freír (i, i) to fry, I-15.1

frenar to brake, 5.1

el freno brake, 5.1

frente a facing, opposite

la frente forehead, 4.1

la fresa strawberry, 2.1

fresco(a) fresh, cool

   hace fresco it's cool

el frijol bean, I-15.2

el frío cold (weather), I-9.1

   Hace frío. It's cold., I-9.1

frito(a) fried

la frontera frontier

la fruta fruit, I-15.2

el fuego fire

fuerte strong

la fuerza aérea air force

la fuerza ascensional lift

la función function

el funcionamiento functioning

funcionar to function

el/la funcionario(a) city hall employee, 16.1

el/la fundador(a) founder

fundir to found

la fusión fusion

el fútbol football, I-7.1

   el campo de fútbol football field, I-7.1

el futuro future

G

la gabardina raincoat, I-13.1

las gafas glasses, I-9.1

el galón gallon

gallego(a) Galician

la gallina hen

el gallo rooster

la gama range

la gamba shrimp, 9.2

el ganado cattle

el/la ganador(a) winner

   ganar to win, I-7.1; to earn

el gancho clothes hanger, 6.2

la ganga bargain

el garaje garage, I-6.2

la garganta throat, I-10.1

   el dolor de garganta sore throat, I-10.1

la garita de peaje toll booth, 10.2

gas: con gas carbonated

la gaseosa soft drink, soda, I-5.2

la gasolina gas, 5.2

la gasolinera gas station, 5.2

gastado(a) spent, barren

el gasto expense; charge, 6.1

el/la gato(a) cat, I-6.1; jack, 5.1

gastronómico(a) gastronomic

la gelatina gelatin

la generación generation

el general general

   generalizar to generalize

   generalmente generally

el género kind, sort, type

generoso(a) generous

genovés(a) Genoese

la gente people

la geografía geography, I-2.2

geográfico(a) geographic

la geometría geometry, I-2.2

el gesto gesture

   gigantesco(a) gigantic, huge

el gimnasio gymnasium

   girar to rotate

el giro postal money order

el glaciar glacier

el gobierno government

el gol goal, I-7.1

el golf golf, I-11.2

el **campo de golf** golf
course, I-11.2
el **juego de golf** golf game,
I-11.2
la **bolsa de golf** golf bag,
I-11.2
golpear to hit, I-11.2
la **goma** eraser, I-BV; tire, **5.1**
el **gorro** cap, I-9.1
gozar to enjoy
gracias thank you, I-BV
el **grado** grade; degree, I-9.1
el **gramo** gram
gran, grande big, I-2.1
las **Grandes Ligas** Major
League
la **grasa** grease
gratis free
grato(a) agreeable, pleasant
grave serious, grave
el **green** green (golf), I-11.2
griego(a) Greek
la **gripe** influenza, cold, I-10.1
gris grey, I-13.2
gritar to shout
el **grito** shout, cry
el **grupo** group
el **guante** glove, I-7.2
guardar cama to stay in bed,
I-10.1
gubernamental governmental
la **guerra** war
el/la **guerrillero(a)** guerrilla
la **guía telefónica** telephone
book, **1.1**
el **guisante** pea, **9.1**
guisar to stew
la **guitarra** guitar, I-4.2
gustar to like, enjoy, I-13.1

H

haber to have (auxiliary verb)
la **habichuela** bean, I-15.2
la **habichuela negra** black
bean, **9.2**
la **habitación** room, I-5.1
el/la **habitante** inhabitant
hablar to speak, I-3.1
hace: Hace calor. It's hot.,
I-11.1
Hace frío. It's cold., I-9.1
hace mucho tiempo a long
time ago

hace muchos años it's been
many years
hace poco a short time ago
hacer to do; to make, I-8.1
hacer cola to line up
hacer el viaje to make the
trip, I-8.1
hacer juego con to go with,
I-13.2
hacer la cama to make the
bed, **6.2**
hacer la maleta to pack the
suitcase, I-8
hacer los negocios to get
down to business
hacer obras to do repair
work
hacer una llamada to make
a call, **1.1**
hacerse daño to hurt
oneself, **4.1**
hacia toward
el **hallazgo** finding
la **hamaca** hammock, I-11.1
la **hambre** hunger, I-15.1
pasar hambre to go hungry
tener hambre to be hungry,
I-15.1
la **hamburguesa** hamburger
la **harina** flour
hasta (que) until, I-BV; up to
Hasta la vista. See you
later., I-BV
Hasta luego. See you later.,
I-BV
Hasta mañana. See you
tomorrow., I-BV
Hasta pronto. See you
soon., I-BV
hay there is, there are, I-5.1
Hay (Hace) sol. It's sunny.,
I-11.1
hebreo(a) Hebrew, **12.2**
la **helada** frost
el **helado** ice cream, I-5.2
las **hélices** propellers, **7.2**
el **helicóptero** helicopter, **7.2**
el **hemisferio** hemisphere
herbívoro(a) herbivorous
el/la **herbolario(a)** herbalist
heredar to inherit
la **herencia** inheritance
la **herida** wound
el/la **hermanastro(a)** stepbrother
(stepsister)

el/la **hermano(a)** brother (sister),
I-2.1
el **héroe** hero
hervir (ie) to boil, **9.1**
la **hibridación** hybridization
el **hidrato de carbono**
carbohydrate
el **hidrofoil** hydrofoil
el **hielo** ice, I-9.2
la **hierba** herb; grass
el **hierro** iron
higiénico(a) sanitary, **2.2**
el **papel higiénico** toilet
paper, **2.2**
el/la **hijastro(a)** stepson
(stepdaughter)
el/la **hijo(a)** son (daughter), I-6.1
los **hijos** children (sons and
daughters), I-6.1
hinchado(a) swollen, **4.1**
la **hiperinflación** hyperinflation
el **hipermercado** supermarket,
2.1
el **hipopótamo** hippopotamus
hispánico(a) Hispanic
hispano(a) Hispanic
hispanohablante Spanish-
speaking
la **historia** history, I-2.2; story
el/la **historiador(a)** historian
el **historial profesional**
curriculum vitae, **16.2**
histórico(a) historic
el **hit** hit (sports), I-7.2
la **hoja** sheet, I-BV; blade, I-9.2
la **hoja de papel** sheet of
paper, I-BV
hola hello, I-BV
el **hombre** man
el **hombro** shoulder, **4.1**
honesto(a) honest, I-1.2
el **honor** honor
la **hora** hour; time
el **horario** schedule, I-14.1
el **hornillo** portable stove, I-16.2
el/la **hornillo(a)** (stove) burner,
9.1
el **horno** oven, **9.1**
el **horno de microondas**
microwave oven, **9.1**
el **horóscopo** horoscope
la **horquilla** bobby pin, **8.2**
hospedar to lodge, stay
el **hospital** hospital, I-10.2
hostil hostile

el **hotel** hotel, 6.1
hotelero(a) hotelkeeper
hoy today, I-11.2
  hoy día nowadays; today
  hoy en día nowadays
  ¿Cuál es la fecha de hoy?
    What is today's date?,
    I-BV
el **hoyo** hole, I-11.2
el **hueco** hole
el **hueso** bone
el/la **huésped** guest, 6.1
el **huevo** egg, I-15.2
  los huevos duros poached
    eggs
  los huevos pasados por
    agua softboiled eggs
las **humanidades** humanities
el/la **humanista** humanist
humano(a) human
la **humedad** dampness
humilde humble
el **humor** mood, I-10; fluid
  de buen humor in a good
    mood, I-10
  de mal humor in a bad
    mood, I-10
el **huso horario** time zone

I

la **idea** idea
idéntico(a) identical
la **identidad** identity
identificar to identify
el **idioma** language
el **ídolo** idol
la **iglesia** church, 10.1
igual equal
imaginar to imagine
imitar to imitate
impar odd
el **imperio** empire
imponer to impose
importado(a) imported
la **importancia** importance
importante important, 11
importar to be important
imposible impossible, 11
impresionado(a) impressed
impresionante amazing,
  impressive
improbable improbable, 11
el **impuesto** tax

inaccesible inaccessible
inalámbrico(a) cordless, 1.1
incalculable incalculable
el **incendio** fire
inclinado(a) slanted
incluir to include
incluso including
inconveniente inconvenient
increíble incredible
independiente independent
indicar to indicate
el **índice** ratio, index
indígena native
indio(a) Indian
individual individual, I-7
el/la **individuo** individual
la **industria** industry
industrializado(a)
  industrialized
el/la **infante** infant
inferior inferior; lower
el **infierno** hell
la **inflación** inflation
la **influencia** influence
la **información** information
informal informal
informar to inform
la **informática** computer
  sciences, 16.1
el **informe** report
el **inglés** English, I-2.2
el **ingrediente** ingredient
ingresar to deposit, 14.2
el **ingreso** deposit, 14.2; income
inhóspito(a) inhospitable
inmediatamente immediately
inmenso(a) immense
el **inodoro** toilet, 6.2
el/la **inquilino(a)** tenant
la **inscripción** enrollment
insistir to insist, 11.1
inspeccionar to inspect, I-8.2
inspirar to inspire
la **instalación** installation
instalarse to establish oneself
la **institución** institution
el **instituto** institute
las **instrucciones** instructions,
  I-5.2
el **instrumento** instrument
insuficiente insufficient
el **insulto** insult
íntegro(a) integral
inteligente intelligent, I-2.1
la **intención** intention

la **intensidad** intensity
intensivo(a) intensive, 4.2
interactuar to interact
intercambiar to exchange,
  15.2
intercambio exchange
el **interés** interest
interesante interesting, I-2.1
interesar to interest, I-13.1
el/la **interlocutor(a)** caller, 1.1
el **intermitente** turning signal,
  5.1
  intermitente intermitent
    (adj.)
internacional international
interno(a) internal
el/la **intérprete** interpreter
interrogativo(a) interrogative
interrumpir to interrupt
interurbano(a) interurban
intervenir to intervene
la **intimidad** intimacy
íntimo(a) close, intimate, 11.2
introducir (zc) to insert, 1.1;
  to introduce
invadir to invade
la **invención** invention
la **inversión** investment
la **investigación** investigation
el **invierno** winter, I-9.1
la **invitación** invitation, I-5.2
el/la **invitado(a)** guest, 15.2
invitar to invite, I-4.2
la **inyección** injection
ir to go, I-4.1
  ir a... to go to, I-6
  ir de camping to go
    camping, I-16.2
  ir de compras to go
    shopping
  ir de paseo to go for a walk
la **isla** island
el **istmo** isthmus
italiano(a) Italian, I-2.2
la **izquierda** left, I-5.1
  a la izquierda to the left, I-5.1

J

el **jabón** soap, I-16.2
el **jabón en polvo** powdered
  soap, 13.2
jamás never, 6
el **jamón** ham, I-15.2

japonés (japonesa) Japanese
el jardín garden, I-6.2
el/la jardinero(a) outfielder
(sports), I-7.2
el/la jefe(a) leader, chief
el jersey sweater, I-13.1
el jet jet, 7.2
el jonrón home run, I-7.2
el/la joven young person
joven young (adj.), I-6.1
las joyas jewelry
la judía verde string bean, 2.1
el/la judío(a) Jew, 12.2
el juego game
el jueves Thursday, I-BV
el/la juez judge, 16.1
el/la jugador(a) player, I-7.1
jugar (ue) to play, I-7.1
el jugo juice
jugoso(a) juicy
julio July, I-BV
la jungla jungle
junio June, I-BV
junto(a) together, 15.1
el juramento oath
justo(a) fair, reasonable

K

el kilogramo kilogram
el kilómetro kilometer

L

la the (f. sing.), I-1.1
el laberinto labyrinth
el labio lip, 4.1
el laboratorio laboratory, 16.2
el/la labrador(a) farm worker, 16.2
labrar (la tierra) to farm (the
land), 16.2
la laca hair spray, 8.2
lacio(a) straight (hair), 8.1
la lactancia nursing period
lado: al lado de to the side of,
8.2
el lago lake, 7.2
la lana wool, 13.2
la langosta lobster, 2.1
la lanza spear
el/la lanzador(a) pitcher, I-7.2
lanzar to throw, I-7.1
el lápiz pencil, I-5.2

largo(a) long, I-13.2
largo: a lo largo de along the
las the (f. pl.)
la lástima pity, 12
ser una lástima to be a pity,
12
lastimarse to get hurt, 4.1
la lata can, 2.2
el latido beat
el latido del corazón
heartbeat
la Latinoamérica Latin America
latinoamericano(a) Latin
American
la latitud latitude
el latín Latin, I-2.2
el lavabo lavatory, 7.1
el lavado wash, 8.2; laundry,
13.2
la lavandería laundromat, 13.2
lavar(se) to wash (oneself),
I-16.1
le (pron.) him, her, you
(form.)
la lección lesson, I-3.2
la lectura reading
la leche milk, I-5.2
el lechón roast suckling pig, 2.1
la lechuga lettuce, I-15.2
leer to read, I-5.2
legendario(a) legendary
la legumbre vegetable, I-15.2
lejano(a) distant
la lengua language, I-2.2; tongue
la lengua materna mother
tongue
lento(a) slow
les (pron.) them, you (form.)
levantar to raise
levantarse to get up, I-16.1
la ley law
la leyenda legend
la libertad freedom
el/la libertador(a) liberator
la libra pound
libre free, I-14.2
la libreta notebook, I-3.2;
passbook, 14.2
el libro book, I-BV
la licencia driver's license, 5.1
el liceo (primary school in
México, but high school in
most places)
ligeramente lightly
ligero(a) light

la lima lime, 9.1
limitar to limit
el límite limit; boundary
el limón lemon, 9.1
la limonada lemonade, I-BV
el limpiaparabrisas windshield
wiper, 5.1
limpiar to clean, 5.2
limpiar en seco to dry
clean, 13.2
la limpieza en seco dry
cleaning, 13.2
limpio(a) clean
la línea line, 1.1
La línea está ocupada. The
line is busy., 1.1
la línea aérea airline, I-8.1
la linfa lymph
la linterna lantern, I-16.2
la liquidación sale
el líquido liquid
líquido(a) liquid (adj.), 2.2
liso(a) straight (hair), 8.1;
smooth
la lista list
la litera berth, I-14.2
la literatura literature
el litro liter
el lobo de mar sea lion
la localidad seat (in theater),
I-12.1
loco(a) crazy
la longitud longitude
la lonja slice, 2.2
los the (m. pl.)
lucir (zc) to display
la lucha fight, battle
luchar to fight
luego then
el lugar place
tener lugar to take place
lujo: de (gran) lujo deluxe
el lujo luxury
la luna de miel honeymoon, 15.2
el lunes Monday, I-BV
la luz light, 10.1

LL

la llamada call, 1
llamar por teléfono to call by
telephone, 1.1
llamarse to be called, named,
I-16.1

la **llanta** tire, **5.1**
la **llanura** plain, **7.2**
la **llave** key, **6.1**
la **llegada** arrival, I-8.1
  el tablero de llegadas y salidas arrival and departure board, I-8.1
  llegar to arrive, I-3.1
  llenar to fill, fill out, **4.2**
  llevar to carry, I-3.2; to wear

M

la **madera** wood
la **madre** mother, I-6.1
el/la **madrileño(a)** native of Madrid
la **madrina** godmother, **12.1**; maid of honor, **15.2**
el **madroño** madrone tree
  maestro(a) master, teacher
  magallánico(a) Magellanic
  magnífico(a) magnificent
el/la **mahometano(a)** Muslim
el **maíz** corn, **9.2**
el **mal** illness
  malcriado(a) bad-mannered, spoiled, **11.1**
el **malestar** malaise
la **maleta** suitcase, I-8.1
  hacer la maleta to pack the suitcase, I-8
el/la **maletero(a)** porter, I-8.1; trunk (of car), **5.1**
  malo(a) bad, I-1
la **mamá** mother, I-5.2
el **mamífero** mammal
la **mancha** stain, **13.2**
  manchado(a) stained, **13.2**
  mandar to send, **11**; to rule
  manejar to drive, **10.2**; to manage
  manera way, manner, I-1.1
  de manera que so that, **15**
  de ninguna manera by no means, I-1.1
la **manga** sleeve, I-13.2
el **mango** handle, I-11.2
la **manía** mania
la **mano** hand, I-7.1
  dar la mano to offer one's hand, **11.2**
  el equipaje de mano hand baggage, I-8.1

  estrechar la mano to shake the hand, **11.2**
la **mansión** mansion
la **manteca** lard
la **mantequilla** butter, **2.1**
el **mantel** tablecloth, I-15.1
  mantener to maintain
el **mantenimiento** maintenance
la **manzana** apple, **2.1**; (city) block, **10.1**
la **mañana** morning
  esta mañana this morning, I-11.2
  mañana tomorrow (adv.)
el **mapa** map
la **máquina de lavar** washing machine, **13.2**
la **maquinilla** electric hair clipper, **8.2**
el **mar** sea, I-11.1
  maravilloso(a) wonderful
  marcado(a) marked
  marcar to score (sports), I-7.1; to dial, **1.1**
  mareado(a) dizzy
el **marido** husband, I-6.1
el **marisco** shellfish, I-15.2
el **martes** Tuesday, I-BV
  marzo March, I-BV
  más more
la **masa** mass
  la masa harina flour
la **máscara de oxígeno** oxygen mask, **7.1**
  masculino(a) masculine
  matar to kill
las **matemáticas** mathematics, I-2.2
la **materia** material, I-2.2
  la materia prima raw material
el **material** material
  materno(a) maternal
los **matorrales** underbrush, thickets
la **matrícula** registration
el **matrimonio** wedding; marriage; married couple, bride and groom, **15.1**
  máximo(a) maximum, **10.2**
el/la **maya** Maya, Mayan
  mayo May, I-BV
la **mayonesa** mayonnaise, **2**
  mayor great, greater, greatest; older, **11.1**

la **mayoría** majority
  mayormente principally, mainly
la **mazorca** corn ear
  me (to, for) me
el/la **mecánico** mechanic
la **mecha** lock (of hair), **8.1**
  mechado(a) shreded
la **media** sock, stocking, I-13.1
  media: y media half past the hour
la **medianoche** midnight, I-2
el **medicamento** medication, I-10.2
la **medicina** medicine, I-10
  médico(a) medical
el/la **médico(a)** doctor, I-10.2
la **medida** measurement; method
  medieval medieval
el **medio** mean, way
  medio(a) middle (adj.)
  la clase media middle class
  medio: a término medio medium (cooked), I-15.2
el **mediodía** midday, noon, I-2
  medir (i, i) to measure
la **mejilla** cheek, **4.1**
el **mejillón** mussel, **9.2**
  mejor better, **11**
  mejorar to improve
el **melocotón** peach, **9.1**
la **membrana** membrane
la **memoria** memory
  la carta de memoria memory chart
  menor younger, **11.1**
la **menora** menorah, **12.2**
  menos less
  a menos que unless, **15**
  menos de less than
el **mensaje** message
  mensualmente monthly
  mental mental
el **menú** menu, I-12.2
el/la **mercader** merchant, **16.1**
el **mercado** market, **2.1**
la **mercancía** merchandise
el **meridiano** meridian
la **merienda** snack, I-4.1
la **mermelada** marmalade
el **mes** month
la **mesa** table, I-12.2
  la mesa de operaciones operating table, **4.2**

el/la **mesero(a)** waiter (waitress), I-12.2

la **meseta** plateau, 7.2

la **mesita** tray table, 7.1

el **metal** metal

la **meteorología** meteorology

meter to put in, I-7.1

el **método** method

métrico(a) metric

el **metro** meter; subway, I-12.1

mexicano(a) Mexican, I-1.1

mezclar to mix

mi my

mí me

el **microbio** microbe

microscópico(a) microscopic

el **microscopio** microscope

el/la **miembro** member

mientras while

el **miércoles** Wednesday, I-BV

la **migración** migration

mil (one) thousand, I-BV

el **militar** soldier

la **milla** mile

el **millón (de)** million

el/la **millonario(a)** millonaire

mineral mineral, 2.2

el **ministerio** minestry

el **minuto** minute

mirar to look at, I-3.2

mirarse to look at oneself, I-16.1

la **misa** Mass, 12.2

la misa del gallo midnight Mass, 12.2

mismo(a) same; myself, yourself, him/her/itself, ourselves, yourselves, themselves

lo mismo the same

la **mitad** half

la **mitología** mythology

mixto(a) mixed

la **mochila** bookbag, knapsack, I-BV

la **moda** style

de moda in style

los **modales** manners, 11.1

el **modelo** model

moderado(a) moderate

moderno(a) modern

modesto(a) modest

modificar to modify

el/la **modisto(a)** designer (clothes)

modo: de modo que so that, 15

la **molécula** molecule

molestar to bother, I-13

el **momento** moment

en este momento at this moment, I-8.1

Un momento, por favor. One moment, please., 1.1

la **moneda** coin, 1.1

el **monje** monk

el **monocultivo** monoculture

el **monopatín** skateboard

el **monopolio** monopoly

el/la **monoteísta** monotheist

el **monstruo** monster

la **montaña** mountain, I-9.1

montañoso(a) mountainous

montar to assemble

el **monto** total, 6.1

el **monumento** monument

el **moño** bun, chignon, 8.1

moreno(a) dark, I-1.1

morir (ue, u) to die, I-15

el **morrón** large, red, sweet pepper

el **mostrador** counter, I-8.1

mostrar to show

el **motel** motel

el **motivo** motive, reason

el **moto** motorcycle

el **motor** motor, engine, 7.2

la **motricidad** motor function

mover (ue) to move

el/la **mozo(a)** porter, I-14.1; bellhop, 6.1; young person

la **muchacha** girl, I-BV

el **muchacho** boy, I-BV

mucho(a) a lot; many, I-5

mucho gusto nice to meet you, I-BV

el **mueble** piece of furniture

el/la **muerto(a)** dead person, 12.1

la **mujer** woman, I-6.1; wife, 15.1

la **muleta** crutch, 4.1

la **multa** fine

multinacional multinational

múltiple multiple

multiplicar to multiply

mundial worldwide

la Copa mundial World Cup

la Serie Mundial World Series

el **mundo** world

el Nuevo Mundo New World

la **muñeca** wrist, 4.1

el **mural** mural, I-12.2

muscular muscular

el **museo** museum, I-12.2

la **música** music, I-2.2

musical musical, I-12.2

el/la **músico** musician, I-12.2

musulmán(ana) Muslim

muy very, I-1.1

N

nacer (zc) to be born, 12.1

el **nacimiento** birth, 12.1

nacional national

la **nacionalidad** nationality, I-1

nada nothing, I-13.1

nadar to swim, I-11.1

nadie no one, nobody, I-13

la **naranja** orange, 2.1

los **narcóticos** narcotics

natural natural

la **naturaleza** nature

el/la **naturalista** naturalist

la **navaja** razor, I-16.1

navegable navegable

la **Navidad** Christmas, 12.2

Feliz Navidad Merry Christmas, 12.2

el regalo de Navidad Christmas present, 12.2

la víspera de Navidad Christmas eve, 12.2

necesariamente necessarily

necesario(a) necessary, 11.1

la **necesidad** necessity

necesitar to need

negativo(a) negative

negociarse to trade

negro(a) black, I-13.2

el **nervio** nerve

nervioso(a) nervous, I-10.1

el **neumático** tire, 5.1

la **nevada** snowfall, I-9.1

nevar (ie) to snow, I-9.1

Nieva. It is snowing., I-9

la **nevera** refrigerator, 9.1

ni... ni neither... nor

ni yo tampoco me neither, .I-13

nicaragüense Nicaraguan

el/la **nieto(a)** grandchild, I-6.1
los **nietos** grandchildren, I-6.1
la **nieve** snow, I-9.1
ninguno(a) not any, none, I-1.1
de ninguna manera by no means, I-1.1
el/la **niño(a)** boy (girl), 12.1
el **nivel** level
el nivel del mar sea level, 7.2
no no
No hay de qué. You're welcome., I-BV
el **noble** noble
nocturno(a) nocturnal
la **noche** night
esta noche tonight, I-11.2
la **Nochebuena** Christmas eve, 12.2
el **nombre** name, 3.1
normal regular, 5.2
el **norte** north, 10.1
norteamericano(a) North American
nos us (pron.)
nosotros(as) we, I-2.2
la **nota** grade, I-3.2; bill, 6.1; note
notable outstanding; notable
notar to note
las **noticias** news, I-5.2
la **novela** novel, I-5.2
el/la **novelista** novelist
el **novenario** nine days of mourning
noveno(a) ninth, I-5.1
noventa ninty, I-BV
noviembre November, I-BV
el/la **novio(a)** fiancé(e), boyfriend (girlfriend), 15.1
la **nube** cloud, I-11.1
nublado(a) cloudy, I-11.1
Está nublado. It's cloudy., I-11.1
nuclear nuclear, 16.2
la energía nuclear nuclear energy, 16.2
el **núcleo** nucleus
nuestro(a) our
nueve nine, I-BV
nuevo(a) new, I-6.2
el **número** number, I-8.1
el número de teléfono telephone number, 1.1

el número del asiento seat number, I-8.1
el número del vuelo flight number, I-8.1
numeroso(a) numerous
nunca never, I-13.1
la **nutrición** nutrition
el **nutrimento** nutriment

O

o or
el **objetivo** objective
el **objeto** object
oblicuo(a) angled, oblique
la **obligación** obligation
obligar to force
obligatorio(a) mandatory
la **obra** work, I-12.2
obrar to work
el/la **obrero(a)** worker, 16.1
observar to observe
la **obstetricia** obstetrics
obtener to obtain
obviamente obviously
obvio(a) obvious
la **ocasión** occasion
de ocasión second hand
occidental western
el **Occidente** West
el **océano** ocean
el océano Atlántico Atlantic Ocean
el océano Pacífico Pacific Ocean
octavo(a) eighth, I-5.1
octubre October, I-BV
oculto(a) hidden
ocupado(a) occupied, I-14.2; busy, 1.1
el tono de ocupado busy tone, 1.1
La línea está ocupada. The line is busy., 1.1
Suena ocupado. It is busy., 1.1
ocupar to occupy
ochenta eighty, I-BV
ocho eight, I-BV
el **oeste** west, 10.1
el/la **oferente** offerer
la **oferta** offer
oficialmente oficially
oficiar to officiate, celebrate

la **oficina** office, 16.1
la oficina de correos post office, 3.2
la oficina de cambio exchange office, 14.1
el **oficio** trade, 16.2
ofrecer (zc) to offer
el **oído** ear
oír to hear
ojalá (que) I hope (that), 16
la **ola** wave, I-11.1
olímpico(a) Olympic
oliva olive colored
olvidar to forget
no te olvides don't forget
la **olla** pot, 9.1
omnívoro(a) omnivorous
la **onda** wave, 8.1
las ondas sonoras sound waves
la **onza** ounce
la **opción** option
la **ópera** opera
el/la **operador(a)** operator, 16.1
la **opereta** operetta
opinar to think; to express an opinion
oponer to oppose
la **oportunidad** opportunity
oprimir to push
la **oración** sentence; prayer
el **orangután** orangutan
la **órbita** orbit
el **orden** order
el **ordenador** computer
la **oreja** ear
orgánico(a) organic
el **organismo** organism
el/la **orientador(a)** counselor, 16.1
oriental eastern
el **origen** origin
original original
originar to originate
originario(a) originating; native, descendant
la **orilla** bank (of a river), I-16.2
el **oro** gold
la **orquesta** orchestra, I-12.2
ortopédico(a) orthopedic, 4.2
el/la **ortopedista** orthopedist, 4.2
el **oso** bear
el **otoño** autumn, I-7.1
otro(a) other, I-2.2
el uno del otro each other, 11.1

el **out** out (sports), I-7.2
la **ovación** ovation
ovalado(a) oval
la **oveja** sheep
el **oxígeno** oxygen
oye listen

P

el **padre** father, I-6.1
los **padres** parents, I-6.1
el **padrino** godfather, **12.1**; best man, **15.2**
los **padrinos** godparents
la **paella** Valencian rice dish with meat, chicken, or fish and vegetables
la **paellera** paella pan
pagar to pay, I-13.1
el **pago** pay; payment
el **país** country
el **paisaje** countryside
la **paja** straw, **12.2**
el **pájaro** bird
el **paje de honor** usher, **15.2**
la **palabra** word
el **palacio** palace
la **palmadita** slap, **11.2**
dar palmaditas to slap gently, **11.2**
la **palmera** palm tree
el **palo** club, I-11.2
el **pan** bread, I-15.2
el pan tostado toast
la **panadería** bakery, **2.1**
el/la **panadero(a)** baker
panameño(a) Panamanian
el **panqueque** pancake
los **pantalones** pants, I-13.1
el pantalón corto shorts
el traje pantalón pantsuit
la **pantalla** screen, I-8.1
pantanoso(a) swampy, marshy
el **papá** father, I-5.2
la **papa** potato, I-5.2
las papas fritas french fries, **2.2**
la **papaya** papaya, **9.2**
el **papel** paper, I-BV
la hoja de papel sheet of paper, I-BV
el papel higiénico toilet paper, I-16.2
el **paquete** package, **2.2**

el **par** pair
par equal (adj.)
para for; to
para que in order that, so that, **15.2**
el **parabrisas** windshield, **5.1**
el **parachoques** bumper, **5.1**
la **parada** stop, I-14.2
el **parador** inn
el **paraíso** paradise
el **paramecio** paramecium
parar to stop, I-7.1
el **parasol** parasol, I-11.1
parcial: a tiempo parcial part time, **16.2**
parear to pair, match
parecer (zc) to seem; to resemble
parecido(a) similar
la **pareja** couple, **15.1**
el/la **pariente** relative
los parientes lejanos distant relatives
el **paro** stop, stoppage
el **parque** park, I-6.2
el **parquímetro** parking meter, **10.1**
la **parrilla** grill, **9.1**
la **parte** part
¿De parte de quién? Who is calling?, **1.1**
particular private; particular, I-5.1
el **partido** game, I-7.1
partir to divide
el **pasado** past
pasado(a) past, gone by
el/la **pasajero(a)** passenger, I-8.1
el **pasaporte** passport, I-8.1
el control de pasaportes passport inspection, I-8.1
pasar to pass, I-7.2; to happen
pasar hambre to go hungry
el **pasatiempo** pastime, hobby
la **Pascua** Easter
el **pase de abordar** boarding pass, I-8.1
el **paseo** stroll, walk
el **pasillo** corridor, I-14.2; aisle, **2.1**
el **paso de peatones** crosswalk, **10.1**
la **pasta dentífrica** toothpaste, I-16.2
el **pastel** pie, **2.1**; pastry, **12.1**

la **pastelería** pastry shop, **2.1**
la **pastilla** pill, I-10.2; bar (of soap), I-16.2
el/la **pastor(a)** shepherd
el pastor vasco Basque shepherd
la **patata** potato, **2.1**
paterno(a) paternal
la **patilla** sideburn, **8.1**
el **patín** skate, I-9.2
el **patinadero** skating rink, I-9.2
el/la **patinador(a)** skater, I-9.2
el **patinaje** skating, I-9.2
el patinaje artístico figure skating, I-9.2
el patinaje sobre hielo ice-skating, I-9.2
el patinaje sobre ruedas roller skating, I-9.2
la pista de patinaje skating rink, I-9.2
patinar to skate, I-9
el **patio** patio, courtyard
la **patología** pathology
la **patria** homeland, native land
patrón (patrona) patron
el **pavo** turkey
el **peaje** toll, **10.2**
el **peatón** pedestrian, **10.1**
el **pecho** chest, I-10.2
el **pedacito** piece, **9.2**
la **pedagogía** education, **16.2**
pedir (i, i) to ask for, I-15.1
el **peinado** hairdo
el peinado afro afro hairstyle, **8.1**
peinarse to comb one's hair, I-16.1
el **peine** comb, I-16.2
pelar to peel, **9.2**
la **película** movie, film, I-5.2
dar (presentar) una película to show a movie, I-12
el **peligro** danger
peligroso(a) dangerous
el **pelo** hair, I-16.1
la **pelota** ball, I-7.2
la **peluca** wig
la **peluquería** hair salon, **8.2**
el/la **peluquero(a)** hair stylist, **8.2**
la **península** peninsula
el/la **pensador(a)** thinker
pensar to think

la **pensión** boarding house,
I-16.2; small hotel; room
and board
pentecostal Pentecostal
peor worse
el **pepino** cucumber, 9.1
pequeño(a) small, I-2.1
la **pera** pear, 2.1
la **percepción** perception
la **percha** clothes hanger, 6.2
perder (ie) to lose, I-7.1
perder el autobús to miss
the bus, I-12.1
el **perdiz** partridge
perdón excuse me
el **peregrinaje** pilgrimage
el **perfume** perfume
la **perfumería** perfume shop
el **periódico** newspaper, I-5.2
el **período** period, space of time
perjudicial harmful
permanente permanent
el **permiso de conducir** driver's
license, 5.1
permitido(a) permitted
permitir to permit
pero but
el/la **perro(a)** dog, I-6.1
la **persecución** persecution
la **persona** person
el **personaje** character
personal personal
personalmente personally
pertenecer (zc) to belong
el **pésame** condolences
pesar to weigh, 3.2
la **pescadería** fish market, 2.1
el **pescado** fish (when caught),
I-15.2
el/la **pescador(a)**
fisherman(woman)
pescar to fish
el **peso** weight
el **pez** fish (alive)
el/la **pianista** pianist
el **piano** piano, I-4.2
picar to dice, 9.2
el **pico** peak, 7.2
el/la **pícher** pitcher, I-7.2
el **pie** foot, I-3.1
a pie on foot, I-3.1
la **piel** skin
la **pierna** leg, 4.1
la **píldora** pill, I-10.2
el/la **piloto** pilot, I-8.2

la **pimienta** pepper, I-15.1
el **pimiento** bell pepper, 9.2
el **pinar** pine grove
el **pingüino** penguin
el **pino** pine tree
la **pinta** pint
pintar to paint
el/la **pintor(a)** painter, 16.1
pintoresco(a) picturesque
la **pintura** painting
la **pinza para el cabello** hair
clip, 8.2
la **piña** pineapple, 2.1
la **piscina** swimming pool,
I-11.2
el **piso** floor, I-5.1
la **pista** trail, I-9.1; runway, 7.2
la **pista de patinaje** skating
rink, I-9.2
la **pizarra** chalkboard, I-BV
el **pizarrón** chalkboard, I-3.2
la **pizca** pinch
la **placa** license plate
el **plan** plan
la **plancha** iron, 13.2
la **plancha de vela** sailboard,
I-11.1
planchar to iron, 13.2
el **planeta** planet
la **planta** floor; plant, I-6.2
la **planta baja** ground floor,
I-5.1
plantar to plant
plástico(a) plastic; **de plástico**
plastic, 2.2
la **bolsa de plástico** plastic
bag, 2.2
la **plata** silver
el **plátano** plantain; banana, 9.2
el **platillo** base (sports), I-7.2;
saucer, I-15.1
el **platino** platinum
el **plato** plate, dish, I-15.1
la **playa** beach, I-11.1
playero(a) of the beach (adj.),
I-11.1
la **toalla playera** beach
towel, I-11.1
plegable folding, I-11.1
el/la **plomero(a)** plumber, 16.2
plomo: con plomo leaded,
5.2; **sin plomo** unleaded,
5.2
la **pluma** feather
el **plumaje** plummage

la **población** population, 16.2
pobre poor
la **poción** potion
poco(a) little, small (amount),
I-5.2
poco a poco little by little
poder (ue) to be able, I-7.1
el **poder extranjero** foreign
power
el **poema** poem
polar polar
el/la **policía** police officer, 16.1
político(a) political
los **políticos (parientes)** in-laws, 6
el **polo** pole
polvo: en polvo powdered,
2.2
el **pollo** chicken, I-15.2
el **poncho** poncho, cape
poner to put, I-8.1
ponerse to put on, I-16.1
poner al fuego to put on
the fire, 9.2
poner la mesa to set the
table
popular popular, I-2.1
la **popularidad** popularity
poquito más a little more
por about, for, by
por consiguiente
consequently
por ejemplo for example
por encima over, I-7.2
por eso therefore
por favor please, I-BV
por lo menos at least
por supuesto of course
¿por qué? why?
la **porcelana** porcelain
la **porción** portion
porque because
la **portería** goal, I-7.1
el/la **portero(a)** goalkeeper, I-7.1
posible possible, 11
positivo(a) positive
postizo(a) false
el **postre** dessert, I-5.2
el/la **practicante** hospital nurse
practicar to practice
precario(a) precarious
el **precepto** precept
el **precio** price, I-13.1
precioso(a) precious,
beautiful, I-6.2
la **precipitación** precipitation

precisamente precisely
precolombino(a) pre-Columbian
predominante predominant
la preferencia preference
preferir (ie, i) to prefer, I-7
el prefijo prefix
    el prefijo del país country code, 1.1
    el prefijo telefónico area code, 1.1
la pregunta question
preguntar to ask
el premio prize
la prenda garment, article of clothing
preocuparse to worry
la preparación preparation
preparar to prepare, I-4.1
la presencia presence
presentar to present, I-12
    presentar (dar) una película to show a movie, I-12
el presente present
el/la presidente(a) president
la presión pressure, 5.2
    la presión arterial blood pressure, 4.2
presunto(a) presumed
pretender (ie) to seek
el pretendiente suitor
primario(a) primary
la primavera spring, I-7.2
primer, primero(a) first, I-BV
primitivo(a) primitive
el/la primo(a) cousin, I-6.1
principal main
principiante beginning, I-9.1
principio: al principio in the beginning
la prioridad priority
la prisa haste, hurry
    dar prisa to rush, hurry
    de prisa fast
el/la prisionero(a) prisoner
privado(a) private, I-5.1
la privatización privatization
privatizar to privatize
probable probable, 11
probar (ue) to try; to taste
el problema problem
la procesión procession
el proceso process
producir (zc) to produce
productivo(a) productive

el producto product
el/la productor(a) producer
la profesión profession; career, 16.1
profesional professional (adj.)
el/la profesional professional
el/la profesor(a) teacher, I-2.1
el/la profeta prophet
profundo(a) profound
el programa program
el/la programador(a) programmer, 16.1
el progreso progress
prohibido(a) forbidden, 10.2
prohibir to prohibit
la promesa promise
el/la prometido(a) fiancé(e)
la propiedad property
el/la propietario(a) owner
la propina tip, I-12.2
propio(a) one's own
la protección protection
protector(a) protective, protecting, I-11.1
proteger to protect
la proteína protein, I-10.2
protestante Protestant
el provecho benefit, advantage
    buen provecho enjoy your meal
proveer to provide
la provincia provence
la proximidad proximity, nearness
próximo(a) next, I-14.2
la prueba test
publicado(a) published
la publicidad advertising
el público public; audience, I-12.2
público(a) public (adj.)
el pueblo town, I-5.1; people
el puente bridge
el puerco pork
la puerta gate, I-8.1; door, 5.1
    la puerta de salida departure gate, I-8.1; exit door, 7.1
el puerto port
puertorriqueño(a) Puerto Rican, I-2
pues well
el puesto stall, 2.1
la pulgada inch
pulmonar pulmonary

la pulsación beat
el pulso pulse, 4.2
el punto dot, I-3.1; stitch, 4.2
    en punto on the dot, I-3.1

Q

que that
¿qué? what?; how?, I-BV
    ¿Qué es? What is it?, I-BV
    ¿Qué tal? How are you?, I-BV
    ¿Qué hora es? What time is it?, I-2
    ¿Qué tiempo hace? What's the weather like?, I-9.1
quedarse to stay, remain, I-13.2
    quedar empatado(a) to end up tied (sports), I-7.1
    me queda bien it fits me, I-13.2
querer (ie) to want, I-7; to love, 15.1
    querer decir to mean
el queso cheese, I-15.2
¿quién? who?, I-BV
    ¿De parte de quién? Who is calling?, 1.1
    ¿Quién es? Who is it?, I-BV
la química chemistry, I-2.2
el/la químico chemist
químico(a) chemical
la quinceañera young woman's fifteenth birthday, 12.1
quinto(a) fifth, I-5.1
el quiosco newstand, I-14.1
el quirófano operating room, 4.2
quitar del fuego to take off the fire, 9.2
quizá(s) perhaps, 16.2

R

el radiador radiator, 5.2
radical radical
radioactivo(a) radioactive
la radiografía X ray, 4.2
rallar to grate, 9.2
la rama branch
el/la ranchero(a) rancher
la ranura slot (for money), 1.1

rápidamente quickly
rápido fast, I-9.1
la raqueta raquet, I-11.2
el rasgo feature
el ratón mouse
la raya part (in hair), 8.1
   rayas: a rayas striped,
      I-13.2
el rayo ray
los rayos esquis X ray, 4.2
la razón reason
   razonable reasonable
   real real, actual
   realista realistic
   realizar to carry out, put into
      effect
   realmente really; actually
la rebaja reduction
la rebanada slice, 9.2
   rebanar to slice, 9.2
la rebelión rebellion
el recado message
   recambio: de recambio spare,
      5.1
la recepción reception, 6.1
el/la recepcionista receptionist, 6.1
el/la receptor(a) catcher (sports),
      I-7.2
la receta prescription, I-10.2;
      recipe
   recetar to prescribe, I-10
   recibir to receive, I-6
el recibo receipt
el/la recién casado(a) newlywed,
      15.2
   reciente recent
   recientemente recently
   reclamar to claim, I-8.2
el reclamo de equipaje baggage
      claim, I-8.2
   recoger to pick up, collect,
      I-8.2
la recomendación
      recommendation
   recomendar (ie) to
      recommend, 13.2
   reconocer (zc) to recognize
   reconstruir to reconstruct
   recordar (ue) to remember
el recorrido distance traveled,
      trip
   recortar to trim, 8.2
el recorte trim, 8.2
el recurso resource

los recursos naturales
   natural resources
la red net, I-7.2; network
la rededicación rededication
   redondo(a) round
   reducido(a) reduced
   reducir (zc) to reduce, 4.2
   referir (ie) to refer
   reflejar to reflect
el refrán proverb
el refresco soft drink, I-4.1
el refrigerador refrigerator, 9.1
el refugio refuge
el regalo gift, I-6.2
   el regalo de Navidad
      Christmas present, 12.2
   regatear to bargain
el regateo bargaining
el régimen regimen
la región region
la regla rule
el reglamento rule
   regresar to return
el regreso return
   regulador regulating (adj.)
   regular regular (adj.)
   regular to regulate
   reinar to reign
el reino kingdom
la relación relationship
   relacionar to relate
   relativamente relatively
   religioso(a) religious
   rellenar to fill
el/la remitente sender, 3.1
   remontar to go back (to some
      date in time)
   remoto(a) remote
   repartir to deliver, 3.2
el reparto delivery, 3.2
   repetir (i, i) to repeat, I-15
la representación performance,
      I-12.2
el/la representante representative
   representar to represent
la reproducción reproduction
el reptil reptile
la república republic
   repuesto: de repuesto spare,
      5.1
   requerir (ie) to require, 16.2
   resbalarse to slip, 4.1
la reserva reserve
la reservación reservation, 6.1
   reservado(a) reserved, I-14.2

   reservar to reserve, 6.1
el resfriado (head) cold
la residencia residence, home
   residencial residential
   resolver (ue) to resolve
el respaldo seatback, 7.1
el respeto respect
la respiración breathing
   respirar to breathe
   responder to respond, answer
la responsabilidad responsibility
el restaurante restaurant, I-12.2
los restos remains
la restricción restriction
el resultado result
   resultar to result
la resurrección resurrection
   retirar to withdraw, 14.2
      retirar del fuego to take off
         the fire, 9.2
   retirarse to retire
el retiro withdrawal, 14.2
      el formulario de retiro
         withdrawal slip, 14.2
el retraso delay, I-14.2
      con retraso late, I-14.2
el retrato portrait
   reunirse to get together, 12.1
   revés: al revés the contrary
   revisar to inspect, I-8; to
      check, 5.2
el/la revisor(a) (train) conductor,
      I-14.2; auditor, 16.1
la revista magazine, I-5.2
   revolucionario(a)
      revolutionary
   revolver (ue) to stir, 9.1
   revueltos scrambled (eggs)
el rey king
los Reyes Magos Three Wise
      Men, 12.2
      el Día de los Reyes Day of
         the Three Kings
   rico(a) rich; tasty, I-15.2
   rigor: de rigor essential
   riguroso(a) rigorous
el río river, I-16.2
el rito rite
el rizado curling, 8
   rizado(a) curly, 8.1
el rizador curling iron, 8.2
   rizar to curl, 8
el rizo curl, 8.1
   robar to steal, I-7.2
   rodar (ue) to roll

la **rodilla** knee, **4.1**

rogar (ue) to beg; to request, **12**

rojo(a) red, I-13.2

el **rollo** roll (of paper), I-16.2

el/la **romano(a)** Roman

romántico(a) romantic

romperse to break, **4.1**

la **ropa** clothes, I-8.2

la **rotación** rotation

el **rótulo** sign, **10.2**

rubio(a) blond(e), I-1.1

la **rueda** wheel, roller, I-9.2

el **ruido** noise

la **ruina** ruin

el **rulo** hair roller, **8.2**

rumbo a toward, in the direction of

la **ruta** route

rutinario(a) routine

S

el **sábado** Saturday, I-BV

la **sábana** sheet, **6.2**

saber to know how, I-9.1

sacar to get, receive, I-3.2; to take out, **13.2**

el **sacerdote** priest

el **saco** jacket, I-13.1; sack

el **saco de dormir** sleeping bag, I-16.2

el **sacramento** sacrament

sacrificar to sacrifice

el **sacrificio** sacrifice

sagrado(a) sacred

la **sal** salt, I-15.1

la **sala** living room, I-4.1

la **sala de clase** classroom, I-3.1

la **sala de emergencia** emergency room, **4.1**

la **sala de espera** waiting room, I-14.1

la **sala de operaciones** operating room, **4.2**

la **sala de recepción** waiting room, **4.2**

la **sala de recuperación** recovery room, **4.2**

la **sala de restablecimiento** recovery room, **4.2**

la **sala de urgencias** emergency room, **4.1**

el **salario** salary

la **salchicha** sausage, **9.1**

el **saldo** total; balance (bank), **14.2**

la **salida** departure, I-8.1; exit, **7.1**

la **puerta de salida** departure gate, I-8.1

la **salida de emergencia** emergency exit, **7.1**

el **tablero de llegadas y salidas** arrival and departure board, I-8.1

salir to leave, I-8.1; to go out

el **salón de clase** classroom, I-3.1

el **salón del hotel** hotel ballroom, **12.1**

la **salsa** sauce

saltar de to jump out

la **salud** health

saludable healthy

saludar to greet, **11.1**

el **saludo** greeting

las **sandalias** sandals, I-13.1

la **sandía** watermelon, **9.2**

el **sándwich** sandwich, I-5.2

la **sangre** blood

la **sanidad** health

el/la **santo(a)** saint

el/la **sartén** frying pan, **9.1**

satisfacer to satisfy

el **saxofón** saxophone

el **secador** hair dryer, **8.2**

la **secadora** clothes dryer, **13.2**

secar to dry

la **sección** section

la **sección de no fumar** nonsmoking section, I-8.1

seco(a) dry

el/la **secretario(a)** secretary, **16.1**

el **secreto** secret, **11.1**

el **sector** section

secundario(a) secondary, I-1.1

la **escuela secundaria** high school, I-1.1

secuoya sequoia

la **sed** thirst, I-15.1

tener sed to be thirsty, I-15.1

el **sedán** sedan, **5.1**

el/la **sefardí** Sephardic Jew

el **segmento** segment

segregar to segregate

seguida: en seguida at once, immediately

seguir (i, i) to follow, I-15; to continue

según according to

segundo second, I-5.1

la **seguridad** security, I-8.1

el **control de seguridad** security inspection, I-8.1

seguro(a) reliable, dependable; sure; safe, **12**

el **seguro social** social security

seis six, I-BV

la **selección** selection

la **selva** rainforest

el **sello** stamp, **3.1**

el **semáforo** traffic light, **10.1**

la **semana** week, I-11.2

la **semana pasada** last week, I-11.2

la **Semana Santa** Holy Week

el **semestre** semester

el/la **senador(a)** senator

sencillo(a) simple, I-14.1; single, **6.1**

la **senda** path, **13.1**

el **sendero** path, **13.1**

la **sensación** sensation

sensible sensitive

sentarse (ie) to sit down, I-16.1

me sienta bien it fits me well, I-13.1

el **sentido** sense; way, direction, **10.2**

de sentido único one way

sentirse (ie) to feel, **12**

la **señal** dial tone, **1.1**; signal, **7.1**

la **señal de no fumar** no smoking signal, **7.1**

señalar to point out

el **señor** Mr., sir, I-BV

la **señora** Mrs., ma'am, I-BV

la **señorita** Miss, I-BV

separado(a) separated

separar to separate

septiembre September, I-BV

séptimo(a) seventh, I-5.1

el **ser** being

el **ser viviente** living being

ser to be, I-1

ser una lástima to be a pity, **12**

la **serie** series
    la **Serie Mundial** World
      Series
serio(a) serious, I-1.2
el **servicio** service
    el **servicio de primer**
      socorro first aid service,
      4.1
    el **servicio de primeros**
      auxilios first aid service,
      4.1
el/la **servidor(a)** servant
    su seguro servidor your
      humble servant
la **servilleta** napkin, I-15.1
servir (i, i) to serve, I-15.1
sesenta sixty, I-BV
la **sesión** session; sitting, I-12.1
setenta seventy, I-BV
severo(a) severe
el **sexo** gender
sexto(a) sixth, I-5.1
si if
sí yes
el **SIDA** AIDS
siempre always, I-5.2
la **sierra** mountain range
la **siesta** nap, I-11.1
    echar (tomar) una siesta to
      take a nap, I-11.1
siete seven, I-BV
el **siglo** century
el **significado** meaning
significar to mean
siguiente following
la **silla** chair, I-BV
    la **silla de ruedas**
      wheelchair, **4.1**
    la **silla plegable** folding
      chair, I-11.1
el **sillín** seat
simpático(a) pleasant,
    likeable
simple simple
simplemente simply
sin without
    sin embargo nevertheless
    sin escala nonstop
    sin que without, **15**
la **sinagoga** synagogue
sincero(a) sincere, I-1.2
sino but
el **sinónimo** synonym
el **síntoma** symptom, I-10.2
la **sirena** siren

el **sistema** system
    el **sistema nervioso**
      nervous system
la **situación** situation
situar to situate
el **slálom** slalom, I-9.1
el **sobre** envelope, **3.1**
sobre above, over, **7.1**; about
    sobre todo especially, above
      all
el/la **sobrecargo** flight attendant,
    7.1
sobresaliente outstanding
sobrevolar to fly over, **7.2**
la **sobrina** niece, I-6.1
el **sobrino** nephew, I-6.1
los **sobrinos** niece(s) and
    nephew(s), I-6.1
social social
la **sociedad** society
sociología sociology, I-2.2
el/la **sociólogo(a)** sociologist
el/la **socorrista** first aid worker, **4.1**
el **socorro** help
el **sodio** sodium
sofisticado(a) sophisticated
el **sol** sun, I-11.1
    Hay sol. It's sunny., I-11.1
    tomar el sol to sunbathe,
      I-11.1
solamente only
el/la **soldado** soldier
solemne solemn
soler (ue) to tend to, to be
    accustomed, to be in the
    habit of
    suelen servir they usually
      serve
    solemos decir we usually
      say
solicitar (trabajo) to apply for
    (work), **16**
la **solicitud de empleo** job
    application, **16.2**
sólido(a) solid
solitario(a) solitary, lone
solo(a) alone
sólo only
la **solución** solution
la **sombra** shade
el **sombrero** hat, I-13.1
la **sombrilla** umbrella, I-11.1
somos we are, I-2.2
son they/you (pl. form.) are,
    I-2.1

sonar (ue) to ring, **1.1**
    Suena ocupado. It is busy.,
      1.1
el **sonido** sound
la **sopa** soup, I-5.2
soplar to blow
soportar to support
el **soroche** mountain sickness
sorprender to surprise, I-13
la **sortija** ring, **15.1**
    la **sortija de compromiso**
      engagement ring, **15.1**
el **sostén** support
sostener to sustain
soy I am, I-1.2
su his, her, your (form.), their
suave soft
la **subcultura** subculture
subir to go up, I-5.1; to take
    up, **6.1**
    subir a to get on, to board,
      I-8.1
subscribir to subscribe
subsistir to continue to exist
la **substancia** substance
subterráneo(a) underground,
    I-12
el **subtítulo** subtitle
los **suburbios** suburbs, I-5.1
sucesivo(a) successive
sucio(a) dirty, **13.2**
la **sucursal** branch (office)
sudamericano(a) South
    American
la **suegra** mother-in-law
el **suegro** father-in-law
el **suelo** ground, I-7
el **sueño** dream
la **suerte** luck, **15.2**
el **suéter** sweater, I-13.1
suficiente sufficient, enough,
    5.1
sufrir to suffer
sugerir (ie) to suggest, **12**
suizo(a) Swiss
sumamente extremely
sumo(a) highest, greatest
súper super, **5.2**
la **superficie** surface
superior superior; higher; top,
    upper
el **supermercado** supermarket,
    2.1
supervisar to supervise

supuesto: por supuesto of course

el **sur** south, **10.1**

el **suroeste** southwest

suspenso(a) failing

la **sustancia** substance

sustituir to substitute

la **sutura** stitch, **4.2**

T

el **T shirt** T shirt, I-13.1

el **tabaco** tobacco

la **tabla hawaiiana** surf board

el **tablero** scoreboard, I-7.2; board, I-8.1

   el tablero de llegadas y salidas arrival and departure board, I-8.1

   el tablero indicador scoreboard, I-7.1

la **tableta** tablet

el **tacón** heel, I-13.2

la **tajada** slice, **2.2**

tal such

tal vez perhaps, **16**

el **talco** talcum powder

el **talento** talent

talentoso(a) talented; gifted

el **talón** luggage claims ticket, I-8.1

el **talonario** check book, **14.2**

la **talla** size, I-13.1

el **taller** artisan's shop, **16.1**

el **tamaño** size, I-13.1

también also, too, I-1.1

tampoco neither, either

   ni yo tampoco me neither, I-13

tan so

   tan pronto como as soon as, **15**

el **tanque** tank, **5.2**

el **tanto** point (score), I-7.1

la **tapa** cover, **9**

tapar to cover, **9.2**

la **taquilla** ticket office, I-12.1

la **tarde** afternoon

   esta tarde this afternoon, I-11.2

tarde late, I-8.1

la **tarifa** fare, rate

la **tarjeta** card, I-5.2; registration card, **6.1**

la **tarjeta de crédito** credit card, I-13.1

la **tarjeta de embarque** boarding card, I-8.1

la **tarjeta postal** postcard, I-5.2

la **tasa de cambio** exchange rate, **14.1**

el **taxi** taxi, I-8.1

la **taza** cup, I-15.1

te you (fam. pron.)

el **té** tea

teatral theatrical, I-12.2

el **teatro** theater, I-12.2

la **tecla** key, **1**

el **teclado** keypad, **1.1**

la **técnica** technique

técnico(a) technical

el/la **técnico(a)** technician, **4.2**

la **telecomunicación** telecommunication

telefonear to telephone, **1.1**

telefónico(a) pertaining to the telephone, **1.1**

el/la **telefonista** telephone operator

el **teléfono** telephone, I-4.1

   por teléfono on the phone, I-4.1

el **telégrafo** telegraph

la **telenovela** soap opera, I-5.2

el **telesilla** chair lift, I-9.1

el **telesquí** ski lift, I-9.1

la **televisión** television, I-4.1

el **televisor** television set, **6.2**

el **telón** curtain, I-12.2

el **tema** theme

   temer to be afraid, **11**

temerario(a) reckless

la **temperatura** temperature, I-9.1

la **tempestad** storm

templado(a) temperate

el **templo** temple

   tender (ie) to tend

   tender la cama to make the bed, **6.2**

el **tenedor** fork, I-15.1

   tener to have, I-6.1

   tener... años to be... years old, I-6.1

   tener cuidado to be careful

   tener hambre to be hungry, I-15.1

   tener lugar to take place

   tener miedo to be afraid, **11**

   tener que to have to, I-6

   tener que ver con to have to do with

   tener sed to be thirsty, I-15.1

los **tenis** tennis shoes, I-13.1

el **tenis** tennis, I-11.2

   la cancha de tenis tennis court, I-11.2

   el juego de tenis tennis game, I-11.2

la **tensión arterial** blood pressure, **4.2**

la **teoría** theory

tercer(o) (tercera) third, I-5.1

terminar to end, finish

el **término** term, word

la **ternera** veal chop, **2.1**

la **terraza** terrace

el **terreno** land, terrain

el **territorio** territory

terrorista terrorist

el **tesoro** treasure

la **tía** aunt, I-6.1

el **tiempo** time, I-7.1; weather

   a tiempo on time, I-8.1

   a tiempo completo full time, **16.2**

   a tiempo parcial part time, **16.2**

   al mismo tiempo at the same time

   hace mucho tiempo a long time ago

la **tienda** store, I-4.1

   armar una tienda to put up a tent, I-16.2

   la tienda de abarrotes grocery store, **2.1**

   la tienda de campaña tent, I-16.2

   la tienda de departamento department store

   la tienda de ropa para caballeros (señores) men's clothing store, I-13.1

   la tienda de ropa para damas (señoras) women's clothing store, I-13.1

la tienda por departamentos department store, 16.1
la tierra land
la Tierra Santa Holy Land
el tigre tiger
las tijeras scissors, 8.2
el timbre tone
tímido(a) timid, shy, I-1.2
el tímpano ear drum
tinto(a) red
la tintorería dry cleaners, 13.2
el tío uncle, I-6.1
los tíos aunt(s) and uncle(s), I-6.1
típicamente typically
típico(a) typical
el tipo type
el tipo de cambio exchange rate, 14.1
¿Cuál es el tipo de cambio? What is the exchange rate?, 14.1
tirar to throw, I-7.1
titulado(a) entitled
el título degree
el título universitario university diploma, 16.2
la tiza chalk, I-BV
la toalla playera beach towel, I-11.1
el tobillo ankle, 4.1
tocar to play (an instrument), I-4.2; to touch, I-7
el tocino bacon
todavía yet, still
todavía no not yet, 6
todo everything
todo(a) every, all, I-4.2
en todas partes everywhere
sobre todo especially
todo el mundo everybody
tomar to take, I-3.2; to drink, I-4.1
tomar el sol to sunbathe, I-11.1
tomar una ducha to take a shower, I-16.2
el tomate tomato
la tonelada ton
el tono dial tone, 1.1; pitch
el tono de ocupado busy tone, 1
la tonsura tonsure
torcer (ue) to twist, 4.1
el/la torero(a) bullfighter

el toro bull
la toronja grapefruit, 9.1
la torre tower
la torre de control control tower, 7.2
tórrido(a) torrid
la torta cake, 12.1
la tortilla tortilla, I-15.2
torturar to torture
la tos cough, I-10.1
toser to cough, I-10.1
tostadito(a) tanned
el tostón fried plantain slice
el total total, 6.1
totalmente totally
tóxico(a) toxic
el/la trabajador(a) worker, 16.1
trabajar to work, I-4.1
el trabajo work, job, 16.1
el trabajo a tiempo completo (parcial) full-time (part-time) job, 16.2
la tradición tradition
tradicional traditional
la traducción translation
traer to bring, I-8
el tráfico traffic, 5.1
la tragedia tragedy
el traje suit, I-13.1
el traje de baño bathing suit, I-11.1
el traje pantalón pantsuit
tranquilamente peacefully
transbordar to transfer, I-14.2
el tránsito traffic, 5.1
transmitir to transmit
el transporte transportation, I-12
trasero(a) back, rear
trasladar to transfer
el tratado treatise
el tratamiento treatment
tratar to deal with; to treat
tratar de to be about; to try
través: a través de through, across
treinta thirty, I-BV
el tren train, I-14.1
el tren de vía estrecha narrow gauge train
subir al tren to get on the train, I-14.2
la trenza braid, 8.1
tres three, I-BV
la tribu tribe
el tribunal court, 16.1

el trigo wheat
la trigonometría trigonometry, I-2.2
la tripulación crew, I-8.2
triste sad, I-10.1
triunfante triumphant
triunfar to win, triumph
el trocito piece, 9.2
la trompeta trumpet, I-4.2
el tronco trunk
tropical tropical
el truco trick, device
tu your (sing. fam.)
tú you (sing. fam.)
el tubo tube, I-16.2
la tumba tomb, 12.1
la turbulencia turbulence
turbulento(a) turbulent
el turismo tourism
el/la turista tourist, I-12.2
tutear to be on familiar terms with, 11

U

u or (used instead of o before words beginning with o or ho)
Uds., ustedes you (pl. form.), I-2.2
último(a) last
un(a) a, an, I-BV
único(a) only
la unidad unit
la unidad de cuidado intensivo intensive care area, 4.2
el uniforme uniform
unir to unite
la universidad university
universitario(a) pertaining to the university, 16.2
el título universitario university diploma, 16.2
uno one, I-BV
el uno del otro each other, 11.1
unos cuantos a few
uruguayo(a) Uruguayan
usado(a) used
usar to use
el uso use
útil useful
utilizar to use
la uva grape, 2.1

V

va he/she/it goes
la vaca cow
las vacaciones vacation
el vacío vacuum
el vagón train car, I-14.1
valiente brave, valiant
valer to be worth
vale la pena it's worth it
el valor value
el valle valley, 7.2
vamos we go, we are going
van they/you (pl. form.) go, I-4.1
la variación variation
variar to vary
la variedad variety
vario(a) various, varied
varios(as) several
el varón male
vas you (sing. fam.) go, you are going
el vaso (drinking) glass, I-5.2
el váter toilet, 6.2
veces: a veces sometimes, I-5.2
la vegetación vegetation
el vegetal vegetable, I-15.2
el/la vegetariano(a) vegetarian
el vehículo vehicle
veinte twenty, I-BV
la vela candle, 12.1
la velocidad speed, 10.2
la velocidad máxima speed limit, 10.2
vencer to overcome, conquer
la venda band aid, 4.2
el vendaje bandage, 4.2
el/la vendedor(a) salesperson
vender to sell, I-5.2
venenoso(a) poisonous
venezolano(a) Venezuelan
venir to come
la venta sale
en venta for sale
la ventaja advantage
la ventanilla ticket window, I-9.1; window, 3.2
ver (irreg.) to see, to watch, I-5.2
el verano summer
el verbo verb
la verdad truth, I-1.1

¿No es verdad? Isn't it true?, I-1.1
¿verdad? right?, I-1.1
verde green, I-13.2
verdadero(a) real, true
la verdulería greengrocer shop, 2.1
el/la verdulero(a) greengrocer
la verdura vegetable, I-15.2
verificar to check, 5.2; to verify, 14.2
versátil versatile
la versión version
el vestido dress, I-13.1
el vestido de boda wedding dress
vestirse (i, i) to get dressed, I-16.1
la vez time
de vez en cuando now and then
en vez de instead of
la vía track, I-14.1
viajar to travel
el viaje trip, I-8.1
el viaje de novios honeymoon trip, 15.2
hacer el viaje to make the trip, I-8.1
el/la viajero(a) traveler
la víbora snake
la vibración vibration
vibrar to vibrate
la victoria victory
victorioso(a) victorious
la vida life
viejo(a) old, I-6.1
el viento wind, I-11.1
Hace viento. It's windy., I-11.1
el viernes Friday, I-BV
vigilar to guard
el vino wine
el violín violin, I-4.2
virar to turn
el virus virus
la visita visit
la víspera de Navidad Christmas eve, 12.2
la vista view, I-6.2
la vitamina vitamin, I-10.2
la vitrina shop window, I-13.1
el/la viudo(a) widower, widow
la vivienda housing
vivir to live, I-5.1

vivo(a) live; bright, vivid
el vocabulario vocabulary
volar (ue) to fly
volcán volcano
el vólibol volleyball, I-7.2
el volumen volume
volver (ue) to go back, I-7.1
volver a to do again, I-7.1
vosotros(as) you (pl. fam.)
voy I go, I am going
el vuelo flight, I-8.1
el/la asistente(a) de vuelo flight attendant, I-8.2
el número del vuelo flight number, I-8.1
la vuelta turn; rotation
dar vuelta to go around
vuestro(a) your (pl. fam.)

Y

y and, I-1.2
ya already, 6.1
ya no no longer
el yate yacht
el yen yen
el yeso cast, 4.2
yo I, I-1.2

Z

la zanahoria carrot, 2.2
las zapatillas de baloncesto tennis shoes
el zapato shoe, I-13.1
el zíper zipper, I-13.2
la zona district, zone
la zona postal zip code, 3.1
la zoología zoology
el zoológico zoo
el zumo de naranja orange juice

VOCABULARIO
INGLÉS-ESPAÑOL

The *Vocabulario inglés-español* contains all productive vocabulary from Levels 1 and 2. The numbers following each entry indicate the chapter and vocabulary section in which the word is introduced. For example, **2.2** means that the word first appeared actively in Level 2, *Capítulo 2, Palabras 2*. Boldface numbers without a *Palabras* reference indicate vocabulary introduced in the grammar sections of the given chapter of Level 2. Numbers preceded by I indicate vocabulary introduced in Level I; I-BV refers to the Level 1 introductory *Bienvenido* chapter.

The following abbreviations are used in this glossary.

adj.	adjective
adv.	adverb
conj.	conjunction
dem. adj.	demonstrative adjective
dem. pron.	demonstrative pronoun
dir. obj.	direct object
f.	feminine
fam.	familiar
form.	formal
ind. obj.	indirect object
inf.	infinitive
inform.	informal
interr.	interrogative
interr. adj.	interrogative adjective
interr. pron.	interrogative pronoun
inv.	invariable
irreg.	irregular
m.	masculine
n.	noun
past. part.	past participle
pl.	plural
poss. adj.	possessive adjective
prep.	preposition
pron.	pronoun
sing.	singular
subj.	subject
subjunc.	subjunctive

A

a, an un(a), I-BV
above sobre, 7.1; arriba, 8.2
to accelerate acelerar, 5.1
accident el accidente, 4.1
account la cuenta, 14.2
accountant el/la contable, 16.1
to ache doler (ue), I-10.2
it hurts, aches me duele, I-10
active activo(a), 16.2
actor el actor, I-12.2
actress la actriz, I-12.2
to add agregar, 9.2
address la dirección, 3.1
admission ticket la entrada, I-7.2
to adore adorar, 1.2
to advise aconsejar, 12.2
aerobic aeróbico(a), I-10.2
aerogram el aerograma, 3.1
afro hairstyle el peinado afro, 8.1
after después de, I-4.1; después de que, 15
afternoon la tarde
good afternoon buenas tardes, I-BV
this afternoon esta tarde, I-11.2
agent el/la agente, I-8.1
agriculture la agricultura, 16.2
aisle el pasillo, 2.1; 7.1
air el aire, 5.2
air conditioning el aire acondicionado, 6.2
airline la línea aérea, I-8.1
air mail por correo aéreo, 3.2
airplane el avión, I-8.1
airport el aeropuerto, I-8.1
algebra el álgebra, I-2.2
allergy la alergia, I-10.2
already ya, 6.1
also también, I-1.1
altar el altar, 15.2
although aunque, 15
altitude la altura, la altitud, 7.2
always siempre, I-5.2
am soy, I-1.2
ambulance la ambulancia, 4.1
American americano(a), I-1.2
and y, I-1.2
anesthetist el/la anestesista, 4.2
to anger enojar, enfadar, I-13

ankle el tobillo, 4.1
to announce anunciar, 15.1
announcement el anuncio, 7.1
to annoy enojar, enfadar, I-13
anorak el anorak, I-9.1
answering machine el contestador automático, 1.1
apartment el apartamento, I-5.1
to applaude aplaudir, I-12.2
apple la manzana, 2.1
application la solicitud, 16.2
job application la solicitud de empleo, 16.2
to apply for (work) solicitar (trabajo), 16
to approach acercarse, 11.2
April abril (m.), I-BV
aquatic acuático(a), I-11.1
architecture la arquitectura, 16.2
are son, I-2.1; están, I-4.1
area code la clave de área, el código de área, el prefijo telefónico, 1.1
Argentinian argentino(a), I-2.1
arithmetic la aritmética, I-2.2
arm el brazo, 4.1
around alrededor de, I-6.2
arrival la llegada, I-8.1
arrival and departure board el tablero de llegadas y salidas, I-8.1
to arrive llegar, I-3.1
art el arte, I-2.2
arterial arterial, 4.2
artisan el/la artesano(a), 16.1
artisan's shop el taller, 16.1
artist el/la artista, I-12.2
artistic artístico(a), I-12
as soon as en cuanto, 1.2; tan pronto como, 15
to ask for pedir (i, i), I-15.1
to assist asistir, I-5.2
at once enseguida, I-16.1
to attend asistir, I-5.2
attendant el/la empleado(a), 5.2
attractive atractivo(a), I-1.2
audience el público, I-12.2
auditor el/la revisor(a), 16.1
August agosto (m.), I-BV
aunt la tía, I-6.1
aunt(s) and uncle(s) los tíos, I-6.1
author el/la autor(a), I-12.2

automatic automático(a), 1.1
autumn el otoño, I-7.1
avenue la avenida, I-5.1
avocado el aguacate, 9.2

B

back la espalda, 11.2
backpack la mochila, I-14.1
bad malo(a), I-1
bad-mannered malcriado(a), 11.1
bag la bolsa, 2.2
plastic bag la bolsa de plástico, 2.2
baggage el equipaje, I-8.1
baggage claim el reclamo de equipaje, I-8.2
hand baggage el equipaje de mano, I-8.1
bakery la panadería, 2.1
balance (bank) el saldo, 14.2
balcony el balcón, I-6.2
ball el balón, I-7.1; la pelota, I-7.2; la bola, I-11.2
ballpoint pen el bolígrafo, I-BV
banana el plátano, la banana, 9.2
band aid la venda, 4.2
bandage el vendaje, 4.2
bangs el flequillo, 8.1
bank (of a river) la orilla, I-16.2
bank el banco, I-BV
bank clerk el/la empleado(a) del banco, 14.1
bank statement el estado de cuenta, 14.2
banquet el banquete, 15.2
baptism el bautizo, 12.1
to baptize bautizar, 12.1
bar la barra, I-16.2; la pastilla, 6.2
barber el/la barbero(a), 8.2
base la base, el platillo, I-7.2
baseball el béisbol, I-7.2
basket el cesto, el canasto, I-7.2; la canasta, 2.2
basketball el baloncesto, el básquetbol, I-7.2
bat el bate, I-7.2
bather el/la bañador(a), I-11.1
bathing suit el traje de baño, I-11.1

bathroom el cuarto de baño, I-5.1; el baño, 6.2

bathtub la bañera, 6.2

batter el/la bateador(a), I-7.2

battery la batería, 5.2

to be ser (irreg.), I-1; estar (irreg.), I-4.1

  to be... years old tener... años, I-6.1

  to be a pity ser una lástima, 12

  to be hungry tener hambre, I-15.1

  to be thirsty tener sed, I-15.1

  to be tied (sports) quedar empatado(a), I-7.1

to be able poder (ue), I-7.1

to be afraid temer, tener miedo, 11

to be born nacer (zc), 12.1

to be called llamarse, I-16.1

to be glad about alegrarse de, 12

to be named llamarse, I-16.1

to be on familiar terms with tutear, 11

beach la playa, I-11.1

beach resort el balneario, I-11.1

beach towel la toalla playera, I-11.1

beach, of the playero(a), I-11.1

bean la habichuela, el frijol, I-15.2

beautiful precioso(a), I-6.2

bed la cama, I-10.1

bedroom el cuarto de dormir, el dormitorio, I-5.1

beef la carne de res, 2.1

beefsteak el biftec, I-15.2

before antes de que, 15.1

to beg rogar (ue), 12

to begin empezar (ie), comenzar (ie), I-7.1

beginner el/la principiante(a), I-9.1

to behave comportarse, 11.1

behavior el comportamiento, 11.1

behind atrás, 8.2; detrás de, 10.1

to believe creer, 12

bell pepper el pimiento, 9.2

bellhop el botones, el mozo, 6.1

below bajo, I-9.1

  below zero bajo cero, I-9.1

belt el cinturón, I-13.1

berth la litera, I-14.2

best man el padrino, 15.2

better mejor, 11

bicycle la bicicleta, I-6.2

big grande, I-2.1

bill la cuenta, I-12.2; la nota, 6.1; (money) el billete, 14.1

biology la biología, I-2.2

birth el nacimiento, 12.1

birthday el cumpleaños, I-6.2

black negro(a), I-13.2

black bean la habichuela negra, el frijol negro, 9.2

blade la cuchilla, la hoja, I-9.2

bleach el blanqueador, 13.2

to block bloquear, I-7.1

block (city) la manzana, la cuadra, 10.1

blond(e) rubio(a), I-1.1

blood pressure la tensión arterial, la presión arterial, 4.2

blouse la blusa, I-13.1

blue azul, I-13.2

blue jeans el blue jean, I-13.1

to board abordar, subir a, I-8.1

board el tablero, I-8.1

  arrival and departure board el tablero de llegadas y salidas, I-8.1

boarding house la pensión, I-16.2

boarding pass la tarjeta de embarque, el pase de abordar, I-8.1

boasting fanfarrón (fanfarrona), I-9.1

boat el barco

  small boat el barquito, I-11.1

bobby pin la horquilla, 8.2

to boil hervir (ie), 9.1

book el libro, I-BV

bookbag la mochila, I-BV

boot la bota, I-9.1

to bore aburrir, I-13

boring aburrido(a), I-1.1

to bother molestar, I-13

bottle la botella, 2.2

box la caja, 2.2

boy el muchacho, I-BV; el niño, 12.1

boyfriend el novio, 15.1

braid la trenza, 8.1

brake el freno, 5.1

to brake frenar, 5.1

branch (of candelabra) el brazo, 12.2

bread el pan, I-15.2

to break romperse, 4.1

breakfast el desayuno, I-5.2

bridesmaid la dama de honor, 15.2

to bring traer (irreg.), I-8

to broil asar, 9.1

broker el/la cambista, 14.1

brother el hermano, I-2.1

brown castaño(a), 8.1

to brush cepillarse, I-16.1

brush el cepillo, I-16.2

building el edificio, I-5.1

bumper el parachoques, 5.1

bun (hair) el moño, 8.1

burner (stove) el/la hornillo(a), 9.1

to bury enterrar (ie), 12.1

bus el autobús, el bus, I-3.1

busy ocupado(a), 1.1

  busy tone el tono de ocupado, 1

  It is busy. Suena ocupado., 1.1

  The line is busy. La línea está ocupada., 1.1

butcher shop la carnicería, 2.1

butter la mantequilla, 2.1

button el botón, I-13.2

to buy comprar, I-5.2

C

cake la torta, 12.1

calculator la calculadora, I-BV

to call by telephone llamar por teléfono, 1.1

  Who is calling? ¿De parte de quién?, 1.1

call la llamada, 1

caller el/la interlocutor(a), 1.1

calorie la caloría, I-10.2

camel el camello, 12.2

to camp acampar, I-16.2

camp el campamento, I-16.2

camping el camping, I-16.2

  to go camping ir de camping, I-16.2

can la lata, el bote, 2.2

candelabra el candelabro, 12.2

candidate el/la candidato(a), el/la aspirante, 16.2

candle la vela, **12.1**

canteen la cantimplora, I-16.2

cap el gorro, I-9.1

captain el/la comandante, I-8.2

car el coche, el carro, I-3.1; (train) el vagón, I-14.1; el coche, I-14.2

carbohydrate el carbohidrato, I-10.2

card la tarjeta, I-13.1
    credit card la tarjeta de crédito, I-13.1

career la profesión, **16.1**

carefully con cuidado, **5.1**

carpenter el/la carpintero(a), **16.2**

carrot la zanahoria, **2.2**

to carry llevar, I-3.2

cart el carrito, **2.1**

to cash cobrar, **14.2**

cash el dinero en efectivo, **14.1**

cashbox la caja, I-13.1

cashier el/la cajero(a), **6.1**

cashier desk la caja, **6.1**

cast el yeso, **4.2**

cat el/la gato(a), I-6.1

to catch atrapar, I-7.2

catcher el/la cátcher, el/la receptor(a), I-7.2

cauliflower la coliflor, **9.1**

to celebrate celebrar, **12.1**
    celebration of lights la fiesta de las luces, **12.2**

celery el apio, **2.1**

cellular celular, **1.1**

cemetery el cementerio, el camposanto, **12.1**

centigrade el centígrado, I-9.1

ceremony la ceremonia, **15.2**

certified mail por correo certificado, por correo recomendado, **3.2**

chair la silla, I-BV
    folding chair la silla plegable, I-11.1

chair lift el telesilla, I-9.1

chalk la tiza, I-BV

chalkboard la pizarra, I-BV; el pizarrón, I-3.2

to change cambiar, **6.2**

channel el canal, **7.1**

chaperone la dueña, **15.1**

charge el gasto, **6.1**

cheap barato(a), I-13.1

check el cheque, **14.1**

to check revisar, verificar, **5.2**

to check (luggage) facturar, I-8.1

checkbook el talonario, la chequera, **14.2**

checking account la cuenta corriente, **14.2**

checkstand la caja, **2.2**

cheek la mejilla, **4.1**

cheese el queso, I-15.2

chemistry la química, I-2.2

cherry la cereza, **9.2**

chest el pecho, I-10.2

chicken el pollo, I-15.2

chignon el moño, **8.1**

children los hijos, I-6.1

chills los escalofríos, I-10.1

chop la chuleta, **2.1**

Christmas la Navidad, **12.2**
    Christmas eve la víspera de Navidad, la Nochebuena, **12.2**
    Christmas present el regalo de Navidad, el aguinaldo, **12.2**
    Christmas tree el árbol de Navidad, **12.2**
    Merry Christmas Feliz Navidad, **12.2**

church la iglesia, **10.1**

city la ciudad, I-5.1

city hall la alcaldía, el ayuntamiento, **16.1**

city hall employee el/la funcionario(a), **16.1**

civic education la educación cívica, I-2.2

to claim reclamar, I-8.2

clam la almeja, **9.2**

class la clase, I-2.1

classic clásico(a), I-4

classroom la sala de clase, el salón de clase, I-3.1

to clean limpiar, **5.2**

clerk el/la dependiente, **16.1**

client el/la cliente, **6.1**

clinic la clínica, I-10.2

close íntimo(a), **11.2**

closet el armario, **6.2**

clothes la ropa, I-8.2

clothes dryer la secadora, **13.2**

clothes hanger la percha, el colgador, el gancho, **6.2**

cloud la nube, I-11.1

cloudy nublado(a), I-11.1
    It's cloudy. Está nublado., I-11.1

club el palo, I-11.2

cockpit la cabina de vuelo (mando), **7.1**

cocktail el cóctel, **15**

coconut el coco, **9.2**

code el prefijo, **1.1**
    country code el prefijo del país, **1.1**

coffee el café, I-5.2

coin la moneda, **1.1**

cold (medical) el catarro, la gripe, I-10.1

cold (weather) el frío, I-9.1
    It's cold. Hace frío., I-9.1

to collect recoger, I-8.2

Colombian colombiano(a), I-1

color el color, I-13.2
    cream, wine, coffee, olive, maroon, turquoise colored de color crema, vino, café, oliva, brown, turquesa, I-13.2

comb el peine, I-16.2

to comb one's hair peinarse, I-16.1

to come on the stage entrar en escena, I-12.2

compartment el compartimiento, I-14.2

complicated complicado(a), **4.1**

computer la computadora, I-BV

computer sciences la informática, **16.1**

concert el concierto, I-12.2

conductor el/la director(a), I-12.2; (train) el/la revisor(a), I-14.2

to confide confiar, **11.1**

congratulations la enhorabuena, la felicitación, **15.2**

container el envase, **2.2**

control tower la torre de control, **7.2**

controller el/la controlador(a), **16.1**

convertible el descapotable, **5.1**

cook el/la cocinero(a), I-15.1

to cook cocinar, **9.1**

cookie el bizcocho, **12.1**

copilot el/la copiloto, I-8.2

cordless inalámbrico(a), **1.1**

corn el maíz, **9.2**

corner la esquina, 5.1

to **correspond** corresponder, 3

correspondence la correspondencia, 3

corridor el pasillo, I-14.2

to **cost** costar (ue), I-13.1

cough la tos, I-10.1

to **cough** toser, I-10.1

counselor el/la consejero(a) de orientación, el/la orientador(a), 16.1

counter el mostrador, I-8.1

country el campo, I-5.1

coupe el cupé, 5.1

couple la pareja, 15.1

course el curso, I-2.1

court la corte, el tribunal, 16.1

court (sports) la cancha, I-7.2

  tennis court la cancha de tenis, I-11.2

courteous cortés, 11.1

courtesy la cortesía, 11

cousin el/la primo(a), I-6.1

cover la tapa, 9

to **cover** tapar, 9.2

covered cubierto(a), I-9.2

cream la crema, 2.2

credit card la tarjeta de crédito, 6.1

crew la tripulación, I-8.2

to **cross** cruzar, 10.1

crosswalk el paso de peatones, 10.1

crutch la muleta, 4.1

cucumber el pepino, 9.1

cup la taza, I-15.1

curl el rizo, el bucle, 8.1

to **curl** rizar, 8

curling el rizado, 8

curling iron el rizador, 8.2

curly rizado(a), crespo(a), 8.1

curriculum vitae el historial profesional, el currículo profesional, 16.2

curtain el telón, I-12.2

customer el/la cliente, I-5.2

customs la aduana, I-8.2

to **cut** cortar, 4.1

D

dad el papá, I-5.2

to **dance** bailar, I-4.2

dark moreno(a), I-1.1

date (calendar) la fecha, I-BV; (appoinment) la cita, 15.1

daughter la hija, I-6.1

day el día

  the day before yesterday anteayer, I-11.2

dead person el/la muerto(a), el/la difunto(a), 12.1

December diciembre (m.), I-BV

degree el grado, I-9.1

delay el retraso, la demora, I-14.2

delicious delicioso(a), I-15.2

to **delight** encantar, I-13

to **deliver** repartir, entregar, 3.2

delivery la entrega, el reparto, 3.2

to **demand** exigir, 12

deodorant el desodorante, I-16.2

department store la tienda por departamentos, 16.1

departure la salida, I-8.1

  arrival and departure board el tablero de llegadas y salidas, I-8.1

  departure gate la puerta de salida, I-8.1

to **deposit** depositar, ingresar, 14.2

deposit el depósito, el ingreso, 14.2

dessert el postre, I-5.2

destination el destino, I-8.1

detergent el detergente, 2.2

diagnosis la diagnosis, I-10.2

dial (of telephone) el disco, 1.1

to **dial** discar, 1; marcar, 1.1

dial tone la señal, el tono, 1.1

to **dice** picar, 9.2

to **die** morir (ue, u), I-15

diet la dieta, I-10.2

difficult difícil, I-2.1

dining car el coche-comedor, I-14.2

dining room el comedor, I-5.1

dinner la cena, I-5.2

direction el sentido, 10.2

dirty sucio(a), 13.2

discourteous descortés, 11

to **disembark** desembarcar, I-8

to **distribute** distribuir, 7.1

to **do again** volver (ue) a, I-7.1

doctor el/la médico(a), I-10.2

doctor's office la consulta del médico, el consultorio del médico, I-10.2

dog el/la perro(a), I-6.1

domestic economy la economía doméstica, I-2.2

door la puerta, 5.1

dose la dosis, I-10.2

dot punto, I-3.1

  on the dot en punto, I-3.1

double doble, 6.1

to **doubt** dudar, 12

dress el vestido, I-13.1

to **dribble** driblar con, I-7.2

drink la bebida, 7.1

to **drink** tomar, I-4.1; beber, I-5.2

to **drive** conducir (zc), 5.1; manejar, 10.2

driver el/la conductor(a), 5.1

driver (golf) el bastón, I-11.2

driver's license la licencia, el permiso de conducir, 5.1

drug la droga, I-10.2

to **dry clean** limpiar en seco, 13.2

dry cleaners la tintorería, 13.2

dry cleaning la limpieza en seco, 13.2

during durante, I-4.2

E

each other el uno del otro, 11.1

earphones los audífonos, 7.1

east el este, 10.1

easy fácil, I-2.1

to **eat breakfast** desayunarse, I-16.1

to **eat** comer, I-5.2

economics la economía, 16.2

education la pedagogía, 16.2

egg el huevo, I-15.2

eight ocho, I-BV

eighth octavo(a), I-5.1

eighty ochenta, I-BV

elastic elástico(a), 4.2

elbow el codo, 4.1

electric hair clipper la maquinilla, 8.2

electrician el/la electricista, 16.2

elevator el ascensor, I-5.1

to **embrace** abrazar, 11.2

emergency exit la salida de emergencia, 7.1

emergency room la sala de urgencias, la sala de emergencia, **4.1**

employee el/la empleado(a), **5.2**

to **endorse** endosar, **14.2**

energy la energía, **16.2**

  nuclear energy la energía nuclear, **16.2**

engagement el compromiso, **15.1**

  engagement ring la sortija de compromiso, **15.1**

engine el motor, **7.2**

English el inglés, I-2.2

to **enjoy oneself** divertirse (ie, i), I-16.2

enough bastante, I-1.1; suficiente, **5.1**

to **enter** entrar, I-3.1

entrance la entrada, I-6.2

envelope el sobre, **3.1**

eraser la goma, I-BV

evening la noche

  good evening buenas noches, I-BV

everyone todos, I-4.2

examination el examen, I-3.2

to **examine** examinar, I-10.2

to **exchange** cambiar, **6.2**; intercambiar, **15.2**

exchange el cambio, **14.1**

exchange office la oficina de cambio, **14.1**

exchange rate el tipo de cambio, la tasa de cambio, **14.1**

  What is the exchange rate? ¿Cuál es el tipo de cambio?, **14.1**

exercise el ejercicio, I-10.2

  aerobic exercise el ejercicio aeróbico, I-10.2

  physical exercise el ejercicio físico, I-10.2

exhibition la exposición, I-12.2

exit la salida, **7.1**

expensive caro(a), I-13.1

expert experto(a), I-9.1

F

face la cara, I-16.1

factory la fábrica, **16.1**

to **fall** caerse (irreg.), **4.1**

to **fall asleep** dormirse (ue, u), I-16.1

to **fall in love** enamorarse, **15.1**

family la familia, I-5.1

fantastic fantástico(a), I-1.2

to **farm (the land)** labrar (la tierra), **16.2**

farm worker el/la labrador(a), **16.2**

fast rápido, I-9.1

to **fasten** abrocharse, **7.1**

father el padre, I-6.1

February febrero (m.), I-BV

to **feel** sentir (ie), **12**

fever la fiebre, I-10.1

fiancé(e) el/la novio(a), el/la comprometido(a), **15.1**

fiber la fibra, I-10.2

field el campo, I-7.1

  football field el campo de fútbol, I-7.1

fifteenth: young woman's fifteenth birthday la quinceañera, **12.1**

fifth quinto(a), I-5.1

fifty cincuenta, I-BV

to **fill, fill out** llenar, **4.2**

film la película, el film(e), I-12.1

fine bien, I-BV

finger el dedo, **4.1**

fire el fuego, **9.1**

first primer, primero(a), I-BV

first aid service el servicio de primeros auxilios, el servicio de primer socorro, **4.1**

first aid worker el/la socorrista, **4.1**

fish el pescado, I-15.2

fish market la pescadería, **2.1**

to **fit** sentar (ie) bien a, I-13.1

  It fits me. Me sienta bien., I-13.1

five cinco, I-BV

flight el vuelo, I-8.1

  flight attendant el/la asistente(a) de vuelo, I-8.2; el/la sobrecargo, **7.1**

  flight number el número del vuelo, I-8.1

floor el piso, I-5.1

flower la flor, I-6.2

to **fluctuate** fluctuar, **14.1**

to **fly over** sobrevolar (ue), **7.2**

folding plegable, I-11.1

folding chair la silla plegable, I-11.1

to **follow** seguir (i, i), I-15

food el comestible, **2.1**

foot el pie, I-3.1

  on foot a pie, I-3.1

football el fútbol, I-7.1

  football field el campo de fútbol, I-7.1

forbidden prohibido(a), **10.2**

forehead la frente, **4.1**

forest el bosque, I-16.2

fork el tenedor, I-15.1

form el formulario, **4.2**

forty cuarenta, I-BV

four cuatro, I-BV

fourth cuarto(a), I-5.1

fracture la fractura, **4.1**

free libre, I-14.2

freezer el congelador, **9.1**

French francés (francesa), I-2.2

french fry la papa frita, **2.2**

frequently con frecuencia, **1**

Friday el viernes, I-BV

friend el/la amigo(a), I-1.1

from de, I-1.1

front: in front of enfrente, **8.2**; delante de, **10.1**

frozen congelado(a), **2.2**

fruit la fruta, I-15.2

to **fry** freír (i, i), I-15.1

frying pan el/la sartén, **9.1**

full time a tiempo completo, **16.2**

fun divertido(a), I-1.1

G

game el partido, I-7.1; el juego, I-11.2

  tennis game el juego de tenis, I-11.2

garage el garaje, I-6.2

garden el jardín, I-6.2

garlic el ajo, **9.2**

gas la gasolina, **5.2**

gas station la gasolinera, **5.2**

gate la puerta, I-8.1

  departure gate la puerta de salida, I-8.1

geography la geografía, I-2.2

geometry la geometría, I-2.2

to **get** sacar, I-3.2

to **get dressed** vestirse (i, i), I-16.1

to **get engaged** comprometerse, **15.1**

to **get hurt** lastimarse, **4.1**

to **get married** casarse, **15.1**

to **get off the train** bajar(se) del tren, I-14.2

to **get on** subir a, I-8.1

   to get on the train subir al tren, I-14.2

to **get together** reunirse, **12.1**

to **get up** levantarse, I-16.1

   gift el regalo, I-6.2

   girl la muchacha, I-BV; la niña, **12.1**

   girlfriend la novia, **15.1**

to **give** dar (irreg.), I-4.2

   glass (drinking) el vaso, I-5.2

   glasses (eye) las gafas, I-9.1

   glove el guante, I-7.2

to **go back** volver (ue), I-7.1

to **go down** bajar, I-9.1

to **go for a swim** bañarse, I-16.2

to **go** ir (irreg.), I-4.1

   they go van, I-4.1

     to go camping ir de camping, I-16.2

     to go to... ir a..., I-6

to **go to bed** acostarse (ue), I-16.1

to **go up** subir, I-5.1

to **go with** hacer juego con, I-13.2

   goal el gol, la portería, I-7.1

   goalkeeper el/la portero(a), I-7.1

   godfather el padrino, **12.1**

   godmother la madrina, **12.1**

   golf el golf, I-11.2

     golf course el campo de golf, I-11.2

     golf game el juego de golf, I-11.2

     golf bag la bolsa de golf, I-11.2

   good bueno(a), I-1.2

     good evening, good night buenas noches, I-BV

     good afternoon buenas tardes, I-BV

     good morning buenos días, I-BV

   good-bye adiós, chao, I-BV

   grade la nota, I-3.2

   grading la calificación, I-3.2

   grandchild el/la nieto(a), I-6.1

   grandfather el abuelo, I-6.1

   grandmother la abuela, I-6.1

   grandparents los abuelos, I-6.1

   grape la uva, **2.1**

   grapefruit la toronja, **9.1**

to **grate** rallar, **9.2**

   green (golf) el green, I-11.2

   green verde, I-13.2

   greengrocer shop la verdulería, **2.1**

to **greet** saludar, **11.1**

   grey gris, I-13.2

   grill la parrilla, **9.1**

   grocery store la tienda de abarrotes, **2.1**

   ground el suelo, I-7

   ground floor la planta baja, I-5.1

   guest el/la huésped, **6.1**; el/la invitado(a), **15.2**

   guitar la guitarra, I-4.2

H

   hair el pelo, I-16.1; el cabello, **8.1**

   hair clip la pinza para el cabello, **8.2**

   hair dryer el secador, **8.2**

   hair roller el rulo, **8.2**

   hair salon la peluquería, **8.2**

   hair spray la laca, **8.2**

   hair stylist el/la peluquero(a), **8.2**

   haircut el corte de pelo, **8.2**

   ham el jamón, I-15.2

   hammock la hamaca, I-11.1

   hand la mano, I-7.1

   handle el mango, I-11.2

to **hang up** colgar (ue), **1**

   happiness la felicidad, **15.2**

   happy contento(a), I-10.1; alegre, **12**

   hat el sombrero, I-13.1

to **have** tener (irreg.), I-6.1

   to have to tener que, I-6

to **have just (done something)** acabar de, **8.2**

to **have one's birthday** cumplir años, **12.1**

   he él, I-1.1

   head la cabeza, I-7.1

   headache el dolor de cabeza, I-10.1

   headlight el faro, **5.1**

   heat el calor, I-11.1

   Hebrew hebreo(a), **12.2**

   heel el tacón, I-13.2

   helicopter el helicóptero, **7.2**

   hello hola, I-BV

   high tableland el altiplano, **7.2**

   highway la carretera, **10.2**

   hike la caminata, I-16.2

     to take a hike dar una caminata, I-16.2

   hill la colina, I-16.2

   history la historia, I-2.2

to **hit** golpear, I-11.2

to **hit (sports)** batear, I-7.2

   hit (sports) el hit, I-7.2

   hole el hoyo, I-11.2

   home casa, I-4.2

     at home en casa, I-4.2

   home run el jonrón, I-7.2

   honest honesto(a), I-1.2

   honeymoon la luna de miel, **15.2**

   honeymoon trip el viaje de novios, **15.2**

   hood el capó, **5.1**

   hoop el aro, I-7.2

   hope: I hope (that) ojalá (que), **16**

   horn la bocina, el claxon, **5.1**

   hospital el hospital, I-10.2

   hot: It's hot. Hace calor., I-11.1

   hotel el hotel, **6.1**

     hotel ballroom el salón del hotel, **12.1**

   house la casa, I-4.1

   how much? ¿cuánto(a)?, I-BV

     How much do I owe you? ¿Cuánto le debo?, **2.2**

     How much does it cost? ¿Cuánto cuesta?, I-13.1; ¿A cuánto está(n)?, ¿Cuánto es?, **2.2**

     How much is it? ¿Cuánto es?, I-BV

   how? ¿qué?, I-BV; ¿cómo?, I-1.1

     How are you? ¿Qué tal?, I-BV

to **hug** abrazar, **11.2**

   hug el abrazo, **11.2**

   hunger el hambre, I-15.1

     to be hungry tener hambre, I-15.1

to **hurt** doler (ue), I-10.2

   it hurts, aches me duele, I-10

to **hurt oneself** hacerse daño, **4.1**

   husband el marido, el esposo, I-6.1

I

I yo, I-1.2
ice el hielo, I-9.2
ice cream el helado, I-5.2
ice-skating el patinaje sobre hielo, I-9.2
ill-bred malcriado(a), 11.1
immediately enseguida, I-16
important importante, 11
impossible imposible, 11
improbable improbable, 11
in en, I-1.1
individual el/la individuo(a), 7
influenza la gripe, I-10.1
to insert introducir (zc), 1.1
to insist insistir, 11.1
to inspect revisar, I-8; inspeccionar, I-8.2
inspection el control, I-8.1
  passport inspection el control de pasaportes, I-8.1
  security inspection el control de seguridad, I-8.1
instruction la disciplina, I-2.2
instructions las instrucciones, I-5.2
to insure asegurar, 3.2
intelligent inteligente, I-2.1
intensive intensivo(a), 4.2
  intensive care area la unidad de cuidado intensivo, 4.2
to interest interesar, I-13.1
interesting interesante, I-2.1
intersection el cruce, 5.1; la bocacalle, 10.1
intimate íntimo(a), 11.2
invitation la invitación, I-5.2
to invite invitar, I-4.2
iron la plancha, 13.2
to iron planchar, 13.2
is es, I-1.1
  It looks good on me. Me queda bien., I-13.2
Italian italiano(a), I-2.2

J

jack el gato, 5.1
jacket la chaqueta, el saco, I-13.1
January enero (m.), I-BV
jar el frasco, 2.2
jazz de jazz, I-4

jet el avión reactor, el jet, 7.2
Jew el/la judío(a), 12.2
job el trabajo, el empleo, 16.1
job application la solicitud de empleo, 16.2
judge el/la juez, 16.1
July julio (m.), I-BV
June junio (m.), I-BV

K

key la llave, 6.1
keypad la tecla, 1; el teclado, 1.1
kind amable, I-2.1
kiss el besito, 11.2
kitchen la cocina, I-4.1
knapsack la mochila, I-BV
knee la rodilla, 4.1
knife el cuchillo, I-15.1
to know (a person) conocer (zc), I-9.1
to know how saber (irreg.), I-9.1

L

laboratory el laboratorio, 16.2
lake el lago, 7.2
lamb el cordero, 9.1
to land aterrizar, I-8.2
landing el aterrizaje, 7.2
lane (of highway) el carril, 10.2
language la lengua, I-2.2
lantern la linterna, I-16.2
to last durar, 12.2
late tarde, I-8.1; con retraso, con una demora, I-14.2
Latin el latín, I-2.2
laundromat la lavandería, 13.2
laundry el lavado, 8.2
lavatory el aseo, el lavabo, 7.1
lawyer el/la abogado(a), 16.1
leaded con plomo, 5.2
to learn aprender, I-5.2
to leave (something behind) dejar, I-12.2
to leave salir, I-8.1; abandonar, 6.1
left la izquierda, I-5.1
  to the left a la izquierda, I-5.1
leg la pierna, 4.1
lemon el limón, 9.1

lemonade la limonada, I-BV
lesson la lección, I-3.2
letter la carta, I-5.2
lettuce la lechuga, I-15.2
library la biblioteca, I-4.1
life vest el chaleco salvavidas, 7.1
light la luz, 10.1
to light encender (ie), 12.2
to like gustar, I-13.1
lime la lima, 9.1
line la línea, 1.1
  The line is busy. La línea está ocupada., 1.1
line (of people) la cola, I-12.1
lip el labio, 4.1
liquid líquido(a), 2.2
to listen escuchar, I-4.1
little poco(a), I-5.2
to live vivir, I-5.1
living room la sala, I-4.1
lobster la langosta, 2.1
lock (of hair) la mecha, 8.1
long largo(a), I-13.2
to look at mirar, I-3.2
  to look at oneself mirarse, I-16.1
to lose perder (ie), I-7.1
to love querer (ie), 15.1
luck la suerte, 15.2
luggage el equipaje, I-14.1
lunch el almuerzo, I-5.2

M

ma'am la señora, I-BV
magazine la revista, I-5.2
maid la camarera, 6.2
maid of honor la madrina, 15.2
mail el correo, 3.2
  air mail por correo aéreo, 3.2
  certified mail por correo certificado, por correo recomendado, 3.2
  regular mail por correo ordinario, 3.2
mailbox el buzón, 3.1
mail carrier el/la cartero(a), 3.2
to make hacer (irreg.), I-8.1
  to make a call hacer una llamada, 1.1
  to make the bed hacer (tender) la cama, 6.2

to make the trip hacer el viaje, I-8.1
manner la manera, I-1.1
manners los modales, 11.1
many muchos(as), I-5
March marzo (m.), I-BV
market el mercado, 2.1
married couple el matrimonio, 15.1
Mass la misa, 12.2
  midnight Mass la misa del gallo, 12.2
material la materia, I-2.2
mathematics las matemáticas, I-2.2
maximum máximo(a), 10.2
May mayo (m.), I-BV
May I talk to (name of person)? ¿Está (el nombre de una persona)?, 1.1
mayonnaise la mayonesa, 2
meal la comida, I-5.2
means: by no means de ninguna manera, I-1.1
meat la carne, I-5.2
mechanic el/la mecánico, 16
medical kit el botiquín, I-16.2
medication el medicamento, I-10.2
medicine la medicina, I-10
medium a término medio, I-15.2
menorah la menora, 12.2
menu el menú, I-12.2
merchant el/la comerciante, el/la mercader, 16.1
Mexican mexicano(a), I-1.1
microwave oven el horno de microondas, 9.1
midday el mediodía, I-2
midnight la medianoche, I-2
milk la leche, I-5.2
mineral mineral, 2.2
mirror el espejo, I-16.1
Miss la señorita, I-BV
to miss the bus perder el autobús, I-12.1
mom la mamá, I-5.2
moment momento, I-8.1
  at this moment en este momento, I-8.1
  One moment, please. Un momento, por favor., 1.1
Monday el lunes, I-BV
money el dinero, 14.1

mood humor, I-10
  in a good mood de buen humor, I-10
  in a bad mood de mal humor, I-10
morning la mañana
  good morning buenos días, I-BV
  this morning esta mañana, I-11.2
mother la madre, I-6.1
motorbike el ciclomotor, I-6.2
mountain la montaña, I-9.1
mountain range la cordillera, 7.2
mouth la boca, I-10.2
movie la película, I-5.2
  to show a movie dar (presentar) una película, I-12
movie theater el cine, I-12.1
Mr. el señor, I-BV
Mrs. la señora, I-BV
mural el mural, I-12.2
museum el museo, I-12.2
music la música, I-2.2
musical musical, I-12.2
musician el/la músico, I-12.2
mussel el mejillón, 9.2
mustache el bigote, 8.1

N

name el nombre, 3.1
nap la siesta, I-11.1
  to take a nap echar (tomar) una siesta, I-11.1
napkin la servilleta, I-15.1
narrow estrecho(a), I-13.2
nationality la nacionalidad, I-1
necessary necesario(a), 11.1
neck el cuello, 8.2
necktie la corbata, I-13.1
neither: me neither ni yo tampoco, I-13
nephew el sobrino, I-6.1
nervous nervioso(a), I-10.1
net la red, I-7.2
never nunca, I-13.1; jamás, 6
new nuevo(a), I-6.2
newlywed el/la novio(a), el/la recién casado(a), 15.1
news las noticias, I-5.2
newspaper el periódico, I-5.2

newstand el quiosco, I-14.1
next próximo(a), I-14.2
nice to meet you mucho gusto, I-BV
niece la sobrina, I-6.1
niece(s) and nephew(s) los sobrinos, I-6.1
night la noche
  good night buenas noches, I-BV
  last night anoche, I-11.2
nine nueve, I-BV
ninety noventa, I-BV
ninth noveno(a), I-5.1
no one, nobody nadie, I-13
no smoking signal la señal de no fumar, 7.1
noncarbonated soft drink el refresco, I-4.1
none ninguno(a), I-1.1
nonsmoking section la sección de no fumar, I-8.1
noon el mediodía, I-2
north el norte, 10.1
not any ninguno(a), I-1.1
  by no means de ninguna manera, I-1.1
not yet todavía no, 6
notebook el cuaderno, I-BV; la libreta, I-3.2
notes los apuntes, I-3.2
nothing nada, I-13.1
novel la novela, I-5.2
November noviembre (m.), I-BV
now and then de vez en cuando, 1
nuclear nuclear, 16.2
  nuclear energy la energía nuclear, 16.2
number el número, I-8.1
  flight number el número del vuelo, I-8.1
  seat number el número del asiento, I-8.1
  telephone number el número de teléfono, 1.1
nurse el/la enfermero(a), I-10.2

O

occupied ocupado(a), I-14.2
October octubre (m.), I-BV
of de, I-1.1

to **offer one's hand** dar la mano,
  11.2
  office la oficina, **16.1**
  often a menudo, **1**
  oil el aceite, I-15.2
  old viejo(a), I-6.1
  older mayor, **11.1**
  on board a bordo, 7.1
  one hundred cien(to), I-BV
  one uno, I-BV
    One moment, please. Un
      momento, por favor., **1.1**
  onion la cebolla, **9.1**
to **open** abrir, I-8.2
  operating room la sala de
    operaciones, el quirófano, **4.2**
  operating table la mesa de
    operaciones, **4.2**
  operator el/la operador(a),
    16.1
  opposite contrario(a), I-7;
    enfrente de, **10.1**
  orange la naranja, **2.1**
  orange anaranjado(a), I-13.2
  orchestra la orquesta, I-12.2
  orchestra seat la butaca, I-12.1
  orthopedic ortopédico(a), **4.2**
  orthopedist el/la ortopedista,
    4.2
  other otro(a), I-2.2
  out (sports) el out, I-7.2
  outdoors al aire libre, I-9.2
  outfielder (sports) el/la
    jardinero(a), I-7.2
  outskirts las afueras, I-5.1
  oven el horno, **9.1**
  over por encima, I-7.2
  overcoat el abrigo, I-13.1
to **overtake** adelantar, **5.1**
  oxygen mask la máscara de
    oxígeno, **7.1**

P

to **pack the suitcase** hacer la
    maleta, I-8
  package el paquete, **2.2**
  painter el/la pintor(a), **16.1**
  painting el cuadro, I-12.2
  pants los pantalones, I-13.1
  papaya la papaya, **9.2**
  paper el papel, I-BV
    sheet of paper la hoja de
      papel, I-BV

  parasol el parasol, I-11.1
  parents los padres, I-6.1
  park el parque, I-6.2
to **park** aparcar, estacionar, **5.1**
  parking meter el parquímetro,
    10.1
  part (in hair) la raya, **8.1**
  part time a tiempo parcial, **16.2**
  party la fiesta, I-4.2
to **pass** pasar, I-7.2
  passbook la libreta, **14.2**
  passenger el/la pasajero(a),
    I-8.1
  passport el pasaporte, I-8.1
    passport inspection el
      control de pasaportes, I-8.1
  pastry el pastel, **12.1**
  pastry shop la pastelería, **2.1**
  path la senda, el sendero, **13.1**
  patient el/la enfermo(a), I-10.1
to **pay** pagar, I-13.1
  pea el guisante, **9.1**
  peach el melocotón, **9.1**
  peak el pico, **7.2**
  pear la pera, **2.1**
  pedestrian el peatón, **10.1**
to **peel** pelar, **9.2**
  pencil el lápiz, I-5.2
  pepper la pimienta, I-15.1
  performance la representación,
    el espectáculo, I-12.2
  perhaps tal vez, quizá(s), **16.2**
  personnel department el
    departamento (servicio) de
    personal, el departamento de
    recursos humanos, **16.2**
  pharmacist el/la
    farmacéutico(a), I-10.2
  pharmacy la farmacia, I-10.2
  physical físico(a), I-10.2
    physical education la
      educación física, I-2.2
  physics la física, I-2.2
  piano el piano, I-4.2
to **pick up** recoger, I-8.2;
    descolgar (ue), **1.1**
  picture el cuadro, I-12.2
  pie el pastel, **2.1**
  piece el pedacito, el trocito, **9.2**
  pill la pastilla, la píldora, el
    comprimido, I-10.2
  pillow la almohada, **6.2**
  pilot el/la piloto, I-8.2
to **pinch** apretar (ie), I-13.2

    It pinches me. Me aprieta.,
      I-13.2
  pineapple la piña, **2.1**
  pitcher el/la pícher, el/la
    lanzador(a), I-7.2
  pity la lástima, **12**
    to be a pity ser una lástima,
      12
  plaid a cuadros, I-13.2
  plain la llanura, **7.2**
  plane el avión, I-8
    by plane en avión, I-8
  plant la planta, I-6.2
  plastic de plástico, **2.2**
    plastic bag la bolsa de
      plástico, **2.2**
  plate el plato, I-15.1
to **play (an instrument)** tocar,
    I-4.2
to **play** jugar (ue), I-7.1
  player el/la jugador(a), I-7.1
  please por favor, I-BV
  plumber el/la plomero(a), el/la
    fontanero(a), **16.2**
  point (score) el tanto, I-7.1
  pole el bastón, I-9.1
  police officer el policía, la
    mujer policía **16.1**
  polite educado(a), **11.1**
  pony tail la cola de caballo, **8.1**
  popular popular, I-2.1
  population la población, **16.2**
  pork el cerdo, **2.1**
  portable stove el hornillo,
    I-16.2
  porter el/la maletero(a), I-8.1;
    el mozo, I-14.1
  possible posible, **11**
  post office la oficina de
    correos, **3.2**
  post office box el apartado
    postal, la casilla, **3.2**
  postage el franqueo, **3.2**
  postal employee el/la
    empleado(a) de correo, **3.2**
  postcard la tarjeta postal, I-5.2
  pot la olla, la cazuela, **9.1**
  potato la papa, I-5.2; la patata,
    2.1
  powdered en polvo, **2.2**
to **practice (a profession)** ejercer
    (una profesión), **16.2**
  prawn el camarón, **2.1**
  precious precioso(a), I-6.2
to **prefer** preferir (ie, i), I-7

to **prepare** preparar, I-4.1

to **prescribe** recetar, I-10

prescription la receta, I-10.2

to **present** presentar, I-12

present el regalo, 12.2

Christmas present el regalo de Navidad, el aguinaldo, 12.2

pressure la presión, 5.2

pretty bonito(a), I-6.2

price el precio, I-13.1

priest el cura, 12.1

principal el/la director(a), 16.1

private particular, privado(a), I-5.1

probable probable, 11

profession la profesión, 16.1

programmer el/la programador(a), 16.1

prop las hélices, 7.2

protective protector(a), I-11.1

protein la proteína, I-10.2

provided that con tal que, 15

public el público, I-12.2

public público(a), 1.1

Puerto Rican puertorriqueño(a), I-2

pulse el pulso, 4.2

to **push** empujar, 2.1

push button de (a) botones, 1.1

to **put** poner (irreg.), I-8.1

to put on the fire poner al fuego, 9.2

to put in meter, I-7.1

to put in a basket encestar, I-7.2

to put in a plaster cast enyesar, 4.2

to put on ponerse, I-16.1

to put up a tent armar una tienda, I-16.2

R

radiator el radiador, 5.2

railway platform el andén, I-14.1

railway track la vía, I-14.1

to **rain** llover (ue), I-11.1

it rains llueve, I-11.1

raincoat la gabardina, I-13.1

raquet la raqueta, I-11.2

rare casi crudo, I-15.2

raw crudo(a), I-15.2

razor la navaja, I-16.1

to **read** leer, I-5.2

to **receive** sacar, I-3.2; recibir, I-6

receiver el/la receptor(a), I-7.2; el/la destinatario(a), 3.1

receiver (of telephone) el auricular, la bocina, 1.1

reception la recepción, 6.1

receptionist el/la recepcionista, 6.1

to **recommend** recomendar (ie), 13.2

to **reconcile** conciliar, 14.2

record el disco, I-4.1

recovery room la sala de recuperación, la sala de restablecimiento, 4.2

red rojo(a), I-13.2

to **reduce** reducir (zc), 4.2

referee el/la árbitro(a), I-7.1

refrigerator el refrigerador, la nevera, 9.1

registration card la tarjeta, la ficha, 6.1

regular normal, 5.2

regular mail por correo ordinario, 3.2

to **remain** quedarse, I-13.2

to **rent** alquilar, I-11.1

to **repeat** repetir (i, i), I-15

to **request** rogar, 12

to **require** requerir (ie), 16.2

reservation la reservación, 6.1

to **reserve** reservar, 6.1

reserved reservado(a), I-14.2

restaurant el restaurante, I-12.2

to **return** devolver (ue), I-7.2

rib la costilla, 9.1

rice el arroz, I-15.2

right la derecha, I-5.1

to the right a la derecha, I-5.1

right? ¿verdad?, I-1.1

right away en seguida, 1.2

to **ring** sonar (ue), 1.1

ring el anillo, la sortija, 15.1

engagement ring la sortija de compromiso, 15.1

wedding ring el anillo de boda, 15.1

river el río, I-16.2

roast suckling pig el lechón, 2.1

rock (music) de rock, I-4

roll (of paper) el rollo, I-16.2

roller la rueda, I-9.2

room el cuarto, la habitación, I-5.1

double room el cuarto doble, 6.1

single room el cuarto sencillo, 6.1

waiting room la sala de espera, I-14.1

row la fila, I-8

to **run** correr, I-7.2

runway la pista, 7.2

S

sad triste, I-10.1

safe seguro(a), 12

sailboard la plancha de vela, I-11.1

salad la ensalada, I-5.2

salesperson el/la dependiente, I-13.1

salt la sal, I-15.1

sand la arena, I-11.1

sandals las sandalias, I-13.1

sandwich el sándwich, el bocadillo, I-5.2

sanitary higiénico(a), 2.2

Saturday el sábado, I-BV

saucer el platillo, I-15.1

sausage la salchicha, 9.1

savings account la cuenta de ahorros, 14.2

to **say** decir (irreg.), I-9

to **say good-bye** despedirse (i, i), 11.1

scale la báscula, I-8.1

scar la cicatriz, 4.1

schedule el horario, I-14.1

school el colegio, la escuela, I-1.1

high school la escuela secundaria, I-1.1

school (pertaining to) escolar, I-3.1

science la ciencia, I-2.2

scissors las tijeras, 8.2

scooter el monopatín, I-9

to **score (sports)** marcar, I-7.1

scoreboard el tablero indicador, I-7.1

screen la pantalla, I-8.1

sculptor el/la escultor(a), I-12.2

sea el mar, I-11.1

sea level el nivel del mar, **7.2**

season la estación, I-9.1

seat (in theater) la localidad, I-12.1

seat el asiento, I-8.1

  seat number el número del asiento, I-8.1

  seat belt el cinturón de seguridad, **5.1**

seatback el respaldo, **7.1**

second segundo(a), I-5.1

secondary secundario(a), I-1.1

secret el secreto, **11.1**

secretary el/la secretario(a), **16.1**

security la seguridad, I-8.1

  security inspection el control de seguridad, I-8.1

sedan el sedán, **5.1**

to **see** ver, I-5.2

to **sell** vender, I-5.2

to **send** enviar, **3.1**; mandar, **11**

  sender el remitente, **3.1**

September septiembre (m.), I-BV

serious serio(a), I-1.2

to **serve** servir (i, i), I-15.1

  service station la estación de servicio, **5.2**

session la sesión, I-12.1

seven siete, I-BV

seventh séptimo(a), I-5.1

seventy setenta, I-BV

shampoo el champú, I-16.2

to **shake the hand** estrechar la mano, **11.2**

to **shave** afeitarse, I-16.1

  shaving cream la crema de afeitar, I-16.2

she ella, I-1.2

sheet la hoja, I-BV

  sheet of paper la hoja de papel, I-BV

  sheet (bed) la sábana, **6.2**

shellfish el marisco, I-15.2

to **shine** brillar, I-11.1

to **shift gears** cambiar de velocidad, **5.1**

shirt la camisa, I-13.1

shoes el zapato, I-13.1

shop window el escaparate, la vitrina, I-13.1

shopping de compras, I-13.1

shopping center el centro comercial, I-4.1

short (person) bajo(a), I-1.1; **(length)** corto(a), I-13.2

shoulder el hombro, **4.1**

show el espectáculo, I-12.2

to **show a movie** dar (presentar) una película, I-12

shower la ducha, I-16.2

  to take a shower tomar una ducha, I-16.2

shrimp la gamba, **9.2**; el camarón

to **shrink** encoger, **13.2**

shy tímido(a), I-1.2

sick enfermo(a), I-10.1

sick person el/la enfermo(a), I-10.1

side: to the side of al lado de, **8.2**

sideburn la patilla, **8.1**

sidewalk la acera, **10.1**

sign el rótulo, **10.2**

to **sign** firmar, **14.2**

simple sencillo(a), I-14.1

sincere sincero(a), I-1.2

to **sing** cantar, I-4.2

single sencillo(a), **6.1**

sir el señor, I-BV

sister la hermana, I-2.1

to **sit down** sentarse (ie), I-16.1

  sitting (in theater) la sesión, I-12.1

six seis, I-BV

sixth sexto(a), I-5.1

sixty sesenta, I-BV

size el tamaño, la talla, I-13.1

skate el patín, I-9.2

to **skate** patinar, I-9

  skater el/la patinador(a), I-9.2

skating el patinaje, I-9.2

  figure skating el patinaje artístico, I-9.2

  roller skating el patinaje sobre ruedas, I-9.2

skating rink el patinadero, la pista de patinaje, I-9.2

ski el esquí, I-9.1

to **ski** esquiar, I-9.1

ski lift el telesquí, I-9.1

ski path la cancha de esquí, I-9

skier el/la esquiador(a), I-9.1

skiing el esquí, I-9.1

  Alpine skiing el esquí alpino, I-9.1

cross-country skiing el esquí de fondo, I-9.1

  downhill skiing el esquí de descenso, I-9.1

  Nordic skiing el esquí nórdico, I-9.1

to **skindive** bucear, I-11.1

skindiving el buceo, I-11.1

skirt la falda, I-13.1

sky el cielo, I-11.1

slalom el slálom, I-9.1

slap la palmadita, **11.2**

to **slap gently** dar palmaditas, **11.2**

to **sleep** dormir (ue, u), I-7

sleeping bag el saco de (para) dormir, I-16.2

sleeping car el coche-cama, I-14.2

sleeve la manga, I-13.2

slice la tajada, la lonja, **2.2**; la rebanada, **9.2**

to **slice** rebanar, **9.2**

to **slip** resbalarse, **4.1**

slope la cuesta, I-9.1

slot (for money) la ranura, **1.1**

small pequeño(a), I-2.1; **(amount)** poco(a), I-5.2

smock el blusón, I-13.1

snack la merienda, I-4.1

to **sneeze** estornudar, I-10.1

snow la nieve, I-9.1

to **snow** nevar (ie), I-9.1

  It's snowing. Nieva., I-9

snowfall la nevada, I-9.1

so that para que, de manera que, de modo que, **15.2**

soap el jabón, I-16.2

  powdered soap el jabón en polvo, **13.2**

soap opera la telenovela, I-5.2

social science las ciencias sociales, I-2.2

sociology la sociología, I-2.2

socks los calcetines, I-13.1

soda la gaseosa, I-5.2

soft drink la gaseosa, I-5.2

somebody alguien, I-13

something algo, I-9.1

  Something more? ¿Algo más?, **2.2**

sometimes a veces, I-5.2

son el hijo, I-6.1

soon: as soon as tan pronto como, **15**

sore throat el dolor de garganta, I-10.1

soup la sopa, I-5.2

south el sur, 10.1

South America la América del Sur, I-8.1

Spanish español(a), I-2.2

spare de repuesto, de recambio, 5.1

to **speak** hablar, I-3.1

    They are speaking. Están hablando., 1.1

specialist especialista, 16.2

spectator el/la espectador(a), I-7

speed la velocidad, 10.2

speed limit la velocidad máxima, 10.2

spoon la cuchara, I-15.1

sport el deporte, I-2.2

sports broadcast la emisión deportiva, I-5.2

sports car el coche deportivo, 5

spring la primavera, I-7.2

squid el calamar, 9.2

stadium el estadio, I-7.1

stage la escena, I-12.2

    to come on the stage entrar en escena, I-12.2

stain la mancha, 13.2

stained manchado(a), 13.2

stairway la escalera, I-5.1

stall el puesto, 2.1

stamp el sello, la estampilla, 3.1

starch el almidón, 13.2

station la estación, I-12.1

    train station la estación del ferrocarril, I-14.1

statue la estatua, I-12.2

to **stay** quedarse, I-13.2

to **stay in bed** guardar cama, I-10.1

to **steal** robar, I-7.2

stereophonic estereofónico(a), 7.1

to **stir** revolver (ue), 9.1

stitch el punto, la sutura, 4.2

stockings las medias, I-13.1

stomach el estómago, I-10.1

    stomachache el dolor de estómago, I-10.1

stop la parada, I-14.2

to **stop** parar, I-7.1

store la tienda, I-4.1

men's clothing store la tienda de ropa para caballeros (señores), I-13.1

women's clothing store la tienda de ropa para damas (señoras), I-13.1

stove la estufa, 9.1

straight (hair) liso(a), lacio(a), 8.1

straight (direction) derecho, 10.1

straw la paja, 12.2

strawberry la fresa, 2.1

street la calle, I-5.1

stretcher la camilla, 4.1

string bean la judía verde, 2.1

striped a rayas, I-13.2

student el/la alumno(a), I-1.1

to **study** estudiar, I-3.2

subject la asignatura, I-2.2

suburbs los suburbios, I-5.1

subway el metro, I-12.1

sufficient suficiente, 5.1

sugar el azúcar, 9.1

to **suggest** sugerir (ie), 12

suit el traje, I-13.1

suitcase la maleta, I-8.1

    to pack the suitcase hacer la maleta, I-8

sun el sol, I-11.1

    It's sunny. Hay sol., I-11.1

    sunblock la crema protectora, I-11.1

to **sunbathe** tomar el sol, I-11.1

Sunday el domingo, I-BV

sunglasses los anteojos de (para el) sol, I-11.1

suntan cream la crema bronceadora, I-11.1

super súper, 5.2

super highway la autopista, la autovía, 10.2

supermarket el supermercado, el hipermercado, 2.1

sure seguro(a), 12

surgeon el/la cirujano(a), 4.2

to **surprise** sorprender, I-13

sweater el suéter, el jersey, I-13.1

sweetheart el/la enamorado(a), 15

to **swim** nadar, I-11.1

swimming pool la piscina, la alberca, I-11.2

swollen hinchado(a), 4.1

symptom el síntoma, I-10.2

T

T shirt el T shirt, I-13.1

table la mesa, I-12.2

tablecloth el mantel, I-15.1

tableland la meseta, 7.2

tablet la pastilla, I-16.2

to **take** tomar, I-3.2

    to take a hike dar una caminata, I-16.2

    to take a nap echar (tomar) una siesta, I-11.1

    to take a shower tomar una ducha, I-16.2

    to take off (airplane) despegar, I-8.2

    to take off the fire quitar del fuego, retirar del fuego, 9.2

    to take out sacar, 13.2

    to take up subir, 6.1

take-off el despegue, 7.2

tall alto(a), I-1.1

tank el tanque, 5.2

tanning bronceador(a), I-11.1

tape la cinta, I-4.1

tasty rico(a), I-15.2

taxi el taxi, I-8.1

to **teach** enseñar, I-3.2

teacher el/la profesor(a), I-2.1

team el equipo; (adj.) de equipo, I-7.1

teaspoon la cucharita, I-15.1

technician el/la técnico(a), 4.2

to **telephone** telefonear, 1.1

telephone (adj.) telefónico(a), 1.1

telephone (n.) el teléfono, I-4.1

    on the phone por teléfono, I-4.1

telephone book la guía telefónica, 1.1

telephone booth la cabina telefónica, 1.1

television la televisión, I-4.1

television set el televisor, 6.2

teller el/la cajero(a), 14.1

temperature la temperatura, I-9.1

ten diez, I-BV
tennis el tenis, I-11.2
  tennis court la cancha de
    tenis, I-11.2
  tennis game el juego de
    tenis, I-11.2
tennis shoes los tenis, I-13.1
tent la tienda de campaña, la
  carpa, I-16.2
tenth décimo(a), I-5.1
thank you gracias, I-BV
that eso, I-3.1; aquel, aquella,
  I-9.2
  about a eso de, I-3.1
the el, la, I-1.1
theater el teatro, I-12.2
theatrical teatral, I-12.2
there is/are hay, I-5.1
third tercer, tercero(a), I-5.1
thirst la sed, I-15.1
  to be thirsty tener sed, I-15.1
thirty treinta, I-BV
thousand one, I-BV
three tres, I-BV
Three Wise Men los Reyes
  Magos, 12.2
throat la garganta, I-10.2
  sore throat el dolor de
    garganta, I-10.1
to throw tirar, lanzar, I-7.1; echar,
  3.1
Thursday el jueves, I-BV
ticket el boleto, el billete I-8.1
  one-way ticket el billete
    sencillo, I-14.1
  roundtrip ticket el billete de
    ida y vuelta, I-14.1
  ticket office la boletería,
    I-9.1; la taquilla, I-12.1
  ticket window la ventanilla,
    I-9.1
tied empatado(a), I-7
time tiempo, I-7.1
  At what time? ¿A qué hora?,
    I-2
  full time a tiempo completo,
    16.2
  on time a tiempo, I-14.2
  part time a tiempo parcial,
    16.2
timid tímido(a), I-1.2
tip la propina, I-12.2
tire el neumático, la goma, la
  llanta, 5.1
tired cansado(a), I-10.1

to toast (one's health) brindar,
  15.2
toast (to one's health) el
  brindis, 15.2
today hoy, I-11.2
together junto(a), 15.1
toilet el inodoro, el váter, 6.2
toilet paper el papel higiénico,
  I-16.2
toll el peaje, 10.2
toll booth la garita de peaje,
  10.2
tomb la tumba, 12.1
tone el tono, 1
  busy tone el tono de
    ocupado, 1
tonight esta noche, I-11.2
too, also también, I-1.1
too, too much demasiado,
  I-13.2
tooth el diente, I-16.1
toothpaste la pasta dentífrica,
  I-16.2
tortilla la tortilla, I-15.2
total el total, el monto, 6.1
to touch tocar, I-7
tourist el/la turista, I-12.2
towel la toalla, I-11.1
  beach towel la toalla playera,
    I-11.1
town el pueblo, I-5.1
trade el oficio, la compra y
  venta, 16.2
trail la pista, I-9.1
train el tren, I-14.1
  train station la estación del
    ferrocarril, I-14.1
traffic la circulación, el tráfico,
  el tránsito, 5.1
traffic light el semáforo, 10.1
trailer la caravana, la casa-
  remolque, 13.1
to transfer transbordar, I-14.2
transportation el transporte,
  I-12
traveler's check el cheque de
  viajero, 14.1
tray table la mesita, 7.1
tree el árbol, I-6.2
  Christmas tree el árbol de
    Navidad, 12.2
trigonometry la trigonometría,
  I-2.2
trim el recorte, 8.2
to trim recortar, 8.2

trip el viaje, I-8.1
  to make the trip hacer el
    viaje, I-8.1
trumpet la trompeta, I-4.2
trunk (of a car) el/la
  maletero(a), 5.1
truth la verdad, I-1.1
  Isn't it true? ¿No es verdad?,
    I-1.1
tube el tubo, I-16.2
Tuesday el martes, I-BV
tuna el atún, 2
to turn doblar, 5.1
to turn around dar la vuelta, 10.1
to turn off apagar, 9.2
  turning signal el intermitente,
    la direccional, 5.1
twenty veinte, I-BV
to twist torcer (ue), 4.1
two dos, I-BV

U

umbrella la sombrilla, I-11.1
uncle el tío, I-6.1
under debajo de, 7.1
underground subterráneo(a),
  I-12
undershirt la camiseta, I-13.1
to understand comprender, I-5.2
unemployed desocupado(a),
  desempleado(a), 16.2
unemployed person el/la
  desempleado(a), 16.2
unemployment el desempleo,
  16.2
university universitario(a),
  16.2
  university diploma el título
    universitario, 16.2
unleaded sin plomo, 5.2
unless a menos que, 15
unpleasant antipático(a), I-1.1
until hasta, I-BV; hasta que, 15
  see you later hasta la vista,
    hasta luego, I-BV
  see you tomorrow hasta
    mañana, I-BV
  see you soon hasta pronto,
    I-BV
usher el paje de honor, 15.2

V

valley el valle, 7.2
veal la ternera, 2.1
vegetable la legumbre, la verdura, el vegetal, I-15.2
to verify verificar, 14.2
very muy, I-1.1
view la vista, I-6.2
violin el violín, I-4.2
vitamin la vitamina, I-10.2
volleyball vólibol, I-7.2

W

to wait for esperar, I-14
to wait on or help customers despachar, I-10.2
waiter el mesero, I-12.2
waiting room la sala de recepción, 4.2
waitress la mesera, I-12.2
to wake up despertarse (ie), I-16.1
to walk caminar, 4.2
to want querer (ie), I-7; desear, 11
to wash (oneself) lavar(se), I-16.1
wash (n.) el lavado, 8.2
washing machine la máquina de lavar, 13.2
to watch ver, I-5.2
water skiing (n.) el esquí acuático, I-11.1
watermelon la sandía, 9.2
wave la ola, I-11.1; la onda, 8.1
way la manera, I-1.1; el sentido, 10.2
we nosotros(as), I-2.2
we are somos, I-2.2
wedding la boda, el enlace nupcial, 15.1
wedding ring el anillo (la sortija) de boda, 15.1
Wednesday el miércoles, I-BV
week la semana, I-11.2
last week la semana pasada, I-11.2
this week esta semana, I-11.2
to weigh pesar, 3.2
to welcome dar la bienvenida, 7.1
welcome (n.) la bienvenida, 7.1
well bien, I-BV
well done bien cocido (hecho), I-15.2

well-mannered educado(a), 11.1
west el oeste, 10.1
what? ¿cuál?, ¿qué?, I-BV; ¿cómo?, I-1.1
What is it? ¿Qué es?, I-BV
What is today's date? ¿Cuál es la fecha de hoy?, I-BV
What time is it? ¿Qué hora es?, I-2
What's the weather like? ¿Qué tiempo hace?, I-9.1
wheel la rueda, I-9.2
wheelchair la silla de ruedas, 4.1
when cuando, 15
when? ¿cuándo?, I-3.1
where? ¿dónde?, I-1.2; ¿adónde?, I-4
which? ¿cuál?, I-BV
white blanco(a), I-13.2
who? ¿quién?, I-BV
Who is it? ¿Quién es?, I-BV
Who is calling? ¿De parte de quién?, 1.1
wide ancho(a), I-13.2
wife la esposa, I-6.1; la mujer, 15.1
to win ganar, I-7.1
wind el viento, I-11.1
It's windy. Hace viento., I-11.1
window la ventanilla, 3.2
windshield el parabrisas, 5.1
windshield wiper el limpiaparabrisas, 5.1
wing el ala (las alas), 7.2
winter el invierno, I-9.1
to wish desear, 11
to withdraw retirar, 14.2
withdrawal el retiro, 14.2
withdrawal slip el formulario de retiro, 14.2
without sin que, 15
woman la mujer, I-6.1
wool la lana, 13.2
work la obra, I-12.2; el trabajo, 16.1
to work trabajar, I-4.1
worker el/la obrero(a), el/la trabajador(a), 16.1
wrinkled arrugado(a), 13.2
wrist la muñeca, 4.1
to write escribir, I-5.2
writing pad el bloc, I-3.2

wrong equivocado(a), 1.1

X

X ray los rayos equis, la radiografía, 4.2

Y

year el año, I-11.2
Happy New Year! ¡Próspero año nuevo!, 12.2
last year el año pasado, I-11.2
this year este año, I-11.2
yellow amarillo(a), I-13.2
yesterday ayer, I-11.1
the day before yesterday anteayer, I-11.2
yesterday afternoon ayer por la tarde, I-11.2
yesterday morning ayer por la mañana, I-11.2
you Uds., ustedes (pl. form.), I-2.2
you are son (pl. form.), I-2.1; están (pl. form.), I-4.1
you go van (pl. form.), I-4.1
You're welcome. De nada., No hay de qué., I-BV
young joven, I-6.1
younger menor, 11.1
youth hostel el albergue juvenil, I-16.2

Z

zip code la zona postal, el código postal, 3.1
zipper la cremallera, el zíper, I-13.2

ÍNDICE GRAMATICAL

Acknowledgments

We wish to express our deep appreciation to the numerous individuals throughout the United States who have advised us in the development of these teaching materials. Special thanks are extended to the people whose names appear here.

Kristine Aarhus
Northshore School District
Bothell, Washington

Kathy Babula
Charlotte Country Day School
Charlotte, North Carolina

Veronica Dewey
Brother Rice High School
Birmingham, Michigan

Anneliese H. Foerster
Oak Hill Academy
Mouth of Wilson, Virginia

Sharon Gordon-Link
Antelope Valley Unified High School
Lancaster, California

Leslie Lumpkin
Prince George's County Public Schools
Prince George's County, Maryland

Loretta Mizeski
Columbia School
Berkeley Heights, New Jersey

Robert Robison
Columbus Public Schools
Columbus, Ohio

Rhona Zaid
Los Angeles, California